"十二五"普通高等教育车辆工程专业规划教材

Qiche Anquan yu Fagui

汽车安全与法规

（第二版）

刘晶郁　李晓霞　主　编

人民交通出版社股份有限公司
China Communications Press Co.,Ltd.

内 容 提 要

本书为"十二五"普通高等教育车辆工程专业规划教材。主要内容包括:汽车安全技术概述、汽车安全技术法规与标准、汽车主动安全性、汽车被动安全性、汽车主动安全系统、汽车被动安全性能试验和汽车安全检测。这些内容为学生提供了汽车安全技术方面的专业基础知识。

本教材适合作为车辆工程专业、交通运输专业、事故防治及相关专业的教材,也可作为各汽车厂家、研究机构的技术参考资料。

图书在版编目(CIP)数据

汽车安全与法规 / 刘晶郁,李晓霞主编. —2 版.
—北京:人民交通出版社股份有限公司,2015.11
ISBN 978-7-114-12515-7

Ⅰ.①汽… Ⅱ.①刘… ②李… Ⅲ.①汽车驾驶—安全技术—教材 Ⅳ.①U471.15

中国版本图书馆 CIP 数据核字(2015)第 232533 号

"十二五"普通高等教育车辆工程专业规划教材

书　　　名:	**汽车安全与法规**(第二版)
著 作 者:	刘晶郁　李晓霞
责任编辑:	夏　犇　李　良
出版发行:	人民交通出版社股份有限公司
地　　　址:	(100011)北京市朝阳区安定门外外馆斜街 3 号
网　　　址:	http://www.ccpress.com.cn
销售电话:	(010)59757973
总 经 销:	人民交通出版社股份有限公司发行部
经　　　销:	各地新华书店
印　　　刷:	北京虎彩文化传播有限公司
开　　　本:	787×1092　1/16
印　　　张:	15.25
字　　　数:	366 千
版　　　次:	2005 年 8 月　第 1 版 2015 年 11 月　第 2 版
印　　　次:	2022 年 1 月　第 2 版　第 4 次印刷　累计第 13 次印刷
书　　　号:	ISBN 978-7-114-12515-7
定　　　价:	35.00 元

"十二五"普通高等教育车辆工程专业规划教材

编委会名单

编委会主任

龚金科(湖南大学)

编委会副主任(按姓名拼音顺序)

陈　南(东南大学)　　方锡邦(合肥工业大学)　　过学迅(武汉理工大学)

刘晶郁(长安大学)　　吴光强(同济大学)　　于多年(吉林大学)

编委会委员(按姓名拼音顺序)

蔡红民(长安大学)　　陈全世(清华大学)　　陈　鑫(吉林大学)

杜爱民(同济大学)　　冯崇毅(东南大学)　　冯晋祥(山东交通学院)

郭应时(长安大学)　　韩英淳(吉林大学)　　何耀华(武汉理工大学)

胡　骅(武汉理工大学)　胡兴军(吉林大学)　　黄韶炯(中国农业大学)

兰　巍(吉林大学)　　宋　慧(武汉科技大学)　谭继锦(合肥工业大学)

王增才(山东大学)　　阎　岩(青岛理工大学)　张德鹏(长安大学)

张志沛(长沙理工大学)　钟诗清(武汉理工大学)　周淑渊(泛亚汽车技术中心)

第二版前言

汽车安全是汽车问世以来一直困扰着汽车界的一个重要研究方向,经过多年的不断努力,现代汽车安全技术在当今汽车制造业中是发展最快、高新技术应用最多的一项综合技术。

本书系统地介绍了现代汽车安全技术的基本理论,从汽车主动安全性和被动安全性两个方面介绍了提高汽车安全性的主要装备和措施以及现代汽车安全技术的发展方向,介绍了世界发达国家和中国的汽车安全法规体系,并进行了比较分析。在全书的编写过程中,针对本科生的学习特点,力图做到深入浅出,使内容既有理论意义又有实用价值。本书可作为车辆工程专业、交通运输专业、事故防治及相关专业"汽车安全"课的教材,也可作为有关行业尤其是从事车辆管理、汽车设计、汽车运输安全技术人员的参考书。

全书共分七章,第 1~3 章、第 4 章部分内容、第 5 章部分内容由刘晶郁编写,5.6 由李耀华编写,5.8、4.2 由杨炜编写,第 6 章、第 7 章由李晓霞编写,张德鹏参与了第 4 章的修订工作,张硕参与了第 2 章标准的整理工作。由于汽车安全技术问题的复杂性,不少问题尚待进一步探索,书中难免会有错误,敬请批评指正。

在本书的编写过程中得到胡慧靖、何海浪、贺志英、任宝宽、朱守胜等研究生的帮助,得到长安大学领导及许多同仁的指导和关注,并参考了国内外大量文献资料,引用了相应的图表和数据,谨此深表谢意。

编　者

2015 年 8 月

第一版前言

自汽车问世以来,汽车安全就一直是汽车界的一个重要研究方向,经过多年的不断努力,现代汽车安全技术在当今汽车制造业中是发展最快、高新技术应用最多的一项综合技术。

本书系统地介绍了现代汽车安全技术的基本理论,从汽车主动安全性和被动安全性两个方面介绍了提高汽车安全性的主要装备和措施以及现代汽车安全技术的发展方向。介绍了世界发达国家和中国的汽车安全法规体系,并进行了比较分析。在全书的编写过程中,针对本科生的学习特点,力图做到深入浅出,使内容既有理论意义又有实用价值。本书可作为车辆工程专业、交通运输专业、事故防治及相关专业"汽车安全"课的教材,也可作为有关行业尤其是车辆管理、汽车设计、汽车运输安全技术人员的参考书。

全书共分七章,第1~5章由刘晶郁编写,第6、7章由李晓霞编写。由于水平有限,加之汽车安全技术问题的复杂性,不少问题尚待进一步探索,书中难免会有错误,敬请批评指正。

在本书的编写过程中,得到陈兴旺、王少峥、王贤高等研究生的帮助,得到长安大学领导及许多的同仁的指导和关注,并参考了国内外大量文献资料,引用了相应的图表和数据,谨此深表谢意。

编　者
2005 年 6 月

目　　录

第1章　汽车安全技术概述

本章主要介绍了道路交通事故与汽车安全的关系、现代汽车的安全保障体系、汽车安全技术的主要内容和汽车安全技术的发展。

1.1　道路交通事故与汽车安全的关系

汽车作为现代社会的交通工具,在给人们带来便利的同时,也带来了灾难,那就是交通事故。

道路交通是由人、车辆和道路环境组成的具有特定功能的一个复合动态系统。道路交通事故在我国的定义为:"凡车辆、人员在特定道路通行过程中,由于当事人违反交通法规或未依法承担应有责任而造成人、畜伤亡和车辆损失的交通事件"。由上述定义可以看出,车辆是交通事故中的一个主要元素,由大量的统计资料可知,道路交通事故的发生,大多与各类汽车有关,所以确保汽车安全是减少道路交通事故的主要途径,有着极其重要的意义。特别是随着社会的发展、人类文化的进步,汽车已成为人类生活中的主要交通工具,成为支持社会、经济和文化活动的基本工具,成为创造舒适和方便社会不可缺少的工具,因而汽车的安全性显得格外重要。

随着汽车保有量的日益增加,汽车事故也不断出现。从18世纪蒸汽汽车诞生以来,汽车安全问题就随之产生了,到现在汽车交通事故已成为全球性社会问题。在美国,从1792年自走式蒸汽汽车问世至1994年,共有304万人死于汽车交通事故,这个数据约为该国从1792年以来战争死亡人数(117.5万人)的3倍。在这一时期汽车交通事故中受伤人数为3亿人,是过去200年间战争受伤人数(145万人)的200倍,1990年全球有统计记录的汽车交通事故损失为1370亿美元,1993年达到5000亿美元,而1995年初发生于日本阪神大地震所造成的经济损失约为1000亿美元。据估计,全世界每年约有120万人死于汽车交通事故伤害,多达5000万人因汽车交通事故受伤。根据联合国和世界卫生组织的报告,在诸多日常交通事故中,汽车交通事故的伤害是最危险的,全世界每天有3000多人死于汽车交通事故。可见对于人类社会来说,汽车交通事故的总体伤害与经济损失规模已大于任何一种自然或其他社会灾害。特别是随着汽车保有量的增加,因道路交通事故而引起的人类疾病或伤害的比例正在提高。据有关研究表明,在2000～2020年期间,汽车交通事故死亡人数在高收入国家将下降30%左右,而在中等收入和低收入国家则会大幅度增加。如果不采取适当措施,到2020年,汽车交通事故伤害预计将成为导致全球疾病与伤害的第三大原因,见表1-1。另外由于汽车交通事故造成的经济损失也是巨大的,根据有关报告,在低收入国家,汽车交通事故伤害的经济损失约占国民生产总值的1%,在中等收入国家该数据为1.5%,在高收入国家该数据为2%。每年全球汽车交通事故伤害的损失估计为5180亿美元,其中中等收入和低收入国家的年汽车交通事故损失为650亿美元。车辆安全性已成为当今汽车发展三大方向(安全、环保、节能)中的首要方向。

1990 年与 2020 年全球疾病与伤害十大原因的排序　　　　　表 1-1

序次	1990 年疾病与伤害	序次	2020 年疾病与伤害
1	下呼吸道感染	1	缺血性心脏病
2	腹泻病	2	抑郁症
3	围产期疾病	3	汽车交通事故伤害
4	抑郁症	4	脑血管疾病
5	缺血性心脏病	5	慢性阻塞性肺病
6	脑血管疾病	6	下呼吸道感染
7	结核病	7	结核病
8	麻疹	8	战争
9	汽车交通事故伤害	9	腹泻病
10	先天性畸形	10	艾滋病病毒感染

我国交通安全状况也尤为严峻,例如许多城市道路交通是机动车、自行车和行人混行,道路交通设施落后,交通管理水平低下,车辆本身安全性差,这些都是造成汽车交通事故频发的主要原因。特别是近年来我国汽车工业发展迅速,汽车保有量逐年快速增加,1985 年的汽车保有量为 289 万辆,2012 年增加到 12089 万辆。1988 年的高速公路通车里程为 18.5km,2012年已有 95600km,占全国公路总里程的 2.25%。随着汽车保有量和高速公路通车里程的增加,每年的交通事故都有数十万起,直接经济损失达数十亿元,见表 1-2。从图 1-1 中可以看出,自 1998 年以来,我国交通事故总数逐渐上升,经过相关部门的治理,虽然近些年有逐渐下降的趋势,但是与西方发达国家相比,事故总数、死亡人数以及造成的直接经济损失仍然触目惊心。交通事故的发生受到驾驶人、行人、车辆、气候和道路环境等一系列复杂因素的影响,需要全面、综合地考虑和解决。

中国道路交通事故统计表　　　　　表 1-2

年份	事故次数(次)	死亡人数(人)	受伤人数(人)	直接经济损失(万元)
1998	346129	78067	222721	192951
1999	412860	83529	286080	212402
2000	616971	93853	418721	266890
2001	754919	105930	546485	308787
2002	773137	109381	562074	332438
2003	667507	104372	494174	337000
2004	517889	107077	480864	239000
2005	450254	98738	469911	188401
2006	378781	89455	431139	148956
2007	327209	81649	380442	119878
2008	265204	73484	304919	100972
2009	238351	67759	275125	91437
2010	219521	65225	254075	92634
2011	210812	62387	237421	107873
2012	204196	59997	224327	117489

由于交通事故造成的危害较大,已成为重大社会问题,引起世界各国的重视。各国现已从法律法规建立、道路设施建设、交通安全教育、交通管理系统完善、汽车产品安全性提高等多方面采取措施,并在减少交通事故和人员伤亡等方面取得了良好的效果。尤其是近年来,由于电子控制技术的发展,譬如 ABS、EBD、ESP 等主动安全装置、安全气囊等被动安全装置以及一些智能辅助驾驶系统在汽车方面的应用,汽车的主动安全性与被动安全性均有大幅度提高。在发达国家中,虽然汽车保有量在增加,但汽车交通事故死亡人数或死亡率反而呈下降趋势。日本从 1992 年开始,交通事故死亡人数或死亡率呈下降趋势,日本 1993 年由于交通事故死亡的人数为 10942 人,到 2013 年下降为 4373 人,下降幅度为 59.6%;德国 1993 年由于交通事故死亡的人数为 9949 人,到 2013 年下降为 3340 人,下降幅度为 66.4%;美国 1993 年由于交通事故死亡的人数为 40150 人,到 2013 年下降为 33561 人,下降幅度为 16.4%。这说明,先进的汽车安全保障体系可以换来人员的安全。

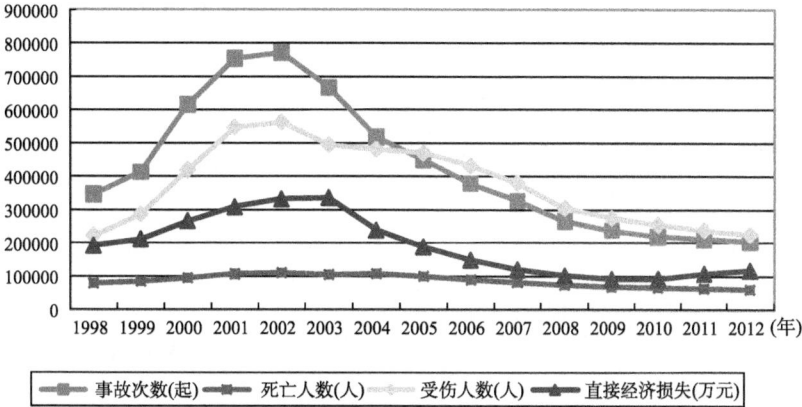

图 1-1　我国 1998 年至 2012 年交通事故趋势

1.2　现代汽车安全保障体系

现代汽车安全保障体系是应用信息论、控制论和系统论的观点,研究宏观世界中物质的运动规律,从复杂的多因素事物中找出特有的规律,进行多方面综合性地有效控制,以解决道路交通系统存在问题的体系。

道路交通系统由人、车、道路环境三要素所构成。其工作目的是高速有效地保障客、货主体实现快捷可靠的安全位移。汽车安全保障体系以交通法规为依据,以管理为手段,达到道路交通系统工作的目的,是涉及静态交通的道路以及有关环境设施,人和车辆的动态参与,社会政治、经济结构的一个有机的整体,其构成如图 1-2 所示。

在道路交通系统中,人是能动者,是系统的核心。从人这个要素来说,保障系统的安全应包括:安全态度、意识的教育;驾驶人员的选拔、培训;交通伤害的急救等。其中教育与培训是保障系统安全的预防措施,而交通伤害的急救是保障系统安全的解救措施。

就系统中的车辆来说,保障其安全应包括:车辆的设计、制造;车辆的安全检测;车辆的维修等环节。优秀的设计与制造是车辆性能安全的前提条件,而车辆的安全检测与维修是保证车辆技术状况完好的必要措施。

道路环境是系统的基础,为保障系统安全,它应该是设计合理、修建可靠并维护及时的。倘若因道路周边环境改变或其他原因而出现事故多发地段,应对其及时进行改进;另外,道路

3

环境还需配备完善的信号、标志以及正确的监控设施等。

　　管理是保障交通系统安全的手段,管理应以法规为依据。由于汽车运输系统包括人、车辆、道路环境三要素,因此,法规也应包括人方面的法规、车辆方面的法规和道路环境方面的法规。例如:与人有关的包括交通管理条例、交通伤害赔偿法、民法和刑事诉讼法等法规;与车辆有关的有车辆管理(牌照登记、更新、改装、报废等)法规、安全检验(机动车安全运行技术条件等)法规;与道路有关的有公路法、道路交通标志与标线、交通信号等法规与标准。管理中包括了管理队伍素质、管理体制、机构以及现代交通管理的方法和手段等。

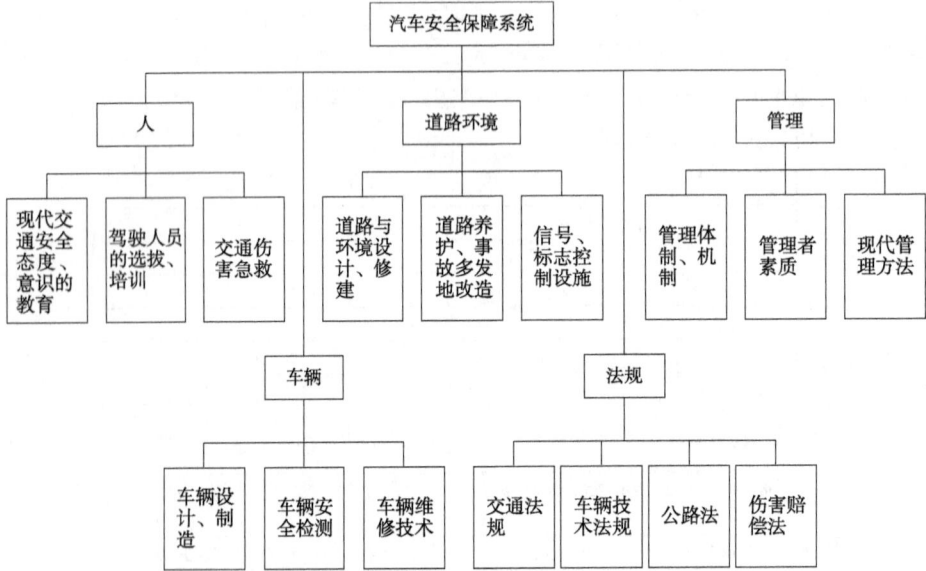

图 1-2　汽车安全保障体系

　　可以看出,汽车安全保障体系中每个要素或环节都与整个系统的安全密切相关,而整个系统的安全又依靠各个要素与环节来保证。

1.3　汽车安全技术的主要内容

　　汽车安全性按照交通事故发生的前后分为主动安全性与被动安全性。汽车的主动安全性是指事故将要发生时操纵制动或转向系防止事故发生,以及汽车正常行驶时保证其动力性、操纵稳定性、驾驶舒适性的能力,也叫事故前汽车安全性。汽车的被动安全性是指事故发生时保护乘员和步行者,使直接损失降到最小的能力,以及事故后,防止事故车辆火灾以及迅速疏散乘客的能力,也叫事故后汽车安全性。汽车安全技术的主要内容如图 1-3 所示。

　　汽车的主动安全性可以分为行驶安全性、环境安全性、感觉安全性和操作安全性。行驶安全性要求汽车有最佳动态性能,保证良好的制动性能,特别是悬架、转向系和制动系的运动协调以保证汽车良好的操纵稳定性能;环境安全性是使由于振动、噪声和各种气候条件而加于汽车乘员的心理压力尽可能减小到最低程度的性能,它在减少行车过程中可能产生的不正确操作方面具有重要意义;感觉安全性是从照明设备、声响报警装备、直接或间接视线等方面入手提高汽车的安全性,如汽车的前照灯应照亮道路,以便驾驶人能看清道路交通状况,及时辨别障碍物,另外在驾驶人改变汽车方向时,应给出示意或指示出危险状况,还有汽车的前窗门柱、转向盘、风窗玻璃和刮水器等都会造成驾驶人的视线障碍,在汽车设计时,应尽量减少驾驶人的视线盲区;操作安全性是指从降低驾驶人工作时的紧张感方面入手,提高驾驶的安全性,这就需要对驾驶人周围的工作条件做出优化的设计,使驾驶操作方便容易。

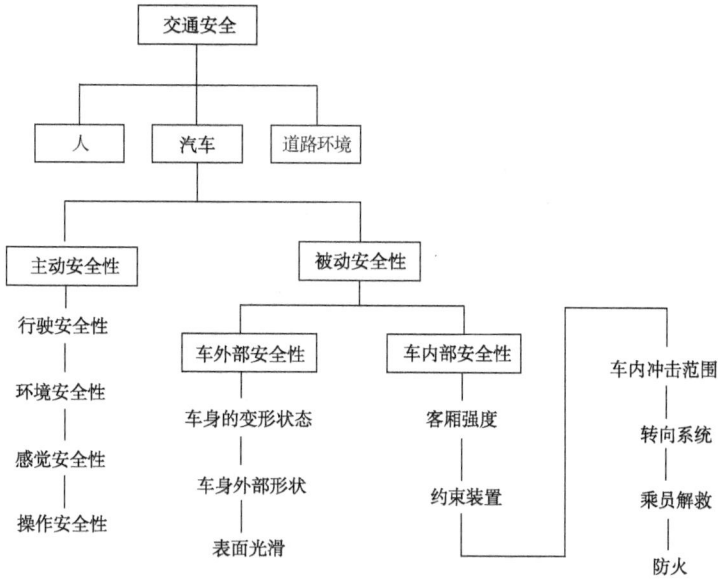

图 1-3　汽车安全性研究内容

被动安全性分为汽车外部安全性和汽车内部安全性。汽车外部安全包括一切旨在减轻在事故中汽车对行人、自行车和摩托车乘员的伤害而专门设计的与汽车有关的措施。决定汽车外部安全性的因素为:发生碰撞后汽车车身的变形状态;汽车车身外部形状。从车辆的被动安全性考虑,对汽车外部设计最基本的要求应是使碰撞的不良后果减轻到最低程度(涉及车外的人和汽车自身的碰撞)。车内安全包括旨在事故中使作用于乘员的加速度和力降低到最小;在事故发生以后提供足够的生存空间,以及确保那些对从车辆中营救乘员起关键作用部件的可操作性等有关措施。决定汽车被动安全性的因素为:车身的变形状态、客厢强度、当碰撞发生时和发生后的生存空间尺寸、约束系统、撞击面积(车内部)、转向系统、乘员的解救和防火等。

1.4　汽车安全技术的发展

汽车发展的历史同时就是汽车安全性不断提高的历史。1886 年第一辆汽车问世,1896 年汽车撞死了第一位行人,1898 年第一位汽车驾驶人在交通事故中丧生,从那时开始,人们就在不断努力地改善汽车的安全性能。汽车安全性能真正引起人们高度的重视还是在 20 世纪 60 年代。1966 年,美国国会参众两院通过了《国家交通和汽车安全法》,这虽然不是世界上第一部由国家颁布实施的关于汽车安全性的法规,但在这部法规颁布实施后,汽车安全性得到了广泛的重视,其中汽车生产厂家为了生存采取积极响应的态度,汽车安全技术也从此走上快速发展的道路。20 世纪 60 年代汽车采用能量吸收式转向柱和双管路制动系统等,推动了汽车安全技术的进步;20 世纪 70 年代汽车推广使用安全带、侧撞防护装置、座椅头枕、儿童安全座椅、安全门锁、广角后视镜和防止汽车高速行驶时轮胎爆破式气压过低的安全轮胎,进一步推动了汽车安全性能的提高;特别是 20 世纪 80 年代后期汽车安全技术越来越受到重视,其中汽车制动防抱死装置(ABS)的使用是 80 年代汽车安全技术的最大成就之一,并在 90 年代得到普及。与此同时,汽车安全技术还发展了制动辅助系统(BAS)、电子制动力分配系统(EBD)和驱动力调节装置(ASR),在这一时期,安全气囊和安全带张紧器等约束系统也得到发展并装车实用;20 世纪 90 年代后,由于电子技术、控制技术、传感器技术和新材料在汽车产品中的成功应用,为汽车安全技术的发展奠定了基础。例如气体放电前照灯和智能型前照灯,改善了夜间行车会车时汽车的行车安全性;安全气囊性能的改善,如正面气囊系统、侧面气囊系统的装车,汽车车身结构抗碰撞性和兼容性的提高,使汽车被动安全性进一步提高。在主动安全方面,电子助力转向系统(EPS)的应用可以兼顾汽车低速时的转向轻便性和高速时的操纵稳定性的要求,提高了汽车的行驶操纵安全性,特别是车身电子稳定系统(ESP)的应用使汽车在物理极限内最大限度按照驾驶员的意愿行驶,被公认为汽车安全技术中,继安全带、安全气囊和ABS 之后的又一项里程碑式的突破。汽车安全技术的发展如图 1-4 所示。

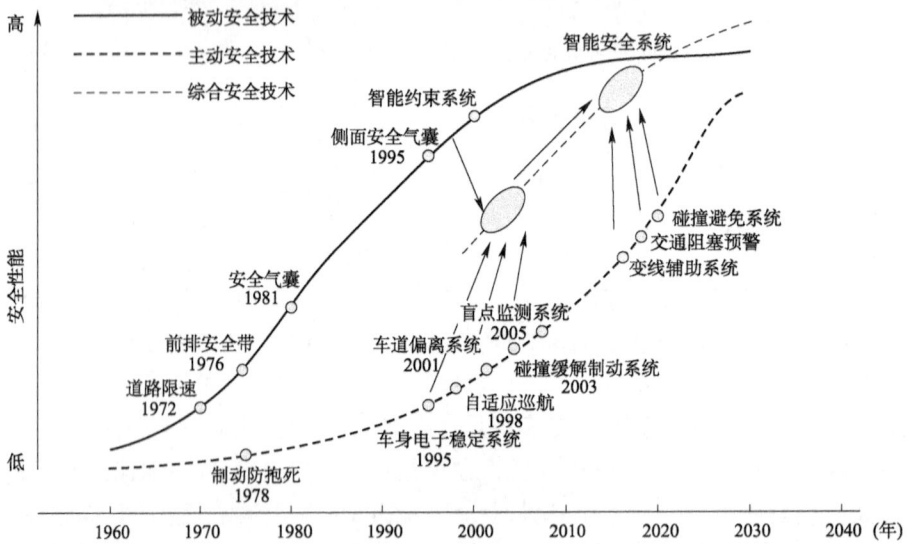

图 1-4 汽车安全技术的发展

2000 年以后,在被动安全方面,自适应碰撞车身及智能约束系统也开始用于汽车上。在主动安全技术方面,随着视觉技术应用的发展,以视觉传感器为代表的安全预警系统被广泛应用,其中车道偏离预警系统及盲点监测预警系统等已经大量应用于豪华汽车上。目前国际上领先的底盘电控产品供应商和汽车制造商开始推广底盘一体化控制技术。所谓底盘一体化电控技术是指通过底层传感器信息共用、车辆运动和动力学状态共享,在对整车安全性控制、动力学控制等多层次目标协调优化后,对多个底盘电子控制系统的集成控制技术,其系统框架如图 1-5 所示。如丰田公司车辆动力学管理(vehicle dynamics integrated management, VDIM)系统,将汽车稳定性控制系统、辅助制动系统以及电子节气门的信息加以融合,从中获取整车动力学状态以及实现整车稳定性最优的控制方式。基于这一集成控制平台,可以进一步将电动助力转向技术(EPS)和变传动比转向控制技术(VCRS)集成到 VDIM 平台中。特别是通信技术在汽车上的应用,汽车主动安全技术正朝着多功能、集成化的方向发展,而其与被动安全技术及 3G 通信网络的结合后,使集主被动于一体的综合安全技术成为未来汽车安全技术的发展方向。

综合安全技术是以"碰撞事故"为核心,通过事故前主动安全技术避免、事故中被动安全技术有效缓解及事故后远程救援三个阶段来实现事故伤亡最小的目标。综合安全技术根据碰撞的风险,各个阶段通过不同系统完成安全控制,通过综合各类安全控制系统功能,并融合各个系统优点,使交通事故伤亡最小化,如图1-6所示。以沃尔沃汽车城市安全系统为例,该系统包括了自适应巡航控制(ACC)、车道偏离预警(LDWS)、电子稳定性控制(ESP)、碰撞缓解制动(CMBS)和智能约束等功能,该系统能够避免低速下车辆追尾风险,可降低约60% 由于追尾事故导致的颈部软组织损伤。在城市安全系统的基础上进一步融合主动和被动安全的新技术,如变线辅助系统、交通阻塞预警和碰撞避免等,将车路协同控制以及融合智能公路系统的智能安全系统结合起来,将会使交通事故发生率及事故中人员伤害降到最低程度。

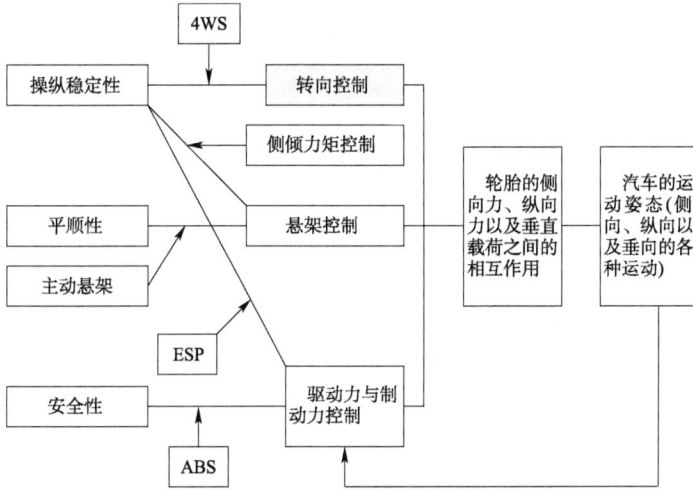

图 1-5　底盘一体化控制系统的系统框架图

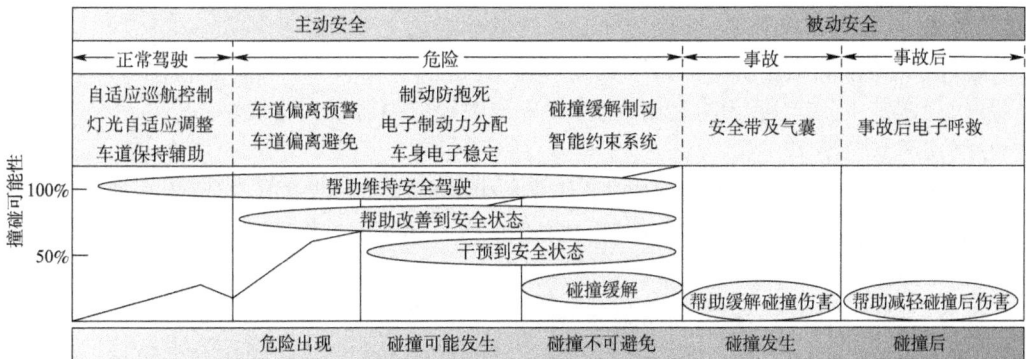

图 1-6　综合安全技术功能图

第 2 章 汽车安全技术法规与标准

本章主要介绍了汽车技术法规与标准的关系;介绍了欧洲、日本、美国汽车技术法规体系和汽车安全技术法规的特点及项目;介绍了中国汽车标准和法规体系及现行的强制性安全标准;对各国的主动安全和被动安全标准的主要项目进行了比较。

2.1 汽车技术法规与标准的关系

技术法规和标准的出现,强迫企业遵循其内容,达到进入市场的最低要求,客观上促使汽车生产企业不断增大产品研发费用,提高设计、生产水平,加强质量管理。技术法规和标准的实施促进了整个汽车总体技术水平的提高,是汽车工业发展的产物。但是法规体系和标准体系是不同的。不同点如下:

1. 标准和技术法规的定义不同

中国国家标准 GB/T 20000.1—2014《标准化工作指南 第 1 部分:标准化和相关活动的通用术语》给出标准化的定义为:为了在既定范围内获得最佳秩序,促进共同效益,对现实问题或潜在问题确立共同使用和重复使用的条款以及编制、发布和应用文件的活动。标准化活动确立的条款,可形成标准化文件,包括标准和其他标准化文件。

技术法规是指规定技术要求的法规,它直接规定技术要求,或者通过引用标准、技术规范或规程来规定技术要求,或者将标准、技术规范或规程的内容纳入法规中。

2. 制定的目的不同

在人类的经济和科学技术活动中,存在着大量共同的、经常是重复应用的要求。如各国或各厂在某些零部件的生产中需要尺寸统一方面的要求,性能、工艺、实施规程等许多有共性的、实际存在的重复应用的要求。为解决这方面问题就需要开展标准化工作,以规范人们的生产活动,使各方都能以最小的投入获得最佳的经济利益,这就是标准制定的目的。

技术法规是政府为了保证经济技术方面法律的贯彻实施而制定的包含大量技术要求的行政管理规则,是为政府法制化的行政管理活动服务的。二者的目的、服务对象截然不同。

3. 制定、批准和采用的机构不同

标准的起草、批准或采用是由一个公认机构负责的。所谓公认机构就是有能力在标准化领域开展活动,在国际上得到各国认可,在一个国家内得到本国政府认可或是已经树立起威信和信誉并为社会有关方面一致接受的标准化机构。比如 ISO 就是得到各国公认的非官方组织。技术法规方面的工作则是由政府直接负责的,由政府的某一个权威机构具体管理。所谓权威机构是指法律授权的、有"立法权"和"执法权"的机构,在一些情况下二者可以是同一个机构,而在另一些情况下二者可以是两个机构。技术法规从制定、批准到执行都是政府的本职工作,属政府职能;而严格地说,标准的制定、批准和执行不是政府职能。

4. 约束力不同

标准和技术法规都在一定范围内具有约束力,但其约束力的性质却不同。现以国际标准为例说明标准的约束力。国际标准是各参加国的标准化组织协商一致后制定,并由 ISO 批准的。如果某一方不同意该项标准则可不签字,这个标准对该国就无约束力。相反签字国却有义务执行该标准。这表明标准仅在其承认的范围内有约束力,其约束力为一种自觉承担义务性质的约束力,而没有法律意义上的约束力。所以一般标准的执行是非强制的。

技术法规是法律直接派生的产物,是法律的配套文件,是政府为贯彻法律的原则通过一定形式的立法程序制定的行政管理规则。因此它具有法律含义上的约束力,在一个国家里必然是强制执行的。是否在法律上具有强制性是标准和技术法规之间重要的、原则性的区别。对此世界贸易组织的《技术性贸易壁垒协议》在定义标准和技术法规时,明确了技术法规包括强制执行的行政管理规定,标准则包括非强制执行的产品或加工生产方法的规则、准则和特性。

事实上,在世界贸易组织各参加国中,无论是国际标准、区域性标准、国家标准、团体标准和企业标准都是非强制性的,这已成为国际惯例。有些国家还在法律中规定了标准的非强制性,比如日本在其标准化法中就规定日本的国家标准(JIS)是自愿执行的。但是对于一项标准如果被某一项法律或技术法规全文引用作为其技术要求的内容,而且认为符合技术法规有关要求的唯一方法是遵循被引用的标准时,该标准就因法律、技术法规的引用而具有了法律上的约束力,被称为强制性标准。可见一个具体的标准是否具有强制性,不是由标准本身的属性所决定的,也不是由标准化法划定的,而是由引用它的那个法律或技术法规所赋予的。换句话说,标准被法律、技术法规引用是标准强制执行的先决条件。离开了引用它的法律、技术法规,标准也就失去了强制执行的属性。另外,同一个标准在技术法规引用的场合和范围是强制的,在其他的范围和场合则仍是非强制的。

5.体系的构成不同

在体系构成上,标准和技术法规是完全分立的两个体系。标准体系的构成是国际标准、区域标准、国家标准、团体标准和企业标准。技术法规体系的构成则为区域技术法规、中央政府的技术法规和地方政府的技术法规。对比两个体系,应予注意的是技术法规的制定、批准、执行均属政府行为,而企业是不具有政府行为的法人,因此不可能有企业的技术法规。

在分类方面,标准的种类包括:基础标准、术语标准、试验标准、产品标准、工艺标准、服务标准、接口标准和提供数据的标准八类。技术法规则没有与标准对应的分类。

6.内容的构成不同

标准与技术法规有着密切的联系,表现在技术法规经常要直接引用标准作为其重要组成部分。二者又有许多共同的特点,如都要以技术和科研成果为基础,但二者在内容上仍有十分明显的差别:标准一般只包括"纯"技术的内容。而技术法规除了技术的内容外,一定还包括为满足管理需要而由行政部门制定的行政规则,如内容包括有便于法规贯彻执行而设置的管理程序和违犯时的制裁措施等。

按我国标准编制规则,标准内容的三个组成部分为概述部分、技术内容部分和补充部分。

各国的法规其内容和形式不完全统一,现以联合国欧洲经济委员会 ECE 法规为例,概述法规的内容。ECE 法规包括以下几个方面:适用范围、名词术语、申请程序、批准与撤销程序、技术要求、试验方法、产品合格与不合格判别及处理规则、负责试验单位名称及通信地址、批准单位名称及通信地址。对于汽车技术法规实施过程中,汽车生产企业设计和生产的汽车必须符合汽车法规的要求,并经政府部门审定签发证明后,才允许在市场上销售。出口外销的汽车也必须符合进口地区的汽车法规的要求,否则不允许进口或不签发行驶牌照。

比较 ECE 法规和我国标准的内容,可以看出 ECE 法规具备假定、处理和制裁三个基本要素,而标准不同时具备上述三个要素。

由上述分析可知,标准与技术法规是技术领域中不同的规范性文件体系,二者之间又存在许多必然的联系。它们的区别如表 2-1 所示。

技术法规与标准的比较   表 2-1

项　目	技 术 法 规	标　准
定义	执法权威机构采用的规定或行政规则等约束性文件	为协调相关各方面工作关系而确定采用的各项原则
目的	从保障人民生命、财产安全,保护环境,节约能源三个方面来维护全社会的公共利益	保障行业、协作单位之间的协调关系,不断提高产品的技术水平,克服国际贸易中的技术壁垒,获取最佳经济效益
制定、批准、管理机构	政府颁布,由政府或授权机构执行、监督和管理	不具有政府管理职能的有关机构或组织(如行业组织、地区性组织、学会、协会)颁布,相应的机构协调
内容	涉及汽车安全、环境保护、节约能源的技术内容,并包括为满足管理需要而制定的行政规则	一般为纯技术内容,不包括行政规则
适用范围	国家主权范围内	一般不受限制,可以跨越区域
管理方式	强制性,产品需通过认证机构的认证才有可能在法规管辖区域内得到认可	非强制性,企业可根据合同要求自主选择

尽管标准不等于技术法规,并不意味着标准和技术法规毫无联系,二者具有十分密切的关系。一是二者都是涉及技术要求的文件,均具有极强的技术性,都要以科学技术的成果为基础,内容均可包括产品特性,加工生产方法的术语,符号,包装,标志等方面要求;二是技术法规可以引用标准,标准可以被技术法规引用。政府在制定技术法规时,常常引用标准来代替技术法规中有关技术要求的详述条款。这样做既可以通过引用标准充分借鉴人类科学技术成果,又能简化技术法规起草的过程,缩短起草的周期。

对技术法规如何引用标准以及在没有国际标准时如何协调各国技术法规,《技术性贸易壁垒协议》提出了以下原则:在需要技术法规及已有相关国际标准或即将完成国际标准制定的场合,世界贸易组织成员国应以国际标准或有关的部分作为制定本国技术法规的依据。除非国际标准或有关部分会影响或不利于达到合法的目的,如因基本气候条件或地理因素或基本技术条件不同而无法采用。

汽车标准与法规是在汽车工业的发展过程中不断完善形成的,二者相互依存,在汽车产品生产与管理中共同发挥其不可代替的作用。

当前,世界上主要的汽车法规有美国汽车法规、欧洲汽车法规、日本汽车法规三大汽车法规体系。此外加拿大、澳大利亚、沙特阿拉伯、南非、新加坡等国家也都有自己的汽车法规。但这些法规基本上都是参照美国法规或欧洲法规,然后再结合本国具体情况制定的。表 2-2 为各国主要汽车技术法规。

序号	分类	国别	所依据的法律	派生出的汽车技术法规	说明
1	管理汽车安全的法律	美国	《国家交通与机动车安全法》	美国联邦汽车安全法规 FMVSS	其内容包括汽车主动安全和被动安全法规
		日本	《道路运输车辆法》	日本道路运输车辆安全标准	以《基于日本道路运输车辆安全标准及安全标准细则》为补充,规定了汽车安全、污染物、噪声等内容
		欧洲	日内瓦协议罗马条约	ECE(联合国欧洲经济委员会安全法规)和EEC(欧洲经济共同体安全指令)	除安全技术法规之外,还增加了防止汽车排放污染、噪声及抗电波干扰等公害内容
2	汽车污染物控制的法律	美国	《清洁空气法》《噪声控制法》	40 号联邦法规	
		日本	《大气污染控制法》《噪声限制法》	日本道路运输车辆安全标准第31条和第30条	
		欧洲	日内瓦协议罗马条约	ECE 和 EEC	
3	汽车节约燃料的法律	美国	《机动车情报和成本节约法》《能源特许法案》	10 号联邦法规	每个汽车制造公司均要保证自己每年生产的各种大小及类型汽车平均燃料消耗量不得超出政府的规定
		日本	《道路运输车辆法》《能源合理利用法》	在 TRIAS—31《十工况排放标准》的基础上,同样用此十工况法测量汽车平均燃料消耗量	
		欧洲	日内瓦协议罗马条约	在 ECE·R15《十五工况排放标注》的基础上,同样用此十五工况法规测量轿车平均燃料消耗量,即 ECE·R84	

2.2 世界各国汽车安全技术法规特点及项目

人们面对日益严峻的汽车交通事故这一重要"社会公害",许多国家都制定了汽车安全法规。但由于各国汽车技术的发展以及汽车交通事故的情况存在差异,所以安全标准或法规的侧重点和发展不尽相同。随着国际交流的频繁,在世界范围内有要求简化和统一法规的倾向。

2.2.1 美国汽车技术法规体系

美国作为世界上最典型的法制化国家,联邦政府从维护整个社会和公众的利益出发,将汽车产品的设计与制造纳入社会管理的法律体系中,对汽车产品的设计和制造专门立法,授权汽车安全、环保和节能的主管部门制定汽车技术法规,并按照汽车技术法规对汽车产品实施法制化的管理制度——自我认证和产品召回,即无须监管部门的认可,企业自己负责试验,并对法规适应性进行确认,贴上合格标签的汽车即可进行销售,不过,为了对法规的适应性进行监督,作为监管部门的美国运输部(DOT)和国家公路交通安全管理局(NHTSA)通过自己购买新车来进行试验确认。此外,在美国,消费者根据生产品责任法对制造商提起诉讼的情况比较盛行,有时会要求制造商在法庭上对法规的适应性进行证明。

美国联邦政府根据国会通过的有关法律为依据,如《国家交通及机动车安全法》《机动运载车法》《机动车情报和成本节约法》《噪声控制法》及《清洁空气法》等,分别授权美国运输部和美国环境保护署(EPA)制定并实施有关汽车安全、环保、防盗和节能方面的汽车法规,以达到政府对汽车产品安全、环保、防盗和节能有效地控制,这些技术法规构成了汽车产品进入美国市场必须满足的基本条件。

1. 美国的汽车安全技术法规

美国的"汽车安全法规"(Federal Motor Vehicle Safety Standards,FMVSS)是在美国《国家交通及机动车安全法》的授权下,由 NHTSA 具体负责制定、实施的,与机动车辆结构及性能有关的机动车安全法规。任何车辆或装备部件如果不符 FMVSS,那么其不得以销售目的而生产,不得销售或引入美国州际商业系统,不得进口。从 1968 年 1 月 10 日实行以来,该法规经过不断的修改,其中各条款的要求更加严格。

FMVSS 目前共计 64 项,分为 5 大类。FMVSS100 系列为防止撞车等安全事故发生的法规,即汽车主动安全法规。这类技术法规是对保证汽车安全行驶所需的条件加以规定。例如规定各种便于操纵和识别的标志及位置,使得驾驶人不至因标志及位置不清和操纵失误而造成安全事故。此外该法规对制动系统、灯具、轮胎及车身附件的性能有明确的规定,这些技术法规目前共计 28 项。FMVSS200 系列为发生事故时减少驾驶人及乘员伤害的法规,即汽车被动安全法规。其目的为使乘客的伤亡减至最少,例如涉及撞车时对乘员的防护,座椅及安全带、车门及门锁、风窗玻璃等部件在撞车时应对乘员起到保护作用,目前共计 27 项。FMVSS300 系列对防止撞车灾害性事故的发生而加以规定,即汽车防火安全法规,目前共计 5 项。FMVSS400 系列对撞车时人员和物品的保护加以规定,即汽车运载人员和物品保护法规,目前共计 3 项。FMVSS500 系列对汽车的运行安全加以规定,目前共计 1 项。

现行美国 FMVSS 一览表如表 2-3 ~ 表 2-7 所示,表 2-3 为主动安全法规,表 2-4 为被动安全法规,表 2-5 为汽车防火安全法规,表 2-6 为汽车运载人员和物品保护法规,表 2-7 为汽车运行安全法规。

FMVSS 主动安全法规　　　　　　　　　　　　　表 2-3

法规序列号	主 要 内 容	法规序列号	主 要 内 容
101	控制器和显示器	117	翻新充气轮胎
102	变速器换挡杆顺序,起动机互锁机构和变速制动效能	118	动力操纵风窗玻璃
103	风窗玻璃除霜和除雾系统	119	总质量超过 4536kg 的机动车和摩托车用充气轮胎
104	风窗玻璃刮水和洗涤系统	120	总质量超过 4536kg 的机动车的轮胎和轮辋选择
105	液压和电子制动系统		
106	制动软管	121	气压制动系统
108	灯具,反射装置和辅助设备	124	加速器控制系统
109	充气轮胎和某些专用轮胎	125	报警装置
110	总质量不超过 4536kg 的机动车轮胎和轮辋选择	126	车身电子稳定系统
		129	新的乘用车非充气轮胎
111	后视镜	131	学童客车行人安全装置
113	罩盖锁装置	135	轻型车制动系统
114	防盗装置和侧翻防护系统	138	轮胎气压监测系统
116	机动车制动液	139	轻型车辆用充气子午线轮胎

FMVSS 被动安全法规   表 2-4

法规序列号	主要内容	法规序列号	主要内容
201	乘员在车内碰撞时的防护	216(a)	车顶抗压强度
202(a)	头枕	217	客车紧急出口及车窗的固定与松放
203	驾驶人免受转向控制系统伤害的碰撞保护	219	风窗玻璃区的干扰
204	转向控制装置	220	学童客车侧翻的防护
205(a)	玻璃材料	221	学童客车的车身联结强度
206	车门锁及车门固定件	222	学童客车乘员座椅及碰撞保护
207	座椅系统	223	后碰撞保护(总质量为4536kg以下的拖车和挂车)
208	乘员碰撞保护		
209	座椅安全带总成	224	后碰撞保护(总质量为4536kg及以上的拖车和挂车)
210	座椅安全带总成固定点		
212	风窗玻璃的安装	225	儿童约束系统固定点
213	儿童约束系统	226	降低驾驶人弹出危险性
214	侧碰撞保护		

FMVSS 汽车防火安全法规   表 2-5

法规序列号	主要内容	法规序列号	主要内容
301	燃料系统的完整性	304	压缩天然气汽车燃料箱的完整性
302	汽车内饰材料的燃烧特性	305	电动车辆电解液防溅出及电击保护系统
303	压缩天然气汽车燃料系统的完整性		

FMVSS 汽车运载人员和物品保护法规   表 2-6

法规序列号	主要内容	法规序列号	主要内容
401	乘用车行李舱内部开启机构	404	机动车地板举升器的安装
403	机动车地板举升系统		

FMVSS 汽车运行安全法规   表 2-7

法规序列号	主要内容	法规序列号	主要内容
500	低速汽车运行安全		

注:不包含摩托车的法规

2. 美国汽车安全法规的制定程序

美国汽车安全技术法规可由政府各部门、各社会团体和组织、各企业或任何一个普通公民提出,在提案被国家公路安全管理局采纳后,即开始法规的制定程序。在法规制定的整个过程中,在每周发行的公告"联邦注册"中要刊登所有有关的法规制定文本,主要包括:提出法规制定的提前通告——法规的初始草案;法规制定的通告——法规草案;法规的制定——法规的最终草案;法规和法则。

通过这些法规草案和文本在公告上的公开刊登,使广大公众了解到法规制定的有关信息,同时这些草案和文本还由政府有关部门发送美国汽车制造商协会、汽车工业协会及其他与汽车有关的协会,定期召开汽车工业界与政府部门之间的会议,向工业界传达政府的意向和计划。美国所有有关的政府部门、团体和个人可在法规制定的任何阶段以书面形式向国家公路安全管理局提出对法规制定工作的意见,期限通常为1~2个月。如果国家公路安全管理局认为有必要,可以召开听证会,让有关团体、个人陈述其对法规草案或文本的意见。法规制定详细流程见图 2-1。

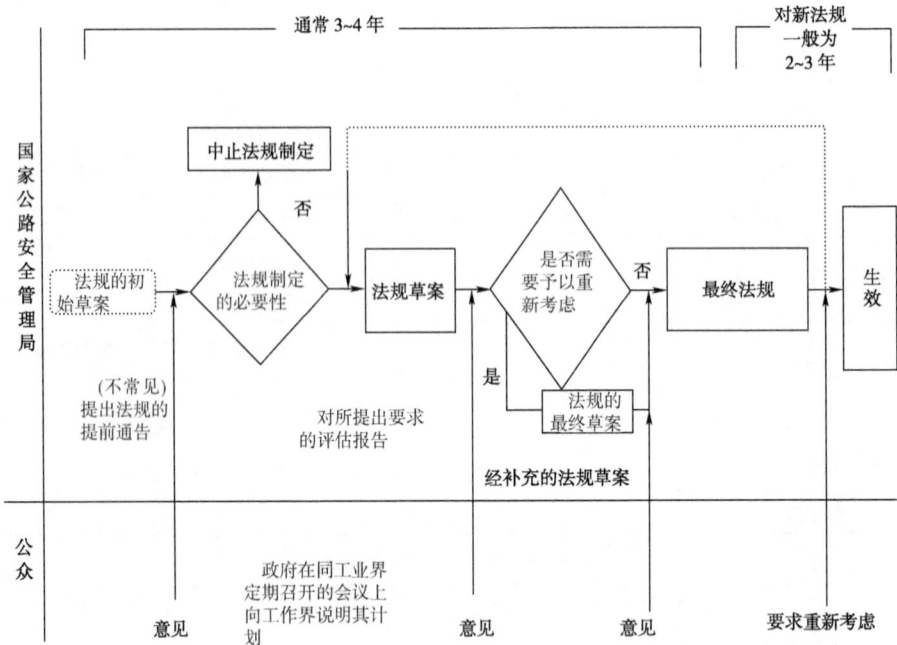

图 2-1　美国汽车安全技术法规的制定流程

2.2.2　欧洲汽车技术法规体系

欧洲各国除有自己国家的汽车法规外,主要有两个地区性的汽车法规,一是联合国欧洲经济委员会(Economic Commission for Europe,ECE)基于 1958 年日内瓦协定制定的汽车法规,二是欧洲经济共同体(European Economic Community,EEC)基于 1957 年罗马条约制定的指令(Directives)。制定统一的 EEC 指令和 ECE 法规则始于二战后。ECE 法规由各国任意自选,是非强制性的,而 EEC 指令则作为成员国统一的法规,是强制性的。但 ECE 法规已被大多数国家所接受,并引入本国的法律体系中。

1. ECE 汽车技术法规

欧洲各国的汽车法规起步较早,20 世纪 50 年代初一些国家就对汽车排放、灯具、制动等装置制定了一些规定,但各国规定的检查方法、效果评定以及限值等都不统一。这些法规上的不统一妨碍了欧洲各国间的自由贸易和国际的运输。在国际贸易中,道路车辆及其部件装备的进出口贸易又占着重要的地位。第二次世界大战以后,联合国欧洲经济委员会为了开辟市场、促进经济增长、促进国际贸易,于 1958 年在日内瓦签订了《关于采用统一条件批准机动车辆和零部件并互相承认批准的协定书》,即统一汽车产品认证条件的协定书,简称《1958 年协定书》。根据这个协定,欧洲经济委员会缔约国之间制定了一套统一的汽车法规,对需要认证的汽车及其零部件,采用这套统一的法规进行认证,并且对各成员国的认证相互承认。这样就大大简化了国际的汽车认证程序,统一了各国的法规要求,促进了国际的技术交流和自由贸易。

《1958 年协定书》经过 50 多年的成功运作,已在国际上产生深远影响力,在促进汽车产品

14

国际化方面起到重要作用。目前《1958 年协定书》共有 48 个缔约方,其中除了包括绝大多数的欧洲国家和许多非欧洲国家,如澳大利亚、新西兰、南非、日本、韩国、马来西亚、泰国等。美国采用的是自我认证制度而非政府认证制度,因此没有加入该协定。ECE 法规日益国际化,其不仅在《1958 年协定书》缔约方之间采用,同时也被许多的非协定书缔约方采用,其方式主要为两种:一是在制定自身的汽车技术法规中,直接引用或参照 ECE 法规的技术内容(如我国汽车强制性标准体系的建立);二是在对汽车产品的市场准入管理体制中,承认满足 ECE 法规,并且满足 ECE 法规的产品,在整车产品进入市场时,相应的项目不再进行检验和认证。

ECE 法规是由欧洲经济委员会下属的道路运输工作组的车辆结构专家组(WP29)负责起草。WP29 下设有 6 个专家小组:一般安全性规定专家组(Meeting of Experts on General Safety Provisions,GRSG)、被动安全性专家组(Meeting of Experts on Passive Safety,GRSP)、污染与能源专家组(Meeting of Experts on Pollution and Energy,GRPE)、灯光及光信号专家组(Meeting of Experts on Lighting and Light Signalling,GRE)、噪声专家组(Meeting of Experts on Noise,GRB)、制动及底盘专家组(Meeting of Experts on Brakes and Running Gear,GRRF)。这些专家小组分别负责有关汽车安全、环保、节能领域内的 ECE 汽车技术法规制定与修订工作。WP29 下属的专家组每年召开三次会议讨论 ECE 法规的制定与修订工作,在广泛听取缔约国和非缔约国意见的基础上,共同研讨法规的制定与修订方式,保证了法规制定与修订的公正性与公开性,ECE 法规在保证汽车安全性、环保及节能的基础上,更加重视法规的协调性、适用性和可操作性。

ECE 法规的制订程序一般是至少来自两个缔约国的车辆结构专家组提出草案,经缔约国协商并提交至秘书长,其生效日期至少在提交草案的五个月后。秘书长向其他各缔约国通知该草案及其生效日期,各缔约国如在接到通知后三个月内回复则表示接受该草案,秘书长则向各缔约国通知该法规的生效日期及接受该法规的缔约国名单。任何一个缔约国都可以宣布采用或停止采用某一项法规,都可以提出修正方案。所以,ECE 法规在缔约国内是自愿采用的,各国可根据本国的具体情况,可全部采用,也可部分采用。

ECE 法规的制定、修订程序如图 2-2 所示。

ECE 法规自从 1958 年制定以来,经不断的修改补充至今已颁布实施的 131 项法规中,与汽车相关的法规(不包含摩托车、农用拖拉机、三轮车、非道路机械等的相关规定)有 106 条,其中 99 项是安全法规。这些法规包括 70 项主动安全法规和 29 项被动安全法规。ECE 法规非常重视灯光和信号装置的安全性。另外,在动态试验方面规定了车辆正面碰撞、侧面碰撞、翻车时车身强度及碰撞时防止火灾发生等要求。

2. EEC 汽车技术指令

EEC 汽车技术指令是欧洲经济共同体成员国(包括德、法、英、意、丹麦、比利时、荷兰、卢森堡、爱尔兰、希腊等 12 国)经协商并经多次表决共同制定的。《马斯特里赫特条约》生效实施后,EEC 指令逐渐改称 EC 指令。

欧洲经济共同体理事会鉴于在各成员国内,用于运输货物的汽车以及客车,都必须符合某些法定的技术要求,而这些要求在各成员国之间存在着差异,阻碍了欧洲经济共同体内的贸易。如果所有成员国都采用统一的要求,补充或者代替各国自己的规定,便能减少、甚至消除对共同体市场的建立和正常运行所造成的种种阻碍。因此,欧洲经济共同体理事会于 1970 年2 月发布了《各成员国关于汽车及其挂车型式认证协议》(70/156/EEC)的指令,随后又制定了一系列有关汽车的安全、排放、噪声、单独零部件的性能要求等法规。

提出的新法规草案　　　　　　　　　　　　　　对现有法规的修正本草案

WP29
GRSG　GRE　GRB　GRRF　GRPE　GRSP

行政管理委员会表决(每一缔约国有一票表决权)

支持票超过参加表决投票的缔约国总数的2/3　　　支持票超过参加表决投票的实施被修正法规的缔约国总数的2/3

ECE执行秘书处（日内瓦）

通知所有《1958年协定书》的缔约国(提出反对意见的期限为6个月)　　　通知所有实施被修正法规的缔约国(提出反对意见的期限为6个月)

联合国秘书长（纽约）

反对票未超过所有《1958年协定书》缔约国总数的1/3　　　反对票未超过所有实施被修正法规缔约国总数的1/3

通知所有《1958年协定书》的缔约国

出版

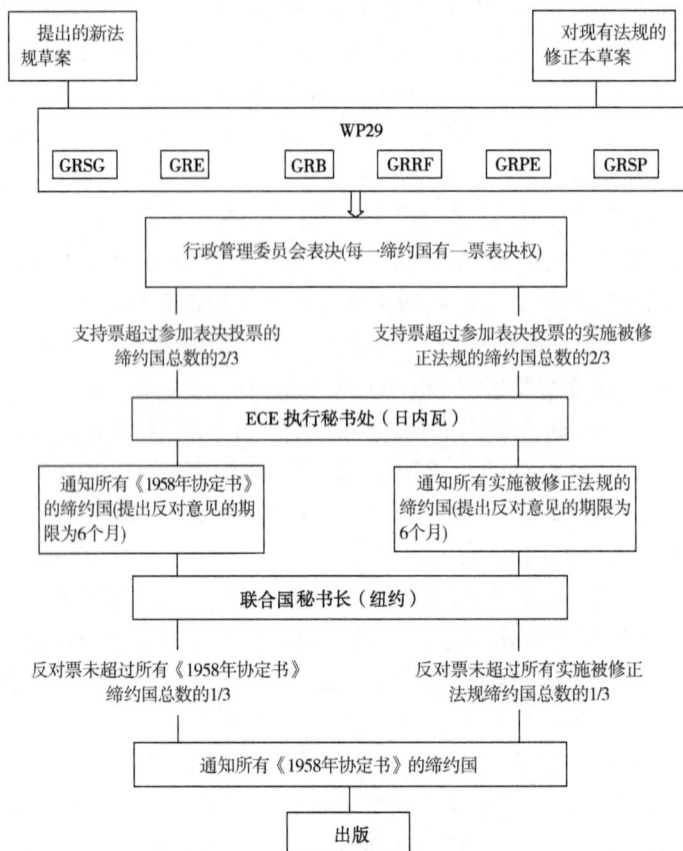

图 2-2　ECE 法规制定、修订流程

EEC 指令的基本构成是:规定了该指令所适用汽车的定义;某种汽车部件符合指令提出的要求时,任何成员国不得以其他借口拒绝给使用该部件的汽车批准 EEC 形式认证或国家形式认证;如果车辆的部件符合指令中提出的要求,任何成员国不得拒绝或禁止该形式车辆的进口销售、登记领照等;需要修订指令中的技术要求时,应按 70/56/EC 指令中规定的程序进行;各成员国在接到本指令后 18 个月内,付诸实施;每一项指令的附件内容大致包括技术要求、试验方法、EEC 形式认证申请及规定、EEC 形式认证证书式样等方面。

EEC 指令是为取得汽车全体成员国认可的车辆综合认证的框架指令,欧洲各主要国家都可以同时加盟 EEC 指令、ECE 法规,EEC 指令和 ECE 法规中的基本项目和内容是相同的,也有个别内容不同,另外 ECE 法规中没有像 EEC 指令那样的框架要求。EEC 指令一经下达后,就要在共同体成员国内强制执行,并优先于本国法规,所以 EEC 指令在成员国内是强制性的,而 ECE 法规在成员国内则是选择性的。

EEC 指令除了整车形式批准的框架性技术指令外,原欧洲经济共同体和现有的欧洲联盟还针对车辆零部件和系统制定了涉及安全、环保和节能方面的 EEC 技术指令,并根据这些技术指令开展车辆产品零部件和系统的单项形式批准,这些车辆零部件和系统的单项形式批准既单独存在,同时又构成其整车产品形式批准必不可少的一部分。例如,目前欧洲联盟统一进行的 M_1 类车辆的整车产品形式批准中,必须首先完成 47 项车辆零部件和系统的形式批准合格后,才能获得 M_1 类整车产品形式的批准。

所有 EEC 技术指令都是按年度、按印发时间顺序统一编号的。第一次发布的 EEC 技术指令为基础指令,以后对基础指令的修改又形成新的单独技术指令,并独立编号。修改后的技术指令只有修改内容或补充内容,法规基础内容及前修改指令内容仍要查阅基础指令和前修改指令。

现行欧洲汽车安全法规 ECE 和 EEC 指令一览表分别如表 2-8 ~ 表 2-10 所示。

ECE 一览表   表 2-8

法规代号	法 规 名 称
ECE R1(R2)	机动车发出非对称辅助光束或者主光束的前照灯以及装备有 R2/HS1 类型灯丝的前照灯的统一认证规定
ECE R3	批准机动车及其挂车回复反射装置的统一规定
ECE R4	批准机动车(不含摩托车)及其挂车后牌照板照明装置的统一规定
ECE R5	批准发射欧洲型不对称近光或远光机动车封闭式前照灯(SB)的统一规定
ECE R6	批准机动车及其挂车转向信号灯的统一规定
ECE R7	批准机动车(不含摩托车)及其挂车前后位置(侧边)灯、制动灯和示廓灯的统一规定
ECE R8	批准发射不对称近光或远光并装有卤素灯(H_1、H_2、H_3、HB_3、HB_4、H_7、H_8、H_9、HIR1、HIR2 或 H_{11} 型号)的机动车前照灯的统一规定
ECE R10	就电磁兼容性方面批准车辆的统一规定
ECE R11	就门锁和车门保持装置方面批准车辆的统一规定
ECE R12	就碰撞中防止转向机构伤害驾驶人方面批准车辆的统一规定
ECE R13	就制动方面批准 M 类、N 类和 O 类车辆的统一规定
ECE R13-H	就制动方面批准乘用车的统一规定(欧美日协调版)
ECE R14	就安全带固定点、ISOFIX 固定系统和 ISOFIX 上拉带固定点方面批准车辆的统一规定
ECE R16	1. 批准机动车乘员安全带、约束系统、儿童约束系统和 ISOFIX 儿童约束系统的统一规定; 2. 批准车辆安装安全带、安全带提示器、约束系统、儿童约束系统和 ISOFIX 儿童约束系统的统一规定
ECE R17	批准机动车座椅、座椅固定装置及头枕认定的统一规定
ECE R18	就防盗方面批准机动车的统一规定
ECE R19	批准机动车前雾灯的统一规定
ECE R20	批准发射非对称近光或远光并装有卤素灯(H_4 型号)的机动车前照灯的统一规定
ECE R21	就内饰件方面批准车辆的统一规定
ECE R23	批准机动车及其挂车的倒车灯的统一规定
ECE R25	批准与车辆座椅一体或非一体的头枕的统一规定
ECE R26	就外部凸出物方面批准车辆的统一规定
ECE R27	批准三角警告牌的统一规定
ECE R28	批准机动车声响报警装置和就声响信号方面的统一规定
ECE R29	就商用车驾驶舱乘员防护方面批准车辆的统一规定
ECE R30	批准机动车及其挂车气压轮胎的统一规定
ECE R31	批准发射非对称近光或远光的封闭式卤素灯(HSB 型号)的机动车前照灯的统一规定
ECE R32	就追尾碰撞中被撞车辆的结构特性方面批准车辆的统一规定
ECE R33	就正面冲撞中被撞的结构特性方面批准车辆的统一规定
ECE R34	就火灾预防方面批准车辆的统一规定

法规代号	法 规 名 称
ECE R35	就脚控制装置布置方面批准车辆的统一规定
ECE R36	就一般结构方面批准大型客车的统一规定
ECE R37	批准用于已经批准的机动车及其挂车灯具中的白炽灯的统一规定
ECE R38	批准机动车及其挂车后雾灯的统一规定
ECE R39	就车速表及其安装方面批准车辆的统一规定
ECE R42	就车辆前、后保护装置(保险杠等)方面批准车辆的统一规定
ECE R43	就安全玻璃材料及其安装方面批准车辆的统一规定
ECE R44	批准机动车儿童乘客约束装置(儿童约束系统)的统一规定
ECE R45	就前照灯清洗器方面批准机动车辆和批准前照灯清洗器的统一规定
ECE R46	批准后视镜和就后视镜安装方面批准车辆的统一规定
ECE R48	就灯光和光信号装置安装方面批准车辆的统一规定
ECE R51	就噪声排放方面批准四轮及四轮以上机动车的统一规定
ECE R52	就小型公共车辆结构方面批准车辆的统一规定
ECE R54	批准商用车辆及其挂车充气轮胎的统一规定
ECE R55	批准汽车及其挂车机械连接件的统一规定
ECE R58	1.批准后下部防护装置(RUPDs)的统一规定; 2.就已批准的后下部防护装置的安装方面批准车辆的统一规定; 3.就后下部防护装置方面批准车辆的统一规定
ECE R59	批准备用消声系统的统一规定
ECE R61	就驾驶舱后挡板的前向外部凸出物方面批准商用车的统一规定
ECE R62	就防盗方面批准带有操纵器的机动车的统一规定
ECE R64	批准装有应急备用轮胎、跑气保用轮胎或跑气保用系统的车辆的统一规定
ECE R65	批准机动车特殊警告灯的统一规定
ECE R66	就上部结构强度方面批准大型乘客车的统一规定
ECE R67	1.批准在驱动系统中使用液化石油气的机动车辆特殊装置的统一规定; 2.就该装置的安装方面批准机动车辆的统一规定
ECE R69	批准低速车辆及其挂车后标志牌的统一规定
ECE R70	批准重、长型车辆后标志牌的统一规定
ECE R73	就侧碰撞方面批准货车、挂车和半挂车的统一规定
ECE R77	批准机动车驻车灯的统一规定
ECE R79	就转向装置方面批准车辆的统一规定
ECE R80	就座椅及其固定点方面批准大型客车座椅和车辆的统一规定
ECE R87	批准机动车白天行驶灯的统一规定
ECE R89	1.就最高车速限制方面批准车辆的统一规定; 2.就已批准形式的最高车速限制装置安装方面批准车辆的统一规定; 3.批准车速限制装置的统一规定
ECE R90	批准机动车辆及其挂车用可更替制动衬片总成的统一规定
ECE R91	批准机动车及其挂车侧标志灯的统一规定

法规代号	法 规 名 称
ECE R93	1. 批准前下部防护装置的统一规定; 2. 就已批准形式的前下部防护装置的安装方面批准车辆的统一规定; 3. 就前下部防护方面批准车辆的统一规定
ECE R94	就正面碰撞中乘员防护方面批准车辆的统一规定
ECE R95	就侧面碰撞中乘员防护方面批准车辆的统一规定
ECE R97	就报警系统方面批准车辆报警系统和机动车辆的统一规定
ECE R98	批准装用气体放电光源的机动车前照灯的统一规定
ECE R99	批准用于已通过认证的机动车的气体放电灯具的气体放电光源的统一规定
ECE R100	就结构和功能安全性的特殊要求方面批准蓄电池电动车的统一规定
ECE R102	1. 批准紧耦合装置的统一规定; 2. 就已批准的紧耦合装置的安装方面批准车辆的统一规定
ECE R104	批准重、长型机动车及其挂车回复反射装置的统一规定
ECE R105	就特殊结构特征方面批准用于运输危险货物的机动车的统一规定
ECE R107	就一般结构方面批准大型双层乘用车的统一规定
ECE R108	批准机动车及其挂车用翻新轮胎的生产的统一规定
ECE R109	批准商用车及其挂车用翻新轮胎的生产的统一规定
ECE R111	就倾翻稳定性方面批准 N 类和 O 类罐式机动车的统一规定
ECE R112	批准发射不对称远光或近光和装有白炽灯泡的机动车前照灯的统一规定
ECE R113	批准发射对称远光或近光和装有白炽灯泡的机动车前照灯的统一规定
ECE R114	1. 批准更换性气囊系统用气囊组件的统一规定; 2. 批准装有已经批准的气囊组件的更换性转向盘的统一规定; 3. 批准安装在转向盘以外部位的更换性气囊系统的统一规定
ECE R115	1. 批准在驱动系统中使用液化石油气的机动车辆上安装的特殊液化石油气加注系统的统一规定; 2. 批准在驱动系统中使用压缩天然气的机动车辆上安装的特殊压缩天然气加注系统的统一规定
ECE R116	就机动车辆防盗保护方面批准车辆的统一规定
ECE R117	就在滚动噪声方面批准轮胎的统一规定
ECE R118	就用于某些类型机动车辆内部结构的材料的燃烧特性方面批准车辆的统一规定
ECE R119	批准机动车辆转向灯(弯道照明灯)的统一规定
ECE R121	就手操纵件、信号装置、指示器的位置和识别方面批准车辆的统一规定
ECE R122	就加热系统批准 M 类、N 类和 O 类车辆的统一规定
ECE R123	批准机动车适应性前照灯(AFS)的统一规定
ECE R124	批准乘用车及其挂车车轮的统一规定
ECE R125	就驾驶人前视野批准车辆的统一规定
ECE R126	批准用于保护乘员免受位移行李冲击伤害、作为非原始车辆装备供应的隔离系统的统一规定
ECE R127	就行人安全性能方面批准机动车辆的统一规定
ECE R128	就机动车辆及其挂车灯具中使用发光二极管(LED)光源方面批准车辆的统一规定
ECE R129	批准增强机动车儿童约束系统(ECRS)的统一规定
ECE R130	就道路偏离预警系统(LDWS)方面批准车辆的统一规定
ECE R131	就紧急制动预警系统(AEBS)方面批准车辆的统一规定

注:不包含摩托车、农用拖拉机、三轮车、非道路机械等

基础指令号	技术指令涉及方面	指令修订号
70/222/EEC	机动车辆及其挂车后牌照板的固定及其安装空间	2003/76/EC
70/311/EEC	机动车辆及其挂车的转向装置	92/62/EC;1999/7/EC
71/320/EEC	某类机动车辆及其挂车的制动装置	74/132/EEC;75/524/EEC; 79/489/EEC;85/647/EEC; 88/194/EEC;91/422/EEC; 98/12/EC;2002/78/EC; 2006/96/EC;2013/15/EU
74/61/EEC	防止机动车辆被盗的装置	95/56/EC;2006/96/EC; 2013/15/EU
75/443/EEC	机动车辆车速表和倒车装置	97/39/EC
76/114/EEC	机动车辆及其挂车的法定铭牌及其内容,以及铭牌安装的位置和方法	78/507/EEC;87/354/EEC; 2006/96/EC;2013/15/EU
77/389/EEC	机动车辆牵引装置	96/64/EC
77/649/EEC	机动车辆驾驶人视野	81/643/EEC;88/366/EEC; 90/630/EEC
78/316/EEC	机动车辆操纵件、信号装置和指示器的识别	93/91/EC;94/53/EC
78/317/EEC	机动车辆风窗玻璃的除霜和除雾系统	672/2010/EC
78/318/EEC	机动车辆刮水器和清洗器系统	94/68/EC;2006/96/EC; 2013/15/EU
78/549/EEC	机动车辆护轮板	94/78/EEC
91/226/EEC	某类机动车辆及其挂车防飞溅系统	2006/96/EC;2010/19/EC; 2011/415/EU
92/22/EEC	机动车辆及其挂车风窗玻璃及玻璃材料	2001/92/EC
92/23/EEC	机动车辆及其挂车轮胎及其安装	2001/43/EC;2005/11/EC
92/24/EEC	某类机动车辆限速装置或类似的车载限速系统	2004/11/EC
94/20/EC	机动车辆及其挂车的机械连接装置以及这些装置在车辆上的连接	2006/96/EC; 2013/15/EU
2001/56/EC	机动车辆及其挂车加热系统	2004/78/EC;2006/119/EC; 2006/96/EC;2013/15/EU
2001/85/EC	8 座以上(驾驶人除外)车辆的结构安全要求	2006/96/EC;2013/15/EU
2003/97/EC	间接视野装置和安装这类装置车辆的形式	2005/27/EC;2006/96/EC; 2013/15/EU
70/388/EEC	机动车辆音响报警装置	87/354/EEC;2006/96/EC; 2013/15/EU
76/756/EEC	机动车辆及其挂车前照灯和光信号装置的安装	80/233/EEC;82/244/EEC; 83/276/EEC;84/8/EEC; 89/278/EEC;91/663/EEC; 97/28/EC;2007/35/EC; 2008/89/EC

基础指令号	技术指令涉及方面	指令修订号
76/757/EEC	机动车辆及其挂车的回复反射器	87/354/EEC;97/29/EC; 2006/96/EC;2013/15/EU
76/758/EEC	机动车辆及其挂车外廓灯、前位置（侧）灯、后位置（侧）灯、制动灯、侧标志灯、白天行驶灯	87/354/EEC;89/516/EEC; 97/30/EC;2006/96/EC; 2013/15/EU
76/759/EEC	机动车辆及其挂车转向指示灯	87/354/EEC;89/277/EEC; 1999/15/EC;2006/96/EC; 2013/15/EU
76/760/EEC	机动车辆及其挂车后牌照灯	87/354/EEC;97/31/EC; 2006/96/EC;2013/15/EU
76/761/EEC	机动车辆远光或近光前照灯以及这些前照灯装用的白炽灯泡	87/354/EEC;89/517/EEC; 1999/17/EC;2006/96/EC; 2013/15/EU
76/762/EEC	机动车辆前雾灯及所装用的灯泡	87/354/EEC;1999/18/EC; 2006/96/EC;2013/15/EU
77/538/EEC	机动车辆及其挂车后雾灯	87/354/EEC;89/518/EEC; 1999/14/EC;2006/96/EC; 2013/15/EU
77/539/EEC	机动车辆及其挂车倒车灯	87/354/EEC;97/32/EC; 2006/96/EC;2013/15/EU
77/540/EEC	机动车辆驻车灯	87/354/EEC;1999/16/EC; 2006/96/EC;2013/15/EU
2007/46/EC	机动车辆及其挂车的系统、部件和单独技术单元的批准框架	1060/2000/EC;78/2009/EC; 1385/2009/EC;1595/2009/EC; 2010/19/EU;1371/2010/EC; 1183/2011/EC;1582/2011/EC; 1678/2011/EC;2011/415/EU; 1407/2011/EC;1661/2009/EC; 119/2011/EC;1109/2011/EC; 11003/2010/EC;1005/2010/EC; 1008/2010/EC;1009/2010/EC; 672/2010/EC;79/2009/EC; 406/2010/EC;458/2011/EC; 64/2012/EC;65/2012/EC; 130/2012/EC;249/2012/EC; 347/2012/EC;1229/2012/EC; 1230/2012/EC;143/2013/EC; 195/2013/EC;136/2014/EC; 133/2014/EC;136/2014/EC; 214/2014/EC;540/2014/EC; 1171/2014/EC;45/2015/EC; 116/2015/EC

基础指令号	技术指令涉及方面	指令修订号
70/157/EEC	机动车辆允许声响水平和排气系统	73/350/EEC；77/212/EEC；81/334/EEC；84/372/EEC；84/424/EEC；89/491/EEC；92/97/EEC；96/20/EC；1999/101/EC；2006/96/EC；2007/34/EC；2013/15/EU
97/27/EC	某类机动车辆及其挂车的质量和尺寸（M₁类以外的车辆）	2001/85/EC；2003/19/EC

EEC 指令中的被动安全技术指令 表 2-10

基础指令号	技术指令涉及方面	指令修订号
70/221/EEC	机动车辆及其挂车液体燃料箱和后防护装置	79/490/EEC；81/333/EEC；97/19/EC；2000/8/EC；2006/20/EC；2006/96/EC；2013/15/EU
70/387/EEC	机动车辆车门及其门铰链	98/90/EC；2001/31/EC
74/60/EEC	机动车辆内饰件（除车内后视镜、操纵件、车顶或滑动车顶、座椅靠背及其后部部件以外的乘客舱内部部件）	78/632/EEC；2000/4/EC
74/297/EEC	机动车辆发生碰撞时转向机构的性能	91/662/EEC
74/408/EEC	机动车辆座椅及其固定点强度	81/577/EEC；96/37/EC；2005/39/EC；2006/96/EC；2013/15/EU
74/483/EEC	机动车辆外部凸出物	79/488/EEC；87/354/EEC；2007/15/EC；2006/96/EC；2013/15/EU
76/115/EEC	机动车辆安全带固定点	81/575/EEC；82/318/EEC；90/629/EEC；96/38/EC；2005/41/EC
77/541/EEC	机动车辆安全带及约束系统	81/576/EEC；82/319/EEC；87/354/EEC；90/628/EEC；96/36/EC；2000/3/EC；2005/40/EC；2006/96/EC；2013/15/EU
78/932/EEC	机动车辆座椅头枕	87/354/EEC；2006/96/EC；2013/15/EU
95/28/EC	某类机动车辆内部结构所用材料的燃烧特性	2006/96/EC；2013/15/EU
2000/40/EC	机动车辆的前下防护	2006/96/EC；2013/15/EU
78/2009/EC	对行人及其他易受伤害的道路使用者的保护	631/2009/EC
661/2009/EC	机动车辆和挂车及其系统、组件、技术单元的一般安全的类型认证要求	407/2011/EC；523/2012/EC

2.2.3 日本汽车技术法规体系

为确保机动车交通安全、防止环境污染、合理有效地利用能源,日本制定了《道路车辆法》《大气污染防治法》《噪声控制法》及《能源合理消耗法》等法律,并以这些法律为依据,日本政府有关部门制定、颁布了一系列的政令、省令、公告、通知,这其中就包括道路运输车辆安全、环保、节能方面的法规及相应的汽车产品试验和认证规程、汽车技术标准和结构标准。

日本的汽车技术法规体系与欧洲联盟和美国的汽车技术法规体系不同,其体系构成比较复杂。日本国土交通省根据《道路车辆法》的授权,以省令形式发布日本汽车安全和环保方面的基本技术法规,内容涉及对机动车辆、摩托车、轻型车辆的安全、排放要求。省令发布的《道路运输车辆安全标准》中只规定了标准的适用范围以及装备要求等基本的法规,而法规进一步细化的构造、装置性能等内容(《道路运输车辆安全标准细则》)是有关机构以公告的形式发布的。不仅如此,《道路运输车辆安全标准细则》及其附带各种技术标准、形式认证试验方法(TRIAS)、与法规实施相配套的管理性规定等也是以公告或各种通知的形式发布的。日本安全法规的相关体系如图 2-3 所示。

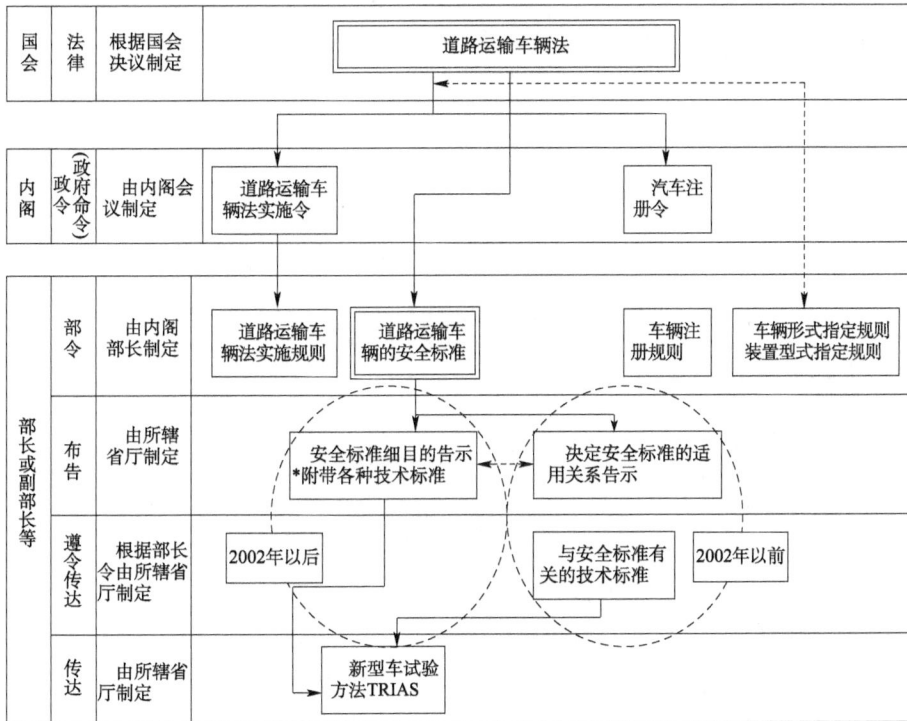

图 2-3 日本安全法规的相关体系

日本汽车法规体系中有车辆技术标准、形式认证试验方法、形式认证审查法规和汽车零部件形式指定技术法规等内容。车辆技术标准的内容规定了汽车的基本技术及结构要求;形式认证试验方法规定了形式认证审查所用的试验方法;形式认证审查法规规定了汽车新产品的形式认证审查要求。此外,日本汽车法规体系中还包括日本国产车及进口车申请和获取日本汽车形式认证批准的运作程序以及汽车产品获得形式认证批准后的管理(包括对缺陷与不符的汽车产品的召回等)方面的规定。

日本早在 1951 年起就根据《道路运输车辆法》制定了道路运输车辆安全标准,后经 50 多次修订,至今仍在执行。安全标准属于法规命令,不同于一般的工业标准。各汽车制造厂所生产的汽车若符合此标准,则政府将发给安全合格证书并定期进行检查。该标准(法规)的制定和修订除根据日本运输技术审议会的安全长期计划及汽车安全性(EVS)的研究成果外,还重点参考了欧洲经济共同体汽车法规 EEC 及美国联邦安全标准 FMVSS,并已形成了自己的比较健全的道路车辆安全标准体系。由于日本道路狭窄,所以其特别重视汽车与行人、摩托车之间的安全,因此对汽车外部凸出物等的规定特别详细。

日本的道路车辆安全标准几经修订,现在已发布的有关汽车安全和排放标准有 107 条,其中包括 70 条主动安全标准、25 条被动安全标准,在被动安全标准中有 2 条防火标准。此外,还设置了与汽车相关的试验规程,包括 162 条形式批准试验规程 TRIAS 和 18 条补充试验规程,其中关于安全相关的试验标准有 122 条。由于日本的汽车工业以出口为主,因此日本生产汽车执行的标准法规大多为 FMVSS 和 ECE 等标准法规。日本汽车技术法规的制定、修订与美国比较类似,也是通过向社会公开法规的制定与修订内容,进而来广泛地征集社会各界的意见。日本汽车技术法规制定与修订程序流程如图 2-4 所示。现行日本道路车辆安全标准及形式认证试验方法如表 2-11 所示。

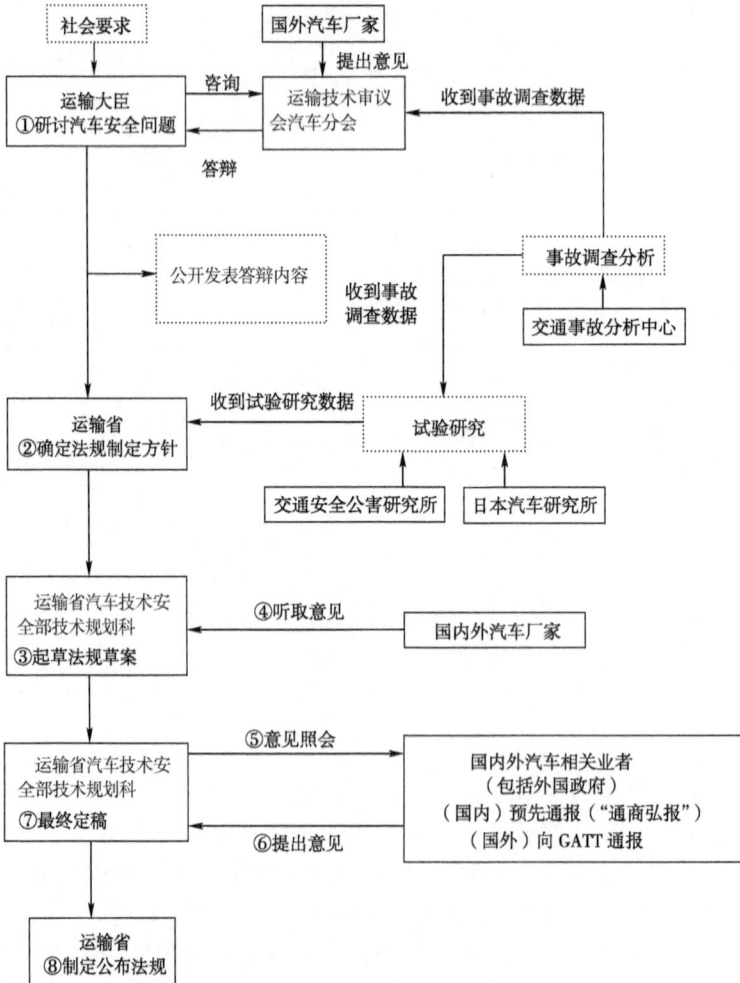

图 2-4　日本汽车技术法规制定与修订程序流程

现行部分日本道路车辆安全标准及形式认证试验方法 表2-11

标准编号	标 准 名 称	标准编号	标 准 名 称
11	机动车结构和装置技术标准	11-3-39	稳定行驶噪声测量规程
11-1	道路车辆安全法规	11-3-40	加速噪声测量规程
11-2	详细描述道路车辆安全法规的公告	11-3-47	机动车排放控制装置热损伤警报装置技术标准
11-3	技术标准		
11-3-1	大型载货车限速装置技术标准	11-3-48	机动车车载诊断系统（OBD）技术标准
11-3-2	轻合金盘式车轮技术标准	11-3-50	前照灯技术标准
11-3-3	乘用车充气轮胎技术标准	11-3-51	前照灯形式指定标准
11-3-4	载货车、大客车和挂车充气轮胎技术标准	11-3-52	灯具、回复反射器和转向指示灯的安装技术标准
11-3-6	转向系统碰撞能量吸收技术标准		
11-3-7	四轮车辆锁止装置技术标准	11-3-55	前照灯清洗器技术标准
11-3-9	止动器技术标准	11-3-56	照灯清洗器的安装技术标准
11-3-10	载货车和大客车制动系统技术标准	11-3-58	前位置(侧)灯技术标准
11-3-11	防抱死系统技术标准	11-3-59	前示廓灯技术标准
11-3-12	乘用车制动系统技术标准	11-3-60	前回复反射器技术标准
11-3-14	制动液泄漏预警装置技术标准	11-3-61	侧示廓灯技术标准
11-3-15	挂车制动系统技术标准	11-3-62	侧回复反射器技术标准
11-3-16	乘用车塑料油箱技术标准	11-3-63	牌照板灯技术标准
11-3-17	碰撞中燃油泄漏技术标准	11-3-64	后位置灯技术标准
11-3-18	车用气体燃料箱安装装置技术标准	11-3-65	后雾灯技术标准
11-3-19	车用气体燃料箱密封性和通风性技术标准	11-3-66	驻车灯技术标准
11-3-20	外部凸出物技术标准	11-3-67	后示廓灯技术标准
11-3-21	外部凸出行李架技术标准	11-3-68	后回复反射器技术标准
11-3-22	外部凸出无线电收放天线技术标准	11-3-70	制动灯技术标准
11-3-23	正面碰撞中乘员防护技术标准	11-3-71	辅助制动灯技术标准
11-3-24	侧面碰撞中乘员防护技术标准	11-3-72	倒车灯技术标准
11-3-25	后下防护装置(RUPD)技术标准	11-3-73	转向指示灯技术标准
11-3-26	后下防护装置(RUPD)的安装技术标准	11-3-74	喇叭的声音警报装置技术标准
11-3-27	机动车内饰材料阻燃特性技术标准	11-3-75	喇叭技术标准
11-3-28	仪表板碰撞能量吸收技术标准	11-3-76	警报回复反射器技术标准
11-3-29	正前方视野技术标准	11-3-77	三角警告牌技术标准
11-3-30	座椅和座椅固定点技术标准	11-3-78	防盗警报装置技术标准
11-3-32	安全带的技术标准	11-3-79	可缓解碰撞强度的外后视镜技术标准
11-3-33	在驾驶人未使用安全带时发出警报信号的报警装置技术标准	11-3-80	可缓解碰撞强度的内后视镜技术标准
		11-3-81	用于确定最前方和最左侧视野的车镜技术标准
11-3-34	头部约束装置(头枕)技术标准		
11-3-37	风窗玻璃技术标准	11-3-84	乘用车风窗玻璃刮刷系统技术标准
11-3-38	临近静止噪声测量规程	11-3-85	大客车和载货车风窗玻璃刮刷系统技术标准

标准编号	标准名称	标准号	标准名称
11-3-86	除霜、除雾系统技术标准	12-1	形式批准试验规程
11-3-87	遮阳板碰撞能量吸收技术标准	TRIAS 1	机动车参数测量规程
11-3-88	车速表技术标准	TRIAS 2	机动车最大稳定倾角试验规程
11-3-89	行驶记录仪技术标准	TRIAS 6	机动车最高车速试验规程
11-3-90	速度指示装置技术标准	TRIAS 6-2	大型载货车限速装置试验规程
11-3-91	铰接客车结构要求	TRIAS 7	机动车气体燃料容器固定装置试验规程
11-3-92	双层车辆结构要求	TRIAS 8	机动车气体燃料的密封性和通风性试验规程
11-3-93	防止连接车辆制动滞后技术标准		
11-3-94	灯具的发光面、数量和安装位置的测量方法	TRIAS 9	机动车最小转弯半径试验规程
11-3-95	机动车运行性能技术标准	TRIAS 10	机动车前轮定位试验规程
11-3-96	机动车列车运行性能技术标准	TRIAS 11	机动车急制动试验规程
11-3-97	大型载货车限速装置技术标准	TRIAS 11-2	乘用车制动系统试验规程
11-3-99	行人头部保护技术标准	TRIAS 11-3	载货车和客车制动系统试验规程
11-3-100	压缩氢气机动车燃油系统技术标准	TRIAS 11-4	挂车制动系统试验规程
11-3-101	燃料电池车乘员高压防护技术标准	TRIAS 11-6	乘用车制动系统试验规程
11-3-102	转向灯的颜色、亮度等技术标准	TRIAS 12	机动车行车制动系统效率试验规程
11-3-105	反光标识技术标准	TRIAS 13	机动车驻车制动系统效率试验规程
11-3-106	单人驾驶大客车结构要求	TRIAS 14	测量机动车制动性能降低程度的试验规程
11-3-107	前下防护装置技术要求	TRIAS 15	机动车制动用空气容量的试验规程
11-3-108	前下防护装置的安装技术要求	TRIAS 16	汽车列车制动滞后试验规程
11-3-110	纯电动车辆和混合动力电动车辆乘员高压防护技术标准	TRIAS 17	机动车转弯时制动试验规程
		TRIAS 18	机动车紧急制动试验规程
11-3-111	纯电动车辆和混合动力电动车辆碰撞后乘员保护技术标准	TRIAS 19	机动车在制动警报装置关闭期间制动性能的试验规程
11-3-112	售后消声器技术标准	TRIAS 19-2	制动液泄漏警报装置的试验规程
11-4	公告	TRIAS 20	机动车噪声试验规程
11-4-1	关于协调道路车辆安全法规第2章和第3章相关要求的公告	TRIAS 21	机动车喇叭声级试验规程
		TRIAS 21-2	喇叭声响警报装置的试验规程
11-4-2	关于国土交通省大臣签发道路车辆安全法规第2章和第3章相关要求的公告	TRIAS 21-3	喇叭声音压力的试验规程
		TRIAS 22	机动车照明系统试验规程
11-5	结构标准	TRIAS 22-2	前照灯试验规程
11-5-1	长货挂车的结构要求	TRIAS 22-3	前雾灯试验规程
11-5-2	单人驾驶的大客车结构要求	TRIAS 22-4	前(侧)位灯试验规程
11-5-3	大客车安装安全带的要求	TRIAS 22-5	前示廓灯试验规程
11-5-4	CNG机动车燃料系统结构要求	TRIAS 22-6	前回复反射器试验规程
11-5-5	柴油蓄压型混合动力车辆结构要求	TRIAS 22-7	侧回复反射器试验规程
12	试验规程	TRIAS 22-8	后位(侧)灯试验规程

标准编号	标准名称	标准号	标准名称
TRIAS 22-9	后雾灯试验规程	TRIAS 37-3	儿童座椅固定装置试验规程
TRIAS 22-10	后示廓灯试验规程	TRIAS 38	车门保持件试验规程
TRIAS 22-11	后回复反射器试验规程	TRIAS 38-2	门锁和车门保持件试验规程
TRIAS 22-12	大型后回复反射器试验规程	TRIAS 38-3	门锁和车门保持件试验规程
TRIAS22-12-2	大型后回复反射器试验规程	TRIAS 39	内后视镜碰撞缓冲试验规程
TRIAS 22-13	制动灯试验规程	TRIAS 40	遮阳板吸收冲击试验规程
TRIAS 22-14	辅助制动灯试验规程	TRIAS 42	乘用车塑料油箱试验规程
TRIAS 22-15	倒车灯试验规程	TRIAS 43	乘用车轻合金盘式车轮试验规程
TRIAS 22-16	转向指示器试验规程	TRIAS 43-2	载货车及客车轻合金盘式车轮试验规程
TRIAS 22-17	警报回复反射器试验规程	TRIAS 45	防抱死系统试验规程
TRIAS 22-18	三角警告牌试验规程	TRIAS 46	机动车后下防护装置试验规程
TRIAS 22-18-2	三角警告牌试验规程(互相认可的装置)	TRIAS 46-2	后下防护装置试验规程
TRIAS 22-19	侧标志灯试验规程	TRIAS 46-3	后下防护装置安装装置试验规程
TRIAS 22-20	驻车灯试验规程	TRIAS 46-4	前下防护装置及其安装试验规程
TRIAS 22-21	转向灯试验规程	TRIAS 46-5	后下防护装置及其安装试验规程
TRIAS 22-22	反光标识试验规程	TRIAS 47	正面碰撞中乘员防护试验规程
TRIAS 23-8	汽油车车载诊断系统试验规程	TRIAS 47-3	侧碰撞中乘员保护装置试验规程
TRIAS23-8-2	汽油车车载诊断系统试验规程	TRIAS 47-4	偏置碰撞中乘员保护试验规程
TRIAS 25	机动车操纵性试验规程	TRIAS 47-5	偏置碰撞中乘员保护试验规程
TRIAS 26	形式批准试验规程通则	TRIAS 48	机动车内饰材料阻燃特性试验规程
TRIAS 27	转向系统碰撞试验规程	TRIAS 49	警告驾驶人没有使用安全带的报警装置试验规程
TRIAS 27-2	转向系统碰撞能量吸收试验规程		
TRIAS 28	客车及载货车风窗玻璃清洗系统试验规程	TRIAS 50	机动车辅助制动系统减速性能试验规程
TRIAS 28-2	乘用车风窗玻璃刮刷及清洗系统试验规程	TRIAS 51	儿童约束系统试验规程
TRIAS 28-3	除霜、除雾系统试验规程	TRIAS 52	风窗玻璃试验规程
TRIAS 29	外后视镜碰撞能量吸收试验规程	TRIAS 53-2	四轮车辆防盗装置试验规程
TRIAS 30	机动车热损害试验规程	TRIAS 53-3	止动器试验规程
TRIAS 31	安全带总成试验规程	TRIAS 54	行驶记录仪试验规程
TRIAS 31-2	ECE R16 试验规程(04 系列修正本)	TRIAS 55	速度指示装置试验规程
TRIAS 32-2	头部约束系统试验规程	TRIAS 56	前照灯清洗器试验规程
TRIAS 33	碰撞中燃料泄漏等试验规程	TRIAS 56-2	前照灯清洗器和前照灯清洗器安装装置试验规程
TRIAS 34	仪表板吸收冲击试验规程		
TRIAS 35-3	座椅及座椅固定点试验规程	TRIAS 58	车速表试验规程
TRIAS 35-4	客车座椅及座椅固定点试验规程	TRIAS 61	乘用车充气轮胎试验规程
TRIAS 36	座椅靠背吸收冲击试验规程	TRIAS61-2	载货车、大客车和挂车充气轮胎试验规程
TRIAS 37	安全带固定点试验规程	TRIAS 62	正前方视野试验规程
TRIAS 37-2	座椅安全带固定点试验规程	TRIAS 62-2	正前方和左侧视野车镜试验规程

标准编号	标 准 名 称	标准号	标 准 名 称
TRIAS 63	行人头部保护试验规程	TRIAS 68-1	外部凸出物试验规程
TRIAS 64	防盗警报装置试验规程	TRIAS 68-2	外部行李架试验规程
TRIAS 65	灯具、回复反射器和转向指示灯的安装试验规程	TRIAS 68-3	外部无线电收发天线试验规程
		12-2	补充试验规程
TRIAS 66	压缩氢气机动车燃料系统试验规程	12-2-5	与《道路车辆安全法规》第11条第2款的管理规程"中使用安全气囊的技术标准所规定的试验方法等效的试验
TRIAS 67	燃料电池车乘员高压保护试验规程		
TRIAS 67-2	电动车和混合动力电动车乘员高压保护试验规程	12-2-6	对"乘用车塑料油箱技术标准"中关于试验方法的规定的解释
TRIAS 67-3	碰撞后电动车和混合动力电动车乘员高压保护试验规程	12-2-14	初始形式批准试验实施细则

2.2.4　欧、美、日汽车技术法规体系的基本特点

欧、美、日三大汽车法规体系基本都是由管理法规和技术法规两部分组成。管理法规主要涉及政府如何对汽车产品实施管理等内容,这部分一般都根据各自国家的法规体系和政府管理体制及如何有效实施认证要求而制定。技术法规部分主要都围绕如何有效控制汽车对社会的危害而制定的有关具体技术要求,欧、美、日三大法规体系中的这部分法规内容都主要涉及汽车安全、环保和节能等方面,体现了政府从维护整个社会公众利益出发而对汽车产品强制实施和控制的目的。

2.2.5　GTR 汽车技术法规

GTR 法规为国际统一的汽车技术法规,由世界车辆法规协调论坛(WP29)负责制定发布。

20世纪80年代初开始,随着经济全球化的到来,许多国家和地区的政府开始认识到各自为政的汽车技术法规体系阻碍了汽车产品在全球范围内的自由流通,于是一些汽车工业发达国家牵头开始进行国际汽车技术法规的协调与统一的工作,以打破世界各国、各地区已形成的汽车技术法规不统一的贸易技术壁垒。

1998年6月25日,联合国欧洲经济委员会车辆结构工作组以《1958年协定书》的框架为基础,制订了《全球汽车技术法规协定书》,简称为《1998年协定书》。世界各国以此协定书为法律框架,共同制定与修订全球统一的汽车技术法规。协定书在法律地位上明确原 UN/ECE/WP29(联合国欧洲经济委员会车辆结构工作组)作为开展全球汽车技术法规协调和统一工作的国际组织,并将其名称更改为"世界车辆法规协调论坛"(World Forum for Harmonization of Vehicle Regulations),仍简称为 WP29。到目前,《1998年协定书》的正式缔约方共计31个,如美国、加拿大、日本、法国、英国、德国、俄罗斯、中国、韩国等国家。

《1998年协定书》和 GTR 法规的制定使全球不同汽车技术法规之间的协调工作有了法律依据、固定的渠道和程序。按照《1998年协定书》的规定,在 GTR 的表决中采取一票否决制,即每一项 GTR 法规的出台,必须获得所有参与表决的缔约方一致通过,有任何一个缔约方反对,则该 GTR 草案就不能被通过。GTR 草案一旦获得缔约方的一致通过,即成为全球性技术法规,所有对该 GTR 法规投赞成票的缔约方有义务迅速将该 GTR 法规引入各自国家或地区

的法律或法规体系中,并将是否采用该 GTR 法规(包括接受符合该 GTR 法规的产品)以及开始采用 GTR 法规的日期和其他相关情况以书面形式上报联合国。因此 GTR 法规出台后,不同的国家和地区往往都积极以各种不同的方式将 GTR 法规的相关内容引入自身的汽车技术法规中。欧盟常常采取先根据 GTR 法规修改 ECE 法规,再按照 ECE 法规修改与之相对应的 EEC 指令,或直接采用该 ECE 法规的方式来采用 GTR 法规。美国则直接修改其自身的汽车技术法规来达到采用 GTR 法规的目的。

WP29 下设有 6 个专家组:一般安全性专家组(GRSG)、被动安全性专家组(GRSP)、污染与能源专家组(GRPE)、灯光及光信号专家组(GRE)、噪声专家组(GRB)、制动及底盘专家组(GRRF)。这些专家组在《1958 年协定书》和《1998 年协定书》的框架下分别负责有关汽车安全、环保、节能、防盗等领域内的全球统一汽车技术法规和 ECE 汽车技术法规的制定与修订工作,并且各个专家组每年固定举行两次会议。

GTR 法规现有 11 项技术法规和 1 项规范性技术文件(S. R. 1)。GTR 技术法规如表 2-12 所示。

GTR 技 术 法 规 表 2-12

序号	法规编号	法规名称或涉及方面	全球注册日期	缔约方通报采用状况最后期限
1	GTR 1	关于车门锁和车门保持件的全球技术法规	2004 年 11 月 18 日	2006 年 1 月 18 日
2	GTR 2	就气体污染物排放、CO_2 排放物以及发动机燃油消耗对装有点燃或压燃式发动机的两轮摩托车的测量规程	2005 年 6 月 22 日	2006 年 8 月 22 日
3	GTR 3	摩托车制动系统全球技术法规	2006 年 11 月 15 日	2008 年 1 月 15 日
4	GTR 4	就污染物排放方面对压燃式发动机和燃用天然气(NG)或液化石油气(LPG)的点燃式发动机的试验规程	2006 年 11 月 15 日	2008 年 1 月 15 日
5	GTR 5	道路车辆车载诊断系统(OBD)技术要求	2006 年 11 月 15 日	2008 年 1 月 15 日
6	GTR 6	用于机动车辆及机动车辆装备的风窗玻璃材料	2008 年 3 月 12 日	2009 年 5 月 12 日
7	GTR 7	头枕	2008 年 3 月 13 日	2009 年 5 月 13 日
8	GTR 8	车身电子稳定系统(ESP)	2008 年 6 月 26 日	2009 年 8 月 26 日
9	GTR 9	行人保护全球技术法规	2008 年 11 月 13 日	2010 年 1 月 13 日
10	GTR10	非循环排放全球技术法规	2009 年 6 月 24 日	2010 年 8 月 24 日
11	GTR11	农林拖拉机与非道路机动机械车辆排放(NRMM)	2009 年 11 月 12 日	2011 年 1 月 12 日
12	S. R. 1	《在全球技术法规中使用的统一定义和规程的特别决议》		

2.2.6 中国汽车技术法规

由于中国长期以来实行计划经济模式,对汽车产品实行定形试验和目录管理制度,开展汽车标准化工作较早,而汽车法规工作则处于初级阶段,所以无论法规的数量、体系还是水平都与先进的工业国家有很大差距。

1. 中国汽车标准和法规体系

中国的汽车标准分为国家标准（GB、GB/T）、行业标准（QC）、地方标准和企业标准。其中，国家标准中涉及人体健康、人身财产安全、污染和能耗及资源等方面的标准纳入强制性标准（GB），其他国家标准是推荐性标准（GB/T）。

随着中国市场经济的深入发展，汽车产品"目录管理"的许多弊病制约了汽车生产企业车型自主开发的灵活性。因此，为了与国际接轨，使中国汽车工业能够顺应市场化、全球化的竞争需要，我国政府主管部门吸收了国外先进的车型认证制度，2000年签署了《全球汽车技术法规协定书》（即《1998年协定书》），即参加全球汽车技术法规协调活动，了解和掌握国际汽车市场技术法规的发展方向。

我国汽车产品的管理依据的是国家强制性标准。在我国汽车标准的制定与修订工作中，目前已采用GTR9制定我国国家推荐性标准：《汽车对行人的碰撞保护》，并且今后将根据发展情况将其转化为强制性国家标准。例如参照采用GTR1修订"汽车门锁及车门保持件的性能要求和试验方法"，启动参照GTR8制定中国的国家标准"电子稳定控制系统"工作。

2. 中国现行强制性安全标准

中国现行的强制性标准具有技术法规的某些性质，包含了法规的某些技术要求和规范，是政府部门管理汽车产品的准则，但其不具备法规的全部属性，标准自身不带有管理规则。我国强制性汽车标准虽是法规性标准，但由于缺乏立法部门的批准及缺乏法规结构上的完整性，尚不能称其为真正的汽车法规。

1）汽车强制性标准体系

中国汽车强制性标准体系是以欧洲ECE/EEC汽车技术法规体系为主要参照体系，在具体项目内容上紧跟欧、美、日三大汽车法规体系的协调成果。因此，这些强制性标准从技术要求的角度看，其内容是与国际上先进的法规体系相同的。如图2-5所示中国汽车、摩托车强制性标准体系的构成。

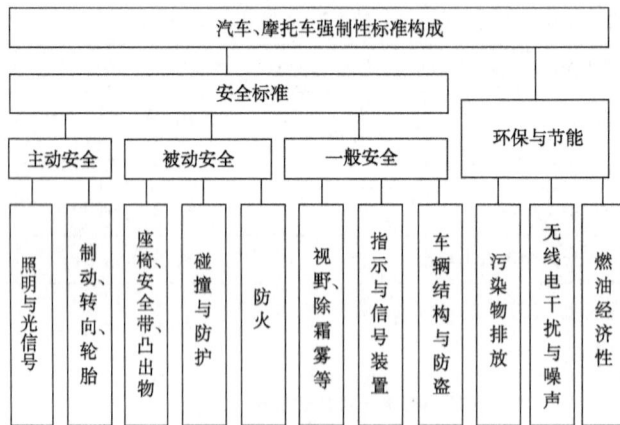

图2-5 我国汽车、摩托车强制性标准体系的构成

2）汽车强制性安全标准

自1993年第一批强制性标准发布以来，现在有关汽车安全方面的强制标准共有101项（不包含与摩托车相关标准），其中包括32项主动安全标准，31项被动安全标准（其中防火安全标准有7项），38项一般安全标准。中国汽车强制性安全标准如表2-13所示。

序号	标准号	标 准 名 称
		被动安全标准
1	GB 11551—2014	乘用车正面碰撞的乘员保护
2	GB 15743—1995	轿车侧门强度
3	GB 17354—1998	汽车前、后端保护装置
4	GB20071—2006	汽车侧面碰撞的乘员保护
5	GB 26134—2010	乘用车顶部抗压强度
6	GB 13057—2014	客车座椅及其车辆固定件的强度
7	GB 24406—2012	专用校车学生座椅系统及其车辆固定件的强度
8	GB 11550—2009	汽车座椅头枕强度要求和试验方法
9	GB 11552—2009	乘用车内部凸出物
10	GB 11557—2011	防止汽车转向机构对驾驶员伤害的规定
11	GB 11566—2009	乘用车外部凸出物
12	GB 11567.1—2001	汽车和挂车侧面防护要求
13	GB 11567.2—2001	汽车和挂车后下部防护要求
14	GB 14166—2013	机动车乘员用安全带、约束系统、儿童约束系统 ISOFIX 儿童约束系统
15	GB 14167—2013	汽车安全带安装固定点、ISOFIX 固定点系统及上拉带固定点
16	GB 15083—2006	汽车座椅、座椅固定装置及头枕强度要求和试验方法
17	GB 20182—2006	商用车驾驶室外部凸出物
18	GB 26511—2011	商用车前下部防护要求
19	GB 26512—2011	商用车驾驶室乘员保护
20	GB 27887—2011	机动车儿童乘员用约束系统
21	GB 15086—2013	汽车门锁及车门保持件的性能要求和试验方法
22	GB 9656—2003	汽车安全玻璃
23	GB 11614—2009	平板玻璃
24	GB 17840—1999	防弹玻璃
		被动安全防火标准
1	GB20072—2006	乘用车后碰撞燃油系统安全要求
2	GB 18296—2001	汽车燃油箱安全性能要求和试验方法
3	GB 17258—2011	汽车用压缩天然气钢瓶
4	GB 17259—2009	机动车用液化石油气钢瓶
5	GB 19344—2003	在用燃气汽车燃气供给系统泄漏安全技术要求及检验方法
6	GB 19533—2004	汽车用压缩天然气钢瓶定期检验与评定
7	GB 20561—2006	机动车用液化石油气钢瓶定期检验与评定
8	GB 24162—2009	汽车用压缩天然气金属内胆纤维环缠绕气瓶定期检验与评定
		主动安全标准
1	GB 28373—2012	N 类和 O 类罐式车辆侧倾稳定性
2	GB 17675—1999	汽车转向系 基本要求
3	GB 12676—2014	商用车辆和挂车制动系统技术要求及试验方法

序号	标准号	标准名称
4	GB 16897—2010	制动软管的结构、性能要求及试验方法
5	GB21670—2008	乘用车制动系统技术要求及试验方法
6	GB 5763—2008	汽车用制动器衬片
7	GB 12981－2012	机动车辆制动液
8	GB 4599—2007	汽车用灯丝灯泡前照灯
9	GB 4660—2007	汽车用灯丝灯泡前雾灯
10	GB 4785—2007	汽车及挂车外部照明和光信号装置的安装规定
11	GB 5920—2008	汽车及挂车前位灯、后位灯、示廓灯和制动灯配光性能
12	GB 11554—2008	机动车和挂车用后雾灯配光性能
13	GB 11564—2008	机动车回复反射器
14	GB 15235—2007	汽车及挂车倒车灯配光性能
15	GB 17509—2008	汽车及挂车转向信号灯配光性能
16	GB 18099—2013	机动车及挂车侧标志灯配光性能
17	GB 18408—2001	汽车及挂车后牌照板照明装置配光性能
18	GB 18409—2013	汽车驻车灯配光性能
19	GB 21259—2007	汽车用气体放电光源前照灯
20	GB 23255—2009	汽车昼间行驶灯配光性能
21	GB 25991—2010	汽车用 LED 前照灯
22	GB 13954—2009	警车、消防车、救护车、工程救险车标志灯具
23	GB 15766.1—2008	道路机动车辆灯泡 尺寸、光电性能要求
24	GB 30511—2014	汽车用角灯配光性能
25	GB 13954—2009	警车、消防车、救护车、工程救险车标志灯具
26	GB 15766.1—2008	道路机动车辆灯泡 尺寸、光电性能要求
27	GB 30511—2014	汽车用角灯配光性能
28	GB 7037—2007	载重汽车翻新轮胎
29	GB 9743—2015	轿车轮胎
30	GB 9744—2015	载重汽车轮胎
31	GB 30513—2014	乘用车爆胎监测及控制系统技术要求和试验方法
32	GB 7036.1—2009	充气轮胎内胎 第 1 部分：汽车轮胎内胎
一般安全标准		
1	GB 1495—2002	汽车加速行驶车外噪声限值及测量方法
2	GB 1589—2004	道路车辆外廓尺寸、轴荷及质量限值
3	GB 4094—1999	汽车操纵件、指示器及信号装置的标志
4	GB 7258—2012	机动车运行安全技术条件
5	GB 13392—2005	道路运输危险货物车辆标志
6	GB 16170—1996	汽车定置噪声限值
7	GB 18565—2001	营运车辆综合性能要求和检验方法
8	GB 21861—2014	机动车安全技术检验项目和方法

序号	标准号	标 准 名 称
9	GB 13094—2007	客车结构安全要求
10	GB 17578—2013	客车上部结构强度要求及试验方法
11	GB 18986—2003	轻型客车结构安全要求
12	GB 24407—2012	专用校车安全技术条件
13	GB 24315—2009	校车标识
14	GB 20300—2006	道路运输爆炸品和剧毒化学品车辆安全技术条件
15	GB 21668—2008	危险货物运输车辆结构要求
16	GB 29753—2013	道路运输 食品与生物制品冷藏车 安全要求及试验方法
17	GB 7956.1—2014	消防车 第1部分:通用技术条件
18	GB 18564.1—2006	道路运输液体危险货物罐式车辆第1部分:金属常压罐体技术要求
19	GB 18564.2—2008	道路运输液体危险货物罐式车辆第2部分:非金属常压罐体技术要求
20	GB 15742—2001	机动车用喇叭的性能要求及试验方法
21	GB 14023—2011	车辆、船和内燃机无线电骚扰特性 用于保护车外接收机的限值和测量方法
22	GB 20816—2006	车辆防盗报警系统乘用车
23	GB 19151—2003	机动车用三角警告牌
24	GB 21260—2007	汽车用前照灯清洗器
25	GB 23254—2009	货车及挂车车身反光标识
26	GB 25990—2010	车辆尾部标志板
27	GB 7063—2011	汽车护轮板
28	GB 11562—2014	汽车驾驶员前方视野要求及测量方法
29	GB 11568—2011	汽车罩(盖)锁系统
30	GB 15740—2006	汽车防盗装置
31	GB 15741—1995	汽车和挂车号牌板(架)及其位置
32	GB 11555—2009	汽车风窗玻璃除霜和除雾系统的性能和试验方法
33	GB 15084—2013	机动车辆间接视野装置性能和安装要求
34	GB 15085—2013	汽车风窗玻璃刮水器和洗涤器性能要求和试验方法
35	GB 15082—2008	汽车用车速表
36	GB 8108—2014	车用电子警报器

2.3 各国汽车安全性技术法规或标准对比

2.3.1 汽车主动安全性技术法规或标准主要项目对比

欧、美、日汽车安全技术法规已形成完整的体系,FMVSS、ECE 和日本的道路车辆安全标准中有关主动安全的法规分别为30项、70项和47项,其内容包括了主动安全的各个方面。中国汽车强制性安全标准中有关主动安全标准有32项,一般安全标准有36项,其内容也基本包括了主动安全的各个方面。

主动安全的法规或标准中,各国制动性能的要求如表2-14所示。

表 2-14

各国制动性能的要求

项目		FMVSS135 (2012)	ECE R13-H (2014)	11-3-12 (2010)	GB 21670—2008
行车制动系冷态制动效能		乘用车根据车辆最高车速 v_{max} 选择初速度 v_0，其制动距离必须满足要求：（1）变速器空挡，发动机连接时：当 $v_0 = 100$km/h 时，$S \leq 70$m；当 100km/h $< v_0 < 100$km/h 时，$S \leq 0.10v_0 + 0.0060v_0^2$。（2）变速器挂挡时 当 125km/h $< v_{max} < 200$km/h，或者当 $v_{max} \leq 200$km/h 时，$v_0 = 160$km/h；$S \leq 0.10v_0 + 0.0067v_0^2$；$65N\leq F \leq 500$N。注：$v_{max} \leq 125$km/h 时，不进行连接发动机冷态制动试验	乘用车其平均减速度和制动距离必须满足最低要求：（1）断开发动机冷态制动时：$v_0 = 100$km/h；$S \leq 0.1v_0 + 0.0060v_0^2$；$j \geq 6.43$m/s^2。（2）连接发动机冷态制动时：$80\% v_{max} \leq 160$km/h；$S \leq 0.1v_0 + 0.0067v_0^2$；$j \geq 5.76$m/s^2；$65N\leq F \leq 500$N。注：$v_{max} \leq 125$km/h 时，不进行连接发动机冷态制动试验	乘用车其平均减速度和制动距离必须满足最低要求：（1）断开发动机冷态制动时：$v_0 = 100$km/h；$S \leq 0.1v_0 + 0.0060v_0^2$；$j \geq 6.43$m/s^2。（2）连接发动机冷态制动时：$80\% v_{max} \leq 160$km/h；$S \leq 0.1v_0 + 0.0067v_0^2$；$j \geq 5.76$m/s^2；$65N\leq F \leq 500$N。注：$v_{max} \leq 125$km/h 时，不进行连接发动机冷态制动试验	乘用车其平均减速度和制动距离必须满足最低要求：（1）断开发动机冷态制动时：$v_0 = 100$km/h；$S \leq 0.1v_0 + 0.0060v_0^2$；$j \geq 6.43$m/s^2。（2）连接发动机冷态制动时：$80\% v_{max} \leq 160$km/h；$S \leq 0.1v_0 + 0.0067v_0^2$；$j \geq 5.76$m/s^2；$65N\leq F \leq 500$N。注：$v_{max} \leq 125$km/h 时，不进行连接发动机冷态制动试验
行车制动系热衰退和恢复		根据车的最高车速 v_{max} 选择初速度，$v_0 = 80\% v_{max}$ 或 $v_0 = 120$km/h 取较低值，进行连接发动机的连续制动，保证 $j = 3$m/s^2，当车速降低到 $0.5 v_0$ 时，解除制动，尽快加速到 v_0，连续制动 15 次。要求制动效能不得低于冷态实测效能的 60%，制动距离 $S \leq 89$m，或 $S \leq 0.1v_0 + 0.0079v_0^2$	根据车的最高车速 v_{max} 选择初速度，$v_0 = 80\% v_{max}$，或 $v_0 = 120$km/h 取较低值，进行连接发动机的连续制动，保证 $j = 3$m/s^2，当车速降低到 $0.5 v_0$ 时，解除制动，尽快加速到 v_0，连续制动 15 次，连续制动的时间间隔为 45s。要求制动效能不得低于冷态实测值的 75% 和冷态实测值的 60%，或 $S \leq 0.1v_0 + 0.0080v_0^2$，平均减速度为 4.82m/s^2	根据车的最高车速 v_{max} 选择初速度，或 $v_{max} = 80\%$ 或 $v_0 = 120$km/h 取较低值，进行连接发动机的连续制动，尽快降低到 v_0 时，解除制动 v_0，尽快加速到 v_0，连续制动 15 次，连续制动的时间间隔为 45s。要求制动效能不得低于冷态规定值的 75% 和冷态实测值的 60%，$S \leq 0.1v_0 + 0.0080v_0^2$，平均减速度为 4.82m/s^2	根据车的最高车速 v_{max} 选择初速度，或 $v_{max} = 80\%$ 或 $v_0 = 120$km/h 取较低值，进行连接发动机的连续制动，尽快降低到 v_0 时，解除制动 v_0，连续制动 15 次，两次制动时间间隔为 45s。要求制动效能不得低于冷态实测值的 75% 和冷态实测值的 60%，$S \leq 0.1v_0 + 0.0080v_0^2$，平均减速度为 4.82m/s^2

项目	FMVSS135(2012)	ECE R13-H(2014)	11-3-12(2010)	GB 21670—2008
部分失效时的剩余制动效能	模拟液压回路失效或助力装置失效，进行冷态制动效能试验。(1) 当 v_0=100km/h 时，S≤168m(551ft)；(2) 当 v_0<100km/h 时，S≤0.10 v_0+0.0158 v_0^2，F≤500N	当模拟行车制动系统的控制装置发生故障（例如控制链断开）时，应该能够在发动机断开的冷态制动试验条件下将车停住，并且制动距离 S≤0.1 v_0+0.0100 v_0^2，充分发挥的平均减速度 j≥3.86m/s²		
应急制动效能		断开发动机冷态 O 型试验：v_0=100km/h；S≤0.1 v_0+0.0158 v_0^2；j≥2.44m/s²；65N≤F≤500N	断开发动机冷态 O 型试验：v_0=100km/h；S≤0.1 v_0+0.0158 v_0^2；j≥2.44m/s²；65N≤F≤500N	断开发动机冷态 O 型试验：v_0=100km/h；S≤0.1 v_0+0.0158 v_0^2；j≥2.44m/s²；65N≤F≤500N
制动稳定性要求	制动停车过程中，车辆的任何部位不得偏离宽3.5m的车道，并且车辆纵轴线的横摆角不得超过±15°	在车速超过15km/h制动时，不发生车轮抱死，车辆不应偏离宽3.5m的试验通道，横摆角≤15°，且无异常振动	在车速超过15km/h制动时，不发生车轮抱死，车辆不应偏离宽3.5m的试验通道，横摆角≤15°，且无异常振动	在车速超过15km/h制动时，不发生车轮抱死，车辆不应偏离宽3.5m的试验通道，横摆角≤15°，且无异常振动
车轮抱死顺序要求	在车轮抱死顺序试验中，车辆制动强度在0.15~0.8m/s²之间时，两个后轮不应在两个前轮抱死前抱死。此外，还规定制动力在车轴之间的分配	在车轮抱死顺序试验中，车辆制动强度在0.15~0.8m/s²之间时，两个后轮不应在两个前轮抱死前抱死。此外，还规定制动力在车轴之间的分配	在车轮抱死顺序试验中，车辆制动强度在0.15~0.8m/s²之间时，两个后轮不应在两个前轮抱死前抱死。此外，还规定制动力在车轴之间的分配	在车轮抱死顺序试验中，车辆制动强度在0.15~0.8m/s²之间时，两个后轮不应在两个前轮抱死前抱死。此外，还规定制动力在车轴之间的分配
驻车制动器效能	在额定满载状态下，在前进和倒退两个方向，均能在20%坡度上驻车5min。f≤400N，F≤500N	在额定满载状态下，必须能使车辆在上坡和下坡两个方向，停在20%的坡度上。对于允许挂接挂车的车辆，牵引车的驻车制动器必须能使列车停在12%的坡道上。f≤400N，F≤500N	能使满载状态下的车辆停在20%的坡道上，允许牵引其他车辆的乘用车能停在12%的坡道上。可靠停在12%的坡道上。f≤400N，F≤500N	能使满载状态下的车辆停在20%的坡道上，允许牵引其他车辆的乘用车能停在12%的坡道上。可靠停在12%的坡道上。f≤400N，F≤500N

注：v_0-制动初速度；v_{max}-最高车速；j-平均制动减速度；S-制动距离；F-脚操作力；f-手操作力。

2.3.2 汽车被动安全性技术法规或标准主要项目对比

美国是最早开始机动车被动安全性研究的国家。迄今为止,在联邦机动车安全法规(FM-VSS)中,有关被动安全的法规有29项(被动安全法规有24项、防火安全法规有5项),其内容基本包括了被动安全的各个方面。由于美国实行的是残缺产品回收制度,考虑到不同汽车结构布置形式的不同,其最危险的碰撞状态也各不相同,因此法规对各种情况都考虑在内,规定了很宽的试验条件范围。如在FMVSS 301燃油系统完好检验中,规定的试验有正碰撞、侧碰撞、后碰撞、任意位置任意角度碰撞,无论油箱布置在汽车的何处,其最危险的事故形式都处于法规的控制之下;在FMVSS 208乘员保护检验中,确定了侧撞和滚翻试验方法,而前碰撞试验则规定了90°±30°的夹角试验,其最危险的碰撞角度由厂家根据不同的车确定;对于侧碰撞事故,其专门制定了FMVSS 214法规;对于后碰撞事故,其针对重型拖车和挂车、新型拖车和挂车制定了FMVSS 223和FMVSS 224。由于在美国较少发生汽车撞行人的事故,故没有汽车撞行人保护的有关法规。

欧洲是从20世纪60年代后期开始制定被动安全法规,其参照美国法规并根据本国的特点加以修订,经过多年的研究、实施,已形成比较完善的被动安全法规体系。此体系除了侧面碰撞安全法规外,其他各项与美国的法规无本质的区别。由于欧洲采用产品认证制度,因此ECE法规和EEC指令对各项安全指标均制定有便于理解和操作的详细试验方法,要求进行的试验次数也较少。

日本虽然是世界汽车工业最发达的国家之一,但其实车碰撞工作比美国、欧洲晚10年左右,故其碰撞安全法规基本上是参照美国FMVSS208和ECE法规。

中国为了与国际接轨,使我国的汽车工业能够满足市场化、全球化的竞争需要,签署了ECE WP29 1998协议,并参照ECE法规体系建立了中国汽车技术标准法规体系,因此参考欧洲被动安全法规来制定我国的被动安全法规显得顺理成章。中国强制执行的31项汽车被动安全标准基本上是按欧洲法规并结合本国自身的情况制定的。目前中国汽车碰撞安全法规主要体现在正面碰撞、侧面碰撞、后部碰撞时的乘员保护、防护装置、车体结构、碰撞后防火等几个方面,例如GB 11551—2014《汽车车正面碰撞的乘员保护》、GB 14166—2013《机动车乘员用安全带、约束系统、儿童约束系统 ISOFIX 儿童约束系统》、GB 11552—2009《乘用车内部凸出物》、GB 20072—2006《乘用车后碰撞燃油系统安全要求》。相对于欧、美、日等汽车工业发达国家,中国的汽车碰撞安全法规还欠完善。

1. 安全带法规或标准对比

各国安全带法规或标准如表2-15所示。

各国安全带法规或标准 表2-15

项目		FMVSS209	ECE R16(2014) 523/2012/EC	11-3-32(2003)	GB 14166—2013
织带	抗拉强度	腰带≥26689N; 肩带≥17793N; 连续带≥22241N	≥14700N	腰带≥26700N; 肩带≥17700N; 连续带≥22300N	≥14700
	宽度	≥46mm(在受9800N的载荷下)	≥46mm(在受10800N的载荷下)	≥46mm(在受9810N的载荷下)	≥46mm(在受9800N载荷下)

项目		FMVSS209	ECE R16（2014）523/2012/EC	11-3-32（2003）	GB 14166—2013
织带	伸长率	受力为11120N时：腰带≤20%；肩带≤40%；连续带≤30%		受力为11100N时：腰带≤20%；肩带≤30%；连续带≤40%	
	能量吸收性			腰带：单位功≥539J/m；功比≥50%。肩带：单位功≥1080J/m；功比≥60%。连续带：单位功≥784J/m；功比≥55%	
	耐磨强度	≥75%×试验前未经磨损处理的平均抗拉强度值（相对调节件和六角钢条进行耐磨试验）	≥75%×织带未处理时平均抗拉强度值，且≥14700N；两件样品的抗拉强度之间差别应不超过所测强度最高值的20%	≥60%×试验前实际强度值，且≥14700N（相对调节件和六角钢条进行耐磨试验）	≥75%×试验前未经处理的平均抗拉强度，且≥14700N；两件样品的抗拉强度之间差别应不超过所测强度最高值的20%
	耐环境影响强度	测试试验后，≥60%×抗拉强度值，且保色性不低于第二灰度级的色泽稳定性	光照、低温、高温、浸水、磨损等处理：抗拉强度≥14700N；两件样品的断裂强度之间差别应不超过所测强度最高值的10%；特殊处理：抗拉强度≥75%×标准处理后的强度；且≥14700N	≥60%×试验前实际强度值，且≥14700N（耐湿、耐高低温强度）	标准温湿态处理：抗拉强度≥14700N（两件样品拉断载荷差应不大于抗拉载荷较大值的10%）。特殊处理：抗拉强度≥75%×标准温湿态处理后的抗拉载荷平均值，且≥14700N
带扣锁	耐久试验	释放机制应该通过最大可能行程移动200次，以133N±13N的力、每分钟不超过30圈的速率停止。安全带扣销不应失效，也不能磨损到正常封闭和非封闭状态被削弱的程度	经受5000次开闭循环试验，不失效	经受5000次开闭循环试验，不失效	经受5000次开闭循环试验，不失效
	尺寸及颜色	封闭式按钮：面积≥4.52cm²；宽度≥1cm	封闭式按钮：面积≥4.5cm²；宽度≥1.5cm。其他形式按钮：面积≥2.5cm²；宽度≥1.0cm。带扣按钮表面应为红色，带扣其他部分不得呈红色	封闭式按钮：面积≥4.5cm²；宽度≥1.5cm；红色。其他形式按钮：面积≥2.5cm²；宽度≥1.0cm；红色	封闭式按钮：面积≥4.5cm²；宽度≥1.5cm。其他形式按钮：面积≥2.5cm²；宽度≥1.0cm。带扣按钮颜色为红色，其他部分不得呈红色
	开启力	静载荷试验开启力≤133N（1型座椅安全带载荷为667N；2型座椅安全带载荷为334N）	动态试验开启力≤60N（受600/nN的力，n表示带扣在锁止位置时，其上所连接的织带数）	静载荷试验开启力≤137N（载荷为667N）	动态试验开启力≤60N（受力为600/nN，n表示带扣在锁止位置时，其上连接的织带数）
	强度	≥26689N			≥14700N

右上角：续上表

项目		FMVSS209	ECE R16(2014) 523/2012/EC	11-3-32(2003)	GB 14166—2013
紧急锁止式卷收器	卷收力	腰带≥3N。肩带1N到5N之间。连续带1N到7N之间;有减力装置且装置处于工作模式时,卷收力可减小至0.5N。耐久试验后卷收力不得小于50%耐久实验前卷收力	腰带≥7N。肩带、连续带在1N到7N之间;有减力装置时且装置处于工作模式时,卷收力可减小至0.5N	腰带≥2.6N。肩带、连续带在1N到7N之间。耐久试验后卷收力不得小于50%耐久试验前卷收力	腰带≥2.6N。肩带、连续带在1N到7N之间;有减力装置时且装置处于工作模式时,卷收力可减小至0.5N
	车感式	加速度=0.7g时,织带拉出25mm内必须锁止;卷收器倾斜角≤15°不能锁止	对于4型卷收器和4N型卷收器,车辆加速度分别为0.45g和0.85g时卷收器必须锁止;当敏感装置倾斜角≤12°,不能锁止;对于4型卷收器,倾斜角≥27°(4N型≥40°),必须锁止	耐久试验后,卷收器加速度0.7g(安装在N类汽车上的,则为1.5g)时,拉出长度25mm内必须锁止;卷收器斜角≤12°时不能锁止	耐久试验前、后,对于4型卷收器,当车辆减速度=0.45g,卷收器应锁止;对于4N型卷收器,车辆减速0.85g,卷收器应锁止;当敏感装置倾斜角≤12°,不能锁止;对于4型卷收器,倾斜角≥27°(4N型≥40°),必须锁止
	带感式	加速度≤0.3g时,织带拉出51mm内不得锁止;加速度=0.7g时,织带拉出25mm内必须锁止	对于4型卷收器,织带加速度<0.8g时不得锁止;织带加速度≥2g时,应锁止;对于4N型卷收器,织带加速度小于1.0g时不得锁止。当敏感装置倾斜角≤12°,不能锁止;对于4型卷收器,倾斜角≥27°(4N型≥40°),必须锁止	耐久试验后,织带加速度≤0.3g时,拉出长度50mm内不得锁止;加速度=0.7g时,拉出长度25mm内必须锁止	对于4型卷收器,织带加速度<0.8g时不得锁止;对于4N型卷收器织带加速度<1.0g时,不得锁止;织带加速度≥2g时,应锁止;织带拉出量<50mm时,不应锁止
	复合敏感式	在拉出方向测量织带加速度≥3g时,应锁止;织带拉出量<50mm时,不应锁止	织带拉出长度≤50mm时不应锁止;织带加速度≥2时,必须锁止	耐久试验后,卷收器加速度0.7g时,织带拉出长度25mm内必须锁止;卷收器斜角≤12°时不能锁止。织带加速度0.3g时,拉出长度50mm内不得锁止;加速度=0.7g时,拉出长度25mm内必须锁止	在拉出方向测量织带加速度≥2g时,应锁止;织带拉出量<50mm时,不应锁止。当敏感装置倾斜角≤12°,不能锁止;对于4型卷收器,倾斜角≥27°(4N型≥40°)时,必须锁止

38

项目		FMVSS209	ECE R16(2014) 523/2012/EC	11-3-32(2003)	GB 14166—2013
紧急锁止式卷收器	耐久试验	盐雾试验至少24h→织带手动拉卷25次→拉卷试验2500次→耐热性试验→拉卷试验2500次→粉尘试验5h织带手动拉卷25次→拉卷试验45000次(在50000次循环试验中,至少10000次在50%～100%之间锁止),耐久试验各过程卷收器各部分无异状出现	以每分钟不多于30次的速度进行拉卷试验40000次→盐雾试验50h→粉尘试验5h→拉卷试验5000次,耐久试验完成后,卷收器仍然满足要求	盐雾试验24h或48h→拉卷试验5000次→粉尘试验5h→拉卷试验45000次(其中,在拉出50%～100%之间锁止10000次),耐久试验各过程卷收器各部分无异状出现	织带以每分钟不多于30次的速度进行40000次拉出回卷试验→腐蚀试验和粉尘试验→5000次拉出回卷试验,不得失效(对于紧急锁止式卷收器,每5次循环应使卷收器锁止一次,锁止在5种不同拉出长度上应相同)
	抗拉强度	腰带≥11120N;肩带≥6672N;肩腰共用带≥13345N			≥14700N
安全带总成	静强度	1型座椅安全带:腰带≥22241N。2型座椅安全带:肩腰共用带≥13345N;腰带≥11120N;肩带≥6672N。2型座椅安全带为结构零件所受载荷		腰带≥22300N;肩带≥13300N;肩腰共用带≥26700N;试验后及试验中,带扣锁不得自行打开;总成不得失效	
	移动量	1型座椅安全带:当受到22241N时,≤356mm。2型座椅安全带:肩带腰带受到11120N与6672N时,均≤508mm(以上均为两固定器之间的保护装置伸长量)		腰带≤180mm;肩带、肩腰共用带:≤250mm	
	假人移动量		对于腰带:臀部前移量应在80～200mm之间。对于其他形式的安全带:臀部前移量应在80～200mm之间;胸部前移量应在100～300mm之间	臀部:80～200mm;躯干:100～400mm	盆骨:80～200mm;胸部:100～300mm;对于全背带型的最小位移量应减少一半

注:(1)1型座椅安全带装置是用于骨盆保护装置的一种安全腰带;

(2)2型座椅安全带装置是骨盆保护装置和上部躯体保护装置的结合;

(3)4型为紧急锁止式卷收器;

(4)4N型为具有较高响应极限值的紧急锁止式卷收器。

2.汽车乘员碰撞保护法规或标准对比

各国汽车乘员碰撞保护法规或标准如表2-16所示。

项目	FMVSS 208 FMVSS 214 (2012)	ECE R94(2013) ECE R95(2014) 523/2012/EC	11-3-23(2003) 11-3-24(2006)	GB 11551—2014 GB 20071—2006
正碰	车速≥48km/h； 壁障角度:0°或30°； 头部伤害指数 HIC≤1000(女性成人≤700,3岁儿童≤570,婴儿≤390)； 胸部加速度≤60g(3岁儿童孩≤55g,婴儿≤50g)； 胸部性能指数≤76mm(女性成人≤52mm,3岁儿童≤40mm,婴儿≤34mm)； 颈部拉力≤4170N(女性成人≤2620N,3岁儿童≤1130N,婴儿≤780N)； 腰部受力≤2250磅； 大腿轴向压力≤10kN(女性成人≤6805N)	车速∈[56,57]km/h； 壁障角度:0°； 头部伤害指数 HIC≤1000； 头部合成加速度不得超过80g以上 3ms； 颈部轴向拉力≤3.3kN； 颈部剪切力≤3.1kN； 胸部性能指数 ThCC≤50mm； 胸部黏性指标≤1.0m/s； 颈部沿 Y 轴弯矩≤57N·m； 胫骨性能指数 TCFC≤8kN； 膝关节最大滑动量≤15mm； 大腿轴向压力≤9.07kN。	车速=50km/h； 壁障角度:0°； 头部伤害指数 HIC≤1000； 胸部加速度≤60g； 大腿轴向压力≤10kN	车速∈[48,50]km/h； 头部伤害指数 HIC≤1000,且头部合成速度大于80g 的时间累积不应超过 3ms； 颈部轴向拉伸力≤3.3kN,颈部剪切力≤3.1kN； 颈部对 Y 轴弯矩伸张方向≤57N·m； 胸部压缩指标 ThCC≤75mm； 胸部黏性指标≤1m/s； 胸部加速度≤60g； 大腿轴向压力≤9.07kN
侧碰	壁障速度=32km/h； 头部伤害指数 HIC≤1000(女性成人≤700,3岁儿童≤570,婴儿≤390)； 胸部加速度≤60g(女性成人≤60g,3岁儿童≤55g,婴儿≤50g)	壁障速度=50±1km/h； 头部伤害指数 HIC≤1000； 胸部变形 RDC≤42mm,胸部伤害值 VC≤1m/s； 骨盆性能指数 PSPF≤6kN； 腹部性能指数 APF≤2.5kN 的内力(相当4.5kN 外力)	壁障速度=35km/h； 头部伤害指数 HPC≤1000； 胸部变形 RDC≤42mm,胸部伤害值 VC≤1.0m/s； 骨盆性能指数 PSPF≤6kN； 腹部性能指数 APF≤2.5kN 的内力(相当4.5kN 外力)	壁障速度=50±1km/h； 头部伤害指数 HIC≤1000； 胸部变形 RDC≤42mm,胸部伤害值 VC≤1.0m/s； 骨盆性能指数 PSPF≤6kN； 腹部性能指数 APF≤2.5kN 的内力(相当4.5kN 外力)

2.3.3　汽车被动防火安全法规或标准主要项目对比

1. 汽车燃油箱法规或标准对比

各国汽车燃油箱法规或标准如表 2-17 所示。

各国汽车燃油箱要求　　表 2-17

项目	CFRE393.67 (2013)	ECE R34(2012)	11-3-16 (2003)	GB 18296—2001
燃油箱	(1)安全阀开启压力≤50psi；安全阀开启后,燃油箱内压力不得比安全阀开启压力高出 5psi 以上。	塑料燃油箱： (1)燃料渗透性≤20g/24h。 (2)耐冲击性：≥30N·m 的冲击时不得泄漏。	塑料燃油箱： (1)燃料渗透性＜20g/24h。 (2)耐冲击性：≥30N·m 的冲击时不得泄漏。	(1)燃油箱盖的密封性：最大泄漏量＜30g/min；汽油箱盖不允许泄漏。 (2)安全阀开启压力：35～50kPa,安全阀开启后,燃油箱内压力不得比安全阀开启压力高出 5kPa 以上。 (3)振动耐久性：30 m/s² 、30 Hz 振动试验,不得泄漏。

项目	CFRE393.67 (2013)	ECE R34(2012)	11-3-16 (2003)	GB 18296—2001
燃油箱	（2）渗漏试验、坠落试验、加油管试验后，从燃油箱或任何配件中每分钟泄漏量≤1oz	（3）耐压性：30kPa，（53±2）℃,5h,不得泄漏和开裂。 （4）耐火性：3m外预热燃烧60s、直接火焰接触60s、间接火焰接触60s后,不得泄漏。 （5）耐热性:（95±2）℃下放置1h内不得泄漏和过大变形	（3）耐压性：29kPa，（53±2）℃,5h,不得泄漏和开裂。 （4）耐火性：预热燃烧60s、直接火焰接触60s、间接火焰接触60s后,不得泄漏和开裂。 （5）耐热性:（95±2）℃下放置1h内不得泄漏和过大变形	（4）金属燃油箱耐压性：施加80kPa的压力,保持30s,不得泄漏。 塑料燃油箱： （1）耐压性：保持（53±2）℃的环境温度,加入（53±2）℃额定容量的水,施加30kPa的压力,保持压力5h,不得泄漏。 （2）耐冲击性：30J冲击能量撞击燃油箱易损伤部位,不得泄漏。 （3）耐热性：（95±2）℃的环境温度下放置1h,不得泄漏。 （4）耐火性：预热燃烧60s、直接火焰接触60s、间接火焰接触60s后,不得泄漏

注:CFRE393为美国《国家交通及机动车安全法》的联邦机动车安全标准中安全运行所必需的部件和配件法规要求。

2.汽车碰撞时燃油泄漏对比

各国汽车碰撞时燃油泄漏法规或标准要求如表2-18所示。

各国汽车碰撞时燃油泄漏要求　　　　　　　　　　　　　　　　表2-18

项目	FMVSS 301	ECE R34(2012)	11-3-17(2009)	GB 20072—2006
前壁障碰撞	车速≤48km/h；碰撞角度：垂直或与车辆行驶方向30°。燃油的泄漏应满足：从碰撞至停止≤28g；停止后5min内≤142g；以后的25min内≤28g/min	壁障或车速度=48.3～53.1km/h，燃油泄漏量：碰撞时允许有轻微的漏油现象；撞后，泄漏率应<30g/min；不能出现燃料起火现象	壁障速度50km/h。燃油泄漏应：撞后1min内≤30g,5min内≤150g	壁障速度50km/h。在碰撞过程中，燃油装置不应发生液体泄漏，碰撞试验后，前5min平均泄漏速率≤30g/min
后移动壁障碰撞	2006年9月1日以前生产的汽车，壁障速度48km/h；2006年9月1日及以后生产的汽车，壁障速度（80±1）km/h。燃油的泄漏应满足：从碰撞至停止≤28g；停止后5min内≤142g；以后的25min内≤28g/min	移动障壁或冲击摆速度=35～38km/h，燃油的泄漏：碰撞时允许有轻微的漏油现象；撞后，泄漏率应<30g/min；不能出现燃料起火现象	壁障速度50km/h。燃油泄漏量：撞后1min内≤30g,5min内≤150g	
横向移动壁障	壁障速度=32km/h。燃油的泄漏应满足：从碰撞至停止≤28g；停止后5min内≤142g；以后的25min内≤28g/min			

项目	FMVSS 301	ECE R34(2012)	11-3-17(2009)	GB 20072—2006
静倾翻	2004 年 9 月 1 日以前生产的汽车,壁障速度 32km/h;2004 年 9 月 1 日及以后生产的汽车,壁障速度(53 ±1)km/h。燃油的泄漏应满足:5min 内,连续以 90° 为增量翻转,泄漏量≤142g ;以后的每翻滚 90°,泄漏率≤28g/min			
移动仿型物壁障碰撞	壁障速度 ≤48km/h。燃油的泄漏量:从碰撞至停止 ≤28g;停止后 5min 内≤142g ;以后的 25min 内≤28g/min			

第3章 汽车主动安全性

本章主要系统介绍了汽车主动安全性的四个方面:行驶安全性、环境安全性、感觉安全性和操作安全性,并分析了影响其性能的主要因素和应采取的主要措施。

3.1 概　述

汽车的主动安全性是汽车安全性研究中非常重要的内容,是指事故将要发生时操纵制动或转向系来防止事故发生的能力,以及汽车正常行驶时保证其良好的动力性、操纵稳定性、驾驶舒适性。汽车的主动安全性可以分为行驶安全性、环境安全性、感觉安全性和操作安全性。

由交通事故统计可知,很多交通事故的发生都与汽车的主动安全性相对较差有很大关系,如由于汽车制动性能较差导致出现的严重后轴侧滑或制动跑偏而发生的交通事故占交通事故总数的35%左右,另外汽车操纵稳定性与感觉安全性有较大关系的汽车照明和驾驶人的视野等都直接影响汽车交通事故的发生率。因此,提高汽车的主动安全性,对于预防交通事故的发生具有积极的意义。

3.2 行驶安全性

汽车的行驶安全性是指汽车的装备保证汽车运行安全且具有最佳动态性能的能力,也就是要求汽车具有良好的动力性、通过性、制动安全性、操纵稳定性等。

3.2.1 汽车动力性

汽车的动力性是汽车最基本、最重要的一种性能,它主要由三方面的指标来评定:汽车的最高车速、汽车的加速时间、汽车的最大爬坡度。汽车的最高车速和爬坡能力直接影响到汽车的"持续车速",行驶在高速公路上的汽车应具有符合规定的持续车速,否则将干扰正常车流,极易诱发交通事故。另外,加速能力直接关系到汽车超车时的并行时间,并行时间太长也会诱发恶性交通事故。

3.2.2 汽车通过性

汽车通过性是指汽车能以足够高的平均车速通过各种坏路、无路地带及各种障碍的能力。根据地面对汽车通过性影响的原因,可以分为支承通过性和几何通过性。对硬路面汽车通过性影响较大的是汽车的几何通过性。汽车越野行驶时,可能出现汽车被地面托住而无法通行的情况,称之为间隙失效。防止间隙失效的汽车几何通过性参数主要有:最小离地间隙 h;接近角 γ_1、离去角 γ_2;纵向通过角 β,如图 3-1 所示。现代汽车通过性的几何参数值范围如表 3-1 所示。

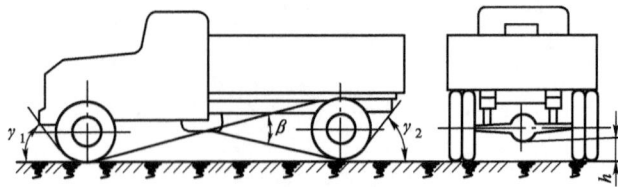

图 3-1　汽车通过性的几何参数

汽车通过性的几何参数　　　　　　　　　　　　　　表 3-1

汽车类型		最小离地间隙 h（mm）	接近角 γ_1（°）	离去角 γ_2（°）
轿车	轻型、微型	120～180	20～30	15～30
	中级、高级	130～200		
货车	轻型	180～220	5～30	25～45
	中型、重型	220～300		
大客车	小型	180～220	8～30	8～20
	中型、大型	240～290	8～12	7～15
越野车		260～370	36～60	30～48

3.2.3　汽车制动安全性

据有关统计,很多重大交通事故都是由制动距离过长或侧滑引起的,因此汽车的制动安全性是汽车安全行驶的重要保障。特别是随着高速公路的迅速发展,汽车平均行驶车速大幅度增加,在高速行驶状态下汽车紧急制动的运动状态与在低速行驶状态时紧急制动的运动状态有很大的不同。为了保证汽车的行驶安全性,现代汽车对制动性能提出了更高的要求。汽车的制动性的评价指标有:

(1)制动效能。指汽车迅速降低行驶速度直至停车的能力,是制动性能最基本的评价指标。

(2)制动时的方向稳定性。指汽车在制动时,不发生跑偏、侧滑以及失去转向能力的性能。常用制动时汽车按给定轨迹行驶的能力来评价。

(3)制动效能的恒定性。指在高速行驶或下长坡连续制动时制动效能保持的程度,也称抗热衰退性能。

良好的汽车制动安全性应由完备的制动系来保证。制动系是用使行驶中的汽车强制减速或停车、使下坡行驶汽车的车速保持稳定以及使已停驶的汽车在原地(包括在斜坡上)停驻不动的机构。

1. 汽车的制动过程

汽车紧急制动的全过程如图 3-2 所示,汽车以车速 v_0 行驶到达 x_0 点的瞬间,前方出现某种危险情报,这一突现的危险信息传递到驾驶人的大脑后,大脑通过神经系统指挥右脚松开加速踏板再踏上制动踏板,这段时间称为驾驶人反应时间 t_1,一般为 0.3～1.0s。反应时间长短与驾驶经验、熟练程度和疲劳情况有关,经过 t_1 时间,汽车行驶到 x_1 点。接着,制动踏板被踩下,首先消除制动踏板间隙(踏板自由行程),经过间隙行程后,制动管路系统液压或气压增大到规定的制动液(气)压力,这段时间称为制动传动系的作用时间 t_2,液压制动传动系的作用时间一般为 0.2s 左右,气压制动传动系的作用时间一般为 0.4s 左右,经过 t_2 时间,汽车从 x_1 点

44

行驶到 x_2 点。在 $t_1 + t_2$ 时间内,虽然驾驶人具有制动意识并开始了制动动作,但汽车并未产生明显的制动效果,因此这段时间称为空驶时间,空驶时间内驶过的距离称为制动空驶距离。在制动器制动力作用下,产生地面制动力而使汽车减速直至停车,这段时间称为持续制动时间 t_3,经过 t_3 时间,汽车从 x_2 点运动 x_3 点。因而,从驾驶人接收到危险信息到汽车完全停止运动的制动距离 S 可由下式估算:

$$S = v_0(t_1 + t_2) + \int_{v_0}^{0} \frac{v_t}{j} \mathrm{d}v_t \tag{3-1}$$

由式(3-1)可以看出,决定汽车制动距离的主要因素是制动传动系的作用时间、附着力(或制动器最大制动力)和制动的初始车速。

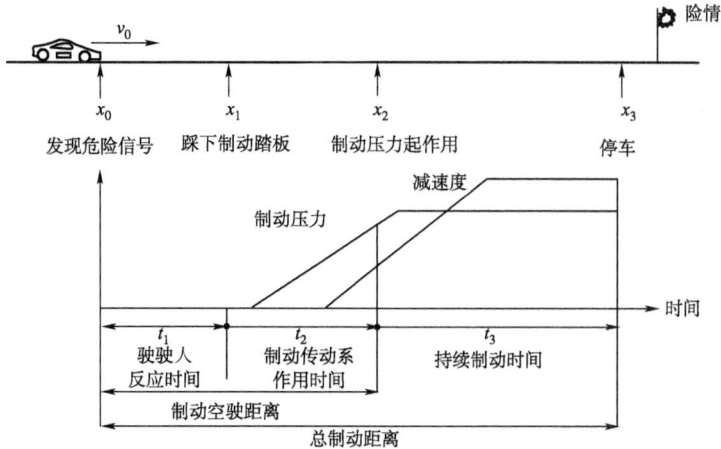

图 3-2　汽车制动过程示意图

2. 制动效能及其恒定性

1)制动效能

汽车制动效能的评价指标为制动减速度和制动距离。

制动距离是指汽车速度为 v_0 时,从驾驶人踩制动踏板到汽车停住为止所驶过的距离,并直接影响汽车的制动安全性。制动距离的测定条件为平坦、良好、干燥、清洁的路面。

制动减速度与制动器制动力及附着力有关。对于前后轴制动力按固定比值分配的双轴汽车,当制动器制动力小于附着力 F_ϕ 时,最大制动减速度为:

$$j_{\max} = \frac{F_u + m_a \cdot g \cdot f}{\delta \cdot m_a} \tag{3-2}$$

式中:δ——汽车旋转质量换算系数,将汽车的飞轮、车轮等旋转质量换算为平移质量,再加上汽车平移质量对加速惯性的影响;

F_u——制动器制动力,m;

m_a——汽车总质量,kg;

g——重力加速度,m/s^2;

$j_{\max}$——汽车最大制动减速度,m/s^2;

f——滚动阻力系数。

当有一轴车轮即将抱死,另一轴车轮未抱死,则滚动压印制动时的最大制动减速度为:

$$j_{\max} = \frac{m_a \cdot g \cdot \varphi_p + m_a \cdot g \cdot f}{\delta \cdot m_a} = \frac{\varphi_p + f}{\delta} \cdot g \tag{3-3}$$

式中：φ_p——峰值附着系数。

当所有车轮抱死滑移时，$\delta = 1$，$f = 0$，最大制动减速度为：

$$j_{max} = \varphi_h \cdot g \tag{3-4}$$

式中：φ_h——滑动附着系数。

比较以上制动状态的最大制动减速度可以看出，车轮全部抱死时得到的最大制动减速度小于滚动压印制动时的制动减速度，故车轮全部抱死的制动效果差于滚动压印制动效果。国家标准《商用车辆和挂车制动系统技术要求及试验方法》(GB 12676—2014)和《乘用车制动系统技术要求及试验方法》(GB 21670—2008)对各类车的制动效能都做了详细规定，如表3-2所示。

制动最低效能的要求   表3-2

乘用车或客车车辆类型		M_1	M_2	M_3	N_1	N_2	N_3
发动机脱开的O型试验	试验车速 v(km/h)	100	60	60	80	60	60
	制动距离 S(m)	$\leqslant 0.1v + 0.0060v^2$		$\leqslant 0.15v + v^2/130$			
	充分发出的平均减速度 d_m(m/s^2)	$\geqslant 6.43$		$\geqslant 5.0$			
	控制力 F(N)	65～500		$\leqslant 700$			
发动机接合的O型试验	试验车速 v(km/h)	160	100	90	120	100	90
	制动距离 S(m)	$\leqslant 0.1v + 0.0067v^2$		$\leqslant 0.15v + v^2/130.5$			
	充分发出的平均减速度 d_m(m/s^2)	$\geqslant 5.67$		$\geqslant 4.0$			
	控制力 F(N)	65～500		$\leqslant 700$			

注：(1)O型试验为冷态试验；
   (2)M_1—不包括司机在内的座位数≤8座的客车，M_2—大于8座，总质量≤5t的客车，M_3—大于8座，总质量>5t的客车，N_1—总质量≤3.5的货车，N_2—总质量3.5～12t的货车，N_3—总质量>12t的货车；
   (3)充分发出的平均减速度($MFDD$)可按下列公式计算：

$$MFDD = \frac{v_b^2 - v_a^2}{25.92(S_a - S_b)} \tag{3-5}$$

式中：v——试验车辆制动初速度，km/h；
   v_b——$0.8v$，km/h；
   v_a——$0.1v$，km/h；
   S_b——试验车速从v到v_b的行驶距离，m；
   S_a——试验车速从v到v_a的行驶距离，m。

2)制动效能的恒定性

制动效能的恒定性分为制动效能的热稳定性和水稳定性。

制动效能的热稳定性主要指制动器的抗热衰退性能。制动器的热衰退是指汽车高速制动或连续下长坡或短时间内的反复制动，而引起制动器温度升高。汽车在下长坡时的频繁制动，摩擦副的温度可达300～400℃，此时，摩擦系数会急剧下降，导致制动器摩擦力矩显著下降。制动器热稳定性一般用一系列连续重复制动时制动效能的保持程度来衡量。GB 12676—2014和GB 21670—2008规定了车辆连续重复制动试验(I型试验)的试验条件，具体如表3-3所示。按表3-3的试验条件连续重复制动后的制动效能应不低于规定的冷态试验制动效能的60%(在相同踏板力且满载条件下)。为了保证汽车的制动安全性，一些国家的法规规定，大型货车必须装备辅助制动器，以满足山区行驶的制动效能要求。

车辆类别	试验条件			
	$v_1(\text{km/h})$	$v_2(\text{km/h})$	$\Delta t(\text{s})$	$n(\text{次})$
M_1	$80\% v_{\max} \leqslant 120$	$0.5v_1$	45	15
M_2	$80\% v_{\max} \leqslant 100$	$0.5v_1$	55	15
N_2	$80\% v_{\max} \leqslant 120$	$0.5v_1$	55	15
M_3、N_2、N_3	$80\% v_{\max} \leqslant 60$	$0.5v_1$	60	20

注:(1)v_1 为制动开始时的初始车速;

(2)v_2 为制动结束时的车速;

(3)$v_{\max}$ 为车辆的最高设计车速;

(4)n 为制动次数;

(5)Δt 为制定循环周期,从一次制动开始到下一次制动开始所经历的时间。

制动器的热衰退与制动器摩擦副材料和结构形式有关。一般情况下(例如摩擦片温度不超过 200℃),摩擦系数是恒定的,但是在高温下摩擦系数会有很大的降低,即出现所谓的热衰退现象。图 3-3 给出了几种摩擦片的摩擦系数与温度的关系曲线。盘式制动器制动效能的热稳定性优于鼓式制动器。

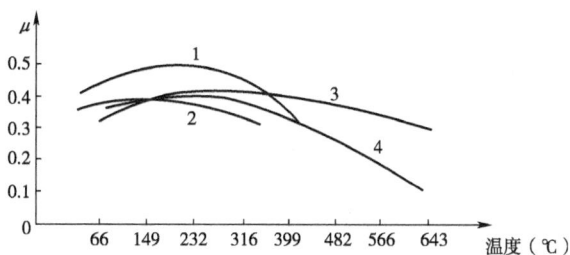

图 3-3 制动器摩擦片的摩擦系数与温度的关系曲线
1、2-鼓式制动器摩擦片;3、4-盘式制动器用摩擦片

3. 制动方向稳定性

将汽车在制动过程中维持直线行驶或按预定弯道行驶的能力称为制动方向稳定性。制动过程中出现的制动跑偏、后轴侧滑或前轮失去转向能力都会使汽车失去控制,离开原来行驶方向,甚至造成交通事故,其中后轴侧滑是造成交通事故的重要原因。据西方一些国家的统计数据表明,发生人身伤亡的交通事故中,潮湿路面上约有三分之一与侧滑有关,在冰雪路面上有70% ~80%与侧滑有关,而根据对侧滑事故的分析,发现有 50%是由制动引起的。由此可见,制动时汽车的方向稳定性是影响交通安全的一个重要因素。

1)汽车的制动跑偏

汽车制动时自动向左或向右偏驶的现象称为制动跑偏。引起制动跑偏的原因有:

(1)汽车左右车轮,特别是前轴左右车轮制动器制动力不相等。对行驶的汽车施加适当的制动力时,在轮胎和地面之间产生与行进方向相反的地面制动力,当车辆左右侧地面制动力相等时,汽车能够沿着行进方向停车;当车辆左右地面制动力不相等时,则会产生一个绕汽车质心的旋转力矩,使制动车辆跑偏。左右车轮制动器制动力不相等主要是制造、调整误差造成的。如制动间隙调整不均;个别制动衬片与鼓接触不良,黏油;单边轮缸(或制动气室)故障;U形螺栓松动;轮胎气压不均等。

（2）悬架系统与转向系统运动学上的不协调，如图3-4所示。紧急制动时，前轴向前扭转 θ 角，悬架也发生相应变形，转向节臂球销相对于悬架作平动，但转向节臂球销同时又受到转向纵拉杆的牵制，仅克服拉杆间隙及弹性变形，致使转向轮右转，造成制动向右跑偏。消除办法是尽量将转向节臂球销布置在大约钢板弹簧主片中心以下卷耳半径处。

（3）汽车质心位置的左右不对称。由于质心偏向一侧，使该侧轮荷增大，因此地面制动力增大。而轮荷减小的一侧地面制动力减小，导致两侧制动力不相等，引起制动跑偏。这主要是车辆总体设计的原因，车辆总体设计时应充分考虑不对称汽车部件、总成的布置关系。

2）汽车的制动侧滑、甩尾及前轴转向能力的丧失

汽车的制动侧滑是指制动时，汽车的某一轴或双轴发生横向移动的现象，最危险的情况是在高速制动时发生后轴侧滑，此时汽车易发生不规则的急剧回转运动而失去控制。

影响制动侧滑的因素有路面附着系数、车轮抱死及抱死顺序、制动初速度、载荷及载荷转移、侧向力源。

路面附着系数对于行驶安全是一个重要的参数。它与轮胎的滑移率等有很大关系。轮胎的滑移率 λ 的定义为：

$$\lambda = \frac{v - r \cdot w}{v} \times 100\% \tag{3-6}$$

式中：v——车轮中心的速度；

  r——车轮的滚动半径；

  w——车轮滚动的角速度。

纵向附着系数和侧向附着系数与车轮滑移率 λ 的关系如图3-5所示。

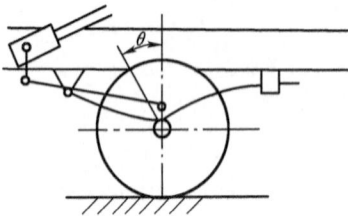

图3-4　悬架系统与转向系统运动学上的不协调　　　　图3-5　$\varphi\text{-}\lambda$ 曲线

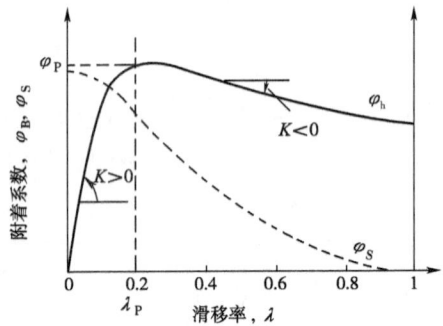

当滑移率为 λ_p 时，纵向附着系数达到最大值 φ_p。当滑移率为 100% 时，即车轮完全抱死时纵向附着系数为滑动附着系数 φ_h，在干燥路面上 φ_p 与 φ_h 的差值很小，而在湿滑路面上差别却很大。侧向附着系数随滑移率 λ 的增大而下降，轮胎抱死滑移时，侧向附着系数接近零，由于侧向附着力与车轮、地面间的侧向附着系数成正比，故侧向附着力趋于零。地面侧向附着力的作用是保持汽车预定行进方向以及根据驾驶人的操作而改变行进方向。一般而言，侧向附着力越大，汽车的方向稳定性越好，可操作性亦越好。反之，当侧向附着力很小时，驾驶人就无法按照自己的意图操纵汽车，甚至汽车完全失去控制，导致发生严重交通事故。当 $\lambda = 100\%$ 时，车轮将不能抵抗侧向力，受很小的侧向力都可能引起汽车的侧滑。

附着系数的数值主要取决于道路的材料、路面状况、轮胎结构、胎面花纹和车速等因素。表3-4给出了各种路面上的峰值附着系数与滑动附着系数的平均值。

各种路面上的平均附着系数 表 3-4

路面状况	峰值附着系数 φ_p	滑动附着系数 φ_h	路面状况	峰值附着系数 φ_p	滑动附着系数 φ_h
沥青或混凝土(干)	0.8~0.9	0.75	土路(干)	0.68	0.65
沥青(湿)	0.5~0.7	0.45~0.6	土路(湿)	0.55	0.4~0.5
混凝土(湿)	0.8	0.7	雪(压紧)	0.2	0.15
砾石	0.6	0.55	冰	0.1	0.07

在潮湿路面上,由于水的润滑作用,附着系数也显著降低。20 世纪 50 年代以来,人们十分注重轮胎胎面花纹的设计,目的是改善轮胎在潮湿路面上的附着性能。另外,增大轮胎与路面接触面积也会提高附着性能。

侧向力源有侧坡、侧风和离心力等。如在路拱较大的路面或弯路上制动时,应提防侧滑发生。

图 3-6 是车速对一种货车轮胎附着系数曲线的影响。速度越高,附着系数越低,不利于汽车高速制动。不仅如此,制动初速度对侧滑的影响也很明显。例如,某采用制动力固定比值分配的 CAL091 系列中型货车在平坦干燥的混凝土路面上分别进行空载和满载制动。当制动初速在 40km/h 以下时,不论前轮还是后轮先抱死都不发生侧滑,而当制动初速度在 48km/h 以上时,无论前轮还是后轮先抱死都产生侧滑现象,而且空载较满载侧滑量大。这也说明只有在初速度超过 48km/h 时,后轴侧滑才是危险工况。

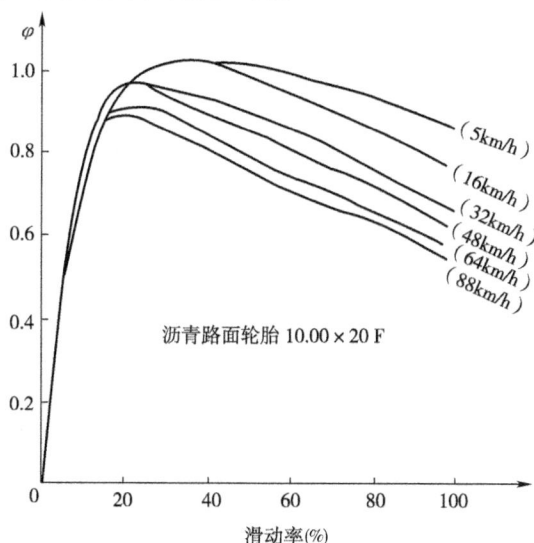

图 3-6 车速对附着系数曲线的影响

由于制动时会发生载荷向前转移现象,因此后轮容易抱死。如果改变前、后轴的制动力分配,可达到前轮先抱死的目的。但也要视具体行车环境确定,例如经常行驶在山区的车辆,更希望制动时不丧失转向能力,所以不希望前轮先抱死。汽车在弯道紧急制动且只有前轮抱死时的运动情况如图 3-7 所示。此时由于前轮的侧向附着力基本为零,无法进行正常的转向操作,汽车的运动路线与驾驶人操作无关,而沿弯道切线方向滑行。紧急制动且全部车轮抱死时的运动情况如图 3-8 所示。由于此时前、后轮侧向附着力都接近于零,汽车完全失去操纵性和方向稳定性,即一面做与驾驶操作无关的不规则运动,一面沿弯道曲线的切线方向滑行。为了提高汽车的制动方向稳定性,加装制动力调节装置或车轮防抱死装置是提高汽车制动性能非常有效的措施。

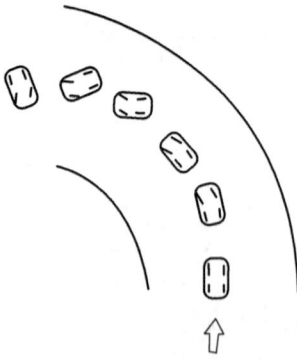

图 3-7 弯道制动前轮抱死情况   图 3-8 弯道制动全轮抱死情况

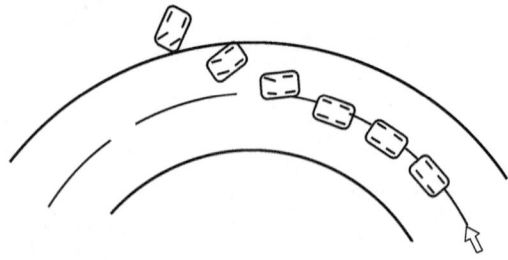

GB 12676—2014 标准对于制动力分配规定为:对各类双轴商用汽车,附着系数 k 取值处于 $0.2 \sim 0.8$ 时,在各种载荷情况下,制动强度应满足下列各关系式:

$$Z \geqslant 0.1 + 0.85(k - 0.02) \tag{3-7}$$

$$\varphi_f \geqslant \varphi_r \tag{3-8}$$

式中: Z——汽车的制动强度,是指汽车的制动力与汽车的重力之比;

     k——附着系数;

  $\varphi_f \setminus \varphi_r$——分别为前、后轴的利用附着系数,是指前轴地面制动力与前轴轴荷之比和后轴地面制动力与后轴轴荷之比。

$$Z = \frac{1}{m_a \cdot g}(F_{fl} + F_{fr} + F_{rl} + F_{rr}) \tag{3-9}$$

$$\varphi_f = \frac{F_{fl} + F_{fr}}{(b \cdot g + h_g \cdot \alpha)\dfrac{m_a}{L}} \tag{3-10}$$

$$\varphi_r = \frac{F_{rl} + F_{rr}}{(a \cdot g - h_g \cdot \alpha)\dfrac{m_a}{L}} \tag{3-11}$$

式中: $F_{fl} \setminus F_{fr} \setminus F_{rl} \setminus F_{rr}$——分别前左轮、前右轮、后左轮、后右轮的制动力,N;

     m_a——汽车质量,kg;

     g——重力加速度,m/s²;

     h_g——汽车质心高度,m;

     L——汽车的轴距,m;

     a——汽车质心到前轴的纵向距离,m;

     b——汽车质心到后轴的纵向距离,m;

     α——汽车的制动减速度,m/s²。

对于中重型载货汽车,当 $0.15 \leqslant Z \leqslant 0.30$ 时,利用附着系数应满足:

$$Z - 0.08 \leqslant k \leqslant Z + 0.08 \tag{3-12}$$

且当 $Z \geqslant 0.3$ 时,制动强度应满足:

$$Z \geqslant 0.3 + 0.74(k - 0.38) \tag{3-13}$$

附着系数利用曲线要求如图 3-9 所示。

GB 21670—2008 标准规定了 M_1 类汽车的制动力分配。

当 $0.15 \leqslant Z \leqslant 0.8$ 时，利用附着系数应满足：

$$\varphi_\mathrm{f} \geqslant \varphi_\mathrm{r} \tag{3-14}$$

当附着系数 k 处于 $0.2 \sim 0.8$ 时，制动强度应满足：

$$Z > 0.1 + 0.7(k - 0.2) \tag{3-15}$$

附着系数利用曲线要求如图 3-10 所示。

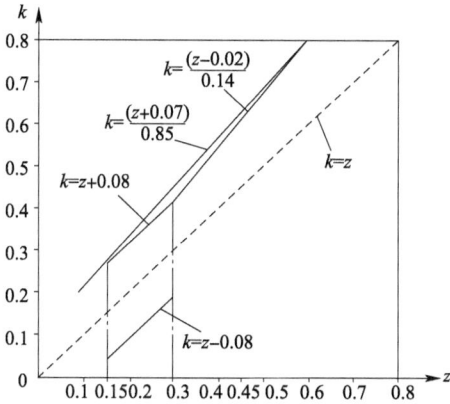

图 3-9 中重型载货汽车的附着系数利用曲线要求

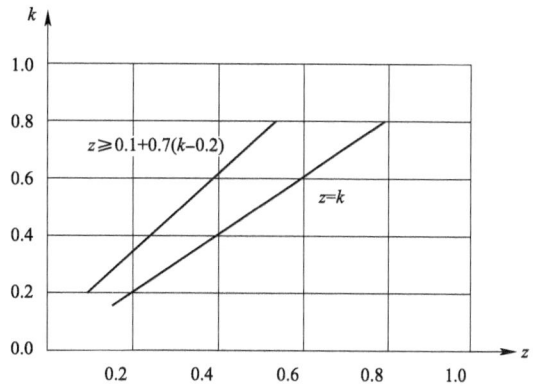

图 3-10 M_1 类汽车的附着系数利用曲线要求

对于双轴汽车在制动过程中，可能出现前轮先抱死或后轮先抱死，也可能前后轮同时抱死。前轮先抱死不易产生侧滑，是一个稳定过程，但容易丧失制动时的转向操纵能力。后轮先抱死容易造成后轮侧滑，并可能急转甩尾，是一种不稳定状态，驾驶人根本来不及做出反应，就已造成交通事故。前后轮抱死顺序可由前后制动器制动力的分配而改变，在进行制动力分配时，为了保证汽车制动的方向稳定性，首先不能出现后轴车轮比前轮先抱死的情况，以防止危险的后轴侧滑，另外还应减少前后轮都抱死，以维持汽车的转向能力，这样最理想的制动力分配是保证前后轮都不抱死，即采用 ABS 系统。

4. 制动系分类及其要求

制动系按其用途分为：行车制动系、驻车制动系、应急制动系、辅助制动系等。汽车制动系至少应有两套独立的制动系，即行车制动系和驻车制动系。重型汽车或经常山区行驶的车辆，为了保证制动安全性，还需增设应急制动系及辅助制动系；牵引汽车应增设自动制动系。

1）行车制动系

用以使行驶中的汽车强制减速、停车或使汽车下长坡时保持一定的稳定车速的制动装置被称为行车制动系。其驱动机构常采用双回路结构和多回路结构，以保证制动的安全性。一般行车制动系多为双回路。

双轴汽车的双回路制动系统有以下常见的六种布置形式，如图 3-11 所示。

系统 1 的结构形式是比较常用的形式。系统 2、4、5 和 6 中每一条管路所产生的制动力相同。系统 1 和 3 的第一条或第二条管路失效时，所产生的制动力不同，而系统 2 和 6 的任一管路失效时所产生的制动力相同。此外，上述六种布置方案在管路部分失效时，对车辆稳定性的影响也是不同的。例如，使用系统 6 的车辆会使左右制动力不平衡。因此实际应用中，不考虑系统 6 的布置方案。

GB 12676—2014 标准规定：在行车制动系传能装置部分失效情况下，操纵行车制动系驱动装置应使足够的车轮制动，并保证剩余制动效能不得低于表 3-5 的规定，并且操纵力也不应超过 700N。

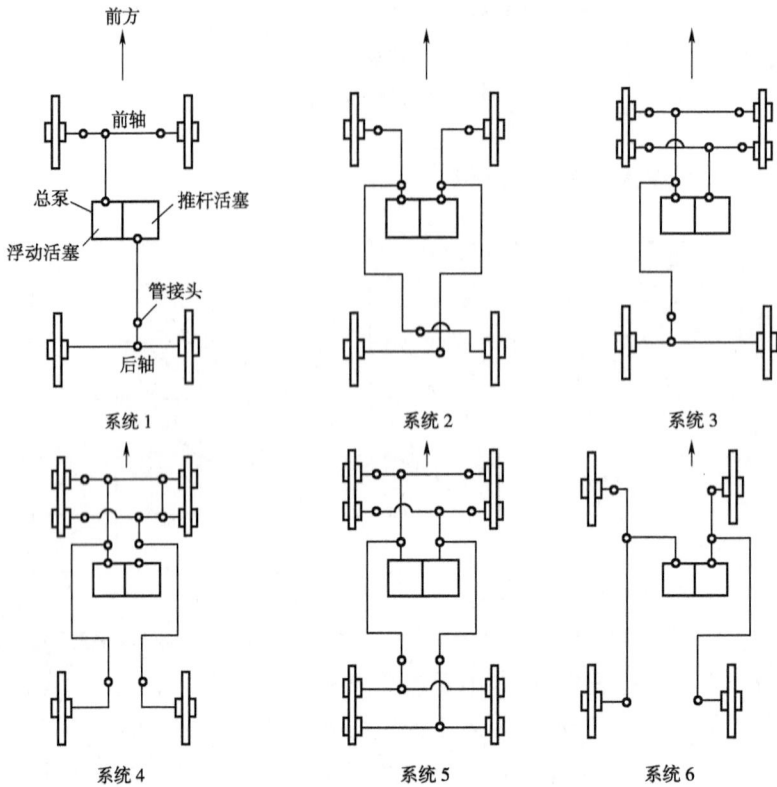

图 3-11 双管路制动系统

各类车剩余制动效能的要求 表 3-5

车辆类型	初速度 v_0 （km/h）	满载制动距离 （max）（m）	满载充分发出的 平均减速度 （min）（m/s²）	空载制动距离 （max）（m）	空载充分发出的 平均减速度 （min）（m/s²）
M_2	60	$0.15v_0 + \dfrac{100}{30} \cdot \dfrac{v_0^2}{130}$	1.5	$0.15v_0 + \dfrac{100}{25} \cdot \dfrac{v_0^2}{130}$	1.3
M_3	60	$0.15v_0 + \dfrac{100}{30} \cdot \dfrac{v_0^2}{130}$	1.5	$0.15v_0 + \dfrac{100}{30} \cdot \dfrac{v_0^2}{130}$	1.5
N_1	70	$0.15v_0 + \dfrac{100}{30} \cdot \dfrac{v_0^2}{115}$	1.3	$0.15v_0 + \dfrac{100}{25} \cdot \dfrac{v_0^2}{115}$	1.1
N_2	50	$0.15v_0 + \dfrac{100}{30} \cdot \dfrac{v_0^2}{115}$	1.3	$0.15v_0 + \dfrac{100}{25} \cdot \dfrac{v_0^2}{115}$	1.1
N_3	40	$0.15v_0 + \dfrac{100}{30} \cdot \dfrac{v_0^2}{115}$	1.3	$0.15v_0 + \dfrac{100}{30} \cdot \dfrac{v_0^2}{115}$	1.3

2）应急制动系

当行车制动系失效时,实现车辆的减速或停车的制动装置被称为应急制动系。应急制动系可以不是独立的制动系统,其有三种形式:和行车制动相结合;和驻车制动相结合;独立的应急制动系统。

GB 12676—2014 和 GB 21670—2008 规定,汽车在空载和满载条件下,断开发动机的应急制动性能应达到表3-6的要求。

各类车应急制动效能的要求 表3-6

车辆类型	初速度 v_0（km/h）	制动距离（max）（m）	充分发出的平均减速度（min）（m/s²）	控制力（max）（N）	
				手控制	脚控制
M_1	100	$0.1v_0 + 0.0158v_0^2$	>2.44	400	500
M_2	60	$0.15v_0 + \dfrac{2v_0^2}{130}$	>2.5	600	700
M_3	60				
N_1	70	$0.15v_0 + \dfrac{2v_0^2}{115}$	>2.2	600	700
N_2	50				
N_3	40				

较常见的是以储能弹簧制动气室作为应急制动系的传能装置,主要用于中重型商用车辆上,它是利用压缩弹簧储存的能量来产生制动作用的。此结构在正常情况下用于驻车制动,而在制动管路损坏漏气时,储能弹簧起作用使后车轮制动,起应急制动作用。

3)驻车制动系

用以使汽车可靠而无时间限制停驻在原地甚至斜坡的制动装置被称为驻车制动系。GB12676—2014标准规定商用两轴车辆的驻车制动系应能使满载车辆在坡度为18%的上下坡道上保持静止。并且采用手控装置的控制力应小于600N,采用脚控装置的控制力应小于700N。为了保证驻车制动的安全性,《机动车运行安全技术条件》(GB 7258—2012)规定驻车制动系的锁止装置应采用机械机构。

4)辅助制动系

辅助制动系是驾驶人直接或间接地操纵,特别是在下长坡时稳定和减低车辆的速度,以减轻行车制动系的制动负荷的制动系。辅助制动系有发动机辅助制动和缓行器等。

随着汽车发动机大功率化和高速公路网的完善,商用车辆高速长距离运行的情况越来越多,翻山越岭、长距离下坡的机会增多,一般车用摩擦式制动器由于使用条件的不适应,温度上升很高,容易发生制动效能的衰退现象。为了充分保证运行车辆的安全性,以及快速行驶特性和舒适性,许多国家的交通法规已将辅助制动装置作为商用汽车的必备系统。如ECE规定:总质量在5.5t以上的客车和9t以上的载重汽车,必须安装辅助制动装置。我国的国家标准《机动车安全运行技术条件》(GB 7258—2012)规定:"车长长大于9m的客车(大于8m的专用校车)、总质量大于等于12000kg的货车和专项作业车、所有危险货物运输车应装备缓速器或其他辅助制动装置。"

(1)发动机辅助制动。

发动机辅助制动可分为发动机排气辅助制动、发动机减压辅助制动和发动机泄漏辅助制动。

发动机排气辅助制动是在发动机拖动的基础上发展起来的,它通过在排气歧管中增设蝶形节流阀或类似机构,堵塞排气通道并停止供油,使发动机汽缸内形成可控的背压力,以增加发动机排气冲程的功率消耗,快速降低发动机的转速,通过传动系统吸收汽车的动能,从而产生制动作用。汽车下长坡时利用发动机排气辅助制动所吸收功率可以达到发动机有效功率的50%以上。排气辅助制动具有结构简单、操纵方便、安全可靠等优点。

发动机减压辅助制动是利用发动机的倒拖运转以消耗汽车的动能,并通过液压装置,在压缩冲程中活塞到达压缩上止点前打开排气门,排出汽缸内被压缩的空气,使发动机在做功冲程开始时,缸内气压较低,减少对外做功,从而增加发动机的制动功率。发动机减压辅助制动产生的制动功率与发动机燃烧工作时的额定功率基本相当,当发动机减压辅助制动用于增压发动机时得到的制动功率比在自然吸气发动机的要大。发动机减压辅助制动具有重量轻、结构紧凑、工作稳定和制动功率大和可以调节等优点。

发动机泄漏辅助制动在发动机排气辅助制动的基础上,增加使发动机压缩和膨胀过程中始终开启排气门的机构,使缸内充量在压缩和膨胀行程中外泄,减少膨胀行程中充量对活塞的做功,增加了发动机的制动功率。

(2)缓速器。

缓速器有多种形式,目前主要有电涡流式(Electro-magnetic Retarder)和液力式(Hydrodynamic Retarder)。电涡流式缓速器是以磁电效应产生制动作用,液力式缓速器是利用叶轮搅动油液产生阻力形成制动力。

电涡流缓速器结构如图 3-12a)所示,由定子、转子及固定架等组成。定子由 8 个高导磁材料制成的铁芯组成,呈圆周分布,均匀安装在固定架上。线圈绕组套装在铁芯上,共同构成磁极。圆周上相对两个励磁线圈串联或并联成一组磁极,相邻磁极极性相反。转子由前转子盘、后转子盘和转子轴构成。转子盘呈圆环状,用导磁性能高且剩磁率低的铁磁材料制成。转子通过连接凸缘与传动轴相连,并随传动轴转动。利用法拉第电磁感应原理,把汽车行驶的动能转化为成电涡流,并且以热量的形式散发掉,从而实现车辆的减速。

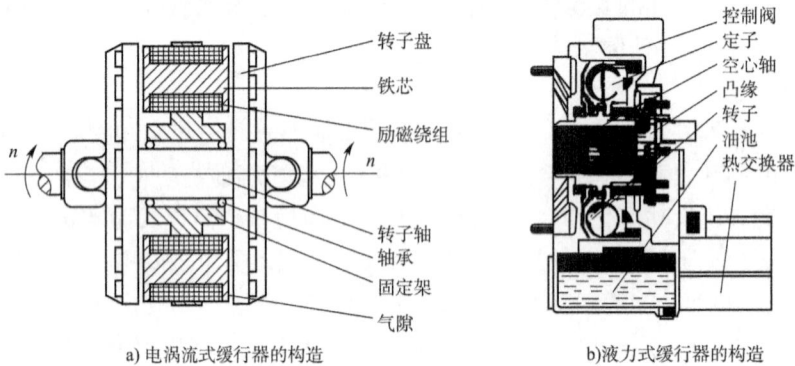

a)电涡流式缓行器的构造　　　　　　　b)液力式缓行器的构造

图 3-12　缓行器构造示意图

电涡流缓速器的优点是:结构简单,生产制造成本低;制动力矩范围广,可达 $300 \sim 3300$ N·m,适合于各种形式($5 \sim 45$t)的车辆;响应时间短(仅有 40ms,比液力缓速器的响应快 20 倍),无明显时间滞后;工作时噪声很小;车辆在低速运行时,也可产生较高的制动力矩;制动力矩的大小可以通过控制励磁电流来调节,易实现自动控制。其缺点是:体积较大,重量较重;制动减速能力和使用时间长短受转子温升、缓速器周围气流条件和环境温度的影响等。

液力缓速器主要由本体、智能控制装置、操作装置等部分组成,本体中装有转子、定子、动力连接凸缘(与传动轴相连)、散热器、工作液管道、工作液贮槽、壳体等组成,如图 3-12b)所示。转子与定子对置,定子固定在缓速器壳体上,转子后端经连接凸缘与传动轴连接,前端通过花键与变速器输出轴相连。转子和定子均铸出叶片。转子随传动轴转动,定子和转子对置形成工作腔,并与工作液贮槽相通。散热器冷却水管与发动机冷却系统相连,利用发动机冷却系统散热。制动时通过控制阀向油池施加气压,使工作液充入转子与定子间的空腔内。由于工作液的阻尼作用在转动的转子上产生阻力矩,使转子和传动轴的转动减速,车辆的动能转变成热能,实现缓速作用。

液力缓速器的优点是:制动力矩大,并且不存在缓速器温升的问题,工作可靠性好;制动力矩平稳性好,从而提高了车辆在制动减速过程中的乘坐舒适性。其缺点是:车速较低时的制动能力较差;由于液力缓速器转子和汽车变速器输出轴相连,所以汽车行驶过程中转子始终处于旋转状态,这使得工作腔内的空气产生循环流动,从而造成能量损失,该能量损失称之为泵气损失,泵气损失会损耗发动机能量,使汽车油耗增加。

3.2.4 汽车操纵稳定性

操纵稳定性是汽车的一种运动性能,这种性能通过驾驶人在一定路面和环境下的操纵反映出来。通常认为汽车的操纵稳定性包含相互联系的两个部分:一是操纵性,二是稳定性。操纵性是指汽车能够确切地响应驾驶人转向指令的能力;稳定性是指汽车受到外界扰动(路面扰动或突然阵风扰动)后恢复原来运动状态的能力。两者很难断然分开,稳定性的好坏直接影响操纵性的好坏,因此通常统称为操纵稳定性。操纵稳定性是决定高速汽车安全行驶的一个主要性能,被人们称为"高速车辆的生命线"。

汽车的操纵性和稳定性两者是密切相关,有时甚至是互为因果的。不良的汽车操纵性常常会引起侧滑或翻车;有时汽车的侧滑也会导致操纵失灵。汽车在行驶过程中总会受到外界干扰,产生运动参数的变化,如果这一干扰消失之后,车辆的运动参数能恢复到原来的状态,即汽车的运动为稳定的。如受干扰后,运动参数偏差增加很快,以至于无法控制,则汽车的运动是不稳定的,很可能因此而引起交通事故。

1. 操纵稳定性的评价方法

汽车操纵稳定性涉及的问题较为广泛,一般采用较多的物理量从多方面进行评价。表3-7给出了操纵稳定性的主要内容及主要评价参量。

汽车操纵稳定性的基本内容及评价所用物理参量

表3-7

基 本 内 容	主要评价参量
1.转向盘角阶跃输入下的时域响应	稳态横摆角速度增益——转向灵敏度、反应时间、横摆角速度波动的无阻尼圆频率
2.横摆角速度频率响应特性	共振峰频率、共振时振幅比、相位滞后角、稳态增益
3.转向盘中间位置操纵稳定性	转向灵敏度、转向盘力特性——转向盘转矩梯度、转向功灵敏度
4.回正性	回正后剩余横摆角速度与剩余横摆角、达到剩余横摆角速度的时间
5.转向半径	最小转向半径
6.转向轻便性: 原地转向轻便性; 低速行驶转向轻便性; 高速行驶转向轻便性	转向力、转向功
7.直线行驶能力: 直线行驶性; 侧向风敏感性; 路面不平度敏感性	转向盘转角; 侧向偏移; 侧向偏移

基 本 内 容	主要评价参量
8.典型行驶工况性能: 　蛇行性能; 　移线性能; 　双移线性能—回避障碍性能; 　……	转向盘转角、转向力、侧向加速度、横摆角速度、侧偏角、车速等
9.极限行驶能力: 　圆周行驶极限侧向加速度; 　抗侧翻能力; 　发生侧滑时的控制性能; 　……	极限侧向加速度; 极限车速; 回至原来路径所需的时间

国家标准《汽车操纵稳定性试验方法》(GB/T 6323—2014)和行业标准《汽车操纵稳定性指标限值与评价方法》(QC/T 480—1999)从"稳态回转试验""转向回正性能试验""转向轻便性试验""转向瞬态响应试验(转向盘转角阶跃输入)""转向瞬态响应试验(转向盘转角脉冲输入)""蛇行试验""转向盘中心区操纵稳定性试验"七项试验来综合评价汽车的操纵稳定性。

转向瞬态响应试验(转向盘转角阶跃输入)和稳态回转试验用于评价汽车转向盘角阶跃输入下的时域响应。转向瞬态响应试验在平坦的试验场地上进行,汽车先以直线行驶,达到试验车速后,突然以不小于 $200°/s$ 的角速度转动转向盘,使其达到预先选好的位置并固定数秒钟,通过测量及计算汽车的横摆角速度响应时间、横摆角速度峰值响应时间、横摆角速度超调量、侧向加速度响应时间、横摆角速度总方差、侧向加速度总方差及"汽车因素"来综合评价汽车转向盘角阶跃输入下的瞬态响应。稳态回转试验是汽车在半径不小于 15m 的圆周试验场地上缓慢而均匀地按圆周加速(纵向加速度不超过 $0.25m/s^2$),直到汽车的侧向加速度达到 $6.5m/s^2$ (或受发动机功率限制而所能达到的最大侧向加速度、或汽车出现不稳定状态)为止,通过测量计算汽车前后轴侧偏角差值及转向半径比确定汽车的稳态转向特性。

转向回正性能试验用于评价汽车的转向回正能力,分为低速回正性能试验和高速回正性能试验。低速回正性能试验为汽车在平坦的试验场地上先以直线行驶,然后调整转向盘使汽车沿 15m 的圆周行驶,调整车速使汽车的侧向加速度达到 $4m/s^2$,固定转向盘转角,稳定车速后,迅速松开转向盘,测量汽车的横摆角速度的时间历程(测量时间内加速踏板位置保持不变)。最高车速超过 100km/h 的汽车应进行高速回正性能试验。高速回正性能试验的试验车速为汽车最高车速的70%,汽车以试验车速直线行驶,转动转向盘使侧向加速度达到 2 ± 0.2 m/s^2 ,稳定后,迅速松开转向盘,测量汽车的横摆角速度的时间历程(测量时间内加速踏板位置保持不变)。根据横摆角速度的时间历程计算响应稳定时间、残留横摆角速度、横摆角速度超调量、横摆角速度的自然频率及横摆角速度的总方差来评价汽车的转向回正性能。

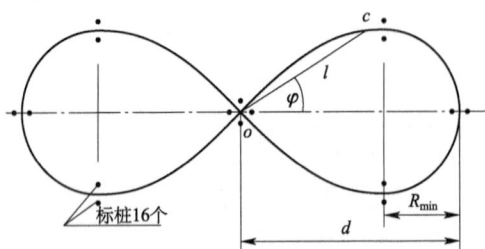

图 3-13　双纽线路径

转向轻便性试验是驾驶人操纵转向盘,使汽车以 10km/h 的车速沿双纽线路径行驶,要求双纽线的最小曲率半径应为试验汽车前外轮的最小转弯半径的 1.1 倍,如图 3-13 所示。测量转向盘转角和转向盘力矩的关系曲线,要求测量记录的过程中,应保持车速稳定,并平稳地、不停地连续转动转向盘,不应同时松开双手或来回转动转向盘修正行驶方向。根据转向盘转角和转向盘力矩的关系计算转向盘最大作用力矩、转向盘最大作用力、转向盘作用功、转向盘摩擦力矩和转向盘摩擦力来评价汽车的转向轻便性能。

蛇行试验主要是典型行驶工况性能试验,汽车试验路径及标桩布置如图3-14所示。标桩间距与基准车速如表3-8所示。

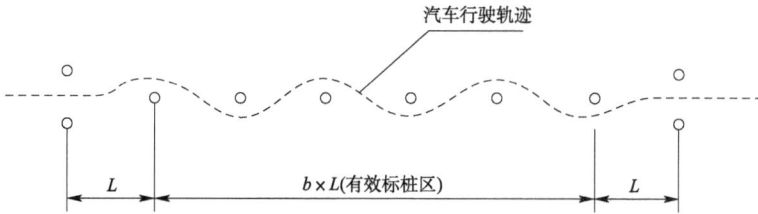

图3-14 试验路径及标桩布置

标桩间距与基准车速
表3-8

汽车类型	标桩间距 L （m）	基准车速 v （km/h）
M_1 类、N_1 类和 M_1G、N_1G 类车辆	30	65
M_2 类、N_2 类和 M_2G、N_2G 类车辆		50
M_3 类及最大总质量小于或等于15t的 N_3 类和 M_3G、N_3G 类车辆	50	60
M_3 类(铰接客车)及最大总质量大于15t的 N3 类和 M_3G、N_3G 类车辆		50

选用经验丰富的驾驶人沿图3-14所示试验路径行驶,先按基准车速的二分之一并四舍五入为10的整数倍车速进行试验,逐步提高试验车速,但最高车速不超过80km/h。试验共进行10次,并分别测量不同车速下的转向盘转角、横摆角速度、车身侧倾角和侧向加速度的时间历程,通过基准车速下的计算平均横摆角速度峰值、转向盘转角峰值等来综合评价汽车典型行驶工况性能。

2.汽车操纵稳定性的影响因素

对汽车操纵稳定性的研究,应将驾驶人与汽车作为统一整体,即人—汽车闭环系统来研究。这一系统是很复杂的,影响因素很多,从车辆方面考虑主要有下列因素:

(1)汽车总质量大小、转动惯量及轴荷分配;

(2)轴距与轮距;

(3)悬架系统的导向机构;

(4)前轮定位参数;

(5)轮胎的侧偏特性;

(6)转向盘的力特性及转向系的刚度;

(7)车辆空气动力学特性;

(8)其他特性,如车轮动平衡、路面摩擦系数等。

另外,汽车操纵稳定性还受到路面特性(如道路不平度、纵向和横向的坡度、左右车轮附着性能差异)、环境因素(如横向风)以及驾驶人操作技能等使用因素的影响。

1)轮胎侧偏特性

轮胎的直线行驶特性直接影响汽车的操纵稳定性,轮胎的直线行驶特性主要取决于轮胎的侧偏特性。轮胎的侧偏特性是指侧偏力及回正力矩与侧偏角的关系。若要使汽车在受横向风和道路横向坡度引起的侧向力作用而仍能保持其直线行驶的方向不变,那么就要求轮胎在一定侧偏角下的侧偏力和回正力矩较大,即轮胎具有较大的侧偏刚度和回正刚度。

图 3-15 给出了典型的侧偏力和回正力矩与侧偏角的关系曲线,由侧偏力和侧偏角的关系曲线表明:在小侧偏角的区域侧偏力大致与侧偏角成比例增加。在侧偏角 $\alpha = 0°$ 处的斜率称为侧偏刚度(k_α),而侧偏角 $\alpha = 1°$ 时的侧偏力称为侧偏功率(C_p)。侧偏刚度是决定操纵稳定性的重要参数,为保证汽车在高速下直线行驶的稳定性,轮胎应具有较高的侧偏刚度。

从回正力矩与侧偏角的关系曲线可以看出:回正力矩随着侧偏角的增大逐步增大,侧偏角为 $2° \sim 4°$ 时达到最大值,而后减小。回正力矩的最大值随轮胎与路面间的摩擦系数的变化而有较大变化。另外,回正力矩在侧偏角 $\alpha = 0°$ 时的斜率称为回正刚度,它直接影响汽车的转向轻便性和轮胎的横向振动。

轮胎侧偏特性和轮胎的结构参数有很大关系,子午线轮胎的侧偏刚度比斜交轮胎大,这是由于子午线轮胎接地面宽的缘故,如图 3-16 所示。钢丝子午线轮胎比尼龙子午线轮胎的侧偏刚度还要高。

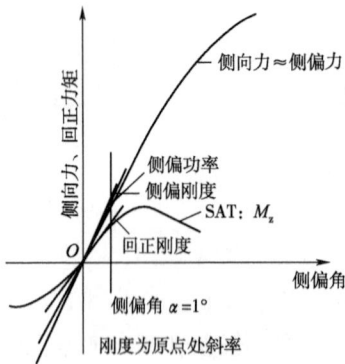

图 3-15 侧偏力、回正力矩与侧偏角的关系

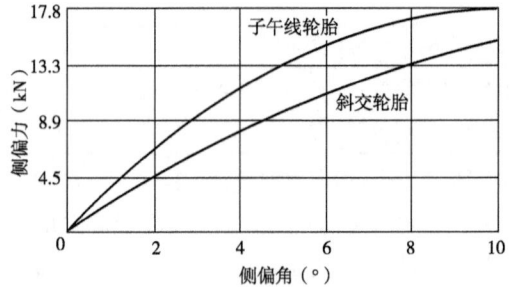

图 3-16 轮胎结构对侧偏刚度的影响

轮胎的结构对回正力矩与侧偏角的关系特性也有影响,在同样侧偏角下,尺寸大的轮胎一般回正力矩较大,子午线轮胎的回正力矩大于斜交轮胎,如图 3-17 所示。

扁平率对轮胎侧偏刚度也有影响,扁平率小,接地面积较宽,轮胎侧偏刚度增大,如图3-18所示。采用扁平率小的轮胎是提高侧偏刚度的主要措施之一。

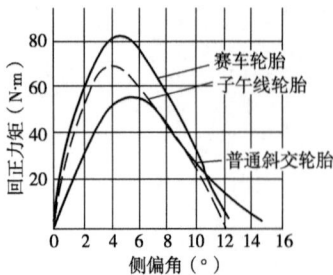

图 3-17 轮胎的结构对回正力矩特性的影响

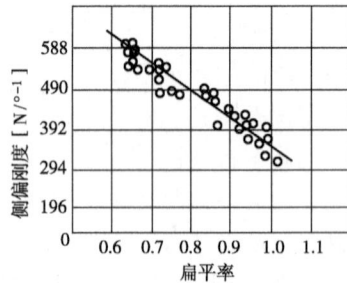

图 3-18 扁平率与侧偏刚度的关系

轮胎的滚动速度对侧偏特性的影响如图 3-19 所示。随着速度的增大,侧偏力的最大值降低,这主要是由于速度增高时,滑动摩擦系数降低的缘故。

路面有薄水层时,由于滑水现象会出现完全丧失侧偏力的情况。图 3-20 表示滑水现象对载重汽车轮胎侧偏力系数的影响,由图可见,磨耗轮胎,在相当低的速度下就发生部分滑水现

58

象,并容易打滑,可是排水性良好的雪地轮胎却不易发生滑水现象。

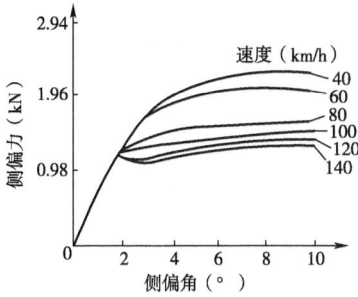

图 3-19　行驶速度对侧偏特性的影响

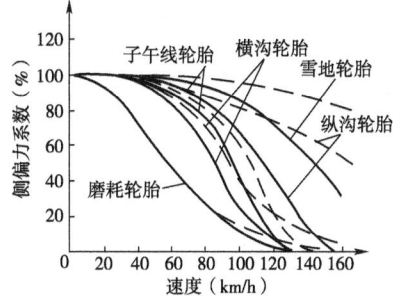

图 3-20　滑水现象对载重汽车轮胎侧偏特性的影响

　　轮胎的充气压力对侧偏力影响如图 3-21 所示,随着轮胎气压的增加,侧偏力增大,但气压过高后,侧偏力不再变化。与此相反,轮胎的气压低,接地印迹长,轮胎拖距大,回正力矩也大,如图 3-22 所示。

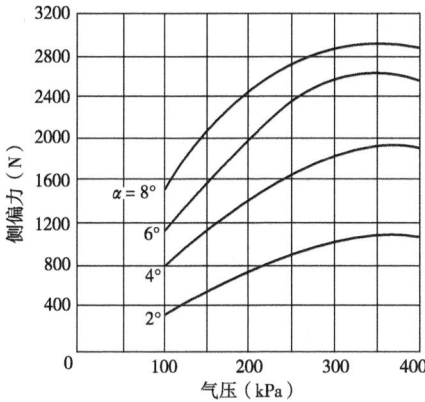

图 3-21　轮胎的充气压力对侧偏力影响

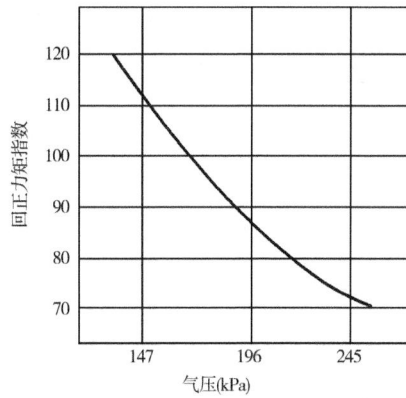

图 3-22　轮胎的充气压力与回正力矩的关系

　　2)轴荷分配对汽车操纵稳定性的影响

　　汽车曲线行驶的时域响应分为稳态响应和瞬态响应,当周期的(或恒定的)操纵输入施加在车辆上而引起的周期的(或恒定的)车辆响应,在任意长的时间内不发生变化时,称车辆处于稳态,稳态中的运动响应为稳态响应,其特点为输出量是不随时间变化的;当作用在车辆的外力或操纵位置随时间变化时,称车辆处于瞬态,瞬态中的运动响应为瞬态响应,其特点为输出量是随时间变化的。

　　汽车的转向特性是表征汽车操纵稳定性的特性之一,它是指汽车在转向盘角阶跃输入下的时间响应,分为瞬态转向特性和稳态转向特性。等速直线行驶的汽车在转向盘角阶跃输入下,经过一定时间后将进入等速圆周行驶,等速直线行驶和等速圆周行驶之间的瞬态响应称为瞬态转向特性;等速圆周行驶的稳态响应称为稳态转向特性。稳态转向特性有三种类型:不足转向特性、中性转向特性和过多转向特性。

　　三种转向特性在等速圆周行驶下,随着车速的增大,具有如下的行驶特点:不足转向特性的汽车转向半径增大;中性转向特性的汽车转向半径不变;过多转向特性的汽车转向半径减小。过多转向特性的汽车是临界稳定的,当车速小于临界车速 v_{cr} 时,汽车稳定。因此操纵稳定性良好的汽车应具有适度的不足转向特性,一般不应具有过多转向特性,也不应具有中性转向特性,主要是由于在使用条件变化下,中性转向特性很容易转变为过多转向特性。

表征汽车稳态转向特性的参数有：稳定性因素 K、前后轮侧偏角绝对值之差（$\alpha_1 - \alpha_2$）、转向半径的比 R/R_0（R_0 为忽略车轮侧偏角的转向半径）和静态储备系数 $S.M.$。

当 $K>0$、$\alpha_1 - \alpha_2 >0$、$R/R_0 >1$、$S.M.>0$ 时，汽车稳态的转向特性为不足转向特性；$K<0$、$\alpha_1 - \alpha_2 <0$、$R/R_0 <1$、$S.M.<0$ 时为过多转向特性；$K=0$、$\alpha_1 - \alpha_2 =0$、$R/R_0 =1$、$S.M.=0$ 时为中性转向特性。这些稳态转向特性参数可以通过试验确定，如图 3-23 所示。

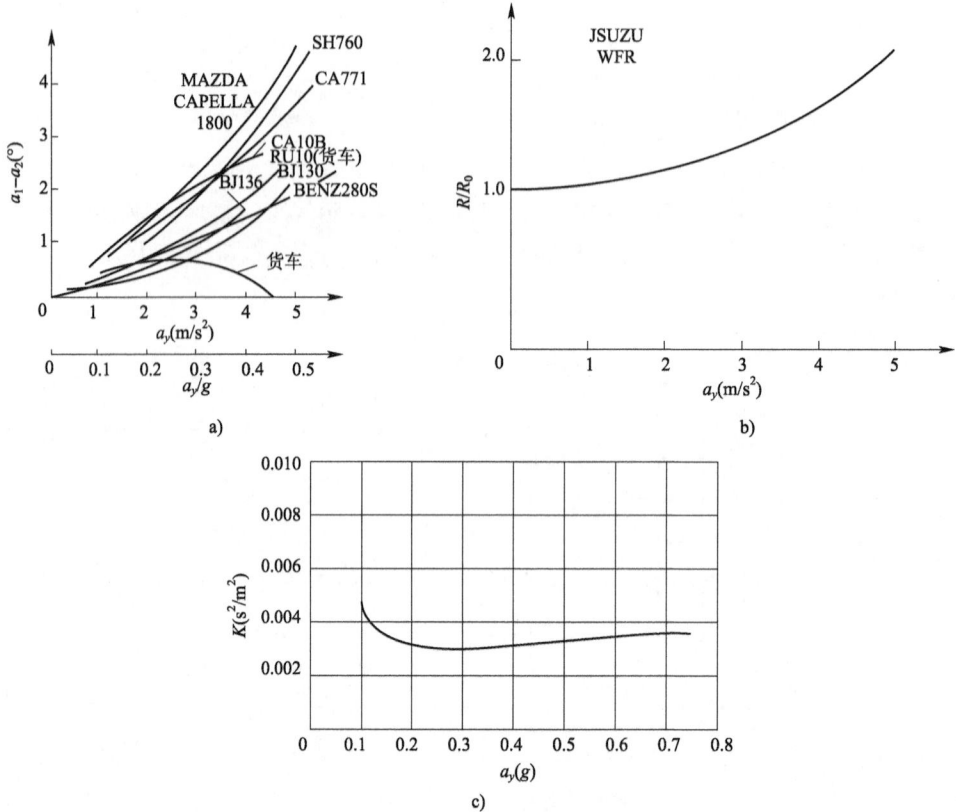

图 3-23　汽车稳态响应的特性参数曲线

在确定轴荷分配时，应使质心的位置位于中性转向点之前，使汽车具有适度的不足转向特性，保证汽车的静态方向稳定性。中性转向点的位置和前后轮的侧偏刚度有关，设 G_1、G_2 分别为前后轴的静负荷，$k_{\alpha 1}$、$k_{\alpha 2}$ 分别为所有前轮的轮胎侧偏刚度之和与所有后轮的轮胎侧偏刚度之和。在轴荷分配时应保证 $G_2 k_{\alpha 1} < G_1 k_{\alpha 2}$，以获得不足转向特性和良好的方向稳定性。

汽车质心位置和横摆惯性矩是随载荷的变化而改变的，并且影响汽车的行驶特性。质心位置的变化影响固有转向特性和侧向风灵敏度，如果质心更接近前轴，则侧风力臂以及侧向风灵敏度较小。对于前轮驱动形式，质心一般要比后轴驱动靠前的多，质心越向前，汽车不足转向趋势越大。

3）前轮定位参数对汽车操纵稳定性的影响

汽车的前轮定位（亦称为转向轮定位）是指前轴、主销与前轮三者组装后的相对位置关系，包括主销后倾、主销内倾、前轮外倾、前轮前束四个参数，这些参数是影响转向运动的重要参数之一，它们共同作用可以保持汽车直线行驶的稳定性、转向操纵轻便、转向轮每一瞬间接近向正前方滚动而无滑动，以减轻轮胎磨损。

（1）主销内倾角。

主销内倾角 β 是指主销在横向平面内与垂直轴所成的角度,如图 3-24 所示。由于主销内倾,当前轮在外力作用下由中间位置发生偏转时,将使车身有抬高的倾向,这种系统势能的提高将产生前轮的回正力矩,设 Q 是轮荷,δ 是前轮转角,则此回正力矩 T_A 为:

$$T_A = \frac{QD}{2}\sin2\beta\sin\delta \qquad (3\text{-}16)$$

在回正力矩的作用下,一旦外力消失,前轮将恢复到直线行驶位置。回正力矩 T_A 与车速无关,即在低速下具有与高速时一样的回正力矩。这种作用在汽车低速大转角时尤为明显,如汽车原地调头等。同时主销内倾后使得接地面上主销偏置距 D_1 值减小,从而减小了转向阻力矩,使转向操纵轻便,并减轻了转向轮传到转向系的冲击。D_1 值的选择应合适,既保证转向的轻便,又能获得合适的路感。通常汽车主销内倾角应不大于 $8°$,D_1 值为 $40 \sim 60\text{mm}$。

现代汽车由于急起步、急加速、急转向、急制动工况的要求,有增大主销内倾角 β、减小主销偏置距 D_1 的要求。甚至使转点移到力点的外侧,如图 3-25 所示。假若对角布置的双回路制动系中的任一条回路因故不能产生制动,则制动时汽车必然向产生制动力的一侧跑偏。但由于主销内倾角较大,使力臂 C 为负值,制动力 F_B 便形成一个与汽车跑偏方向相反的抗跑偏力矩 M,从而抵消或减轻汽车在上述情况下制动时的跑偏。

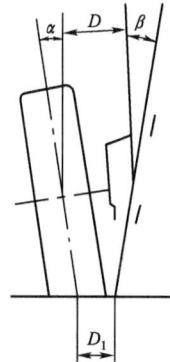

图 3-24 主销内倾示意图

（2）主销后倾角。

主销后倾角 γ 是指主销在纵向平面内与垂直轴所成的角度,如图 3-26 所示。主销后倾角 γ 对汽车操纵稳定性的影响主要是通过后倾拖距 ξ 表现出来的。后倾拖距 ξ 的存在使地面侧向力 F_Y 造成了 $M = F_Y \cdot \xi$ 的回正力矩,这一方面由杆系和转向机传到转向盘,使驾驶人感到轮胎接地面的侧向力 F_Y,即"路感"的来源;另一方面,该回正力矩 M 使车轮产生一个附加的转角,有利于自动回正。

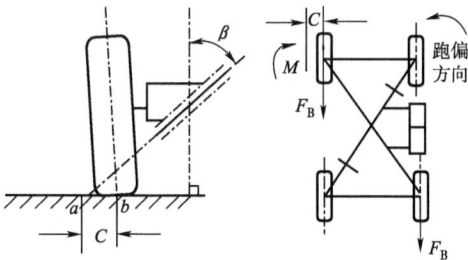

图 3-25 主销内倾角较大时作用示意图

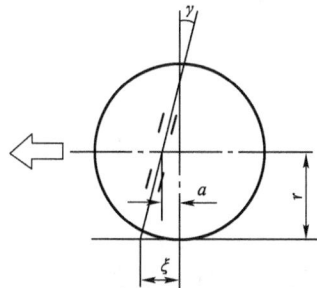

图 3-26 主销后倾示意图

由上述分析可知,回正力矩 M 是与侧向力成正比,或者说是与离心加速度成正比。因为离心加速度为 v^2/R,在转弯半径 R 一定时,它与车速的平方成正比,也就是说,由拖距 ξ 造成的回正力矩是与车速的平方成正比。在低速行驶时,回正力矩很小,在高速行驶时,由拖距 ξ 造成的回正力矩 M 要比由主销内倾造成的回正力矩 T_A 大得多,因此可以说,拖距 ξ 主要是在高速时起回正作用,而主销内倾主要在低速时起回正作用。两者互相补充,使汽车在整个车速范围内部具有适当的回正作用。但是,如果后倾角过大,虽然直线行驶自动回正性能好,但对道路的干涉会引起摆振敏感、操纵变沉重,所以一般主销后倾角在 $3°$ 以下。

近年来主销后倾角有减小的趋势,有的还为负值。这主要是由于现代汽车高速化后,汽车在做曲线运动时离心惯性力增大,若主销后倾角较大,使回正力矩 M 增大较多,易引起前轮回正过猛,加速前轮摆振并使转向操纵沉重。另外,现代汽车采用超低压大弹性子午线轮胎后,在前轮偶遇外力作用发生偏转时,由于轮胎的弹性变形特性而使前轮产生回正力矩,从而增强汽车直线行驶的稳定性。再者,汽车前轮驱动后,前轮在垂直平面内高速旋转,使前轮的稳定性有所改善。如图 3-27 所示,弹性轮胎受侧向力作用发生弹性偏离后,左、右转向驱动轮接地中心到各自主销轴线延长线的垂直距离不再相等,切向反力(驱动力)对各自主销形成的力矩也不相等,其差值将对前轮形成转动效应,数值为 $M_1 = F_{r2} \cdot L_2 - F_{r1} \cdot L_1$,其方向与转向驱动轮偏转方向相反,力图使其回复到原来位置。

(3)前轮的外倾角和前束角。

汽车在静止状态时,前轮往往具有一定的外倾角与前束角。外倾角 α 的主要设计意图是使轮胎的接地点向内移动以减小偏距 D_1,从而提高制动时的方向稳定性和转向轻便性。通常前轮外倾角为 $1°$ 左右。

但是这种经常存在的前轮外倾,会使左右轮经常作用方向相反的、与外倾角相对应的侧倾推力增加,使轮胎磨损增加。为了消除这个侧倾推力,汽车的前轮设置了前束,如图 3-28 所示。依靠前束,使汽车左右轮在直行时就有一个大小相等方向相反的初始侧偏角,当然,这个初始侧偏角也会在左右轮印迹上造成方向相反的相应侧向力。适当选择前束角,可使前束引起的侧向力与车轮外倾引起的侧倾推力相互抵消,从而避免了额外的轮胎磨耗和动力消耗。因此前束是因外倾角的需要而存在的。一般前束值 $B - A$ 为 $0 \sim 12\text{mm}$。

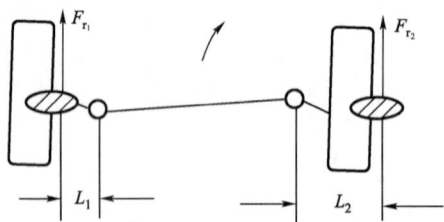

图 3-27 转向驱动轮侧偏后转动效应示意图　　　图 3-28 车轮前束

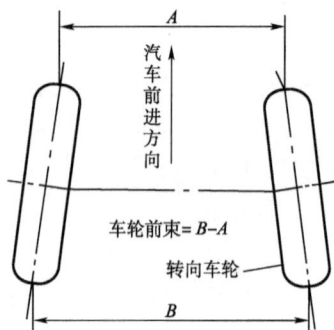

现代汽车高速化、急转向工况要求前轮外倾角减小,甚至为负值。这是因为高车速转向时,离心惯性力增大,车身向外倾斜加大,从而产生更大的正外倾,使外侧悬架超负载,加剧外侧车轮的变形,使外侧车轮半径小于内侧车轮半径,因而内、外侧车轮在滚动时将发生滑动,这不仅使轮胎磨损加剧、行驶阻力增大、燃油消耗增加、发动机功率消耗增加,还会降低转向轮纯滚动转向性能。减小前轮外倾角,可保证汽车在上述行驶工况下,内、外前轮的滚动半径近似相等,从而避免汽车高速急转向时所带来的危害。此外,前轮外倾角增大时,会使胎面与路面的接触情况变差,影响汽车最大地面侧向反作用力(侧向附着力),降低汽车的极限侧向加速度,这也是现代汽车高速化后需要减小前轮外倾角的一个原因。外倾角的减少,势必造成前束角的减少。这是由于前轮前束不仅在汽车空载时抵消前轮外倾,使前轮作近似锥体滚动时引起的滑动,同时也因齿轮齿条式转向器的广泛采用,使转向系球关节少、配合间隙小、前轮向外张开的因素少的缘故。

传统的汽车设计思想只考虑汽车前轮定位角,但随着道路条件的改善,现代轿车的车速逐渐提高,新结构的不断采用,使用性能也日益完善,在中高档轿车、甚至在一些后轮驱动的重型汽车上也已开始设置后轮外倾角和前束。后轮外倾角和前束的作用是提高前后轮运动轨迹的重合性,从而减小汽车在不良道路上行驶的滚动阻力和提高汽车的附着力,使前后轮相对横向滑移量减小、轮胎的偏磨损减轻;由于后轮外倾角一般为负值,故可增加车轮接地点的跨度,从而提高了汽车的横向稳定性;后轮负外倾角可抵消或减轻当汽车高速行驶且驱动力较大时,因后轮前张而出现的负前束所带来的不良影响,进而减轻轮胎的磨损,提高汽车的行驶速度和安全性。如红旗 CA7220 型轿车为发动机前置前轮驱动,后轮是从动轮,其后轮设有外倾角 $-58' \pm 10'$ 和前束角 $8' \pm 5'$;桑塔纳轿车后轮的外倾角是 $-1°40' \pm 20'$,前束角是 $+25' \pm 15'$。在一些后轮驱动的重型汽车上,由于采用独立悬架和脊梁式车架,为保证重载后汽车行驶时轮胎处于良好的接地位置,减少磨损,后轮也设计有一定的外倾角,如太脱拉 138 型汽车。

4)悬架系统的导向机构

悬架系统的导向机构在悬架中的作用为保证车轮与车架(车身)之间所用力的可靠传递,以及决定车轮相对车架或车身的位移特性。导向机构决定了车轮跳动时的运动轨迹和车轮定位参数的变化,以及汽车前后侧倾中心及纵倾中心的位置,从而在很大程度上影响了整车的操纵稳定性和抗纵倾的能力。

悬架参数主要是通过影响转向时车轮载荷转移、车轮跳动或车身侧倾时车轮定位参数的变化以及悬架与转向系运动干涉和整体桥的轴转向等方面影响汽车的操纵稳定性。

(1)侧倾中心高度。

侧倾中心为通过左右车轮中心的垂直横断面上的一点,在该点向悬架施加横向作用力不会引起悬架的侧倾变形。对于双轴汽车,前后悬架侧倾中心的连线称为侧倾轴线。

侧倾中心反映了悬架导向机构的重要特性,侧倾中心高度对车身侧倾角和左右轮荷转移有决定性影响。当车身在转向行驶时,车身发生侧倾后,由于悬架的变形和导向机构位置的变化,侧倾中心位置也会相应改变。

侧倾中心高度变化实质上并不改变由悬架质量离心力以及侧倾后质心偏移所带来的轮荷转移量,它改变的是轮荷转移过程中侧倾力矩的大小和由弹性元件、传力杆系所分担的力的比例。侧倾中心越高,侧倾力矩越小,在一定侧倾刚度下车身的侧倾角越小,由弹簧及横向稳定杆传递的力越小,而由传力杆系所传递的力也就越大,反之亦然。为了减小车身侧倾角,一般希望侧倾中心高一些,但轿车的悬架(尤其是前悬架),多采用独立悬架,过高的侧倾中心有可能导致车轮跳动时过大的轮距变化,加剧轮胎磨损。

(2)侧倾角刚度。

车身侧倾时(车轮保持在地面上),单位车身转角下,悬架系统给车身总的弹性恢复力矩。对于悬架的侧倾角刚度,应保证汽车转弯行驶时车身侧倾角不能过大。通常在 0.4g 的横向加速度下,车身侧倾角应小于 6°。

假设汽车的悬架质量 m_s 由两部分组成,即位于前悬架上的质点 m_{s1} 和位于后悬架的质点 m_{s2},m_{s1} 和 m_{s2} 的分配及位置刚好符合 m_s 质心位置,m_{s1} 和 m_{s2} 之间无质量、扭转刚度无限大的纵向平面连接以保证都有同样的侧倾角 φ。这样,在横向加速度 a_y 作用下,离心力 $F_{s1} = m_{s1} a_y$ 和 $F_{s2} = m_{s2} a_y$ 分别向前、后悬架侧倾中心处的简化,得到前后悬架的侧倾力矩 $M_{s1} = m_{s1} a_y (H_{s1} - h_1)$、$M_{s2} = m_{s2} a_y (H_{s2} - h_2)$,式中:$H_{s1}$、$H_{s2}$ 分别为 m_{s1} 和 m_{s2} 的高度;h_1、h_2 分别为前后非悬架质心高度。作用在前、后侧倾中心处的外力 F_{s1}、F_{s2} 由前、后悬架的传力杆系分别承担,而在 M_{s1}

和 M_{s2} 的作用下,悬架质量转过的角度 φ_1、φ_2 与前、后悬架侧倾角刚度 $C_{\varphi1}$、$C_{\varphi2}$ 之间的关系为:

$$M_{s1} = C_{\varphi1}\varphi_1 \tag{3-17}$$

$$M_{s2} = C_{\varphi2}\varphi_2 \tag{3-18}$$

由于结构的原因,$\varphi_1 = \varphi_2 = \varphi$,因此前后悬架所承受的实际侧倾力矩 $M_{s1}{}'$,$M_{s2}{}'$ 要依据 $C_{\varphi1}$ 和 $C_{\varphi2}$ 的比例重新分配,即:

$$\varphi = \varphi_1 = \varphi_2 = \frac{M_{s1} + M_{s2}}{C_{\varphi1} + C_{\varphi2}} = \frac{M_{s1}{}' + M_{s2}{}'}{C_{\varphi1} + C_{\varphi2}} \tag{3-19}$$

$$M_{s1}{}' = C_{\varphi1}\varphi_1 = \frac{C_{\varphi1}(M_{s1} + M_{s2})}{C_{\varphi1} + C_{\varphi2}} \tag{3-20}$$

$$M_{s2}{}' = C_{\varphi2}\varphi_2 = \frac{C_{\varphi2}(M_{s1} + M_{s2})}{C_{\varphi1} + C_{\varphi2}} \tag{3-21}$$

当汽车前、后悬架侧倾中心的高度确定后,在一定的横向加速度下,悬架质量的离心力相对于侧倾中心的总侧倾力矩 $(M_{s1} + M_{s2})$ 是一定的,前、后悬架侧倾角刚度 $C_{\varphi1}$、$C_{\varphi2}$ 值决定了前、后悬架上实际承受的侧倾力矩 $M_{s1}{}'$、$M_{s2}{}'$ 的大小,从而决定了由于侧倾力矩的作用,通过悬架的弹性元件和横向稳定杆传递而造成的那一部分左右轮荷转移量的大小。因此,悬架的侧倾角刚度越大,该桥上发生的轮荷转移量也就越大。

由于汽车轮胎在一定侧倾角刚度下,传递侧向力的能力随垂直载荷的增加也会出现非线性变化(图 3-29),因而当载荷转移量足够大时,外轮垂直载荷增加造成的侧向力增量小于内轮垂直载荷减少同一数值造成的侧向力损失,即左右车轮传递侧向力的整体能力有所下降,当传递足够大的侧向力时,势必导致轮胎侧偏角的增大,对于前桥,侧偏角增大意味着趋于不足转向,对于后桥则意味着趋于过多转向。因此,增加前悬架的侧倾角刚度有利于使汽车趋于不足转向,增加后悬架的侧倾角刚度有利于使汽车趋于过多转向。

现代汽车多采用加装横向稳定杆的方法以增大悬架侧倾角刚度。其在独立悬架的安装如图 3-30 所示。当左右车轮同向等幅跳动时,横向稳定杆不起作用;当左右车轮有垂向的相对位移时,横向稳定杆受扭,弹性元件发挥作用,悬架侧倾角刚度增大,但同时也会增大车轮处的垂向刚度,影响汽车的行驶平顺性。

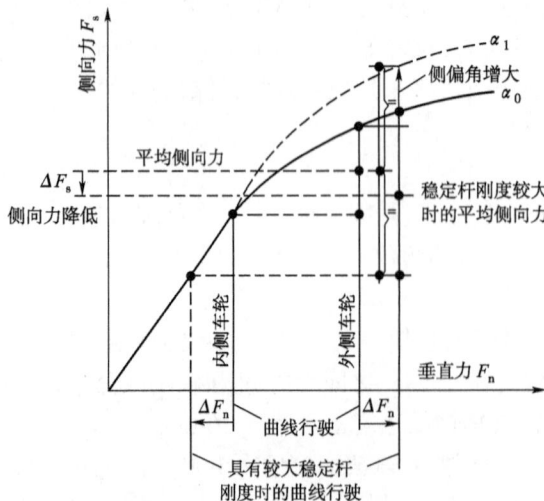

图 3-29 由于轮荷转移造成传递侧向力能力下降

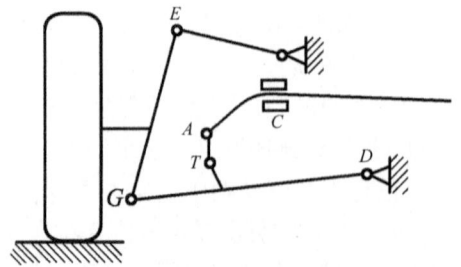

图 3-30 横向稳定杆安装示意图

（3）车轮定位参数的变化。

车轮相对车身上下跳动时，前轮定位参数和轮距会发生变化。主销后倾角变大，容易使前转向轮发生摆振；车轮外倾角变大，会影响汽车直线行驶的稳定性，同时还会使轮距变化及轮胎磨损加剧。汽车直线行驶时，若车轮跳动引起前束变化，会带来滚动阻力的增大，轮胎磨损增加和直线行驶能力的下降的不良后果。

当车轮上下跳动时，几乎不可避免地会发生轮距的变化，如图 3-31 所示。汽车行驶过程轮距的变化相当于车轮有一个侧偏角 α，从而引起相应的侧向力并导致汽车直线行驶能力的下降，同时还造成滚动阻力的增大和对转向系的影响。典型轿车轮距变化所引起的侧向力的数值如图 3-32 所示。为了获得理想的行驶特性，希望车轮跳动时轮距的变化量尽量小。

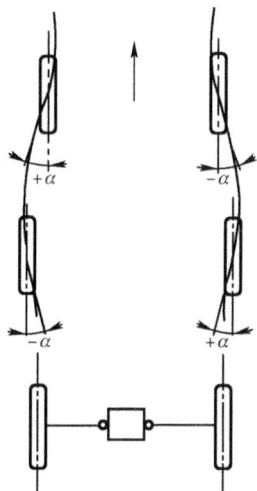

图 3-31　轮距变化等价于车轮侧偏

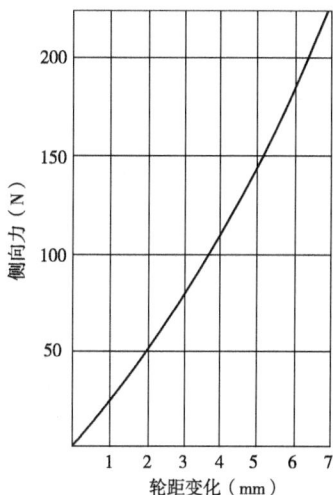

图 3-32　轮距变化引起的侧向力

（4）侧倾转向。

在侧向力作用下车身发生侧倾，由车身侧倾所引起的前转向轮绕主销的转动、后轮绕垂直于地面轴线的转动称为侧倾转向。侧倾转向会影响汽车的稳态转向特性。

对于采用钢板弹簧的非独立悬架，车身侧倾时，一侧悬架的弹性元件伸长，另一侧弹性元件压缩，并由于导向机构的作用，发生轴转向。前后轴的轴转向影响汽车的稳态转向特性，图 3-33所示后悬架轴转向对汽车的稳态转向特性的影响。

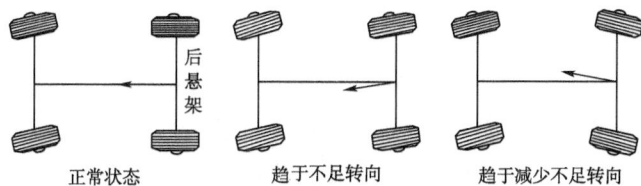

图 3-33　后悬架的轴转向对稳定转向特性的影响

车身侧倾时，若非独立悬架汽车的转向系与悬架在运动学上关系不协调，则将引起转向车轮干涉转向。在设计中应该力图将转向车轮干涉转向量控制在最小。图 3-34 为转向系与悬架的运动干涉。

车身侧倾时，对于独立悬架，由于左右轮定位参数变化的不同，也会使转向轮绕主销转动产生侧倾转向,从而对稳态转向特性产生影响。图 3-35 为双横臂独立悬架前轮定位参数的变化曲线。

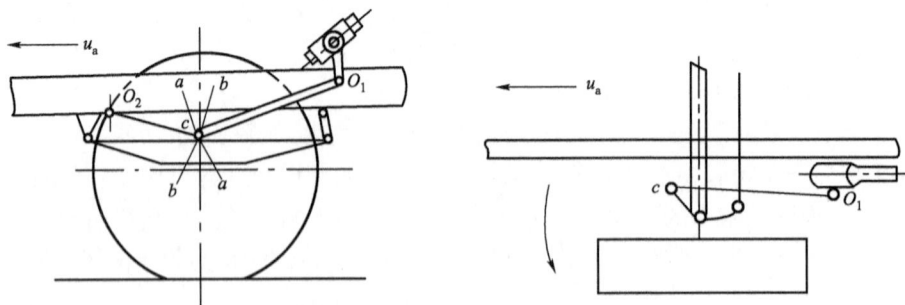

图 3-34 转向系与悬架的运动干涉

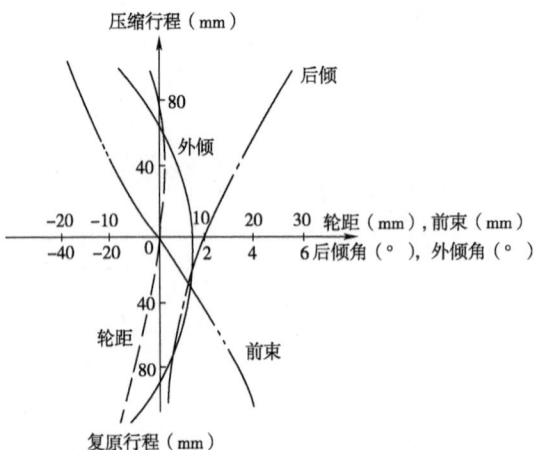

图 3-35 双横臂独立悬架前轮定位参数的变化曲线

5)转向盘力特性及转向系的刚度

转向系是专门用以控制汽车行驶方向,并与操纵稳定性关系最为密切的系统。转向系的功能大体可分为两部分:一是驾驶人通过转向盘控制前轮绕主销的转角来操纵汽车运动的方向;二是凭借转向盘的反作用力,将整车及轮胎的运动、受力状况反馈给驾驶人,即"路感"。良好的路感是保证操纵稳定性中不可缺少的部分。

转向盘的反作用力随汽车运动状况而变化的规律称为转向盘力特性。汽车转向系应具有良好的转向盘力特性,才能很好地起到控制汽车与反馈信息的作用。转向盘力特性分为:大侧向加速度下的转向盘力曲线,它是通过进行侧向加速度达 $0.85g$ 的正弦曲线行驶试验求得的;转向盘中间位置、小转角下的转向盘力曲线,它是通过进行小侧向加速度的正弦曲线行驶试验求得的;固定转向盘、汽车回转行驶时的转向盘力曲线。

转向盘力特性取决于下列因素:转向器传动比及其变化规律、转向器效率、动力转向器的转向盘操作力特性、转向杆系传动比、转向杆系效率、由悬架导杆系决定的主销位置、轮胎上的载荷、轮胎气压、轮胎力学特性、地面附着条件、转向盘转动惯量、转向柱摩擦阻力以及汽车整体动力学特性等。

转向系统的刚度影响汽车的操纵稳定性,主要是影响汽车的转向特性。在一定转向盘转角下,转向系刚度低,前转向轮的变形转向角大,增加了汽车的不足转向趋势;反之,若刚度大,则不足转向趋势小。虽然转向系的低刚度对稳态转向特性有利,但会降低转向灵敏度。特别是轿车为了获得高速行驶时的良好"路感",转向系的刚度应高些为好,尤其是转向盘中间位置小转角范围内应有尽可能高的刚度。另外转向系的低刚度会使汽车的前轮发生摆振的概率增大。

6)空气动力的影响

空气动力的影响是通过高速行驶下空气对汽车的三个方向的力和力矩表现出来。有两种途径会影响汽车的操纵稳定性:一种是直接途径,即空气的侧向推力与空气的横摆力矩,它们作用于汽车车身上,使汽车的受力状态发生改变,致使前后轮的侧向力发生改变,或使汽车产生侧向加速度及横摆角速度;另一种是间接途径,即由各种空气动力的作用,使各轮的负荷发生变化,从而改变了轮胎的侧偏特性。特别值得注意的是各空气作用力与车身侧偏角的关系。车身侧偏角是指相对气流方向与车身纵轴线的夹角。在无风的情况下,侧偏角就是汽车重心的侧偏角。因此,空气动力与侧偏角的关系特性与轮胎的侧偏特性相类似,对操纵稳定性有重要的影响。

空气动力对操纵稳定性的间接途径,还包括它们影响车身的垂直位移与侧倾,从而造成附加的垂直位移转向效应及侧倾转向效应。

3.2.5 安全轮胎技术

轮胎是汽车的重要组成部分,主要功能是支承载荷,传递制动力、驱动力和转向力以及缓和路面冲击。轮胎对汽车的性能具有十分重要的影响作用,它直接影响汽车的平顺性、经济性、动力性、操纵稳定性、通过性,因此对汽车的行驶安全性影响较大。

1. 轮胎的可靠性技术

轮胎控制了车辆的操纵性,隔离路面的振动,还承受不良道路对其的损害,如路面上钉子及尖棱、碎块等物体使轮胎扎破、割口、刺穿等损害,因此提高轮胎的可靠性,保证行车安全尤为重要。

据统计分析,导致轮胎刺穿的罪魁祸首是普通的钢钉,且其中最典型的是直径小于5mm的钉子。从国外对汽车队进行48000km监控试验所得数据表明,被扎破的子午线轮胎,平均来说,事故发生有85%的比例在胎面部分,10%的比例在胎肩部和胎侧部,只有5%的比例发生在最靠近轮辋的部分,如图3-36所示。

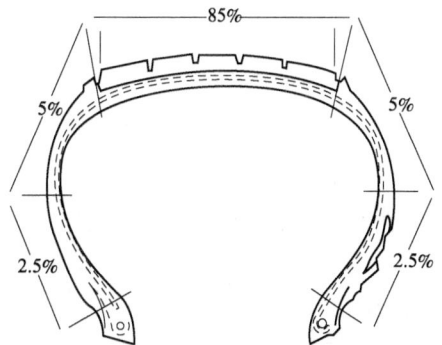

图3-36 围绕轮胎的刺穿分布

目前国外,轮胎安全技术的发展有以下三种形式:一是采用有气密层和密封胶的现行防漏轮胎;二是轮胎跑气后尚能行驶一段距离的轮胎扎扁跑路系统;三是把轮胎、轮辋和支撑环统一考虑的泄气保用系统。

上述三种安全轮胎形式与无防漏装置的轮胎对比统计结果如表3-9所示。

各种安全轮胎的对比评价　　　　　　　　　　　　表3-9

轮　　胎	里程/事故次数	无故障间隔里程(km)
非防漏轮胎	48000km/1	48000
防漏轮胎	48000km/(1.00 ~ 0.70)	160000
泄气保用系统	48000km/(1.00 ~ 0.85)	320000
轮胎扎扁跑路系统	48000km/1	48000

由表 3-9 可以看出,泄气保用系统最有效,其出现轮胎漏气而停车事故次数比普通的非防漏轮胎减少了 15%。

2. 防漏轮胎

轮胎不漏气是对轮胎安全性最基本的要求,尤其对子午线无内胎轮胎来说,原则上都应该是防漏轮胎。防漏轮胎分为无内胎防漏轮胎和有内胎防漏轮胎两种,如图 3-37 和图 3-38 所示。

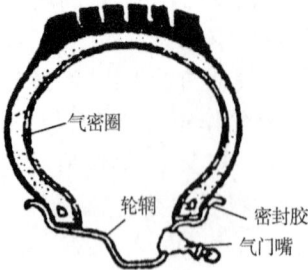

图 3-37 无内胎防漏轮胎断面图

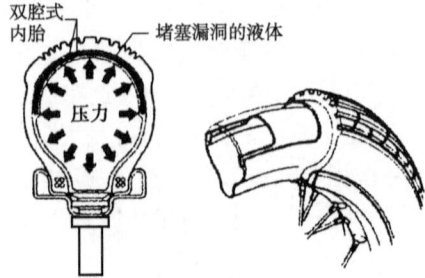

图 3-38 双腔结构的内胎防漏轮胎

无内胎轮胎已普遍地用在轿车上,并越来越多地用于重型商用车。无内胎轮胎采用一个硫化的、气密的内衬来取代内胎。结构上的特点是具有气密层、密封胶和特殊结构的胎圈。气密层是贴于胎里表面并延伸至胎圈底部的一层厚约 0.5 ~ 3.0mm 的胶层,其作用是防止压缩空气渗入胎体而引起脱层。由于它与胎体形成一体,并不像内胎那样受到拉应力,所以受伤后不会迅速扩大裂口,使气压下降。无内胎轮胎的胎圈底部斜度较大,胎圈直径较轮辋直径小,与轮辋边缘相接触的"密封胶"部位的曲率较轮辋边缘曲率大,因此胎圈部能与高精度的带有橡胶金属气门嘴的密封轮辋之间形成可靠的密封。上述无内胎轮胎的使用必须保证轮辋外形精确可靠和气密性好这两个条件,这限制了无内胎轮胎在载货车上的应用。

有内胎防漏轮胎可采用双腔内胎。其中一个空腔通常用加压空气充气,副腔是一薄层,沿内胎圆周绕一整圈,但在断面上只盖住外半部。副腔内充满了液体(甘油)、微小的颗粒和短尼龙丝。当外胎和内胎被钉子等杂物刺穿时,空气压力把这种混合物挤进刺穿的地方,靠弯曲的尼龙丝把孔堵住(图 3-39)。尼龙丝之间的细小的空隙由微小的粉末状颗粒来填堵,起暂时修补作用。车辆继续行驶时,刺破物会脱落,这时就有更多的混合物来填补这个穿孔。如果这一部分混合物掉了,就有新液体喷出重新将孔堵住。但因液体没有黏性,因此不起永久性修补作用,只能在必要时让车辆继续行驶,直至可以进行修理的时候为止。

图 3-39 防漏原理示意图

3. 轮胎扎扁跑路系统

轮胎扎扁跑路系统即在轮胎内设置备用装置,这包括专门的备用轮胎、在外胎之内附加小型胎的双重轮胎和车载中央轮胎充气系统,如图 3-40 所示。后者可在轮胎漏气后由驾驶人在车上操纵充气系统,不断给跑气的轮胎打气,以维持一定的行驶距离,一般可以保证轮胎被扎扁后仍可以行驶 80 ~ 300km,以寻找修补轮胎的地方。

4. 泄气保用系统

泄气保用系统是指安全轮胎由轮胎、轮辋和支撑环等组成,形成完整的系统,不仅仅是指轮胎的本身,还应包括轮胎的气压报警器。这种轮胎在泄气的情况下也不会从轮辋上脱落下来,仍能以80km/h的速度行驶200km。如图3-41为大陆公司开发的泄气保用轮胎,这种轮胎的组装方法与一般轮胎、轮辋组装方法不同,其是把轮胎安装在轮辋圈内径的一种新的组装方法。这种轮胎在漏气情况下行驶时,胎侧也不会损伤,具有较好的漏气保用功能。

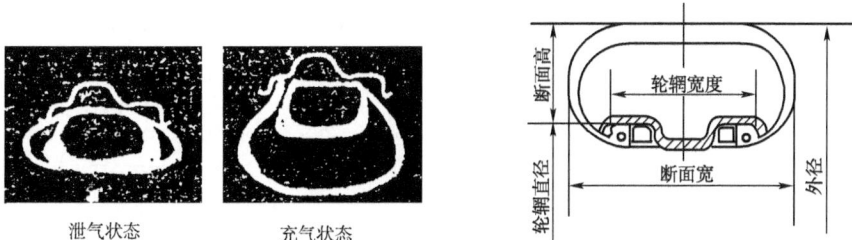

图3-40　轮胎扎扁跑路装置

图3-41　泄气保用轮胎轮辋总成

5. 汽车轮胎压力监测系统(TPMS)

汽车在高速行驶中,轮胎故障是突发性交通事故发生的重要原因,轮胎质量问题、胎压不足、胎压过高、车辆超载、高速驶过尖锐物体、高温等都是造成轮胎故障的原因。汽车轮胎压力监测系统(Tire Pressure Monitoring System,TPMS)主要用于在汽车行驶过程中,实时监测轮胎内的压力和温度,对因轮胎漏气而导致的气压异常进行报警,以保障行驶安全。

TPMS分为间接式和直接式两种类型。

间接式TPMS(Wheel-Speed Based TPMS,WSB)是通过汽车ABS的轮速传感器来比较轮胎之间的转速差别,以达到监测胎压的目的。当胎压降低时,车辆的质量会使轮胎直径变小,导致车速发生变化,这种变化可触发警报系统来向驾驶人发出警告。其优点是安装简单、价格便宜,缺点是只能用于汽车直线行驶的情况,且行驶距离必须超过1km。如果汽车进入弯道,WSB就不能够进行测试,而且其无法对两个以上的轮胎同时缺气和速度超过100km/h的情况进行判断。

直接式TPMS(Pressure-Sensor Based TPMS,PSB)利用安装在每一个轮胎里的压力传感器来直接测量胎压,由无线发射器将压力信息从轮胎内部发送到中央接收器模块上的系统,然后对各胎压数据进行显示。当胎压过低或漏气时,系统会自动报警。直接式TPMS可以随时测定每个轮胎内部的实际瞬压,很容易确定故障轮胎。

图3-42是奥迪A6的直接式TPMS结构,主要由轮胎压力传感器、发射器、天线和控制单元组成。其中轮胎压力监控系统控制单元J502连接在CAN总线上,G431～G434四个发射器分别安装在四个轮胎的内部,用于检测轮胎的压力和温度数据,并通过无线电波发射给显示仪。后部轮胎压力监控系统天线R96位于车顶上的车内灯和滑动车顶模块之间,发射器和天线通过LIN总线与控制单元相连,每个车轮还有一个轮胎压力传感器G222～G226。

轮胎压力监控系统的工作原理流程图如图3-43所示,当驾驶人打开主驾驶舱车门时,系统就开始初始化过程,然后控制单元J502给轮胎压力监控发射器G431～G434和天线R96各分配一个LIN地址。初始化完成后,发射器发射出无线电信号。由于这种无线电信号的作用半径很小,所以它们只会分别被相应的轮胎压力传感器所接收,并在这个无线电信号被接收后再经LIN总线传送到控制单元。

轮胎压力传感器上装有离心力传感器,该传感器可以识别出车轮是否转动,只要车是停止的,就不再进行任何通信。

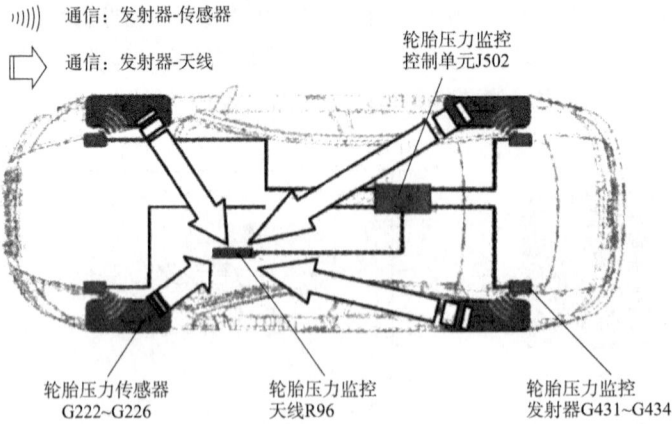

图 3-42　轮胎压力监控系统的组成

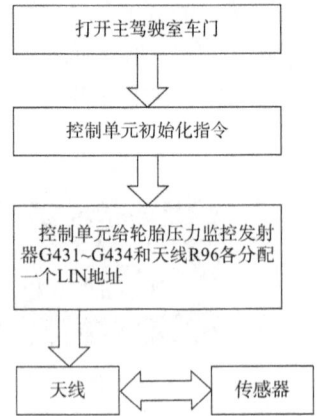

图 3-43　轮胎压力监控系统的
工作原理流程图

3.3　环境安全性

环境安全性是使振动、噪声和各种气候条件加于汽车乘员的心理压力尽可能减小到最低程度,以减少行车中可能产生的不正确操作,从而减少交通事故发生的能力。车内气候条件主要受空气温度、湿度、车内空气流速和空气压力的影响。

3.3.1　汽车平顺性

汽车行驶时,由于路面不平、车轮和驱动部件产生的频率范围为 $0.5 \sim 25\text{Hz}$ 的振动,并通过车身、座椅和转向盘传到车内乘客。一般认为这些振动的影响取决于它们的作用方向、振幅和延续时间。

汽车行驶的平顺性是指汽车在正常行驶中能保证乘员(驾驶人和乘客)不会因车身振动而引起明显不舒服和疲劳的感觉,主要根据汽车乘员的舒适程度来评价,又称为乘坐舒适性。行驶平顺性直接表征了汽车对路面不平度的隔振性能。路面纵剖面的变化经过轮胎、悬架和座椅坐垫等弹性元件隔振(减振)后传到人体,再由人的生理、心理和器官机械响应等复杂因素的综合,产生对振动的反应,使乘员感到不舒适和疲劳,从而影响行车安全。汽车行驶平顺性一般用车身传至人体的加权加速度均方根值、悬架撞击限位块的概率和车轮与路面之间的动载作为评价指标。乘员对不同的加权加速度均方根值的主观感觉不同,产生了不同的舒适程度。

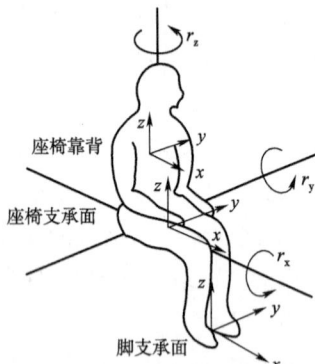

人体对振动的反应,国际标准化组织(ISO)在综合大量有关人体全身振动研究成果的基础上,并对原有的标准进行修订、补充,于 1997 年公布了 IS02631-1:1997(E)《机械振动与冲击——人体处于全身振动的评价 第一部分:一般要求》,此标准对于评价长时间作用的随机振动和多输入点多轴向振动环境对人体的影响时,能与主观感觉更好地吻合。IS02631-1:1997(E)规定了如图 3-44 所示的人体坐姿受振模型。在进行舒适性评价时,它除了考虑座椅支承面处输入点 3 个方向的线振动,还考虑该点 3 个方向的角振动,以及座椅靠背和脚

图 3-44　人体坐姿受振模型

支承面两个输入点各 3 个方向的线振动、共 3 个输入点 12 个轴向的振动。标准规定,当振动波形峰值系数(加权加速度时间历程 $a_w(t)$ 的峰值与加权加速度均方根值 a_w 的比值)小于 9 时,用加权加速度均方根值来评价振动对人体舒适和健康的影响,各种汽车包括越野汽车,在正常行驶工况下均适用;当振动波形峰值系数大于 9 时,用 4 次方根值的方法来评价,它能更好地估计偶尔遇到过大的脉冲引起的高峰值系数振动对人体的影响。

表 3-10 给出了加权振级 L_{aw} 和加权加速度均方根值 a_w 与人的主观感觉之间的关系。

L_{aw} 和 a_w 与人的主观感觉之间的关系 表 3-10

加权加速度均方根值 a_w (m/s²)	加权振级 L_{aw} (dB)	人的主观感觉
<0.315	110	没有不舒适
0.315~0.63	110~116	有一些不舒适
0.5~1.0	114~120	相当不舒适
0.8~1.6	118~124	不舒适
1.25~2.5	122~128	很不舒适
>2.0	126	很不舒适

国家标准《汽车平顺性试验方法》(GB/T 4970—2009)给出了乘用车及货车在脉冲输入和随机输入行驶的平顺性试验和评价方法,基本沿用了 ISO2631 标准。行业标准《客车平顺性评价指标极限值》(QC/T 474—2011)给出了客车在随机输入行驶的平顺性试验和评价方法,城市客车的试验车速为 30km/h,设计最高车速不大于 100km/h 的其他客车试验车速为 60km/h,设计最高车速大于 100km/h 的客车试验车速为 90km/h,测量满载时驾驶人同侧最接近后桥正上方的座椅垫上方、座椅靠背、脚部地板三个方向的加速度时间历程,用测点位置垂直振动的等效均值 L_{eq} 来评价客车的平顺性。

$$L_{eq} = 20\log\frac{\sigma_w}{10^{-6}} \tag{3-22}$$

式中:L_{eq}——等效均值,dB;

σ_w——一定测量时间内的加权加速度均方根植,m/s²。

客车平顺性指标限值见表 3-11 所示。

客车平顺性指标限值(单位:dB) 表 3-11

试验车速	城市客车		其他客车	
	空气悬架	其他悬架	空气悬架	其他悬架
30km/h	≤106.0	≤115.0	—	—
60km/h	—	—	≤110.0	≤112.5
90km/h	—	—	≤113.0	≤115.0

注:悬架为驾驶人同侧后桥(驱动桥)正上方的悬架。

3.3.2 汽车振动与噪声

1. 汽车振动

汽车运动时,会遇到各种外力的干扰,引起多种复杂的振动。如汽车发动机振动、汽车传动系扭转振动和弯曲振动、汽车前轮摆振、车架和车身振动等。

1）发动机振动

汽车发动机振动是发动机受其自身或来自地面的干扰,而在其支承上发生的振动。为了减少发动机振动对车身的影响,汽车发动机都是用弹性支承安装在车架上。汽车发动机总成及其

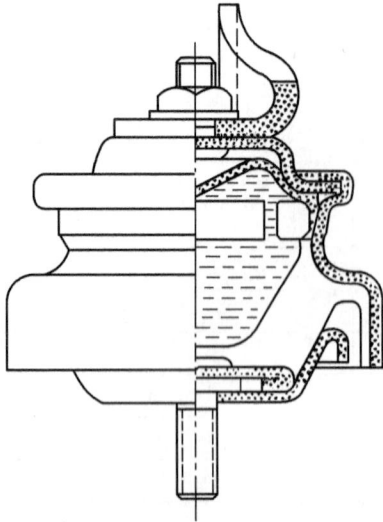

图3-45　液体阻尼橡胶支承

悬置所组成的弹性系统,其固有频率通常为 6 ~ 20Hz。发动机悬置的设计是很重要的,其要能控制发动机激振力向底盘的传递,起到隔离振动的作用。

理想的发动机悬置特性应该具有如下特性:

(1)在低频时,应有大的阻尼,防止发动机起动过程中有过大的振动;在高频时,应有较小的阻尼以减小振动的传递,降低噪声。

(2)当发动机有大幅度的晃动时,阻尼应较大,振幅小时,阻尼应较小。

(3)随着频率的增加,悬置的动态刚度宜减小,以便减小噪声。当发动机有较大幅度振动时,动态刚度也要减小,以便减小振动传递,以提高乘坐舒适性。

要满足以上的特性,传统的橡胶悬置是很难达到,只有液体阻尼橡胶支承(图3-45)才可能做到。20 世纪80 年代起国外轿车开始采用液体阻尼橡胶支承,现今我国部分中高档轿车也开始使用。

2）汽车传动系振动

汽车传动系的弯曲振动在很大的范围内对车辆振动和噪声有着重要影响。在低频范围内的刚体振动直接影响汽车的舒适性;在 50 ~250Hz 范围内的弹性体振动将会引起汽车的结构共振和声学共振。使汽车传动系产生弯曲振动的激振力主要有:传动轴不平衡产生的惯性力(与转速的一次方成正比);发动机往复质量产生的惯性力(与转速的次方数取决于发动机的型号);由于万向节的安装角产生的力(与转速的二次方成正比)。

3）汽车前轮摆振

汽车前轮摆振是指汽车行驶中,前转向轮有时会发生绕其主销做周期性的角振动。但这一振动不仅有车轮的左右摆动,且兼有车轮上下跳动,因此,前轮发生摆振时,不只是转向系在振动,甚至连整个汽车都在振动。通常把包含车轮和车桥(非独立悬架的情况)在内的全部转向装置的振动总称为汽车前轮摆振。前轮摆振主要由三个方面的振动合成:横向振动,由于悬架和轮胎在横向有弹性,所以车桥总成相对于车身在横向也有振动,在图3-46a)中以 x 表示这种横向振动的位移;前轮绕主销的角振动,如图3-46a)所示,汽车在行驶时,前轮以主销为轴的左右振动称为绕主销的角振动 θ;前桥绕汽车纵轴线的角振动,如在图3-46b)所示,前桥在垂直平面内,绕其中点的角振动称为前桥绕汽车纵轴线的角振动,φ 为其振动角位移。

汽车前轮的摆振有强迫振动和自激振动,它们之间有明显区别,但就其发生摆振的本质而言,其共同的内在原因为能量输入。

强迫振动型的前轮摆振,主要是由于车轮不平衡的干扰,特别是当前轴转向系统等组成的摆振系统,因轮胎与地面的作用输入了能量,抵消了系统中部分阻尼,使之变得较小,这样,即使在不大的车轮不平衡质量作用下,当前轮摆动周期与干扰周期一致时,前轮将出现振幅明显的强迫振动现象。为了避免这种现象,无论装配新车或给旧车换胎时,都应对每个车轮进行平衡,使其不平衡度在容许的数值之内。一般轿车的车轮不平衡度不应大于 4N·cm,对高速轿

车的车轮平衡则要求更高。

自激振动型的前轮摆振与强迫振动完全不同。自激振动的发生并不需要周期性的干扰力,但其干扰力是系统本身位移速度等的函数,且以自身的周期运动从外界获取能量。大多数前轮摆振属于自激振动。当汽车在良好的路面上行驶,若系统不稳定,只要车轮受到偶然的冲击,就会产生初始偏转。当冲击消失后,车轮在回正力矩的作用下,变成了稳定持续的振动。要消除此摆振需采取制动减速等措施,否则摆振不会停止。

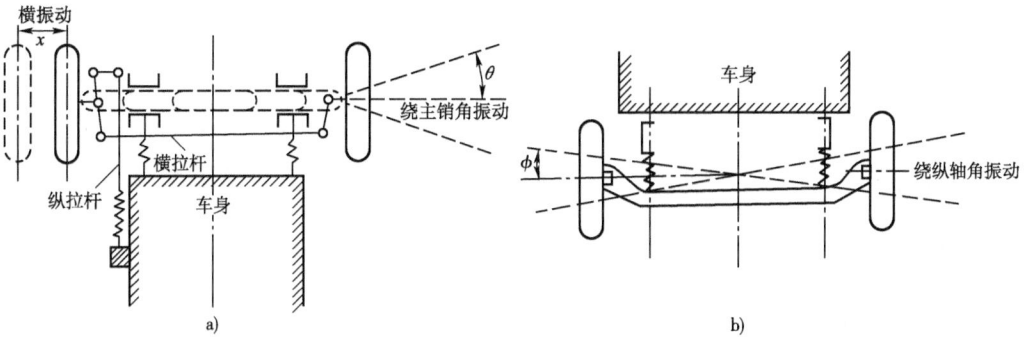

图 3-46　前轮摆振示意图

实际情况中,轮胎弹性恢复力和力矩常滞后于轮胎变形(侧偏角),即由于轮胎的迟滞特性,系统在振动时能量会由地面经弹性轮胎输入到车轮转向系统。能量输入到了一定程度,系统变成了负阻尼系统,这是造成前轮摆振的最重要原因。理论研究表明,能量输入多少,不仅直接与控制能量输入的轮胎特性和地面摩擦特性有关,而且汽车前轴转向系统的动力学特性参数的匹配也对能量输入有着重要的控制作用。对于复杂的情况,汽车悬架以上结构的弹性体振动特性也对摆振的发生有着重要的影响。此外,动摩擦系数总比静摩擦系数小,两者差别随滑动速度增加而有所增加。摩擦是引起自激振动最典型的例子,其可以解释由于前束调整不当,轮胎与路面之间产生较大的摩擦阻力成为引起摆振的一个原因。

2. 汽车噪声

汽车是一个高速运动的复杂组合式噪声源。汽车发动机和传动系工作时产生的振动、高速行驶时汽车轮胎在地面上的滚动、车身与空气的作用是产生汽车噪声的根本原因。根据汽车噪声对环境的影响,可将汽车噪声分为车外噪声和车内噪声。

车内噪声是指车身外的汽车各部分噪声通过各种声学途径传入车内的那部分噪声,以及汽车各部分振动通过各种振动传送路径激发车身板件的结构振动向车身内辐射的噪声。这些噪声声波在车内空间声学特性的制约下,生成较为复杂的混响声场,从而形成车内噪声。传声的声学途径主要有通过车身板件及内饰材料的声透射,以及通过车身缝隙的声漏射。通过声学途径传入车内的汽车噪声来自发动机噪声、排气噪声、空气动力学噪声、轮胎噪声和传动噪声等。通过振动途径激发车身板件振动的汽车激振包括发动机振动、传动系振动和路面振动等。车内噪声主要影响汽车的舒适性、驾驶人语言清晰度、驾驶人听觉、驾驶人在车内对车外各种声响识别能力等,从而影响汽车的环境安全性。

车外噪声是指汽车各部分噪声辐射到车外空间的那部分噪声。能直接向车外辐射的汽车噪声主要包括发动机噪声、排气噪声、轮胎噪声、制动噪声和传动系噪声等。车外噪声主要影响车外道路两旁的声学环境。

对于汽车噪声排放,各国都有相应的法规要求,表 3-12 和表 3-13 分别给出了标准《汽车定置噪声限值》(GB 16170—1996)对汽车定置噪声的要求和标准《汽车加速行驶车外噪声限值及测量方法》(GB 1495—2002)对加速行驶车外噪声的要求。

汽车定置噪声限值　　　　　　　　　　　　　　表 3-12

车 辆 类 型	燃料种类		噪声限值(dB(A))	
			1998 年 1 月 1 日前出厂	1998 年 1 月 1 日后出厂
轿车	汽油		87	85
微型客车、货车	汽油		90	88
轻型客车、货车、越野车	汽油	$n \leqslant 4300\text{r/min}$	94	92
		$n > 4300\text{r/min}$	97	95
	柴油		100	98
中型客车、货车、大型客车	汽油		97	95
	柴油		103	101
重型货车	$N \leqslant 147\text{kW}$		101	99
	$N > 147\text{kW}$		105	103

注:n 为按生产厂家规定的额定功率下的转速。

加速行驶车外噪声限值　　　　　　　　　　　　表 3-13

汽 车 类 型		噪声限值(dB(A))	
		第一阶段	第二阶段
M_1		77	74
M_2($GVM \leqslant 3.50\text{t}$); N_1($GVM \leqslant 3.50\text{t}$)	$GVM \leqslant 2\text{t}$	78	76
	$2\text{t} < GVM \leqslant 3.5\text{t}$	79	77
M_2($3.5\text{t} < GVM \leqslant 5\text{t}$); M_3($GVM > 5\text{t}$)	$P < 150\text{kW}$	82	80
	$P \geqslant 150\text{kW}$	85	83
N_2($3.5\text{t} < GVM \leqslant 12\text{t}$); N_3($GVM > 12\text{t}$)	$P < 75\text{kW}$	83	81
	$75\text{kW} \leqslant P < 150\text{kW}$	86	83
	$P \geqslant 150\text{kW}$	88	84

说明:

(1)M_1、M_2($GVM \leqslant 3.5\text{t}$)和 N_1 类汽车装用直喷式柴油机时,其限值增加 1dB(A)。

(2)对于越野汽车,其 $GVM > 2\text{t}$ 时:

　　如果 $P < 150$ kW,其限值增加 1dB(A);

　　如果 $P \geqslant 150$ kW,其限值增加 2dB(A)。

(3)M_1 类汽车,若其变速器前进挡多于四个,$P > 140\text{kW}$,P/GVM 之比大于 75kW/t,并且用第三挡测试时,其尾端出线的速度大于 61km/h,则其阻值增加 1dB(A)。

注:第一阶段:2002 年 10 月 1 日至 2004 年 12 月 30 日期间生产的汽车;

　　第二阶段:2005 年 1 月 1 日以后生产的汽车。

3.4　感觉安全性

汽车感觉安全性是指在汽车上设有特有装备或考虑一定的特殊要求,如照明设备、声响报警装备、驾驶人的直接和间接视线,便于驾驶人能掌握汽车的运行状况和道路状况,做出正确判断以减少交通事故的能力。

3.4.1 汽车照明设备

汽车照明设备用于为汽车行驶提供照明,车辆工作状态下为驾驶人提供必要的信息,以及将其行驶状况向交通环境中的其他参加者发出信号。

据统计,全世界每年死于交通事故的人数估计超过 50 万人,受伤人数达 1000 万人以上,而夜间发生的交通事故大约是白天的 3 倍,其中具有良好照明条件道路上交通事故数只有没有照明或照明条件不良道路的 30%。因而,改善汽车灯光产品的品质,对提高汽车的感觉安全性具有重大意义。

1. 汽车照明装备的功能

汽车的照明装备分为车辆前端照明、车辆后端照明和车辆内部照明三部分。

车辆前端照明的主要功能是照亮道路,以便驾驶人能看清道路交通状况并能及时地分辨障碍物,以及使迎面车辆识别和注意来车。车辆前端的转向灯还可以显示驾驶人改变方向的意图或指示危险状况。车辆前端照明设备有:近光/远光前照灯、雾灯、辅助行驶灯、转向灯、驻车灯和侧向标志/间距灯(宽车)。

车辆后端照明根据气候条件打开并指示车辆的位置。其可指示车辆的运动状况,如汽车的前进、倒车、制动、企图改变方向或危险状况。车辆后端照明设备有:停车灯、尾灯、雾灯、转向灯、驻车灯、示廓灯、倒车灯和牌照灯。

对于车辆内部照明设备应优先使驾驶人方便可靠地接触与操纵各种开关,以及在车辆工作状态下能向驾驶人提供足够的必要信息,使驾驶人分心驾驶的可能性尽量小。因此,要有一个良好的仪表板照明以及各种功能组合考虑周到的照明,各种光、声信号也必须按它们的紧急程度,先急后缓地传给驾驶人。对于仪表板的照明,以前采用的是灯泡照明技术,现在已被耐久的发光二极管(LED)取代。另外冷阴极荧光灯(CCFL)和电致发光薄膜(EL)也已应用到汽车仪表板的照明上。冷阴极荧光灯具有体积小、亮度高、寿命长的特点,主要用于黑屏仪表板上。电致发光薄膜是用交流电使薄膜产生均匀的光分布技术,它能组合成很多颜色并叠加在数字字盘的显示屏上,有利于仪表的显示和造型。

驾驶人必须处理不断增加,源于车辆本身、其他车辆、道路及无线电通信设备的信息流,并用符合人机工程学要求的方法适当地布置显示和指示设备,以便于将所有信息传递给驾驶人。例如现代车辆采用的平视显示(HUD)系统,可以将相关信息反映在风窗玻璃上,并带有声音输出,特别易于引起驾驶人的注意和观测。由于常规的仪表板有 0.8 ~ 1.2m 的视距,在行车过程中,驾驶人为了读取仪表板范围的信息,必须调节视力从无限远到仪表板的视距,对于年长的驾驶人相对费力,HUD 是一种包括摄影、照明、光学成像及电子器件等组成的系统,如图 3-47 所示。它可以将光学系统产生的虚拟图像反映在风窗玻璃上,驾驶人稍加注意就能看到,而不必将视线从道路转移到仪表板上,从而提高了驾车的安全性。HUD 适合于显示与安全有关的信息,如警告、安全距离和行车路线方向等。

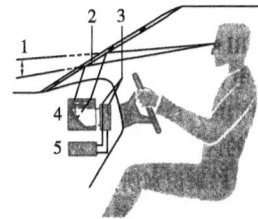

图 3-47 平视显示系统原理示意图
1-虚拟图像;2-风挡玻璃反射;3-LCD 和照明;4-光学系统;5-电子器件

2. 汽车照明的国际法规与标准

早在 1924 年欧洲和美国先后发明了双光灯芯前照灯时起,世界汽车灯光就因前照灯近光光型的不同被分成两大体系:欧洲的 ECE/EEC 体系以及美国的 SAE 体系。两大体系之间存在着矛盾，并以法规的形式保护着各自的经济利益。随着技术的进步和世界贸易的发展，两大体系之间的矛盾日益突出，消除障碍、统一标准成为各国的共同要求。国际标准化组织 ISO 肩负着促进世界标准化发展、便利各国进出口贸易的使命，其中的 GTB 工作组专门负责汽车灯光标准的制定、修订工作，为两大体系的调和开展了大量工作，并建立世界统一的会车光及行车光标准，促进了车辆照明全球法的建立和各国相应法规及标准的修订和完善。

对于照明装置的各国要求如表 3-14 所示。

各国照明装置的要求   表 3-14

名称	项目		FMVSS/SAE	EEC/ECE	GB
远光前照灯	相应的技术标准号		FMVSS 108	76/761/EEC； ECE R31； ECE R48	GB 4599—2007； GB 4785—2007
	装备要求		汽车必装(除挂车)2 只或 4 只	汽车必装(除挂车)2 只或 4 只	汽车必装(除挂车)2 只或 4 只
	光色		白色	白色或淡黄色	白色
	光度	白炽	ϕ178mm UB3 型 HV 处：20000 ~ 75000cd	HV≥32 lx	HV：≥0.8E_{max}(E_{max}≥32 lx)，若为 SB 灯光组，则 HV：≥0.9E_{max}
		卤钨	(1)ϕ146mmUB4 型 HV：18000 ~ 60000cd； (2)ϕ146mmUB5 型 HV：7000 ~ 15000cd	最大光度： E_{max}：48 lx < E_{max}≤240 lx； HV：0.8E_{max}	最大光度： E_{max}：48 lx≤E_{max}≤240 lx； HV：0.8E_{max}
近光前照灯	相应的技术标准号		FMVSS 108	76/761/EEC； ECE R31； ECE R48	GB 4599—2007； GB 4785—2007
	装备要求		汽车必装(除挂车)2 只或 4 只	汽车必装(除挂车)2 只	汽车必装(除挂车)2 只
	光色		白色	白色	白色
	光型		无明暗截止线，亮区至暗区渐变，光束 LB1M 和 LB1V 类型 HV 处≤5000cd	有明暗截止线，亮区至暗区陡变	有明暗截止线，且转折处在水平方向保持不动
前雾灯	相应的技术标准号		SAEJ583	76/762/EEC； ECE R48	GB 4660—2007； GB 4785—2007
	装备要求		选装	汽车选装 2 只，挂车禁止使用	汽车选装 2 只，挂车禁止使用
	光色		淡黄色	白色或黄色	白色或黄色
	光度		暗区(H - 10L - 10R)：HV：≤480cd。 亮区(1.5D - 3L - 3R)：HV：2000 ~ 10000cd	暗区： (1)A 区域：HV：≥0.15lx 且≤1.0lx； (2)B 区域：HV：≤1.0lx。 亮区(D)： HV：≥1.5lx	暗区(A、B)：HV：≤1.0 lx； 亮区(D)：HV：≥1.5lx

名称	项目	FMVSS/SAE	EEC/ECE	GB
前位灯	相应的技术标准号	FMVSS 108	76/758/EEC；ECE R48	GB 5920—2008；GB 4785—2007
	装备要求	对于总宽度大于 2m 的所有挂车必装 2 只	汽车和 1.6m 宽的挂车必装，宽度不超过 1.6m 的挂车选装 2 只	汽车和宽度大于 1.6m 的挂车必装 2 只
	光色	琥珀色	白色、淡黄色	白色
	光度	HV：≥0.62cd	HV：单灯：4～60cd；与前照灯混合：4～100cd；标有"D"的单灯：4～42cd；两个灯组合：4～84cd	HV：单灯：4～60cd；与前照灯混合：4～100cd；标有"D"的单灯：4～42cd；两个或多个灯：4～84cd
后位灯	相应的技术标准号	FMVSS 108	76/758/EEC；ECE R48	GB 5920—2008；GB 4785—2007
	装备要求	必装 2 只（对于牵引车没有要求）	汽车和挂车必装 2 只或 4 只	汽车和挂车必装 2 只
	光色	红色	红色	红色
	光度	发光部分为 1 类装置：HV 光强为 0.25～15cd	HV：单灯：4～12cd；标有"D"的单灯：4～8.5cd；两个灯组合：4～17cd	HV：单灯：4～12cd；标有"D"的单灯：4～8.5cd；两个或多个灯：4～17cd
前转向信号灯	相应的技术标准号	FMVSS 108	76/759/EEC；ECE R48	GB 17509—2008；GB 4785—2007
	装备要求	必装 2 只	必装，数量根据布置确定	必装，数量根据布置确定
	光色	琥珀色	琥珀色	琥珀色
	光度	发光部分为 1 类装置：(1)单灯：HV≥200cd；(2)灯组：HV≥950cd	发光部分为 1 类装置：单灯：HV 为 175～700cd；标有"D"的单灯：HV 为 175～490cd；两个灯组合：HV 为 175～980cd	发光部分为 1 类装置：单灯：HV 为 175～700cd；标有"D"的单灯：HV 为 175～490cd；两个或多个灯：HV 为 175～980cd
后转向信号灯	相应的技术标准号	FMVSS 108	76/759/EEC；ECE R48	GB 17509—2008；GB 4785—2007
	装备要求	必装 2 只	必装，数量根据布置确定	必装，数量根据布置确定
	光色	琥珀色或红色	琥珀色	琥珀色
	光度	发光部分为 1 类装置时，(1)红色：HV 为 80～300cd；灯组：HV≥380cd。(2)琥珀色：单灯：HV 130～750cd；	(1)一个照明级：单灯：HV 为 50～200cd；标有"D"的单灯：HV 为 50～140cd；两个灯组合：HV 为 50～280cd。(2)两个照明级：	(1)一个照明级：单灯：HV 为 50～350cd；标有"D"的单灯：HV 为 50～350cd；两个或多个灯：HV 为 50～350cd。(2)两个照明级：

续上表

名称	项目	FMVSS/SAE	EEC/ECE	GB
后转向信号灯		灯组:HV≥610cd	(1)白天: 单灯:HV 为 175～700cd; 标有"D"的单灯:HV 为175～490cd; 两个灯组合:HV 为 175～980cd。 (2)夜间: 单灯:HV 为 40～120cd; 标有"D"的单灯:HV 为 40～84cd; 两个灯组合:HV 为 40～168cd	(1)白天: 单灯:HV 为 175～700cd; 标有"D"的单灯:HV 为 175～490cd; 两个或多个灯:HV 为 175～980cd。 (2)夜间: 单灯:HV 为 40～120cd; 标有"D"的单灯:HV 为 40～84cd; 两个或多个灯:HV 为 40～168cd
制动灯	相应的技术标准号	FMVSS 108	76/758/EEC; ECE R48	GB 5920—2008; GB4785—2007
	装备要求	必装 2 只,小于 30 英寸宽的挂车必装 1 只	对 S_1 或 S_2 类装置:汽车和挂车必装,数量 2 只(同类型)。 对 S_3 类和 S_4 类装置:M_1 类和 N_1 类(除具有开放式货箱的 N_1 类)车辆必装,其他类型车辆选装,数量 1 只	S_1 或 S_2 类装置,各类车辆必须配备;S_3 类装置,M_1 类车辆必须配备,其他类车辆选装。 对于各类车辆,S_1 或 S_2 类制动灯 2 只,S_2 类制动灯 1 只
	光色	红色	红色	红色
	光度	发光部分 1 类装置时, HV 点:80～300cd; 灯组:HV≥380cd	HV: (1)一个发光强度级: 单灯:40～100cd; 标有"D"的单灯:40～70cd; 两个灯组合:40～140cd。 (2)两个发光强度级: ①白天: 单灯:130～520cd; 标有"D"的单灯:130～364cd; 两个灯组合:130～728cd。 ②夜间: 单灯:30～80cd; 标有"D"的单灯:30～56cd; 两个灯组合:30～112cd	HV: (1)一个发光强度级: 单灯:60～185cd; 标有"D"的单灯:60～130cd; 两个或多个灯:60～260cd。 (2)两个发光强度级: ①白天: 单灯:130～520cd; 标有"D"的单灯:130～366cd; 两个或多个灯:130～728cd。 ②夜间: 单灯:30～80cd; 标有"D"的单灯:30～56cd; 两个或多个灯:30～112cd。 (3)S3 类制动灯: 单灯:25～80cd; 标有"D"的单灯:25～55cd; 两个或多个灯:25～110cd
后雾灯	相应的技术标准号	SAEJ1319	77/538/EEC; ECE R38; ECE R48	GB 11554—2008; GB 4785—2008
	装备要求	选装 1 只或 2 只	必装 1 只或 2 只	必装 1 只或 2 只

78

名称	项目	FMVSS/SAE	EEC/ECE	GB
后雾灯	光色	红色	红色	红色
	光度	HV：≥380cd	HV： 稳定光强类型：≤300cd； 可变光强类型：≤840cd	HV： 稳定光强类型：≤300cd； 可变光强类型：≤840cd，但在夜晚不能超过300cd
倒车灯	相应的技术标准号	FMVSS 108	77/539/EEC； ECE R23； ECE R48	GB15235—2007； GB4785—2007
	装备要求	必装1只	汽车和O_2、O_3、O_4类挂车必装，O_1类挂车选装1只或2只	汽车和O_2、O_3、O_4类挂车必装，O_1类挂车选装。 数量： M_1类和长度不超过6m的车辆必须配备1只，选装1只；除了M_1类车辆外，对于长度大于6m的所有车辆必须配备2只，选装2只
	光色	白色	白色	白色
	光度	HV： (1)两灯制单灯： 80～600cd； 灯组：≥360cd。 (2)单灯制： 单灯：160～600cd； 灯组：≥720cd	(1)水平面及其以上：80cd≤HV≤300cd； (2)水平面以下至 −5°的区域：80cd≤HV≤8000cd。 任何两个方向的发光强度应大于等于两方向中较小发光强度的50%	(1)水平面及其以上：80cd≤HV≤300cd； (2)水平面以下至 −5°的区域：80cd≤HV≤8000cd。 任何两个方向的发光强度应大于等于两方向中较小发光强度的50%
牌照灯	相应的技术标准号	FMVSS 108； SAE J 587	76/760/EEC； ECE R4	GB18408—2001； GB4785—2007
	装备要求	必装1只	必装，数量根据牌照板的照亮要求而定	必装，数量根据牌照板的照亮要求而定
	光色	白色	白色	白色
	光度	(1)各点照度：≥2.0cd/m²； (2)最大照度比： 最小照度：对于试验板1，比值≤30/1；对于试验板2，比值≤25/1	(1)各点亮度：≥2.5cd/m²； (2)任意两点的亮度差与距离的比值不大于各测量点最小亮度值的2倍	(1)各点光亮度：≥2.5cd/m²； (2)任意两点的光亮度差的绝对值与距离之比值，不大于各测量点中最小光亮度值的2倍

3.4.2 汽车视野

驾驶人在驾驶过程中，有80%的信息是靠视觉得到的，确保良好的视野是预防交通事故的必要条件。作为汽车主动安全性中感觉安全性的重要要素，视野及其相关要素已受到普遍重视,各汽车生产国或地区都制定了相应的法规或标准以确保汽车的良好视野性能。

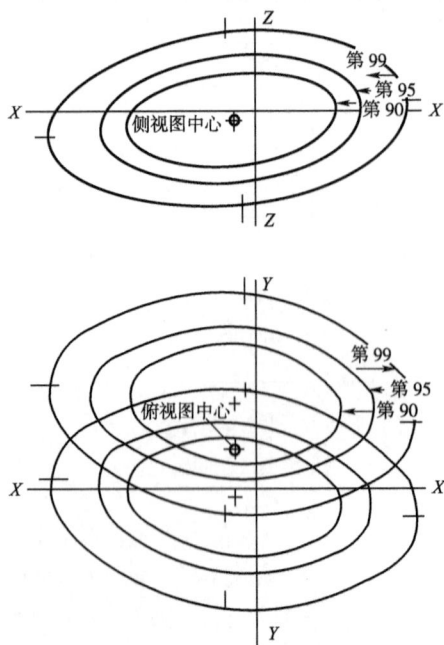

图 3-48　驾驶人眼椭圆

1. 汽车驾驶人眼椭圆

汽车驾驶人眼椭圆是指不同身材的驾驶人按自己的意愿将座椅调整到合适位置,并以正常的驾驶姿势入座后,其眼睛位置在车身坐标系中的统计分布图形,如图 3-48 所示。由于该图形呈椭圆状,因此称为驾驶人眼椭圆。眼椭圆的确立为研究汽车视野性能提供了科学的视野原点基础,可以作为汽车视野校核的基准。

2. 视野种类及其要求

视野是驾驶人行车时的视线范围,人们根据不同的目的、不同的场合来定义和使用不同的视野概念。

1）按行车方向和是否利用后视镜的视野分类

按是否利用后视镜来分,有直接视野和间接视野。直接视野是指驾驶人在驾驶位置时,不依赖各后视镜而直接透过前风窗玻璃、侧向门窗玻璃和后风窗玻璃所能直接清晰地看到道路的范围大小。间接视野是指驾驶人在后视镜和下视镜的反射下所能得到的视野。

按行车方向分,有前方视野和后方视野。前方视野是驾驶人在正常驾驶位置,透过前风窗玻璃和侧面的门窗玻璃所能清晰看到的过眼点铅垂面(该面垂直于车辆的纵向中心线)前方180°的道路、车辆、行人等情况的能力。另外,在一些大型车辆中,装有观察车辆前下方的"下视镜",由该镜提供给驾驶人的视野亦归为前方视野。后方视野是指通过内后视镜和外后视镜看到的车辆后方情况清晰图像所反映的范围。通过内后视镜所看到的为内后视野,通过外后视镜看到的为外后视野,如图 3-49、图 3-50 所示。

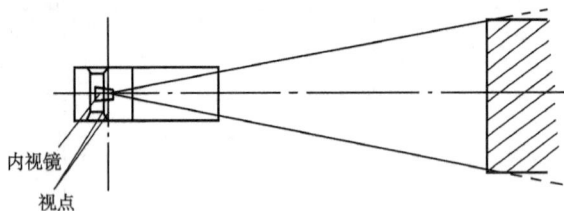

图 3-49　内后视野

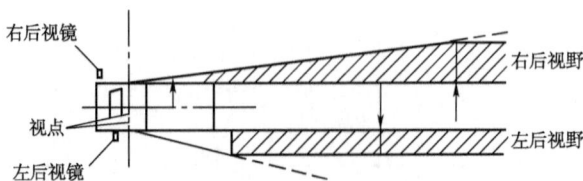

图 3-50　外后视野

汽车前上方视野受前窗上横框位置的限制,SAE 要求上方视区大小应保证在十字路口处能看到信号灯,同时还要能够避免太阳光线等的刺眼作用,因此,需根据这两种情况综合考虑,妥善处理。看清信号灯所需的最小视角,取决于汽车制动后,车头距信号灯的距离,这段距离必须保证驾驶人能够看清信号灯的变化情况。根据图 3-51,制动距离与前上方最小视角之间的关系:

$$\alpha = \arctan\left(\frac{H-h}{S+L}\right) \qquad (3-23)$$

式中:α——前上方最小视角,°;

　　　h——驾驶人眼睛距路面的高度,m;

　　　S——可能的制动距离,m;

　　　L——驾驶人眼睛与车头之间的距离,m;

　　　H——信号灯的高度,m。

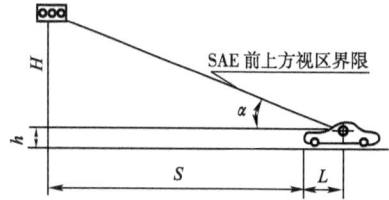

图 3-51　汽车前上方视区的界限

车速影响看清信号灯所需的最小上方视角,这是因为车速的增大会使驾驶人的视野下降的缘故。看清信号灯所需的最小上方视角与车速的关系见表 3-15。

看清信号灯必需的最小上方视角　　　　　　　　　　　　　表 3-15

车速(km/h)	最小上方视角	车速(km/h)	最小上方视角
20	18°	60	3°22′
40	6°40′	80	2°

汽车前下方视区的合适值应该综合考虑车速、车辆类型、使用条件等方面的影响因素确定。据研究表明,汽车行驶速度越高,越不希望前下方视野大,然而如若前下方视野过小,会使盲区扩大,不利于驾驶人对前方障碍物的观察,且会使速度感变差。在高速公路上,车速一般可达 100km/h,这时最合适的前下方视区界限为最近可见路面点位于车前方 8.2m 处,在山区道路上平均车速为 50km/h 时该值为 3.2m,市内道路上平均车速为 40km/h 时该值为 2.8m。

从车辆运行的要求来看,后视镜大体应满足以下几点:

(1)在公路,特别是高速公路多车道超车或换道行驶时,通过内外后视镜(包括侧下视镜)可向驾驶人提供左右两侧及后方的交通状况信息。

(2)繁华街市区行驶时,车内外后视镜、下视镜可向驾驶人提供汽车周围行人、自行车、摩托车、各种障碍物及其交通情况的信息。

(3)汽车倒车时,驾驶人通过内外后视镜可观察到汽车后部、侧面的障碍物及交通状况。

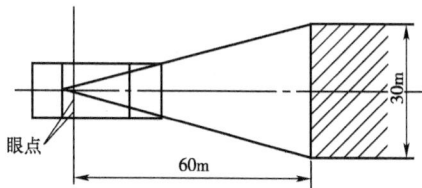

图 3-52　M₁ 类及总质量小于 2000kg
汽车内后视镜视野

汽车的后方视野在 88/321/EEC 中规定:对于 M₁ 类(9 座以下客车)及总质量小于 2000kg 的 N₁ 类(3.5t 以下货车)汽车,内外后视镜的后视野如图 3-52、图 3-53 所示。其他车的后视镜,乘员后视镜视野如图 3-54 所示,内后视镜及外后视镜的视野与 M₁ 类相同,如图 3-52、图 3-53 所示。

对于 N₃ 类及总质量大于 7.5t 的 N₂ 类汽车,为了满足视野要求,必须加装广角后视镜和侧下视镜,这是由于大型货车的驾驶人眼点距地面较高,难以直接观察到乘员侧车辆附近的情况,必须通过后视镜观察的缘故。图 3-55 和图 3-56 是广角后视镜和侧下视镜的后视野要求。

我国的《机动车辆间接视野装置性能和安装要求》(GB 15084—2013)基本参照了 ECE R46 制定的有关内容。

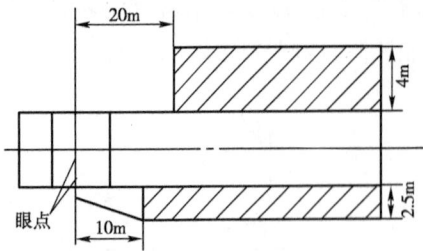

图 3-53 M₁类及总质量小于 2000kg
汽车外后视镜视野

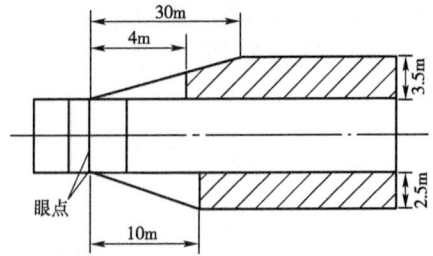

图 3-54 除 M₁类及总质量小于 2000kg
汽车以外的后视镜视野

2）围绕前视线定义的视野

围绕前视线定义的有：单眼视野、双眼视野、两单眼视野和周边视野。单眼视野是驾驶人一只眼睛单独观察时所能看到的视野。双眼视野是左右两眼同时观察时，两眼均能看到的视野，这是左右单眼视野的交集。两单眼视野是左右两眼分别单独观察时，所能看到的视野范围的合成。两单眼视野不限于双眼视野，除了包括双眼视野外，还包括左眼能看到但右眼看不到、右眼能看到但左眼看不到的视野范围，即左右单眼视野的并集。将左眼或右眼的视平面或视线侧向地向太阳穴方向扩展，形成一个夹角不大于 90° 的视野为周边视野，夹角的顶点为眼点，位于周边视野内的区域在驾驶人视线靠近太阳穴的一边。关于单眼视野、双眼视野、两单眼视野、周边视野的图解如图 3-57 所示。

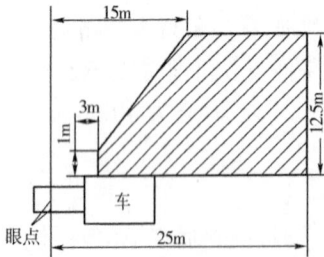

图 3-55 广角后视镜的后视野

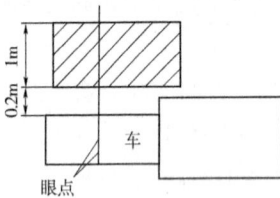

图 3-56 侧下视镜的后视野

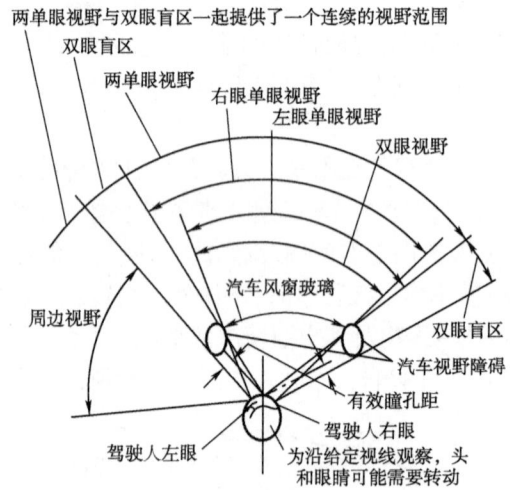

图 3-57 围绕前视线定义的视野范围

3. 提高和改善汽车视野的措施

为了满足相应标准及法规的要求，应该在汽车规划、设计阶段，就对影响视野的各项因素进行全面控制，以确保生产出的汽车满足法规的要求。主要可从以下几个方面着手。

1）车身设计

汽车的车身结构必须确保在行驶过程中，驾驶人能确认道路、交通标志、其他车辆和行人的动态等，为此，在车身结构设计时，可采取以下对策：

（1）扩大风窗玻璃的有效透明区的面积；减少风窗玻璃倾角并尽量使之靠近驾驶人的眼睛；前后风窗玻璃向两侧包围。当然，这些措施应适量实施，才会取得改善视野的满意效果。

研究表明:如在平头车上扩大风窗玻璃面积,风窗玻璃过低反而使驾驶人易感疲劳;风窗玻璃离开驾驶人眼睛的最小距离应能保证风窗玻璃与转向盘前缘之间的间隙不小于80mm,以允许驾驶人在冬季戴上厚手套的仍能方便自如地转动转向盘。

(2)减小风窗立柱的投影长度。为了减少或消除立柱对视野的妨碍,立柱相对于驾驶人眼点的投影长度应尽可能小于驾驶人两眼瞳孔之间的距离(一般为65mm),当投影长度大于或等于驾驶人两眼瞳孔之间的距离时,则两单眼的视野盲区不可消除;当投影长度小于驾驶人两眼瞳孔之间的距离时,那么,汽车前方的某一点,立柱所构成的盲区就得以消除。但是,除了特殊用途的工程车外,一般乘用车的立柱是左右对称的,所以在考虑驾驶人侧的立柱投影长度时,还要顾及另一根立柱相对于驾驶人眼点的投影长度,要进行综合地平衡,应尽量减少立柱的投影长度。

(3)对于载货汽车,尽量减低发动机舱盖的高度,减少发动机舱盖的伸出长度,以确保驾驶人的视线有足够的前方倾斜角和视野。

2)座椅布置

驾驶人的视线是从其眼点发出的,不同驾驶人眼点的共同基点是驾驶人座椅,完全一致的车身结构,会因座椅的不同布置方式,其视野性能会有较大差异,所以驾驶人座椅布置也是确保良好视野的重要一环,必须高度重视。为了使驾驶人座椅的位置与车身相匹配,在保证驾驶人上下方便及乘坐舒适性的前提下,减少座椅坐垫与靠背的倾角,布置座椅靠近汽车前端,选择适当的座椅高度,在与总布置不发生干涉情况下,将座椅靠近中间一些。

3)气候适应性设计

气候适应性设计是为确保汽车在各种气候条件下和行驶条件下具有良好视野而装备的各种装置,如现在汽车上几乎都装备了的风窗玻璃刮水器、洗涤器、除霜装置、除雾装置、遮阳板等。除此以外,后窗增加电热丝、侧窗安装除霜器、安装电热式后视镜、安装能根据降雨情况而自动动作的刮水器等。这些都是改善恶劣气候条件下视野性能的有效措施。

4)后视镜的技术参数

后视镜曲率半径的选择很重要。曲率半径过大,虽然失真率小,但不能给驾驶人提供足够的视野范围;曲率半径过小,视野范围开阔,但失真率过大,反而使驾驶人无法判断真实情况。现在可以采用变曲率半径设计,也就是在一个后视镜上,不再是单一的曲率:对于反射路面的镜面,采用大的曲率半径,以保证物体清晰和较强的真实感;对于反射路旁景物的镜面,采用小的曲率半径,以得到更大的视野范围。

5)显示的识别性

显示的识别性包含两个方面内容:

(1)车内环境的识别性,主要指仪表板的布置、形状、显示方式、照明等应能保证各种信息的良好识别。在布置仪表板时,应避免出现转向盘、操纵杆等挡住仪表板的情况,同时,也要避免仪表及仪表座等妨碍前方视野。

(2)车外环境的识别性,主要指道路、车辆、行人以及与交通有关的标志等的识别。依据人眼对色彩感觉程度,应把车外环境中有关物体表面设成易看清或发现的色彩,如警告标志用对比效果强烈的黄底黑字、禁令标志应采用更显眼的红色。过马路的小学生头戴小黄帽,高速公路护栏上装红色回复反射器等都可以提高车外环境的识别性。

6)与灯光的匹配

合理地调整光束,使前照灯尽可能多地照亮驾驶人视线可及的路面,避免出现前照灯灯光的可照亮区是驾驶人的视野盲区,而视野范围内的路面,灯光光线又不可及的情况出现,以提高夜间视野。图3-58表明了灯光与视野的匹配设计。

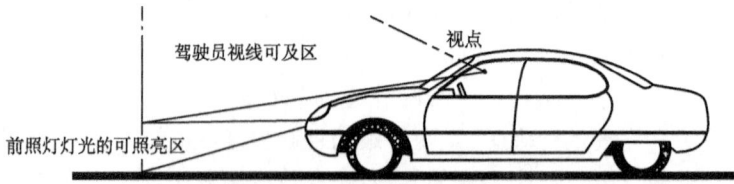

视点

驾驶员视线可及区

前照灯灯光的可照亮区

图3-58 灯光与视野的匹配设计

7)驾驶人的视力

驾驶人是用视觉得到交通环境和车辆自身的信息。统计数据表明:正常的视力或视力进行适当的矫正后,会使交通事故大幅度降低。表3-16列出了视力与安全运行速度的关系。从表中可以看出:视力和视功能的正常是安全行驶必不可少的条件,应给予高度重视。

视力与安全运动速度的关系   表3-16

视力	安全运动的极限速度	安 全 感	视力	安全运行的极限速度	安 全 感
1.0	50km/h	安全、舒适	0.5	20~30km/h	产生危险感,小心驾驶
0.75	30~50km/h	产生不安全感	0.25	20km/h以下	有显著危险感,无法驾驶

3.5 操纵安全性

汽车操纵安全性是指对驾驶人周围的工作条件做出优化设计,降低驾驶人工作时的紧张感,以提高驾驶安全性、减少交通事故的发生的能力。这就要求驾驶操作机构的布置要符合人机工程学要求,便于操纵,以减少驾驶人驾车的疲劳。

汽车操纵机构是指车内供驾驶人用来操纵汽车的各种装置。可分为一级操纵装置和二级操纵装置。前者主要是有关汽车运动性能的操纵装置,如转向盘、加速装置、离合器操纵装置、制动操纵装置等,后者则是车内其他操纵装置,如点火开关、刮水器开关、照明开关等,驾驶人通过这些装置控制汽车使其安全运行。操纵机构是人与汽车相互作用的工作界面。这些装置的操作是由人来实现的,因此,布设时应考虑人的生理特点,符合操作习惯,使驾驶人便于操作、反应迅速、不易疲劳,以提高汽车操纵安全性。

3.5.1 汽车H点

H点是实车测得的人体躯干与大腿相连的旋转点"胯点"(Hip Point)位置。当H点三维人体模型按规定的步骤放在汽车座椅中时,人体模型上左右两H点标记连接线的中点即为汽车的实际H点。它表示汽车驾驶人或乘员入座后,胯关节中点在车身中的实际位置,对汽车结构的布置有如下作用:

(1)汽车实际H点是与操作方便性及乘坐舒适性相关的车内尺寸的基准点。这是由特定的驾驶坐姿决定的。驾驶人在正常行车中,其体重的大部分通过臀部由座椅来支撑,一部分通过背部和腰部由靠背来承受,另一部分通过左右手作用于转向盘上,也有很少部分通过右脚上的加速踏板踵点作用于汽车地板上。这使得驾驶人在操作时身躯上部的活动必然是绕通过实际H点的横向水平轴线转动的。

（2）在确定眼椭圆时，汽车实际 H 点是确定眼椭圆在车身中位置的基准点，车身侧视图上眼椭圆的定位要以 H 点作为基准进行确定。

（3）在车内操作装置布置时，要考虑驾驶人的手伸及界面，而汽车实际 H 点的位置影响到驾驶人的手伸及界面。

3.5.2 人的手脚运动和必需的空间

在进行汽车操纵机构布置时，还应考虑如何方便人手和脚的动作要求，有关尺寸要按照运动器官的生理特点和活动范围来确定，图 3-59 是手的平均尺寸和活动范围。

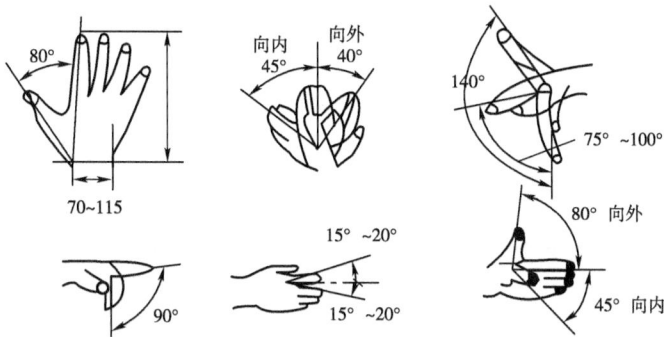

图 3-59　手的尺寸和手腕的活动

在汽车操纵中，用脚操作时，脚的运动主要是膝关节的运动和脚掌的运动。围绕膝关节的额状轴，可作小腿的屈伸运动，在小腿屈伸后，可绕垂直轴做微小的旋转运动。图 3-60a 是膝关节活动的最大角度，图 3-60b 为脚掌的活动情况。

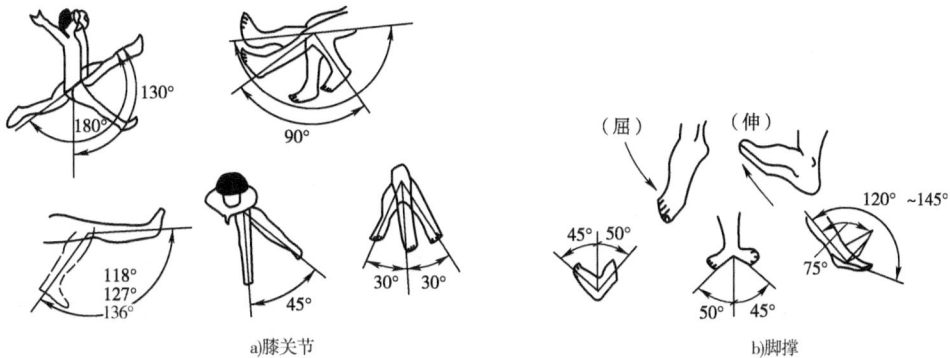

a)膝关节　　　　　　　　　　　　b)脚撑

图 3-60　膝关节及脚掌的活动

3.5.3 影响手伸及界面的驾驶室尺寸

驾驶人在正常坐姿下，受有关装置的约束以及踵点的支承和转向盘的限制，其最大伸及空间曲面为手伸及界面。手伸及界面不仅与驾驶人自身的伸及能力有关，还必然与驾驶舱的内部设计尺寸有关。驾驶人伸及能力的影响可通过选择不同百分位身材驾驶人比例的办法加以考虑，而驾驶舱内部设计尺寸对手伸及界面的影响需要利用多元统计分析来进行处理。

从对驾驶舱空间布置的研究看出，对手伸及界面有显著影响的驾驶舱尺寸大体有 H_x、H_z、β、γ、α、D、W_x、W_z，如图 3-61 所示。

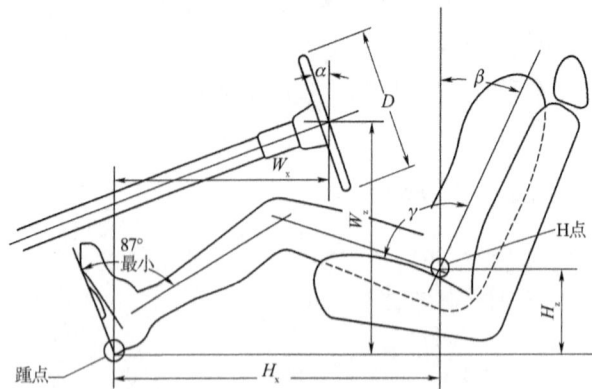

图 3-61　与手伸及界面有关的驾驶室尺寸

这些参数因车型而异,所以是多维变量。对这类多变量问题,工程中常用因子分析法来寻找反映这些参数的综合因子,即为驾驶舱尺寸综合因子 G。

3.5.4　典型操纵机构布置

1. 转向盘的倾角与直径

图 3-62 是在转向盘做出各种角度变化的情况下,人体可能发出的转向力及转向角速度最

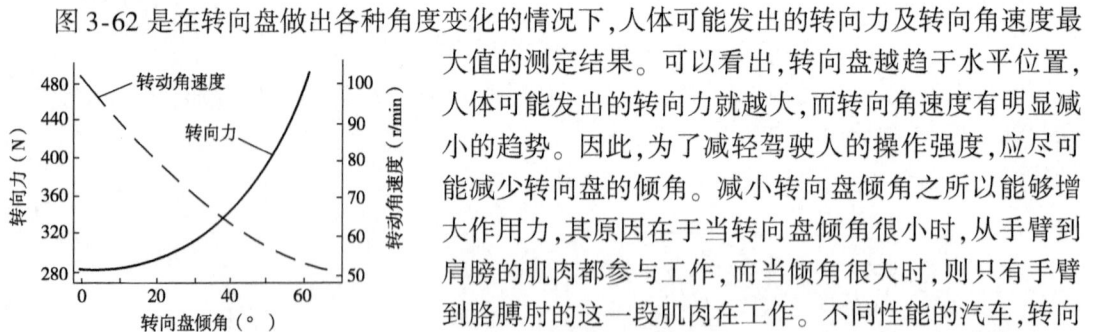

图 3-62　转向盘倾角与最大转向力及
最大转向角速度的关系

大值的测定结果。可以看出,转向盘越趋于水平位置,人体可能发出的转向力就越大,而转向角速度有明显减小的趋势。因此,为了减轻驾驶人的操作强度,应尽可能减少转向盘的倾角。减小转向盘倾角之所以能够增大作用力,其原因在于当转向盘倾角很小时,从手臂到肩膀的肌肉都参与工作,而当倾角很大时,则只有手臂到胳膊肘的这一段肌肉在工作。不同性能的汽车,转向盘倾角的设计也不一样。一般认为,转向盘倾角为 $60°$、直径为 $356 \sim 380$ mm 时最舒适。

对于轿车、小型货运车因驾驶人座椅较低,转向盘的操纵力也较小,转向盘与水平面的夹角可取 $45° \sim 60°$、转向盘直径为 $350 \sim 400$ mm,如图 3-63 所示。

对于中型车辆和城市客车,为适应长时间的驾驶,转向盘应倾斜到舒适的位置,夹角可取 $15° \sim 30°$、转向盘的直径可取 400 mm 左右,以便驾驶人能容易地使用双手交替抓握转向盘,如图 3-64 所示。

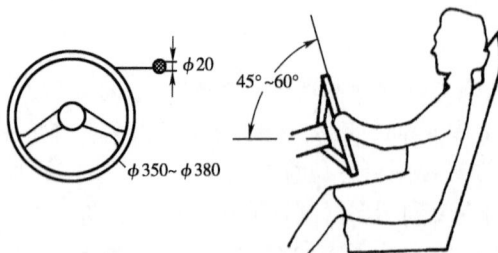

图 3-63　小型车辆转向盘倾角与直径

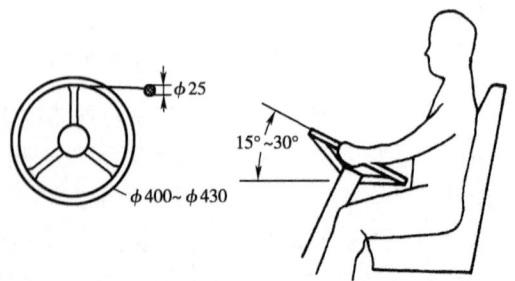

图 3-64　中型车辆和城市客车转向盘倾角及直径

86

2. 脚踏板

驾驶人作用在踏板上的力与坐垫和靠背的倾角、座椅高度有关系。座椅愈高以及坐垫与靠背的倾角愈小,作用力愈大。当坐垫倾角很小(即靠背坐垫的夹角接近于90°)时,驾驶人几乎是将腿伸直来踩踏板,并且驾驶人的背部能获得可靠的支承;对于座椅很高时,驾驶人的腿和踏板支架几乎可形成一条线,因此,在离合器或制动器操纵机构沉重的汽车上,就应升高座椅,而坐垫和靠背倾角则宜选取较小值。图3-65为踏板位置相对于座椅的高度和相对于座椅对称平面的横向位置对踏板力的影响。当然使驾驶人可以施加最大作用力的踏板位置也是最舒适的位置。

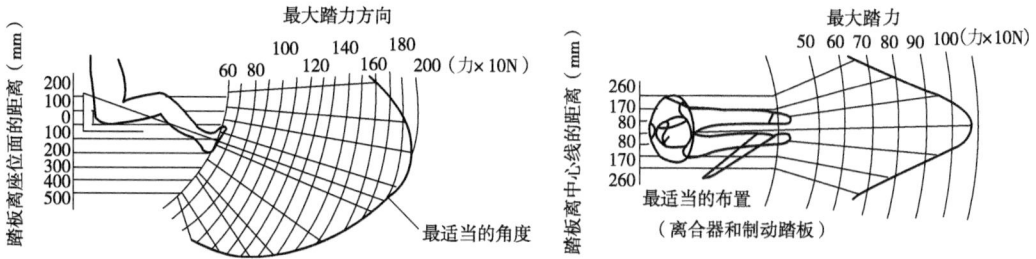

图3-65 脚踏力的分布

1)加速踏板

加速踏板要求操纵轻便,由于在行驶过程中需要经常踩踏,驾驶人通常总是习惯于将脚掌搁在上面,脚后跟支撑在地板上,而只靠改变小腿和脚掌的角度来进行操作。为此,加速踏板均做成鞋底形状,其摆动轴在下端。为了适应人的脚掌外张的特点,加速踏板上端也应适当向外张开。在相当于发动机怠速的加速踏板位置,人体样板脚掌踩在踏板上,应使之大致垂直于小腿。脚与小腿一般呈90°。踏下的舒适角不大于20°,一般控制在15°左右。两脚与人的中线叉开10°~15°为宜,如图3-66所示。

2)制动踏板

汽车的制动踏板一般是脚悬空的,脚放在这种踏板上时,腿与脚的舒适角度为90°,踏板的位置有图3-67中的三种情况。

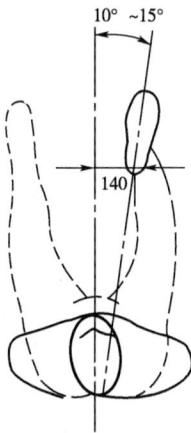

图3-66 加速踏板与腿舒适的叉开角度

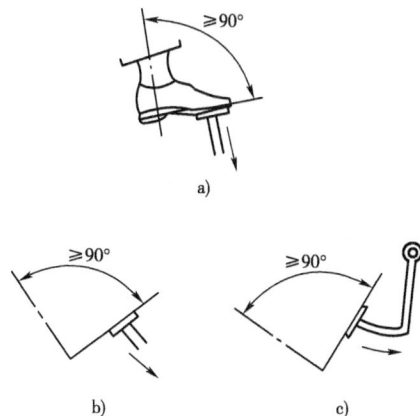

图3-67 脚悬空踏板

图3-67a)是座位较高、小腿近乎与地面垂直的情况,脚的下压力不能超过90N;图3-67b)是座位较低、小腿倾斜的情况,这时蹬力不能超过180N;图3-67c)是座位低、小腿较平的情况,

这时一般蹬力能达 600N,男性最大蹬力可达 800N。为了便于用力,需要设置一个牢固有力的座椅支撑。

制动器与离合器两者的踏板中心线之间的距离应不小于 200mm,如果没有离合器,应将制动器踏板设置在驾驶人中心线上。加速踏板与制动踏板之间的距离,目前使用的数值为 63.5 ~ 127mm,由于大部分人的脚宽在 130mm 左右,合理的间隙应为 101.6 ~ 152.4mm。

第4章 汽车被动安全性

本章主要介绍了汽车被动安全性与汽车碰撞的关系、汽车被动安全性的分类以及影响汽车被动安全性的主要结构措施。重点介绍安全的车身结构、安全带系统、安全气囊系统、座椅系统和转向系的防伤装置的结构、作用和标准、法规等内容。

4.1 概　　述

4.1.1 汽车被动安全性的定义

汽车被动安全性是指事故发生时保护乘员和步行者,使直接损失降到最小的性能。另外,作为防止事故后出现二次伤害的安全性,还应考虑防止事故车辆火灾以及迅速疏散乘客的性能。由于汽车的被动安全性总是与广义的汽车碰撞事故联系在一起,故又被称为"汽车碰撞安全性"。

汽车的碰撞分为一次碰撞和二次碰撞。汽车与汽车或汽车与障碍物之间的碰撞为一次碰撞;一次碰撞后汽车的速度下降,车内驾驶人和乘员受惯性力的作用继续以原有的速度向前运动,并与车内物体碰撞,称为二次碰撞。

驾驶人和乘员受到的伤害主要来自于在二次碰撞中与车身上的风窗玻璃、风窗上梁、转向盘、转向管柱、后视镜、前立柱、仪表板、前座椅靠背、顶盖等部位发生接触,甚至甩出汽车而造成从轻伤到致死的各种伤害。

4.1.2 汽车外部安全性和车内安全性

汽车被动安全性可以分为汽车外部安全性和车内安全性。

汽车外部安全性是从减轻在事故中汽车对行人、自行车和摩托车乘员的伤害方面提高汽车被动安全性的能力。汽车外部安全性的决定因素有:发生碰撞后汽车车身变形的状态、汽车车身外部形状。

车内安全性是指汽车在事故中使作用于乘员的加速度和力降低到最小,在事故发生以后提供足够的生存空间,以及确保对从车辆中营救乘员起关键作用部件的可操作性等的能力。车内安全性的决定性因素有:车身变形状态、客舱强度、当碰撞发生时和发生后的生存空间尺寸、约束系统、撞击面积(车内部)、转向系统、乘员的解救及防火。

4.1.3 安全车身结构和乘员保护系统

车辆的被动安全性归纳起来可分为安全车身结构和乘员保护系统两大类。其中,安全车身结构主要是为了减少一次碰撞带来的危害,而乘员保护系统则是为了减少二次碰撞造成的乘员损伤或避免二次碰撞。

安全车身结构的作用是在碰撞发生时,尽可能多地吸收汽车碰撞动能,减轻车内乘员所承受的碰撞动能,同时保证乘员有足够的生存空间。因此,碰撞安全的车身结构具有两大特点:一是车身应具有足够大的变形来吸能空间,以便吸收尽可能多的碰撞能量;二是乘员舱应具有足够大的刚度,以便保证乘员有足够的生存空间。

提高乘员保护系统能力的方法包括安装安全带及提高安全带固定强度、安装安全气囊、采用可折叠的吸能转向盘、采用膝部的缓冲垫、车内饰件软化、仪表板的软化以及避免风窗玻璃碎片侵害等措施。

作为被动安全性研究的主要内容就是如何合理地进行车身结构安全性设计和乘员约束系统设计,利用车身结构件的变形来吸收能量以减少对乘员的冲击,同时利用乘员约束系统给予乘员最大限度的保护。

4.1.4 汽车碰撞安全法规

汽车碰撞安全法规是汽车生产企业必须遵循的规定,是指导汽车碰撞安全性设计与改进的依据,是汽车产品进入市场的最低要求。目前,汽车碰撞安全法规主要规定了车辆对车内乘员、路上行人的保护性能。

美国、欧洲、日本和澳大利亚等国家的汽车碰撞安全法规主要针对的碰撞事故类型是前碰撞(包括正面碰撞与偏置碰撞等)和侧面碰撞,如美国 FMVSS 208《乘员碰撞保护》和 FMVSS 214《侧面碰撞保护》、欧洲 ECE R94《关于车辆正面碰撞乘员保护认证的统一规定》和 ECE R95《关于车辆侧面碰撞乘员保护认证的统一规定》等。

我国的汽车碰撞安全法规制定得较晚,直到 2002 年才开始实施。现有 GB 11551—2014《汽车正面碰撞乘员保护》、GB/T 20913—2007《乘用车正面偏置碰撞的乘员保护》、GB 20071—2006《汽车侧面碰撞的乘员保护》、GB 20072—2006《乘用车后碰撞燃油系统安全要求》、GB/T 24550—2009《汽车对行人的碰撞保护》等有关汽车碰撞安全标准正在实施。

各国汽车碰撞安全法规中都规定了在碰撞事故试验中,试验假人在约束系统保护下,头部伤害值、胸部加速度值和腿部载荷必须低于法规限值(以男性成人为例),如表 4-1 所示。

汽车碰撞试验标准 表 4-1

类别	标　　准	部分安全指标
正面碰撞乘员保护	中国 GB 11551—2014	(1)头部性能指标应小于或等于 1000,并且头部合成加速度超过 80g 的时间不超过 3ms; (2)颈部轴向拉伸力不得超过 3.3kN,颈部剪切力不得超过 3.1kN; (3)颈部对 Y 轴弯矩伸张方向≤57N·m; (4)胸部性能指标应小于或等于 75mm; (5)胸部黏性指标不超过 1.0m/s; (6)大腿性能指标应不超过 9.07kN
	美国 FMVSS 208	(1)头部伤害指数 HIC_{15} 应小于等于 1000; (2)通过胸部仪器测得的合成速度不应超过 60g,累积超过 60g 的时间不能超过 3ms; (3)胸骨和脊骨的压缩偏差不得超过 76mm; (4)通过每条大腿轴向传递的力不得超过 10kN; (5)颈部拉力不得超过 4170N,颈部压力不得超过 4000N; (6)大腿性能指标:轴向压力不得超过 10kN

正面碰撞乘员保护	欧洲 ECE R94	(1)头部性能指标应小于或等于 1000,并且头部合成加速度超过 80g 的时间不超过 3ms; (2)颈部轴向拉伸力不能超过 3.3kN,颈部剪切力不能超过 3.1kN; (3)颈部绕 Y 轴最大弯矩不应超过 57N·m; (4)胸部压缩指标不应超过 50mm; (5)胸部伤害指标不应超过 1.0m/s; (6)大腿性能指标不应超过 9.07kN; (7)膝关节滑移距离不应超过 15mm
侧向碰撞乘员保护	中国 GB 20071—2006	(1)头部性能指标应小于或等于 1000; (2)胸部性能指标:肋骨变形指标小于或等于 42mm,黏性指标应小于或等于 1.0m/s; (3)盆骨性能指标:耻骨结合点力峰值应小于或等于 6kN; (4)腹部性能指标:腹部力峰值应小于或等于 2.5kN 的内力(相当于 4.5kN 的外力)
	美国 FMVSS 214	(1)胸腔创伤指标(TTI):对于 4 侧门乘用车、多用途乘用车、货车、公共汽车等,胸腔创伤指数加速度应 ≤85g,对于 2 侧门乘用车,胸腔创伤指数加速度应 ≤90g; (2)盆骨性能指标应小于或等于 130g; (3)头部伤害指标(HIC)应小于或等于 1000; (4)胸腔变形指标应小于或等于 44mm; (5)腹部性能指标腹部受力应小于或等于 2500N; (6)骨盆性能指标:耻骨联合峰值力应小于或等于 6kN
	欧洲 ECE R95	(1)头部性能指标应少于等于 1000; (2)胸部性能指标:肋骨形变小于等于 42mm,软组织形变小于等于 1.0 m/s; (3)骨盆性能指标:耻骨联合峰值力小于或等于 6kN; (4)腹部性能指标:腹部最大压力少于或等于 2.5kN 的内部力(相当于 4.5kN 的外部力)

近些年,各国相继开展对行人保护的研究,欧盟分别颁布了 2003/102/EC 以及其替代法规 78/2009 EC《对行人及其他易受伤害的道路使用者的保护》,日本于 2004 年颁布了 TRIAS 63《行人头部保护基准》,规定所有的新车都应配有行人保护系统。我国也于 2009 年出台行人保护法规 GB/T 24550—2009《汽车对行人的碰撞保护》。

4.2 安全的车身结构

汽车车身结构主要由车身覆盖件、车身结构件、结构加强件等部分组成,其对汽车的被动安全性有着十分重要的影响,要求车身本体结构在发生碰撞事故时,尽可能多地吸收汽车碰撞动能,减轻车内乘员所承受的碰撞动能,同时保证乘员有足够的生存空间。安全的车身结构应与安全带、安全气囊、能量吸收式转向系等围绕乘员的一些装置进行匹配,共同完成如下功能:

(1)必须尽可能地缓和与吸收车辆及乘员的运动能量,以缓解乘员受到的冲击;

(2)在确保乘员的有效生存空间的同时,还必须保证碰撞后易于乘员逃脱和车外救护。

因此,车身的安全设计水平在很大程度上决定了车辆的被动安全性能。

4.2.1 车身的变形特性

由于道路交通状况的复杂性,汽车在各种路面上高速行驶时,发生碰撞事故的碰撞形式是不相同的,大致可分为前碰撞、侧面碰撞及追尾碰撞三种形式。图 4-1 是美国统计的包含所有伤害类型的碰撞事故的概率分布图,由其可知,汽车发生前碰撞(包括偏置碰撞和正面碰撞)的概率在 40% 左右。

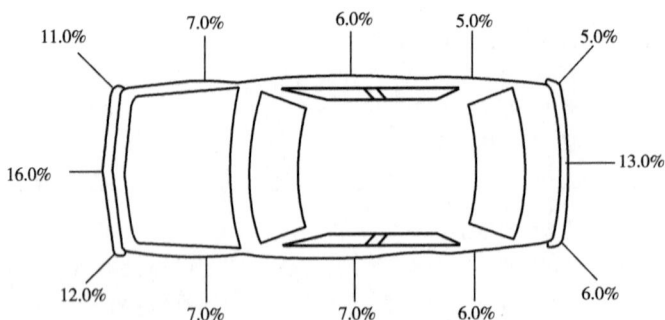

图 4-1 包含所有伤害类型的撞击事故的概率分布(美国)

1. 正面碰撞

车辆正面碰撞的理想特性如图 4-2 所示。图中表示了在碰撞中车身前部的三个变形吸能区段:第一变形区既可保护行人,也可避免车辆在低速下碰撞的破坏性;第二变形区为相容区,保证两车相撞时,具有最佳的能量吸收特性;第三变形区用于撞击固定障碍(如墙壁)时,对乘员舱的完整性保护,称为自身保护区。汽车车身结构在第三变形区段应有较大的刚度,以便当悬架到车身前围板之间变形力值急剧上升时,阻止变形扩展到乘员舱,而且要求在这个碰撞过程中,必须通过相应的结构措施使汽车动力总成向下移动而不致挤入乘员舱,如图 4-3 所示。

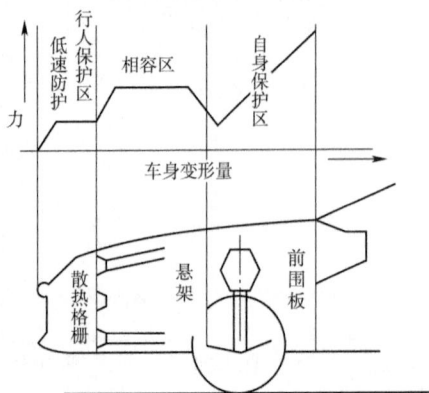

图 4-2 汽车车身理想变形特性线

在正面碰撞中,动能被保险杠和车身前部变形所吸收,在剧烈碰撞时还涉及乘员舱的前部(前围)。车桥、车轮(轮辋)和发动机限制了可变形区的长度,所以需要有适当的可以变形的长度和某些允许产生位移的部件以减低车身的加速度。对于车身前部的前围板区域的撞击变形会引起转向系、仪表板、踏板和前围板的错位;车底部的变形会引起座椅下沉或翻倒;前侧部结构的变形会产生事故后不能打开车门的现象发生。

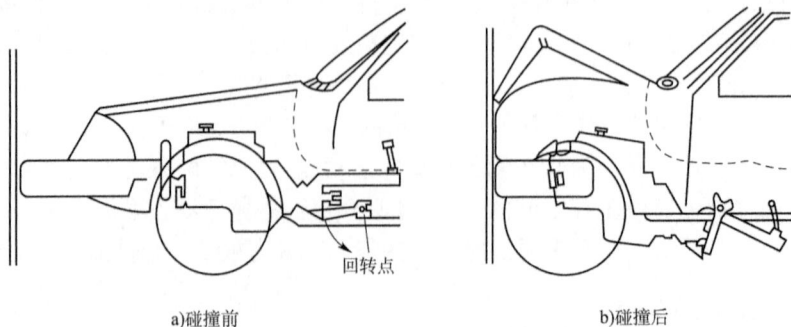

a)碰撞前   b)碰撞后

图 4-3 汽车动力总成向下移动示意图

2. 侧面碰撞

侧面碰撞是第二种最常发生的事故类型。当汽车受到侧面碰撞时,受到撞击的部位一般是车门、立柱或门槛梁等。由于汽车车门、立柱与乘员之间的允许凹陷量和吸收能量有限,汽车侧面碰撞的理想特性应是要求侧面结构有足够大的刚度,以确保车门和立柱不发生大的变形。其中一种方法为加强 B 柱(铰链柱)的刚度及其与门槛接头的刚度,以确保车门和立柱不应发生大的变形。考虑到侧撞时乘员很可能会撞击到车门内板,所以车门内板应柔软,以减小对乘员的撞击力。同时在碰撞过程中车门不能自动打开,而碰撞后非碰撞侧的车门可以不使用工具打开。除发生滚翻事故外,汽车侧面碰撞也会让汽车侧翻或造成车身顶部损坏。

3. 追尾碰撞

汽车的追尾碰撞,其理想碰撞特性应与前部相同,但由于一般追尾碰撞时,相对碰撞速度较低,并且尾部一般也有足够多的碰撞吸能区间(短尾车除外),所以车辆尾部的碰撞吸能设计相对前部并不那么重要,不过追尾碰撞时车辆乘员受到的最主要伤害是颈部冲击损伤。由于人体颈部连接人体的头部和躯干,在追尾碰撞过程中,颈部会发生一系列运动,要承受轴向压缩力、轴向拉伸力、剪切力、弯曲弯矩和伸展弯矩的作用,当颈部软组织的载荷超出耐受限度,就会导致颈部损伤,如果运动非常剧烈,人体颈部还可能发生骨折、韧带拉断和肌肉撕裂等严重损伤,如图 4-4 所示。因此,车辆尾部区段应尽量软化。另外由于轿车燃油箱一般布置在车身后部,应保证发生追尾碰撞时,行李舱罩边缘不能穿过风窗玻璃而撞入车舱内,并应保证燃油系统的完整性。

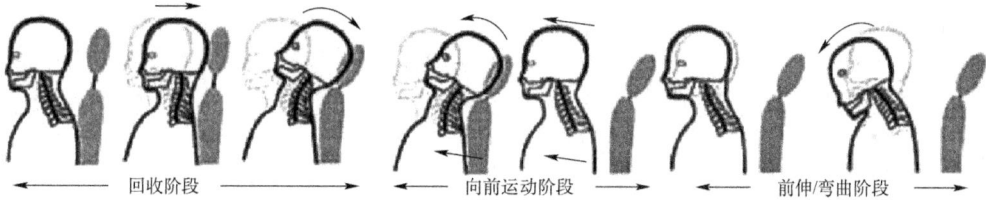

回收阶段　　　　　　向前运动阶段　　　　　　前伸/弯曲阶段

图 4-4　追尾碰撞时颈部运动过程

4.2.2　车身结构安全设计

汽车碰撞安全法规是汽车碰撞安全设计与改进的依据,车身结构应以如何最大限度地满足或降低法规所规定的伤害指标为设计目标。

就国内外现有的技术状况来看,汽车车身结构的碰撞安全措施就是车身结构的缓冲与吸能。要保证汽车具有良好的能量吸收特性,首先汽车的前后部结构要尽可能多地吸收撞击能量,使作用于乘员上的力和加速度降到规定的范围内,然后是控制受压各部件的变形形式,保证乘员的生存空间,防止车轮、发动机、变速器等刚性部件侵入驾驶舱。通过汽车结构的缓冲与吸能作用,控制"一次碰撞"的剧烈程度,使作用于乘员上的力和加速度降到法规所规定的范围内。从汽车的碰撞安全性考虑,将汽车分为图 4-5 所示的两类区域,即乘员安全区(A 区)和缓冲吸能区(B 区)。

如果仅从乘员不被汽车碰撞变形后产生挤压受伤的角度看,乘员安全区在碰撞中的变形量应该越小越好,但要使 A 区变形量小,B 区就要求有较大的总体刚度,这样又会影响汽车的缓冲吸能性能。如果仅从缓冲吸能角度看,B 区的刚性应足够小,变形量应足够大,这就导致了 A 区变形量小与 B 区变形量大的矛盾。为解决这一矛盾,B 区必须设计成"外柔内刚"的结构,即 B 区与 A 区交界处设计成具有较大刚性的结构,而在 B 区外围设计成具有较小刚性和较好缓冲吸能的结构。

由于受到汽车车身结构特点的制约,B 区抵抗侧面碰撞和上方碰撞的能力较差,抵抗前碰撞和追尾碰撞的能力相对较好。并且由于受到轮胎的作用和汽车底部结构刚性较大的保护,汽车抵抗来自下方的冲击能力是很强的,除非汽车坠崖,否则来自汽车下方的碰撞冲击力一般也较小,所以一般不考虑针对下方冲击的缓冲与吸能。根据以上分析,理想的汽车安全车身结构变形如图 4-6 所示。

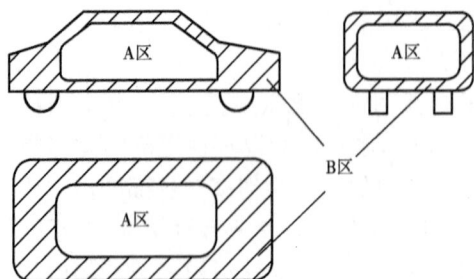

图 4-5 汽车乘员安全区和缓冲区示意图

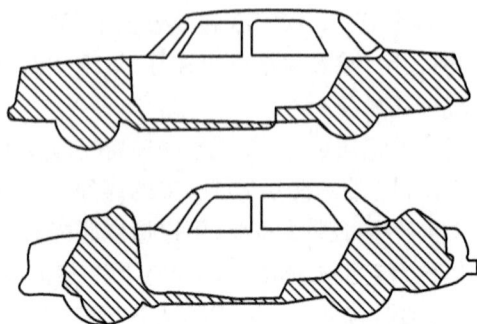

图 4-6 理想的安全汽车结构变形示意图
(阴影线部分是希望撞车产生变形的区域)

为了使乘员安全区在变形尽可能小的情况下获得优良的缓冲与吸能性能,合理设计汽车的结构是汽车碰撞安全性设计与改进的基本目标。下面从车身结构设计上分析应采取的被动安全措施。

1.汽车车身正面的防碰撞结构

在汽车正面碰撞的撞击能量中,车身前部结构吸收的能量约占 80%,驱动部件和车身前围板各占约 10%。车身前部机构吸收的能量中,约有 70% 的能量分配给车身纵梁,25% 分配给车身前横梁、车身轮罩,5% 分配给车身翼子板、发动机舱盖等。因此,为了实现汽车车身防碰撞结构的第二区段的特性,车身前部结构的设计一般采用如下方法:

(1)有效利用车身前部的压溃变形以吸收碰撞能量,缓解碰撞加速度。车身前部构件主要依靠其压溃变形和弯曲变形吸收碰撞能量(两种吸能方式往往同时发生)。应用前纵梁的不同变形形式,能有效增加其能量吸收的能力。

(2)加固乘员舱前围结构,提高乘员舱梁框架的承载能力,保证乘员的生存空间。车身前部纵向梁构件应尽量与乘员舱连接,防止乘员舱前围局部压溃,一般采用叉型或三叉型布置结构。

(3)防止汽车前部部件侵入乘员舱内。汽车前部部件(如发动机、变速器、差速器、行走部分等)质量较大,且碰撞中几乎不产生变形。在汽车发生正面碰撞时,这些部件可能使车身前部的实际轴向压溃变形量减小。为防止这些部件侵入乘员舱内,必须采取结构措施使其在汽车发生正面碰撞时向下移动。

2.汽车车身侧面的防碰撞结构

由于车身侧面碰撞时允许的变形(凹陷)空间小,因此,车身侧面结构的碰撞设计原则是提高侧面结构的刚度,减小碰撞凹陷变形,保证乘员舱内的完整性及生存空间。车身侧面的防碰撞结构设计一般采用以下方法:

(1)合理设计乘员舱的梁框架结构,将侧向撞击力有效地转移到车身结构上具有承载能力的梁、柱、门槛、地板、车顶及其他构件上。

（2）加强车门强度，如设置车门横向加强梁。

（3）增加车身侧围框架的抗冲击强度。除保证各梁构件的强度外（通过板厚、断面形状设计），各梁构件之间的连接部位强度也要提高，从而使侧面撞击力传递到整个车身部分。

（4）增加门槛强度，如增大门槛梁的断面面积，在封闭断面内设置加强板，以及用发泡树脂填充门槛梁的空腔。

（5）加强地板中部的地板通道，提高车身抗弯强度。

（6）合理设计及布置门锁与铰链，防止撞击时车门自动开启，又要保证撞击后车门容易被打开。

3. 汽车车身后面的防碰撞结构

汽车追尾碰撞中，碰撞冲击力向车身前方传递的路径主要有两条：一条由后保险杠经后纵梁传递给门槛梁；另一条由后车轮后部结构经后轮传递给门槛梁。而碰撞的吸能结构布置在后轮后部。因此，汽车车身后面的防碰撞结构的设计一般采用如下方法：

（1）提高后部构件的吸能效率，设置更具吸能特性的后横梁、横梁与后纵梁的连接件等。

（2）为了提高汽车后部结构的吸能效率，在汽车车身总体设计时，不仅要控制其能量吸收特性，而且必须控制它的变形形式，以防止发生严重的弯曲变形。

（3）为了防止由于追尾碰撞引起的结构变形对燃油箱造成挤压，燃油箱通常布置在压缩变形区之外。

4. 汽车车身的防翻车碰撞结构

在汽车行驶中，驾驶人由于紧急情况而急打转向盘等会导致车辆翻车，为确保乘员有足够的生存空间，一般采用如下方法：

（1）加强车顶纵梁及立柱的强度和刚度，这些措施在侧面碰撞防护中同样有效。

（2）在车顶设置横向支撑梁构建，如设置翻车保护杠，如图4-7所示。

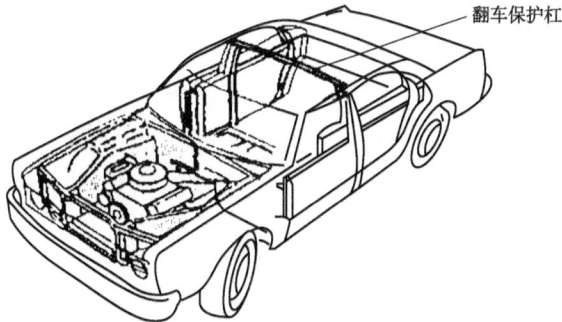

图4-7　翻车保护杠

5. 汽车车身外围的防碰撞结构

1）前保险杠

在汽车发生低速碰撞时，前保险杠既能够对行人起到保护作用，又能避免汽车重要部件的损坏，减少了因撞车造成的维修费用。最初保险杠被设计成刚性的，现在多采用吸能保险杠。

2）后保险杠

用于车身后部的防撞装置，减轻倒车时对行人的碰撞伤害、与障碍物以及其他车辆碰撞时保护车身后部。所用材料同于前保险杠。

3）侧围保险杠

用于车身侧面的防撞装置，防止会车时与侧面障碍物之间的擦伤，减轻侧面碰撞冲击，所用材料同于前保险杠。

4）救护网

多设置在车身前部,以防止撞击后的行人跌落路面继而受车轮的碾轧。

5）减轻撞击行人的弹性装置

在发动机上部及前风窗玻璃周围布置弹性材料,减轻行人撞击后再次冲击的程度。

6）吸能车架结构

利用车架的变形来吸收碰撞能量,保证乘员必要的生存空间。

在边梁上设置凸、凹台。图4-8是车架式车身采用的高效吸收能量的结构。

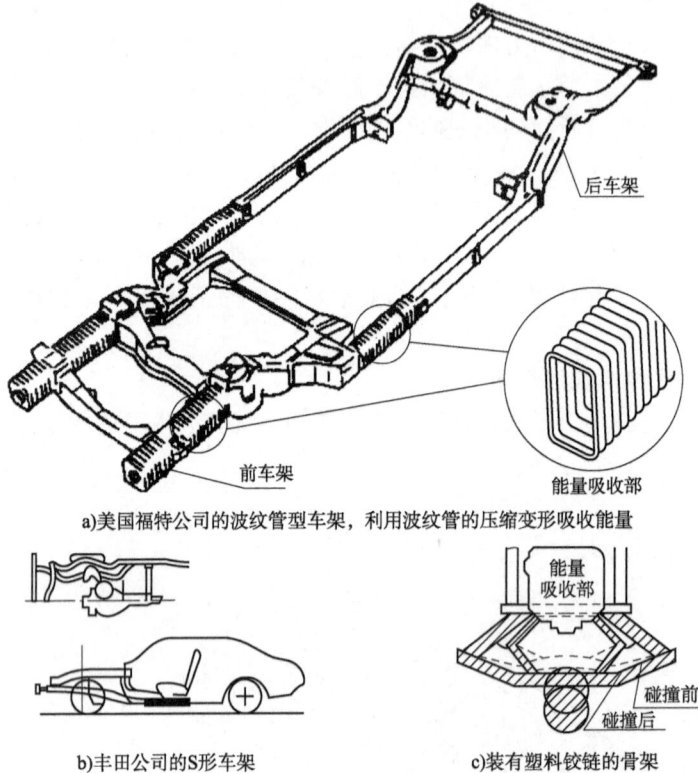

a）美国福特公司的波纹管型车架,利用波纹管的压缩变形吸收能量

b）丰田公司的S形车架　　　c）装有塑料铰链的骨架

图4-8　几种吸能车架结构

4.2.3　汽车保险杠

保险杠作为汽车车身外围的防碰撞结构件,对车辆的碰撞安全防护、造型效果、空气动力学特性等有着较大的影响。保险杠是车人碰撞、车车碰撞事故中最先接触的部位,在碰撞事故中主要起到减小对行人和乘员的伤害、降低低速碰撞对车辆的破坏的作用。

1.汽车保险杠的主要类型

根据吸能材料和作用原理可分以下几种:

（1）阻尼型,结构示意图如图4-9所示。在保险杠和车身之间加装油压或液压阻尼元件。该装置通过油的黏性阻尼力抵抗碰撞,吸收撞击能量。这种结构能量吸收率高,车身部分变形量小,热敏性能稳定。

（2）弹性型,结构示意图如图4-10所示。在保险杠内填充泡沫材料、蜂窝结构材料等吸能材料。与阻尼型结构相比,这种装置具有结构简单、质量轻、成本低、对各方向的碰撞均有能量吸收能力等特点。泡沫材料一般采用聚氨酯类或聚丙烯类发泡树脂材料。蜂窝结构材料一般采用聚乙烯等树脂。

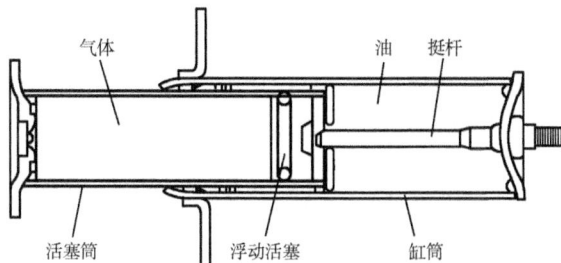

图 4-9 筒状能量吸收装置结构示意图

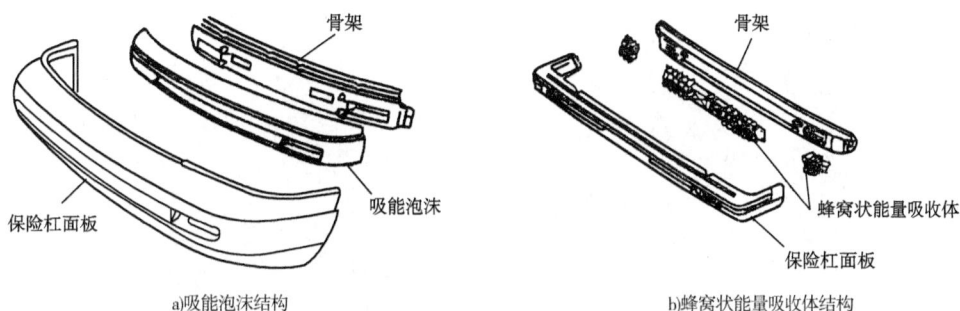

a)吸能泡沫结构

b)蜂窝状能量吸收体结构

图 4-10 弹性型保险杠

(3)弹性—阻尼型。即综合弹性保险杠和阻尼保险杠的优点。

(4)波纹管型。即在保险杠内加装几个矩形波纹管,通过波纹管的变形来达到吸收碰撞能量的目的。

(5)柔性型。采用合成材料(聚氨酯)制成,通过保险杠本体材料变形来吸收碰撞能量,碰撞后可恢复原状。

(6)能量耗散型。采用金属切削或弯曲、挤压变形等手段来消耗碰撞能量。

(7)主动作用型。这种保险杠多与主动防撞探测系统相连,根据探测系统对即将发生的碰撞判断,通过缓冲装置将保险杠自动弹出一段距离,这样保险杠就可以有较大的变形行程,从而吸收较多的碰撞能量。

(8)安全气囊式保险杠。安全气囊式保险杠是一种专门为了保护行人而设计的保险杠,它是在汽车与行人发生正面碰撞的紧急状态下使行人免受伤害或减轻伤害的被动安全装置。该装置由传感器、充气泵和气囊等部件组成,集成后安装在汽车前保险杠内,相当于在保险杠里装入安全气囊。结构如图 4-11 所示。此类保险杠的工作过程为当发生碰撞、行人触及保险杠的瞬

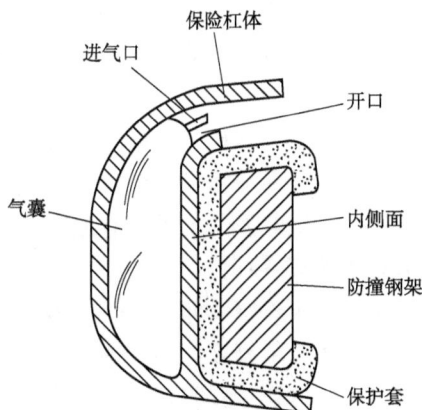

图 4-11 安全气囊式保险杠结构示意图

间,保险杠内藏推板迅速落下,阻止行人被撞倒在车底,同时,装在保险杠上的传感器开始工作,点火回路导通,引燃充气泵内气体发生器的固体燃料,燃料燃烧释放出大量的氮气,使温度

达到约1000℃,接下来气体通过冷却器层降温后,进入过滤器,经过滤后的清洁气体迅速充入内藏的楔状气囊,使其向前张开,托起被碰撞的行人,与此同时,保险杠两侧的翼状气囊充气后向两侧举升,防止行人滚落到公路上,并控制汽车实施应急制动。

2. 保险杠骨架

保险杠骨架一般采用横梁结构,又称防撞梁,是保险杠系统的核心部件,其作用是当汽车发生碰撞时能有效保护车身、发动机和发动机附属装置等部件。低速碰撞时防撞梁能发生轻微的变形并吸收大部分冲击能量,而且撞后可恢复原状,减少汽车的维修费用;当高速碰撞时,冲击力通过防撞梁的导向作用,经过车架能快速分散给整个车身,以避免车身局部变形过大,同时最大限度保护驾驶舱内乘员的安全,保证极端情况下乘客有足够的生存空间。一般防撞梁与车身的连接如图4-12所示,防撞梁两端连接的是屈服强度较低的低速吸能盒,通过螺栓的形式连接在车体纵梁上,低速吸能盒可以在车辆发生低速碰撞时通过溃缩有效吸收碰撞能量,尽可能减小撞击力对车身的损害。

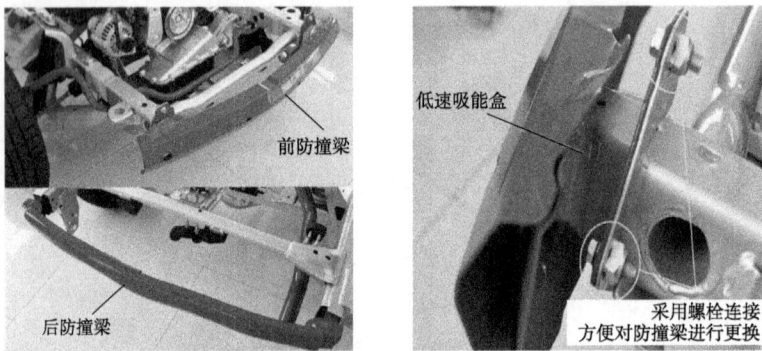

图4-12 防撞梁与车身的连接示意图

防撞梁按照材料的不同可分为3大类。

(1)铝合金防撞梁。铝的密度为2.71g/cm³,仅是钢铁的1/3,是汽车保险杠轻量化设计过程中经常采用的材料。奥迪100C3的汽车保险杠横梁就是用铝合金制成的,横梁的壁厚为2mm。

(2)高强度钢防撞梁。为了实现降低车身质量同时又满足增强安全性能的要求,汽车用钢的高强度化是主要的发展方向。高强度钢采用热冲压成形技术,强度可达在1500MPa以上。国内外汽车防撞梁普遍采用高强度钢板(强度等级多在400~1000 MPa)热冲压成形或辊压成形,更有利于将碰撞能量均匀合理地进行传递。

(3)GMT材料防撞梁。GMT(Glass Mat Reinforced Thermoplastics)材料具有轻质、比强度高、抗冲击、易成型和可回收等特点,也是实现整车轻量化的主要材料之一。在欧洲、美国和日韩等汽车工业发达的国家和地区,已大量应用GMT材料来制造汽车前/后防撞梁、蓄电池支架和行李架等零部件。

3. 汽车保险杠相关法规要求

由于保险杠在汽车碰撞中的重要性,世界各国对保险杠的耐撞性都有具体的法规和试验规范要求。比如:2003/102/EC《欧盟行人碰撞保护技术指令》、美国的CFR581《保险杠的标准》、欧洲的ECE - R42《车辆及其前后防护装置(保险杠等)认证的统一规定》等。我国参照欧洲ECE - R42法规要求,也颁布了标准GB 17354—1998《汽车前、后端保护装置》。各国法规所采用的试验方法和基本要求如表4-2所示。

名称 项目	美国 CFR581	美国 IIHS	欧洲 ECE-R42	中国 GB 17354—1998
摆锤正碰	4km/h	—	4km/h	4km/h
摆锤60°碰	2.5km/h	—	2.5km/h	2.5km/h
整车正碰	4km/h	8km/h	—	—
整车30°碰	—	8km/h	—	—
撞圆柱	—	8km/h	—	—
40%偏置碰	—	—	—	—
简述(法规要求)	除保险杠,其他部分 正常	公开结果,提供 参考	除保险杠,其他部分 正常	除保险杠,其他部分 正常

表中的 IIHS 是美国保险公司指定的对汽车安全性能的测试指标,测试内容包括以下三个方面:汽车前、后部分以 8km/h 的时速碰撞刚性壁障;汽车前部以 8km/h 的时速碰撞成 30°角的刚性壁障;汽车后部以 8km/h 的时速碰撞直径为 178mm 的刚性圆柱。从整体的试验强度和碰撞速度来看,IIHS 指标比美国 CFR581 的指标要求更高。IIHS 的测试结果是对外公开的,所以会对消费者购买汽车和汽车保险费产生一定的影响,因此消费者和汽车制造商对这个结果都很重视。

保险杠作为汽车主要的安全构件,在结构设计前提下还应该满足 GB 15741—1995《汽车和挂车号牌板(架)及其位置》和 GB 11566—2009《乘用车外部凸出物》的标准要求。在行人保护方面,保险杠的设计主要遵循下面的原则:要有足够的变形区,以便碰撞时产生的动能能被吸收掉;要使车辆变形区的结构更加具有柔性,从而可以产生必要的变形;控制小腿与前保险杠发生碰撞时的保护设计;对于牌照位置的设计,要控制牌照安装的高度及角度;针对外部凸出物,前保险杆的设计则需要注意外部圆角的大小以及特征的凸出高度。

此外,汽车保险杠的设计不仅应满足本身汽车性能和美学方面的要求,更应该体现出以人为本的宗旨,随着汽车技术、新材料技术、计算机仿真技术的发展,汽车保险杠应该向着更加安全、更加美观的方向设计,通过合理的选用缓冲材料、合理的设计缓冲结构,有效地提高保险杠系统的耐撞性,从而改善汽车的碰撞性能,提高汽车乘员以及行人的安全性。

4.2.4 汽车碰撞计算机仿真分析

随着计算机技术的发展,使得汽车碰撞仿真更接近实际,成为汽车碰撞安全性设计与改进的重要方法和手段。美国 LSTC 公司的 LS-DYNA、法国 ESI 公司的 PAM-CRASH 及 PAM-SAFE、荷兰 TNO 开发的 MADYMD 等功能强大的软件包使碰撞仿真不再只是算法本身的学术研究,在安全车身开发、碰撞试验用标准假人开发等工作中发挥了很大的作用。

在汽车碰撞模拟方面,主要有下列四类模型:

(1)模拟汽车事故的模型。

(2)模拟碰撞中结构大变形的模型。

(3)模拟人体整体动力学响应的模型。

(4)模拟人体局部结构的生物力学模型。

用于上述四类模型的建模方法可以分为:集总参数模型、多体系统模型和有限元模型。

集总参数模型将系统简化成质量、弹簧、阻尼器等力学元件,这类简单模型多用于预测交通事故中汽车的运动,在事故再现研究中大量使用。这种模型也可以用于建立正面碰撞中汽车结构的简单模型,用于新车概念设计阶段及参数辨识、性能优化等工作。

多体系统模型适合于人体动力学响应的模拟,在汽车碰撞中也称为碰撞受害者模拟。

有限元模型的优点在于能真实地描述结构变形,适用于建立汽车结构模型及人体结构的生物力学分析模型。

1. 车身碰撞有限元法分析过程

电子计算机技术的快速发展,为有限元法的分析提供了良好的手段,使得分析速度大幅度提高。汽车碰撞有限元分析方法已得到广泛应用,并取得了巨大的成就。车身碰撞有限元法的一般过程如图 4-13 所示。

车身碰撞有限元分析方法包括整车的有限元分析、部件或结构的碰撞有限元分析等。求解内容包括车身、车架等的撞击变形、动态响应及人体的碰撞响应等多种未知量。所得结果可直接用来评价车辆或部件的碰撞安全性能,有利于车身结构的改进。

图 4-14 是两门轿车左侧车体的有限元模型。图 4-15 为该模型计算挠度与实测挠度的比较。

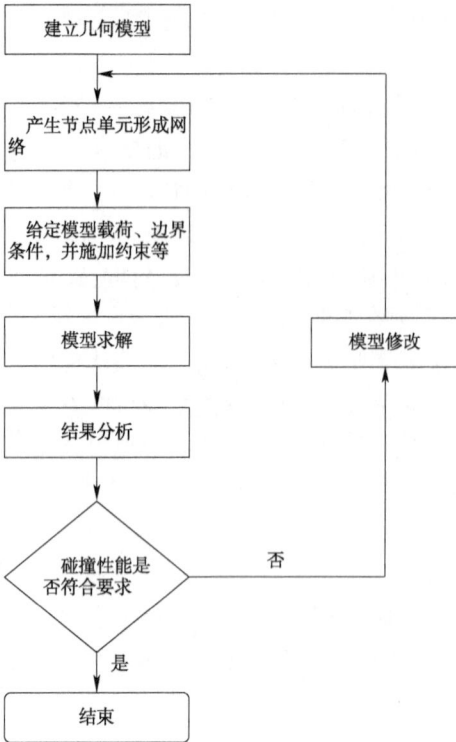

图 4-13　车辆碰撞有限元法的一般过程

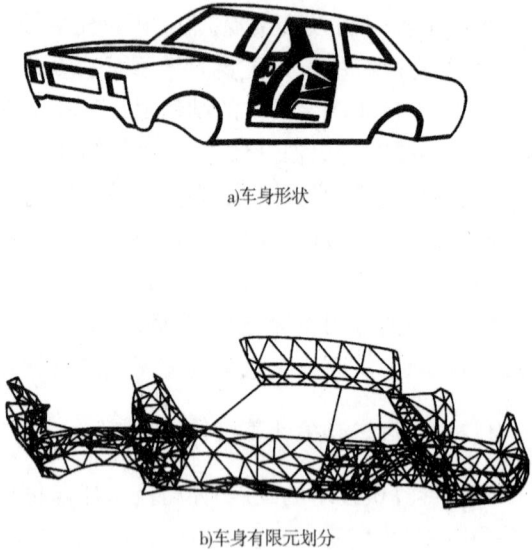

a)车身形状

b)车身有限元划分

图 4-14　两门轿车左侧车体有限元模型

2. 汽车碰撞过程的计算机仿真

汽车碰撞过程数字仿真的方法有:多刚体动力学方法、动态大变形非线性有限元法、多刚体动力学和动态大变形非线性有限元混合法等。

1) 多刚体动力学方法

多刚体动力学主要应用有关人体和车辆各个部分在碰撞过程中的动态响应、事故分析与再现问题的被动安全性研究。多刚体动力学法主要是运用一些无质量的弹簧、阻尼以及各种动态铰来描述系统的动态响应,与传统的汽车动力学方法相比,它可以对大位移系统进行运动分析,并能更好地处理非线性问题,具有建模方便且计算速度快的特点。但由于多刚体动力学法以刚体来代表分析的对象,因此不能直接用来进行车体结构的受撞变形计算分析。

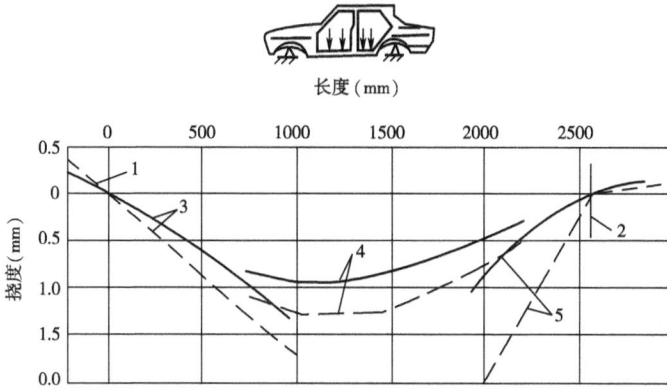

图 4-15 挠度的计算值与实验值
1、2-对应前、后轴的位置;3、5-分别指前后纵梁;4-门槛;实线-计算值;虚线-实验值

对于一些著名的乘员碰撞模拟计算模拟软件 MVMA2D、MADYMO2D、CAL3D、MADYMO3D,都是以多刚体动力学理论为基础的。MVMA2D、MADYMO2D 软件只能描述人体二维运动,CAL3D、MADYMO3D 软件则可以描述人体三维运动。MVMA2D 模型中,采用的是 8 个刚体和 2 个柔性物来描述,但由于是二维模型,使用具有一定的局限性,现已淘汰。CAL3D 是在 20 世纪 70 年代初开发的,通过改进和完善由最初的固定数目多刚体模型推广到任意数目多刚体模型,并且由于引入“虚铰”的概念,使得不仅可以模拟实际连接着的多刚体系统,也能够模拟没有实际连接着的多个多刚体系统。目前已形成较完善的模拟人体和更为广泛约束系统的功能,包括改进约束带与气囊模型、改进接触算法、增加铰接头形式、建立改进的方向柱模型、允许汽车的角位移、运用超椭圆模拟肢体与车内表面等。MADYMO 由 MADYMO2D 和 MADYMO3D 组成,两个版本具有几乎相同的格式。MADYMO3D 中也具有有限元模块,它将实际的连续体分为有限体积、面、线等单元并可提供梁元、桁架元、板壳元、六面体、薄膜元等常见的单元类型及其相应的单元材料特性。图 4-16 为采用 MADYMO3D 软件进行的气囊系统与假人碰撞接触状况仿真分析。

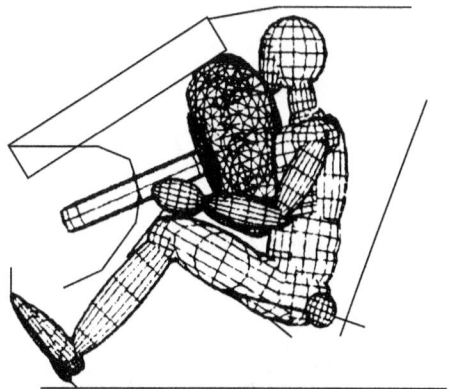

图 4-16 气囊系统与假人碰撞仿真分析

2)动态大变形非线性有限元法

传统的有限元方法都是基于线性的小位移、小变形系统,而汽车碰撞实际上是一个动态的大位移和大变形的接触碰撞问题,各种撞击变形模式和乘员防护之间的关系是高度非线性的,系统具有几何非线性和材料非线性等多层非线性。因此对汽车碰撞系统则必须采用动态大变形非线性有限元法。该方法不仅考虑了结构的几何非线性和材料非线性,且不局限于小变形

系统。它通过将连续的空间系统离散化,利用节点将实际结构的各个部件联系在一起,可以用于人体和车辆的详细建模,能够得到各个部件的变形、应力应变分布、速度和加速度分布等。

3)多刚体动力学和动态大变形非线性有限元混合法

这种方法综合了上述两种方法的优点,既突出有限元的特点,又可通过局部的多刚体处理提高了计算速度。例如:在模拟法规试验中只需要得到假人的头部、胸部和大腿等部位总体响应和受力,可采用此方法建立假人头部、胸部和大腿等部位的有限元模型,其他采用多刚体的假人模型即可满足要求,从而可大大减少计算分析时间。

4.3 座椅安全带系统

汽车座椅安全带是重要的汽车乘员约束保护装置之一。作为约束乘员的第一道防线,安全带的作用最为重要,能有效地减轻“二次碰撞”给人体造成的伤害。统计数据表明,座椅安全带的佩带可使碰撞事故中乘员伤亡率减少15%~30%。

1922年汽车座椅安全带开始应用在赛车上,到1955年以后才开始应用在一般汽车上,并逐渐得到普及。福特公司首先使用二点式座椅安全带,并把其作为选装件安装在轿车上。到1959年,瑞典沃尔沃公司开发了三点式座椅安全带,并相继被各国的汽车制造厂所采用。1962年日本TAKATA株式会社首先在日本汽车上安装安全带,并在运输技术研究所和警方科技研究机关的配合下进行了实车碰撞试验,以验证安全带对于乘员约束功能的有效性。由于安全带的保护效果比较明显,后来就逐渐扩大了安全带的使用范围,例如安全带已应用到客车、载货车,并且发展到中间座椅。安全带形式也从二点式发展到三点式。另一方面,从1963年开始有关安全带的法规也相继问世。到目前为止,美国联邦汽车安全标准FMVSS 209、日本工业标准HSD4604、欧洲标准ECER 16以及我国GB 14166等标准,均对汽车安全带性能及检测方法做出了规定。我国的GB14166—2013《机动车乘员用安全带、约束系统、儿童约束系统和ISOFIX儿童约束系统》、GB14167—2013《汽车安全带安装固定点、ISOFIX固定点及上固定点系统》对安全带的性能、固定及试验做出了规定。现在,大部分汽车的驾驶人座椅和乘员座椅上都配备安全带,并作为车用标准装备之一。

4.3.1 汽车座椅安全带结构原理

1. 座椅安全带的作用与原理

汽车座椅安全带的作用是将乘员的身体约束在座椅上,在汽车发生碰撞时,避免乘员飞离座椅与转向盘、仪表板、风窗玻璃等汽车部件发生剧烈的二次碰撞,使乘员伤亡减小到最低的程度。

图4-17为典型三点式安全带系统。当碰撞事故发生时,安全带在人体作用下产生位移,当人体作用在安全带上的力使安全带的运动速率超过一定的阈值后,锁止机构开始工作,安全带被锁紧,不能从卷收器中继续抽出,从而将乘员约束在座椅上,使乘员的头部、胸部不至于向前撞到转向盘、仪表板及风窗玻璃上,减少乘员发生二次碰撞的危险,同时避免乘员在车辆发生滚翻等危险情况下抛离座椅。

2. 汽车座椅安全带分类

汽车座椅安全带根据其使用的主动性,可以分为主动型安全带及被动型安全带两类。主动型安全带是指用人工锁扣及解扣的安全带,需要乘员的主动操作才能起作用;被动型安全带是指利用车门关闭或开启自动锁扣或解扣的安全带,不需乘员动作,这种安全带相对主动型安全带来说,乘员使用较为方便,但其结构较为复杂。

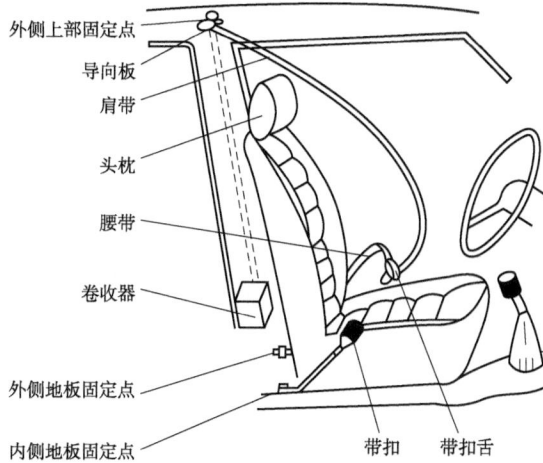

图 4-17　典型三点式安全带系统

按照固定安装方式来分,安全带大致可分为两点式安全带、三点式安全带和全背式安全带三类,如图 4-18 所示。

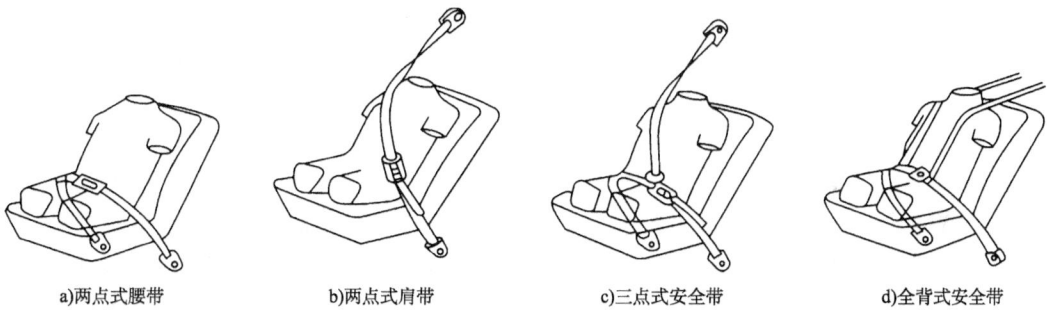

a)两点式腰带　　　　b)两点式肩带　　　　c)三点式安全带　　　　d)全背式安全带

图 4-18　安全带的种类

1）两点式安全带

两点式安全带根据对乘员约束位置的不同分为安全腰带和安全肩带。安全腰带只限制乘员的腰部,安全肩带仅限制乘员的上半身。两点式安全带结构如图 4-19 所示。

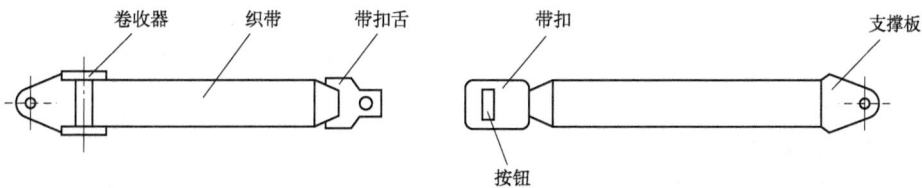

图 4-19　两点式安全带结构

安全腰带是最早的安全带形式。这种安全带的织带从乘员腰的两侧挂到腹部。优点是使用方便,容易让乘员在事故发生后逃离到车外。缺点是腹部负荷大,在撞车时,乘员上身容易前倾,使头部碰到仪表板或风窗玻璃的机会增大。一般用于后排座及中间座乘员。现已较少采用。

安全肩带的一端装于汽车地板上,另一端安装在车体中心柱上,织带是经乘员胸前斜挂在肩部的,可防止乘员上体的过度前倾。由于在撞车时乘员受力不均匀,下体容易先行挤出,若

103

安装不当,身体会从安全带中脱出或头部被撞。这种安全带欧洲采用较多,国际标准中虽通过了这种安全带,但不推荐使用。

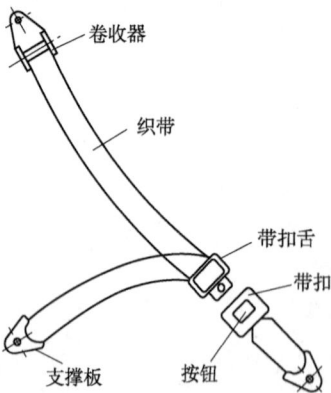

图 4-20 三点式安全带结构

2)三点式安全带

三点式安全带既能限制乘员躯体向前移动,又能限制其上躯体过度前倾。其结构如图 4-20 所示。

三点式安全带有连续三点式和分离三点式两种。连续三点式安全带是两点式安全腰带和安全肩带的组合;分离三点式安全带是将防止上体前倾的安全肩带连接在两点式安全腰带上的任意点而成。

三点式兼有两点式安全腰带和安全肩带的优点并且消除了缺点,对乘客保护效果良好,实用性高,应用广泛。

3)全背式安全带

全背式安全带又称马夹式安全带,是在两点式安全腰带上再装两条抱肩带而成。其固定点多为 4 个,乘员保护性能最好,但结构复杂,实用性差,一般仅用于特殊用途车或赛车上。

4.3.2 安全带的组成及各部件作用

虽然安全带的种类较多,但从其组成的主要部件来看,其基本结构均由织带、带扣、卷收器和长度调节器组成。为进一步降低碰撞时乘员"潜水"造成腹部伤害,提高安全带保护效果,还采用了预紧器和锁紧装置。

1.织带

织带是构成安全带的本体,是一种由化学纤维编织而成的带子,宽度一般在 48mm 左右,厚度一般为 1.1~1.2mm。现在多采用密度小的聚酯纤维作为织带的材料。

为了在汽车发生碰撞时,限制乘员的位移量,要求安全带在规定伸长率以内有效地束缚住乘员,并尽量减轻乘员所受的冲击力,以避免造成人身伤害。同时还要求织带有高的强度、一定的延伸性、良好的能量吸收性。为提高织带的耐久性,带织物应具有良好的耐磨损性、耐气候性(寒、热、水、光、腐蚀)及色牢度。此外,织带应外观平整、手感柔软舒适。各国对安全带织带的性能和试验要求都有标准规定。我国对安全带织带的强度要求比较严格,织带应符合GB 14166—2013《机动车乘员用安全带、约束系统、儿童约束系统和 ISOFIX 儿童约束系统》的要求包括:织带在 9800N 载荷下,织带的宽度不得小于 46mm;按规定温湿态处理后的抗拉载荷进行处理过的两条织带样品,进行织带断裂载荷试验(静态试验),测量所得到的织带抗拉载荷值不得小于 14700N,两件样品拉断载荷值的差别不得超过所测得的抗拉载荷较大值的10%;按规定的光照、低温、高温、浸水、磨损等处理方法分别处理的两条织带样品,织带的拉断载荷不得小于按织带断裂载荷试验(静态试验)中测得的载荷平均值的 75%,且不得小于14700N。此外,织带在其染制过程中还加入了一定量的阻燃剂,以满足 GB 8410—2006《汽车内饰材料的燃烧特性》中燃烧速度不大于 100mm/min 的要求。

2.带扣

带扣是既能把乘员约束在安全带内,又能快速解脱的连接装置。其功用是用以接合或脱开安全带。带扣分为有舌和无舌两类,有舌带扣又可分为包围型按钮式和开放型按钮式两种。

各国有关安全带的标准均对带扣接合的可靠性、耐蚀性、耐热性等进行了规定。为使用方便,对带扣按钮面积和操作力等也作了规定。

汽车前排座椅常采用弹出式带杆带扣。带扣锁杆一般为金属杆或带塑料套的窄带杆,以及带塑料套的钢丝杆。按钮式带扣多用于后排座椅使用的两点式安全带。

带扣的内部结构多为拉式结构带扣和压式结构带扣。两种结构各有优缺点。压式带扣的结构简单,但其工作时,锁舌与带扣内扣一直接触,对接触面要求很高。无论是材料还是接触面形状,既要保证带扣易于开启,又要保证在安全带总成伸长量试验中承受拉力时不会在带扣处脱开。拉式带扣结构复杂些,但结构强度比压式带扣好。在做总成伸长量试验中,当载荷降至998N时,带扣易于开启,其开启力性能比压式带扣好,对锁舌和带扣的形状及表面加工要求也均比压式带扣简单。

在设计带扣锁按钮时,应考虑到避免乘员肘部误碰撞而使带扣开启,因为在碰撞发生时,乘员肘部很可能产生接触到带扣的动作。此外,在设计带扣锁舌插孔时,应考虑避免硬币之类物品的进入,影响带扣的正常使用。

3. 卷收器

卷收器用于收卷、储存部分或全部织带,可使乘员不必随时调节织带长度。卷收器的主要功能有:

(1)在正常情况下,将织带放长或收短,以适应乘员身材的大小肥瘦,一旦使用者将安全带扣好以后,卷收器可以将过长的织带收回,让织带以适当的收卷力将乘员拉控住。

(2)是当汽车发生事故时,卷收器可以在瞬间将织带锁止而不让它伸展,从而可以有效约束乘员。

(3)在使用时调整织带长度。

(4)收卷、储存部分或全部织带。

卷收器按其作用的不同分为:无锁式卷收器、手调式卷收器、自锁式卷收器和紧急锁止式卷收器四种。

无锁式卷收器是一种在织带全部拉出时保持束紧力的卷收器,无法在织带拉出的位置自动锁紧织带。

手调式卷收器是一种由使用者手动操作打开卷收器的锁止机构,以获得所需的织带拉出量,当停止操作时,可自动锁止的卷收器。GB 14166—2013 要求手调式卷收器在织带正常拉出方向施加一个不小于14N 且不大于22N 的力时,从手调式卷收器拉出的织带长度应不大于6mm。

自锁式卷收器是一种在任意位置停止拉出织带动作时,其锁止机构能在停止位置附近自动锁止同时保持束紧力的卷收器,可在织带拉出的任何位置自动锁紧织带。GB 14166—2013 要求用于腰带的卷收力必须大于2.6N,用于肩带或连续带的卷收器的卷收力必须在 1~7N 之间。

紧急锁止式卷收器是一种目前应用最广泛的卷收器。在汽车正常行驶时允许织带自由伸缩,但当汽车速度急剧变化时,其锁止机构锁止并保持安全带束紧力约束乘员。紧急锁止卷收器内装有惯性敏感元件和棘轮棘爪机构或中心锁止机构,织带缠绕在卷轴上。当汽车正常行驶时,卷收器借助卷簧的作用,既能使带随乘员身体的移动而自由伸缩,但不会使织带松弛。但当紧急制动、碰撞或车辆行驶状态急剧变化时,卷收器内的敏感元件将锁止机构锁住卷轴,使织带固定在某一位置上,并承受使用者身体施加给织带的载荷。

GB 14166—2013 对紧急锁止式卷收器作用的车辆减速度阈值、织带加速度阈值和织带卷收力做出了明确的规定。紧急锁止式卷收器又可分为织带拉出加速度敏感式(又称织带敏感式)、汽车加速敏感式(又称车体敏感式)和对上述两者均敏感的复合敏感式。

4.长度调节件

长度调整件是指为了适应乘员的体形调整织带长度的机构。

4.3.3 提高汽车座椅安全带安全性、舒适性和方便性的方法

1.加设织带预拉紧器

从碰撞中乘员惯性前倾运动开始,至开始感应到织带张力时,织带有一个长度的变化,这个长度的变化量为织带的松弛量。试验结果表明:乘员胸部加速度和头部伤害指数与安全带的松弛量呈线性关系增长,另外松弛量过大还会造成乘员与车身的直接碰撞,尤其是对于乘员空间较小的小型车更是如此。而织带松弛量的产生主要是由于乘员衣服的松弛、织带在卷轴上的缠绕、卷收器的锁止敏感性等因素造成的。因此,可以通过较早地产生约束力的方法减少乘员的前移量。

图4-21 锁机式预拉紧器

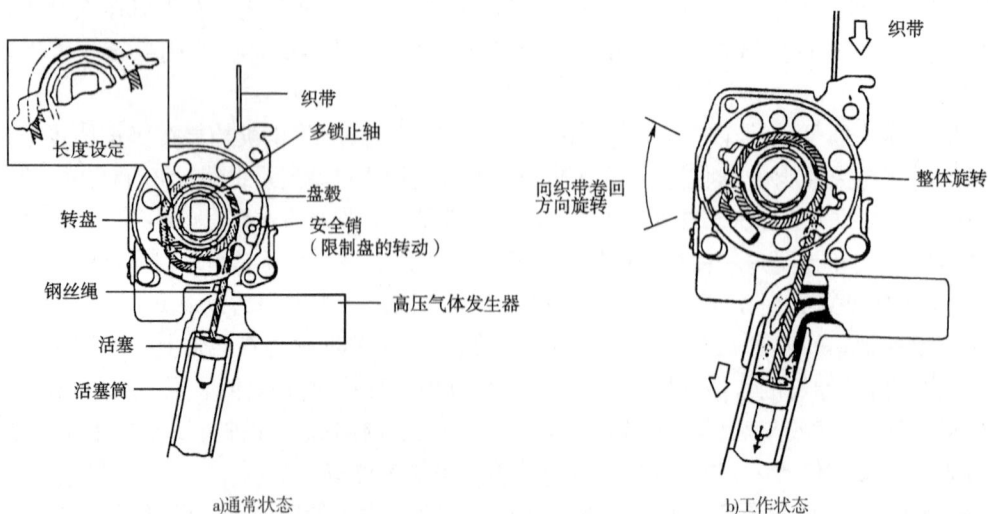

为了减小织带松弛量,可以通过增加卷收器轴的直径、使用织带夹等方法,但较为有效的方法是采用安全预拉紧器,它可以在低强度碰撞而安全气囊未打开的情况下,保护乘员的头部,并且还能减少乘员与车体之间的相对运动,较好地保护乘员的胸、腹部。

预拉紧器按作用机理可以分为锁机式预拉紧器和烟火式预拉紧器。图4-21为锁机式预拉紧器,它能在碰撞事故中快速拉下锁扣以消除安全带与乘员的间隙;图4-22为烟火式预拉紧器,它通过加速度传感器实现烟火发生器电子点火,产生的高压气体驱动卷轴回收,以预拉紧织带。预拉紧器的作用时间大约为10ms,可消除织带缠绕间隙40mm左右。

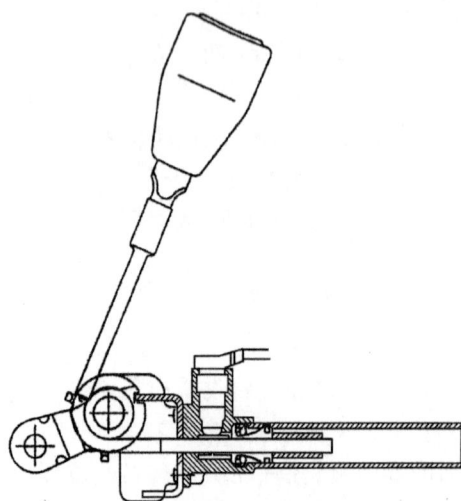

a)通常状态

b)工作状态

图4-22 烟火式预拉紧器

2.加设限荷器

在发生碰撞时,安全带常常施加很大的拉力,限制乘员的运动,特别是当碰撞车速较高、强度很大时,安全带对人的作用力可能达到足以伤害人体的程度。在卷收器或锁扣等部位增加限荷器,当织带所受的力达到一定值时,允许卷收器或锁扣等部位移动,从而使得安全带有效长度变长,防止织带拉力过大对人体造成伤害。图4-23为加设限荷器安全带原理图。限荷器采用槽形支架方式,当安全带的拉力超过一定限值时,轴销将支架挤压变形,使卷收器沿支架的槽向上滑动,从而起到限制安全带拉力的作用。

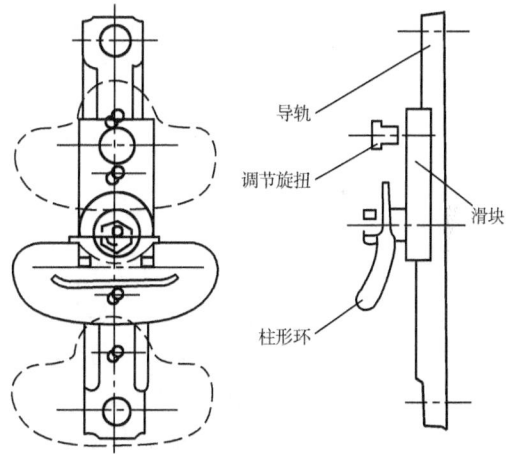

限荷器可以改善安全带的能量吸收特性,对乘员施加比较均匀的约束力,从而降低安全带所造成的不适感,改善安全带的佩带舒适性,从而提高安全带的使用率。当然,这必然会增加碰撞事故中乘员向前的位移量,所以保证该装置有效性的前提是与安全气囊协同作用,确保乘员不会因过大的前移量而与汽车的内饰件接触。

3.加设高度调节器

高度调节器是一种用于调节安全带上固定点高度的调节装置,可以使安全带佩带者获得较为舒服的肩带佩带位置。通过调节高度不仅使安全带的约束性能得到优化,更可以改善安全带的佩带舒适性。图4-24为一种手动高度调节装置。

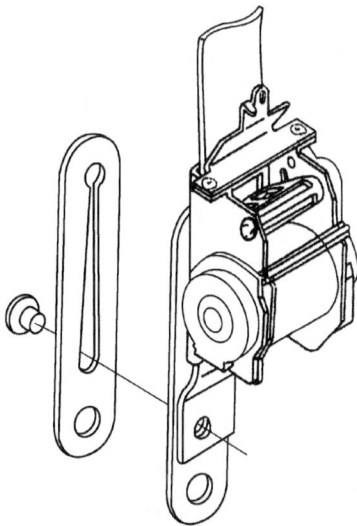

图4-23　加设限荷器安全带原理图　　　　图4-24　手动高度调节装置

4.加设自动紧急锁止装置

自动紧急锁止装置在织带充分拉出的情况下,通过一定的机构将紧急锁止状态转换到自动锁止状态,一般其下端固定在座椅内侧地板上,通过开关车门时上端点的移动,自动地解除乘员约束或对乘员施加约束。这主要是考虑到儿童乘员通常须可靠而牢固地进行约束,而成年乘员却希望可以比较自由地移动(危险情况除外)等情况。因此采用该装置可以提高乘员佩戴安全带的舒适性和方便性。

5.加设安全带自动佩戴装置

为了提高安全带使用方便性,国外有些车上安装了不需乘员操作的自动佩戴安全带。其为一个下端固定在座椅内侧地板上,上端和另一个下端固定在车门上的三点式腰肩连续带。只要车门一关上,肩、腰带就自动处于约束乘员位置,如图4-25。

4.3.4 安全带相应法规

安全带各部件的安装位置和牢固性,直接影响到安全带的保护效果和乘员的舒适感。在我国,安全带总成必须满足 GB 14166—2011《机动车乘员用安全带、约束系统、儿童约束系统和ISOFIX 儿童约束系统》的要求。在速度为50km/h 的正面撞击试验中,安全带总成符合以下规定:

(1)影响乘员约束的安全带总成或约束系统的部件不得断裂,并且带扣或锁止系统均不得失效。

(2)对于腰带,假人骨盆位置前移量应为 80～200mm,对于其他形式安全带,骨盆位置前移量应为 80～200mm,胸部位置前移量应为 100～300mm。

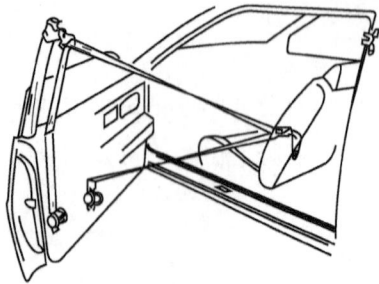

(3)安全带安装在前排外侧乘坐位置并且在前面有安全气囊保护时,如果胸部参考点在通过规定(2)位移值的时刻的速度不超过24km/h,胸部参考点的位移值可超过这个规定的值。

(4)动态试验中除胸部与转向机构总成接触外,假人的头部或身体与车辆前面坚硬部位不发生任何接触,如果转向机构总成符合 GB 11557—2009 要求,且胸部与转向装置的撞击速度不大于 24km/h 时,则胸部参考点的移动量允许超过规定(2);位移和锁止系统应保证所有座椅上的乘员在试验后,仍可用手操作方式离开车辆。

图4-25 三点固定式自动佩戴安全带

4.3.5 安全带的应用

目前市场上使用较多的安全带系统为普通安全带、限力式安全带、预紧限力式安全带、预卷式预紧限力式安全带。

1)普通安全带

普通安全带是在安全带锁止后通过安全带自身的变形来吸收人体的碰撞能量,降低胸部加速和胸部压缩量。由于普通安全带对人体胸部的保护效果有限,目前只在一些低价位乘用车和商用车当中使用。安全带在预防致死性损伤的同时,其本身也可造成一定的损伤。随着碰撞车速的提高,安全带的致伤效应会更加突出,应配合其他防护装置共同使用,进一步提高安全带的防护性能。由于普通安全带对人体胸部的保护很有限,目前只在一些低价位乘用车和商用车中使用。

2)限力式安全带

限力式安全带是在普通安全带卷收器中心安装一根限力杆,通过限力杆扭曲变形限制安全织带的增长,将织带控制在某一恒定范围内,可以降低胸部加速度和胸部位移量。TRW 公司推出了多款限力杆,Autoliv 公司开发了安全带限力器。Autoliv 公司试验证明,使用安全带限力器可以降低一半头部受伤程度,同时有很高的胸部减速作用。目前这款安全带在一些低价位乘用车中使用。

3)预紧限力式安全带

预张紧限力式安全带是在限力式安全带上增加预紧器,是通过安全气囊 ECU 发出一个预紧点火信号,预紧器内的火药燃烧产生高压气体作为卷曲动力,消除安全带与人体之间的间隙,使乘员头部和胸部的加速度降低。根据预紧器所在的位置不同可分为:卷收器预紧器、带扣预紧器和带扣双预紧的双级预紧器。其中,双级预紧器的非约束系统效率最高,能对安全带的肩带和腰带同时进行预紧;预紧限力式安全带,由于消除了安全带与人体之间的间隙,预紧器的效果非常好。另外还可以进一步通过汽车电子稳定性控制或制动辅助装置等主动安全系统采集的数据进行安全带预紧,提高汽车紧急制动和急速转弯等动态驾驶状况下的安全性。目前这款安全带已经在中高端车型中广泛使用。

4)预卷式预紧限力式安全带

预卷式预紧限力式安全带是在预张紧限力式安全带上增加了预卷电机系统,其工作原理是通过雷达装置感应车辆与前车的间距,如果间距小于某一设定值,其 ECU 发出信号控制电机运动,消除安全带与人体之间的空隙,并且提醒驾驶人紧急制动或者应急处理。该形式安全带系统是未来安全带系统的发展趋势,其融合了主动安全和被动安全技术,可通过预卷器的定时收放安全带来提醒驾乘人员,其提醒效果远远高于声音控制及其他提醒装置。目前只在一些高端车型上使用。

4.4 安全气囊系统

汽车安全气囊作为一种辅助的乘员约束系统,主要用来缓冲在前碰事故中乘员头部的运动,防止与车内饰件的二次碰撞,同时分散对乘员胸部的冲击力。许多测试项目和实践表明,安全气囊在汽车被动安全方面的作用是很明显的,能够在汽车碰撞时有效地减轻乘员受到的伤害,其单独使用可以减少 18% 的死亡率,而与安全带配合使用时则可以减少 47% 的死亡率。

4.4.1 安全气囊组成与工作原理

安全气囊系统主要由控制装置、气体发生器和气袋组成,如图 4-26 所示。

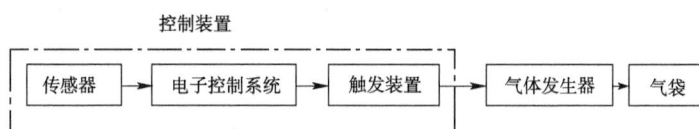

图 4-26 安全气囊系统的组成

其工作原理为:在发生碰撞事故时,传感器检测汽车碰撞强度,电子系统接收并处理传感器的信号。当经计算有必要打开气袋时,立即由触发装置发出点火信号触发气体发生器,气体发生器收到信号后,迅速产生大量气体,在乘员的前部形成充满气体的气囊。一方面乘员的头部和胸部压在气袋上与前面的车内物体隔开,另一方面当人体与气袋接触时,利用气囊本身的阻尼作用或气袋背面排气孔的排气节流作用来吸收乘员惯性力产生的动能,以达到保护乘员的作用。

安全气囊的工作过程如图 4-27 所示,包括如下几个环节:

(1)汽车碰撞刚发生 10ms 时,安全气囊开始充气,但此时驾驶人尚未动作。

(2)汽车碰撞发生 40ms 时,安全气囊完全充满气体,此时人体由于惯性向前移动,安全带开始预收缩,以吸收部分能量。

(3)汽车碰撞发生约 60ms 时,驾驶人头部及躯干撞向气囊。此时,气囊内的气体通过节流孔排气,吸收人体与气囊之间的碰撞能量。

(4)汽车碰撞发生约 120ms 时,气囊内大部分气体从节流孔排出,驾驶人前方视线得以恢复。

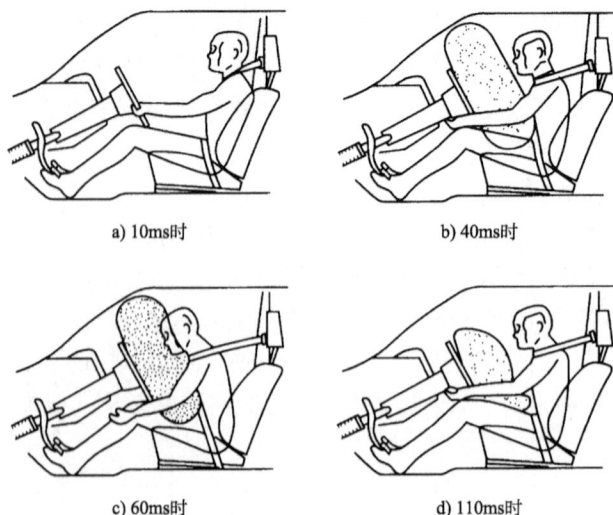

a) 10ms时　　　　　　　　　　b) 40ms时

c) 60ms时　　　　　　　　　　d) 110ms时

图 4-27　安全气囊的工作过程

1）控制装置

安全气囊控制装置包括传感器、电子控制系统以及触发装置,是安全气囊系统的核心,其功能为控制气囊系统的点火、气囊系统的故障诊断以及判定座位是否有乘员及乘员的类型等。

传感器用来检测汽车发生碰撞事故的严重程度,并将检测到的信号传给电子控制系统。电控系统通过对传感器信号的计算和分析来决定是否要启动安全气囊,如果汽车碰撞足够强烈,达到了启动条件,电控系统就会发出触发装置启动信号。触发装置接到启动信号后点爆气体发生器,使安全气囊进入工作状态。由于汽车事故的突发性和瞬时性,电控系统不仅要求反应快还要求反应准确。通常从传感器检测到碰撞至触发器工作,只能在几毫秒的范围内完成。要判断准确,不仅要采用科学严密的理论计算方法,还要了解汽车本身的冲击特性,以便准确判断由于紧急制动、过路坎和其他非破坏性冲击所引起的冲击信号。

（1）安全气囊的点火控制算法是安全气囊系统控制的关键技术。典型的点火控制算法有加速度法、速度变量法、加速度坡度法、功率比值法、移动窗式积分算法和基于模糊决策与神经网络的控制算法。

加速度法是通过测量汽车上的加速度信号来实现的,当加速度信号超过预先设定的阈值就发出安全气囊点火信号,使安全气囊充气。这一算法的抗干扰能力较差,一般用在机械式安全气囊系统中,电子式安全气囊系统很少用。

速度变量法是通过对测量得到的加速度信号进行积分得到速度变化量,当速度变化量超过预先设定的阈值时发出点火信号。由于速度变化量比加速度信号平缓,而且能够反映碰撞过程的能量,所以这种算法的抗干扰性比加速度算法要强。

由于加速度法抗干扰能力较差,速度变量法由于对加速度进行积分而使所得的指标量对碰撞强度不够敏感,所以提出采用对加速度进行求导得到加速度的变化量作为判断是否点火的指标,即加速度坡度法。由于加速度变化的频率很高,直接求导会导致错误的判断,所以采用这种算法要先对测量到的信号进行低通滤波,再进行求导得到加速度的坡度。

功率比值法是首先假设汽车水平方向的减速度波形为反余弦波,然后以功率比作为阈值来进行判断,当功率比超过预设的阈值时就发出点火信号,否则就继续判断。

移动窗式积分算法是通过对当前时刻的前 c 时间内的信号进行积分,得到一个指标 $s(t-$

110

c,t)的算法。当积分指标超过预先设置的阈值时,便发出点火信号,否则继续进行处理和比较。移动窗式积分算法的时间窗宽度需要针对汽车进行设定。

以加速度序列为输入数据,人工神经网络为运算模型,经过模糊决策,最终以加速度与速度变化量为判别依据的算法称为基于模糊决策与神经网络控制的算法。整个算法具有运算量小、误判率低、所需训练样本数量少等特点。

(2)控制装置中的传感器(含放大器)主要有三种类型:机械式、机电式及电子式。

①机械式传感器如图4-28所示,当汽车正常行驶时,起动器轴上的质量块在球体和偏心弹簧的作用下,紧压引燃销,并把其固定在保险位置。当汽车发生碰撞时,产生的惯性力推动球体沿着圆筒向汽车运动方向移动,迫使起动器轴绕轴左端铰接处转动,同时压迫引燃销顶起弹簧。如果车体减速度大于规定限值,则引燃销被释放,触发气体发生器内的引燃器,安全气囊开始工作。

②机电式传感器主要有滚球式、偏心式、水银开关式等。

滚球式传感器如图4-29所示。平时小钢球被磁场力所约束,当汽车发生碰撞时,在圆柱形钢套内小钢球就向前运动。一旦接触到前面的触点,则将触发电路接通。这种传感器目前应用很广,可以检测各种撞击信号。

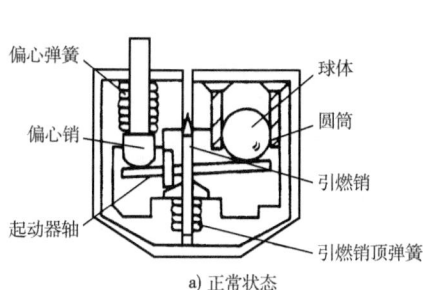

图4-28 典型机械式传感器结构示意图　　　　图4-29 滚球式传感器

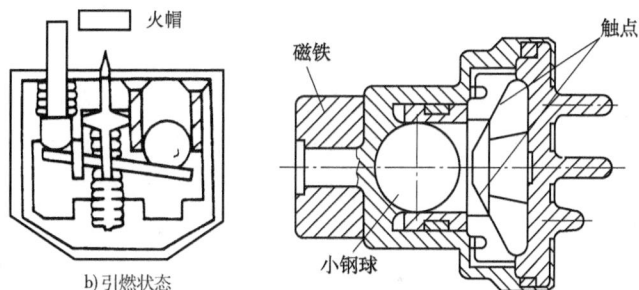

偏心式传感器为具有偏心转动质量的机电式加速度传感器,由外壳、偏心转子、偏心重块、旋转触点与固定触点、螺旋弹簧等构成,其结构如图4-30所示。

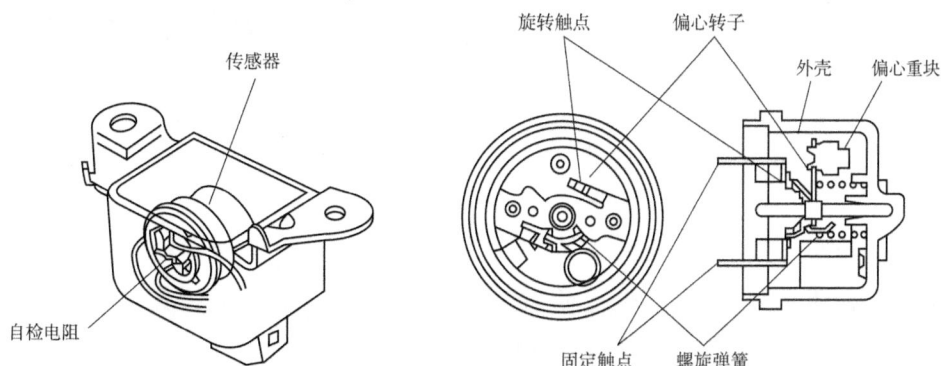

图4-30 偏心式传感器

偏心式传感器的外侧装有一个电阻,用于检测传感器总成与其之间的线路是否开路或短路。如图4-31所示,当汽车正常行驶时,偏心转子和偏心重块被螺旋弹簧拉回,处于平衡状态,此时转子上安装的旋转触点与固定触点不接触;当车辆受到正面碰撞且速度达到设定值时,由于偏心重块惯性的作用,使偏心重块连同偏心转子和旋转触点一起转动,旋转触点与固

111

定触点发生接触,如图所示,从而向 ECU 发出闭合电路信号。

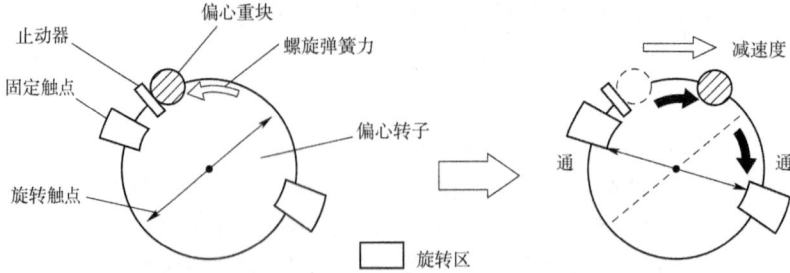

图 4-31　偏心式传感器的工作过程

　　水银开关式传感器是安全传感器中常见的一种,如图 4-32 所示。安全传感器一般比碰撞传感器所需的惯性力或减速度小,以保证碰撞传感器的可靠工作。

　　③电子式传感器利用电子原理得到反映车身减速度的电信号,然后供电控单元进行分析处理,决定是否点火。传统的传感器常布置在车身前端,近年来,随着电子式传感器的发展,直接装于中央控制器内的布置方式越来越多。其优点是可以减少电缆束,提高可靠性和降低成本,但它要求更精密的调整与控制。电子式传感器有应变片式和压电式两种。

　　2)气体发生器

　　气体发生器是安全气囊系统中非常重要且复杂的一部分。其主要功能为:当汽车发生碰撞时,迅速产生大量气体,并给气袋充足气。气体发生器的特性是指单位时间内产生的气体量及其温度与压力。这个特性必须与气囊的大小配套,同时也要与气囊的设计压力变化历程相协调。目前最常用的是固体燃料式气体发生器和混合式气体发生器。

　　固体燃料式气体发生器有烟火式气体发生器(图 4-33)和压缩气体式(纯气体式)气体发生器。

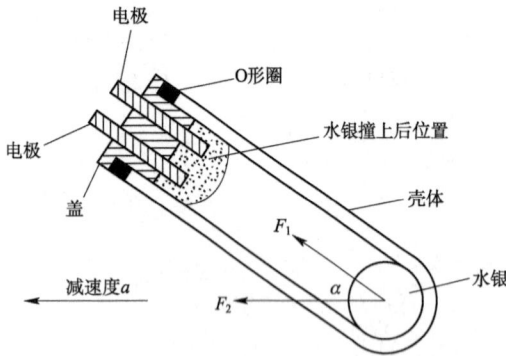

图 4-32　水银开关式传感器

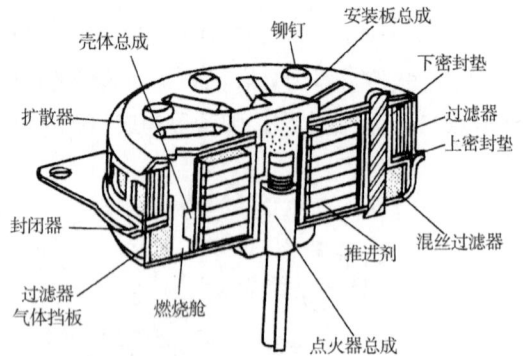

图 4-33　烟火式气体发生器结构图

　　烟火式气体发生器最早使用火箭固体推进剂,即固态的叠氮化钠作为气体发生剂,装在用钢板冲压件焊接或铆接而成的外壳内。当中央控制器发出点火指令,引燃器引燃固体燃料,产生大量气体,吹胀气袋。由于燃料燃烧时达 $500 \sim 1000 ℃$ 的高温,且含有大量残渣杂质,故气体首先需通过冷却器降温后进入过滤器,再充进气囊。固体燃料一般采用叠氮化钠(NaN_3),燃烧后的气体无毒,但 NaN_3 有剧毒;另一种是硝化甘油浸润的硝化纤维,性能不够稳定,自然温度低,燃烧时会产生有毒物质,但燃烧的温度高且压力大,气体发生器体积较小,因此现在越来越多地使用非叠氮化物。烟火发生器点火爆炸后,产生的气体温度较高,容易对人体产生灼伤,此外爆炸后会产生异味,并且其工作时产生的烟雾有毒,污染环境。

112

压缩气体式(纯气体式)气体发生器是一种采用有机气体或可燃气体混合剂为燃料的纯气体式气体发生器。它将氧气、氩气和氦气的高压混合气体储存于一个高压罐内,点火时,火药将高压罐阀门炸开,高压混合气体被快速释放,以充满气袋。其优点为表面气袋温度低,不会产生对人体有害的气体。缺点为充气速度和压力较低,这主要是由于气体快速膨胀而使温度降低造成的,但可以采用火药燃烧后的气体加热,使气囊有足够的压力。

混合式气体发生器是一种采用少量固体燃料加热储存气体的混合式气体发生器。图4-34所示混合式气体发生器是20世纪90年代国际上开始采用的一种代替传统烟火式气体发生器的一种新型气体发生器,其使用的是一种被称为Arcite的混合燃料。该燃料由燃料本身和制氧剂、软化剂、各种稳定剂和发射物质等合成,不含有毒物质和对环境产生污染的材料。Arcite混合燃料对摩擦、电干扰、振动及温度均不敏感,性能稳定,自燃温度超过480℃,是一种安全可靠的燃料。驾驶人侧气囊中使用量仅需14g,乘员侧为30g,比传统的烟火式几乎减少85%的用量。

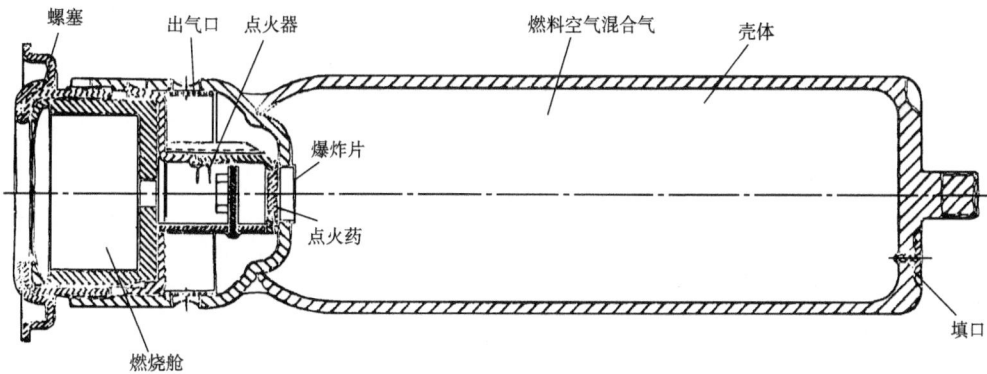

图4-34 混合型气体发生器结构图

该混合式气体发生器的压力容器由高强度低合金钢制成,并设有一个超压保护膜,以控制其相应压力在37 ~ 41.5MPa之间。其优点主要有以下几点:

(1)所用燃料是无毒、无害物质,在燃料燃烧过程中没有对乘员造成危险的散粒物发射,爆燃以后的残留物大部分(95%以上)是食盐的代用物。

(2)输出特性稳定。在气囊系统的工作环境温度(−35 ~ 85℃)范围内,特别在高温时,其输出特性更稳定。由于其压力增长速度缓慢,使仪表板、转向盘、气囊模块及覆盖板的载荷明显减少,因而上述零部件材料的选择就会有更多的余地。

(3)气体发生器的表面温度低,其最高表面温度只比其环境温度高45℃左右。

(4)出口温度可调。通过改变燃料量和储存气体间的比例可调节出口温度。可任意选择气囊织物的材料,并且气囊织物表面不需涂膜。

(5)适应性好。通过改变燃料量和储存的气体量,可适应不同类型安全气囊的要求。

3)气袋

气袋是气囊系统的重要组成部分,在发生碰撞时其会通过充气形成柔软的气垫,从而起到缓冲吸能作用。气袋一般由袋体织物、内部涂层、抗拉限制带(阻尼带)和排气机构组成。抗拉限制带将气囊上、下中心连接起来,以限制气囊的展开厚度避免伤人。

气袋的进口与发生器的气体出口相连,以使气体发生器产生的气体全部进入气袋。气袋可以是单气室,也可以是多气室。对多气室的气袋来说,各气室之间应有通道相连,以保证所有气室都能获得来自气体发生器的气体。无论是单气室还是多气室气袋,气袋内部都可设置一定的连接筋,以控制气袋充气后的形状。

安全气囊系统不仅应在充气过程中能有足够的密封性,以保证气袋能迅速建立足够的压力,而且要有一定的透气或节流机构,以便气袋受撞后能排除其内部的气体而达到消耗碰撞能量的目的。

(1)气袋材料。

气囊袋织物经历了缝制型涂层织物气囊、缝制型非涂层织物气囊和非涂层全成形型三种。用于气袋材料的有:A-NY(420 但尼尔/72 丝)、B-NY(315 但尼尔/72 丝)和尼龙 66(聚酰胺)。前两种材料多不经磨光处理,气袋内部要涂层。较为先进的织袋材料是聚酯,其中的 C-PET(磨光聚酯)和 U-PET(不磨光聚酯)都是 420 但尼尔/250 丝,一般制成的气袋内部无涂层。细度为 840D、630D、470D、420D、315D 的锦纶长丝(即尼龙 66)也常用于制作非涂层气囊袋。

(2)气袋涂层。

气袋涂层的主要作用有以下几点:

①避免气体发生器产生的高温气体及其残留物对气袋织料的腐蚀;

②消除气袋织料的透气性,有效控制气袋排气特性;

③保持气袋展开时的初始压力;

④使气袋基本织料结构稳定,气袋容易制造;

⑤使尼龙丝结合牢固,防止丝的脱落;

⑥使存放一段时间后织料的透气性不变。

传统的气袋涂层材料为聚氯丁二烯,但其耐用性会受到振动、磨损、腐蚀等影响。近年来开发出了性能更为出色的硅酮涂层。硅酮具有环境稳定性高、化学性质不活泼、耐磨性好、摩擦系数低、短时热阻力性能良好以及利于气囊回收利用等优点,其作为气囊涂层材料正逐步得到广泛的应用。

(3)气袋的漏气特性。

气袋的漏气特性是指气袋在充气后气袋中气体泄漏到气袋外面的特性。气袋的漏气特性直接影响乘员头部和胸部在与充气后的气袋接触时气袋的软硬程度,从而影响气袋的保护效果。气袋过硬会造成乘员不必要的伤害,过软会降低气袋对乘员的保护。气袋的漏气特性主要由气袋材料漏气特性、涂层材料漏气特性及气袋的开孔决定。为改善漏气特性,一般在气袋的背面都开有数目及直径不等的孔。

(4)气袋排气机构。

气袋排气机构的构成方式可以是简单的排气口,也可以利用气袋的不同部位密度不同的特点来构成,或利用内部涂层分布与厚度的不同的特点来构成。但无论什么方式构成的排气机构,都必须保证气体运动方向不与气袋膨胀方向相同(一般与气袋膨胀方向垂直),以保证气袋在打开时不会对乘员造成伤害。

4.4.2 安全气囊分类

安全气囊可按采用的传感器、保护作用和安装位置等的不同进行分类。

1. 按采用传感器的不同分类

安全气囊按采用传感器的不同可分为机械式安全气囊、机电式安全气囊和电子式安全气囊。

1）机械式安全气囊

机械式安全气囊主要由气囊传感器、气体发生器、气袋等装置组成,其结构如图 4-35 所示。

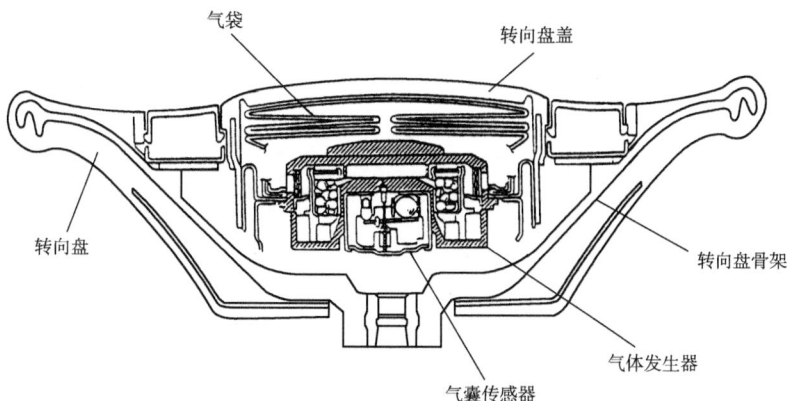

图 4-35　机械式安全气囊结构图

传感器直接装在转向盘内,由传感器直接控制气囊点火,工作原理如图 4-36 所示。其优点是结构简单、可靠性高;直接由传感器触发气体发生器,省去了电气单元,降低了安全气囊总成的成本。但传感器必须与气体发生器安装在一起,因此安装位置受到限制,得到的车身减速度信号不是很理想,且抗干扰能力差;触发气囊的信号计算方式简单,对于复杂情况很难考虑周全,不容易使气囊在最佳点火时刻点火。

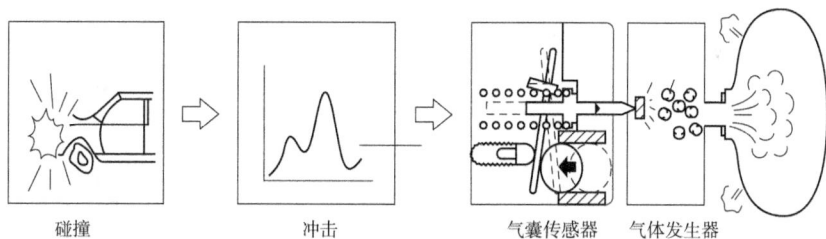

图 4-36　机械式安全气囊工作原理图

2）机电式安全气囊

机电式传感器的触点在车身减速的作用下,克服机械势能触发安全气囊点火开关,从而得到安全气囊点火信号。因此其具备机械式优点,另外由于采用电子信号点火,因此传感器可以布置在车身的任何位置,得到最好的车身减速度信号。

3）电子式安全气囊

在机械式安全气囊的结构基础上,增加了控制器 ECU、主电源及备用电源和报警系统等。其中,报警系统包括声音报警装置、光报警装置和读码器。

电子传感器的主要任务是向控制器提供传感器所在位置的车身减速度信号。一般根据所承担的任务不同,传感器分为车前传感器、中央传感器与安全传感器。电子式安全气囊通常采用一个或多个传感器,并布置于车身的不同部位,但目前有采用一个传感器且将其布置于气囊系统内部的趋势。

控制器 ECU 一般由中央处理器 CPU、存储模块、数/模转换模块、电源模块电路组成,如图 4-37所示。ECU 通过对相关电子传感器获取的反映车身减速度情况的信号进行分析判断,

115

确定气囊是否点火。其基本功能为：

(1)通过分析传感器获取的信号识别碰撞事故。

(2)启动点火算法程序,适时地下达点火指令。

(3)对系统进行故障诊断处理。

(4)碰撞事故过程和系统工作程序的记录、储存。

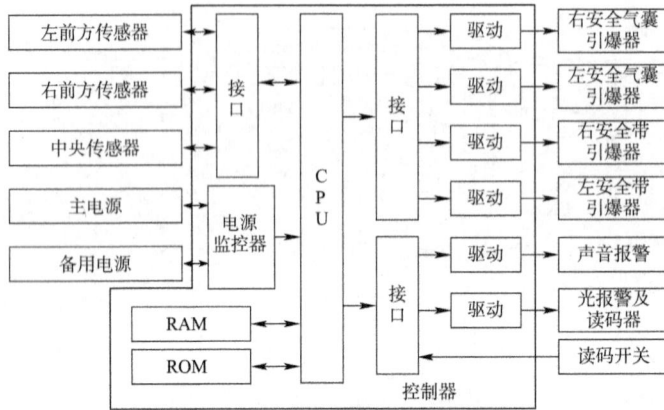

图4-37　电子式安全气囊控制器 ECU 的构成

电子式安全气囊是通过各传感器实时检测汽车减速度信号,由 ECU 判断当前时刻的减速度是否超过设定值,从而确定是否需要引爆安全气囊,并控制气体发生器动作,其工作原理如图4-38所示。此外,电子式安全气囊系统还具有实时自检功能,当出现故障时通过声音和光报警装置及时提醒驾驶人进行处理。

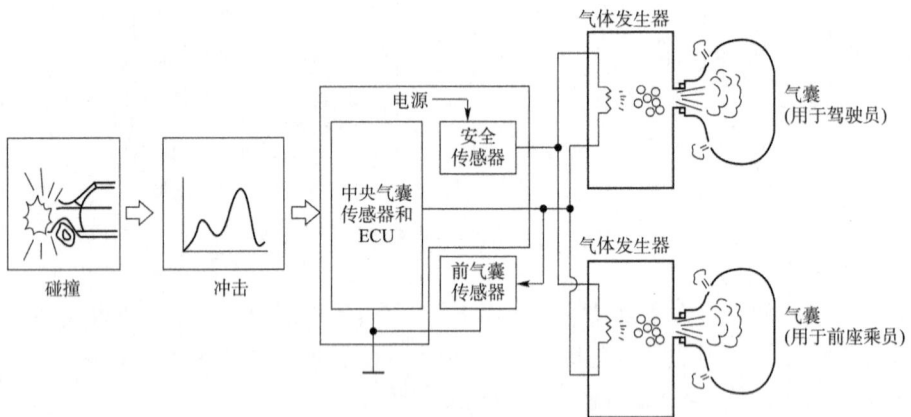

图4-38　电子式安全气囊工作原理图

电子式安全气囊的优点为对路况及碰撞情况判断较为准确,并能根据不同的碰撞速度、乘员在碰撞时的具体状态等来控制安全气囊的引爆时间,以达到对乘员的最佳保护。缺点为结构复杂,成本很高,开发周期长,而且有时会受到电磁场等外界因素的干扰,在没有可靠防范措施的情况下会影响其可靠性。

现代汽车的发展趋势之一是电控单元部分越来越多,并且整车各系统的电控单元部分的集成度越来越高,而电子式安全气囊的控制部分可以与汽车的其他电控单元部分集中于同一模块内,因此可降低安全气囊组件的成本。

116

2. 按照保护作用和安装位置分类

安全气囊按保护作用和安装位置可分为驾驶人侧气囊、前排乘员用安全气囊、侧撞安全气囊和后座椅安全气囊。

1)驾驶人侧气囊(转向盘气囊)

驾驶人侧气囊安装于转向盘内,其主要作用是在车辆发生正面碰撞时,防止驾驶人与转向盘、仪表板及前风窗玻璃发生碰撞而造成伤害(如图 4-39)。

驾驶人侧安全气囊分为与安全带共同作用和单独作用两种。与安全带共同作用的气囊容积在 45L 左右,单独作用的气囊容积为 60～80L。气囊直径为 600～800mm,气囊总成质量约 1kg,一般气囊的优化展开时间为 30ms。

2)前排乘员用安全气囊(仪表板气囊)

乘员用安全气囊安装于仪表板内,其主要作用是在车辆发生正面碰撞时防止前排乘员与仪表板和前风窗玻璃发生碰撞而造成伤害。容积一般为 120～160L,气囊展开后一般呈类圆柱形。

3)侧撞安全气囊

侧撞安全气囊主要作用是保护车内乘员在发生撞车事故时,不会因与车门发生碰撞而造成乘员的伤害。侧撞安全气囊主要有胸部侧撞安全气囊和头部侧撞安全气囊两种形式。

胸部侧撞安全气囊一般安装于座椅靠背的车门侧或车门上,容积一般为 12L 左右,气囊总成质量为 0.7kg 左右,展开时间水平方向 8ms 左右、垂直方向 12ms 左右。主要目的是在车辆发生侧面碰撞时保护乘员的胸部、手臂和臀部,其结构及安装部位如图 4-40 和图 4-41 所示。

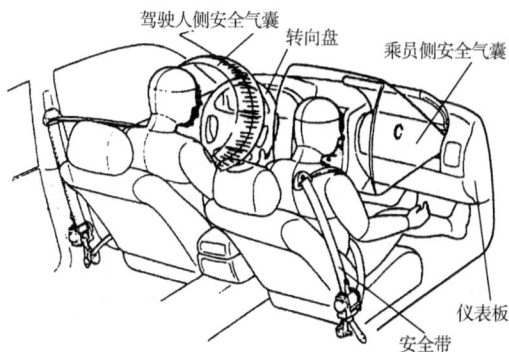

图 4-39　驾驶人及乘员侧安全气囊

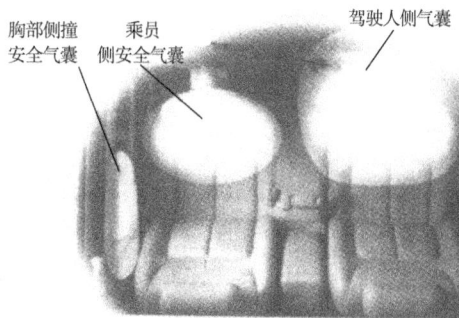

图 4-40　胸部侧撞安全气囊

头部侧撞安全气囊一般安装于车顶门框内、座椅靠背的车门侧或车门上,主要作用是在车辆发生侧面碰撞或车辆发生倾覆时保护乘员的头部和颈部。目前有充气管状头部侧撞安全气囊(图 4-42)和充气帘式头部侧撞安全气囊(图 4-43)两种形式。

4)后座椅安全气囊

后座椅安全气囊一般安装在前排座椅的靠背上部后侧或头枕后部内,主要用于高级轿车。针对不同的保护部位,后座椅安全气囊的容积为 10～100L。主要保护后座乘员头部的安全气囊采用小容积气囊(图 4-44),大容积气囊则用于保护头部和胸部。

3. 其他类型气囊

气囊式安全带、膝部气囊、腿部气囊、足部气囊和行人安全气囊是在车辆发生碰撞时,为保护乘员的胸部、腰部、膝部、腿部和足部等易受伤部位以及行人而开发的一些特殊用途气囊。

117

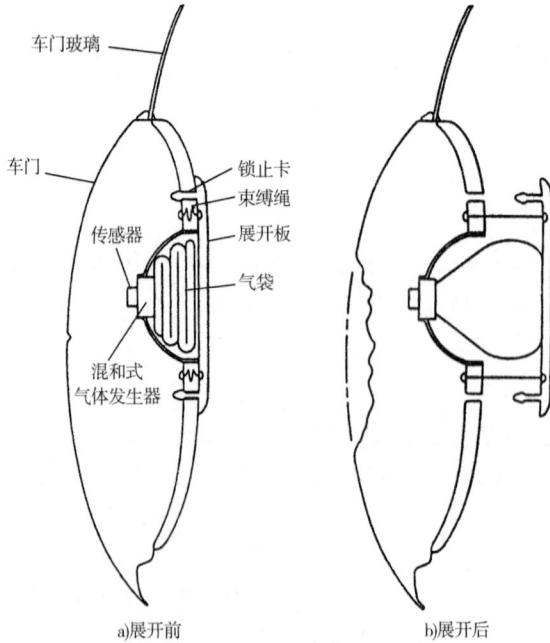

图 4-41 安装在车门上的侧撞气囊结构图

车门玻璃

车门

锁止卡
束缚绳
展开板

传感器

气袋

混和式
气体发生器

a)展开前   b)展开后

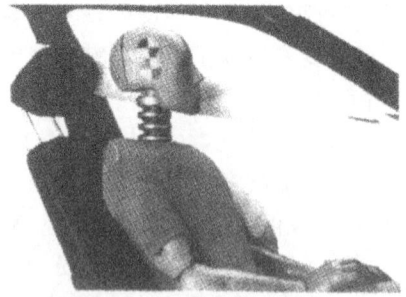

图 4-42 充气管状头部侧撞安全气囊

图 4-43 充气帘式头部侧撞安全气囊

1)气囊式安全带

安全带在约束乘员的过程中往往会对乘员的胸部产生伤害。如果织带刚度设计不合理,伤害会相当严重。气囊式安全带是一种借鉴了气囊特性的安全带产品,其可以在发生碰撞时展开气囊,以便对人体产生缓冲作用减少对胸部、腰部的伤害,如图 4-45 所示。

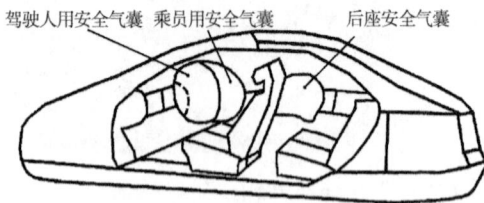

驾驶人用安全气囊 乘员用安全气囊   后座安全气囊

图 4-44 后座椅安全气囊

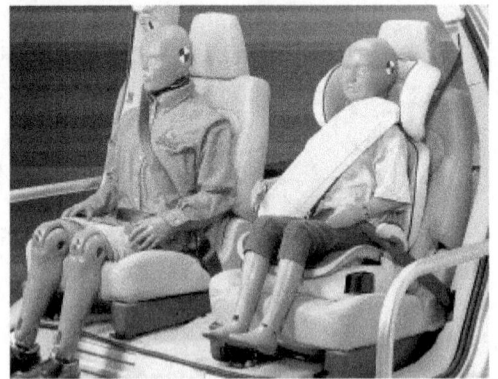

图 4-45 气囊式安全带(右侧为气囊式安全带)

2)膝部气囊

在车辆发生碰撞事故中,为防止膝盖、大腿与仪表板下部碰撞而引起伤害,开发了膝部气囊。膝部气囊的主要作用是减轻碰撞时膝盖部位受到伤害,如图 4-46 所示。

3)腿部气囊

腿部气囊安装于座椅的前沿,碰撞时沿垂直大腿方向展开,从而起到调节座椅角度的作用,腿部气囊可以有效防止碰撞中乘员的"潜水"问题,如图 4-47 所示。

4)足部气囊

在车辆发生正面碰撞时,前围板和前底板会产生向乘员舱的侵入和变形。为了降低踝关节的受伤程度,开发了足部气囊(充气地毯),如图4-48所示。足部气囊可以在脚部空间被侵入之前将脚提高地板,降低人体作用给脚部、踝关节及小腿的载荷,减少脚部的加速度和小腿所受到的力与力矩作用,从而使脚部、踝关节及小腿的载荷保持在人体能够承受的范围内。

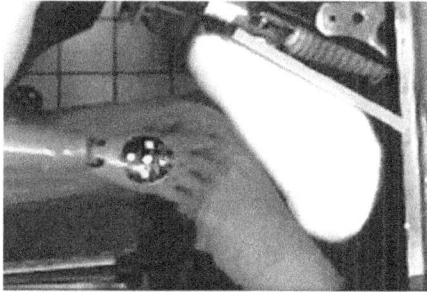

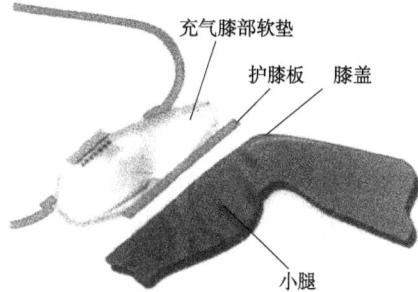

充气膝部软垫
护膝板 膝盖
小腿

图4-46 膝部气囊

图4-47 腿部气囊

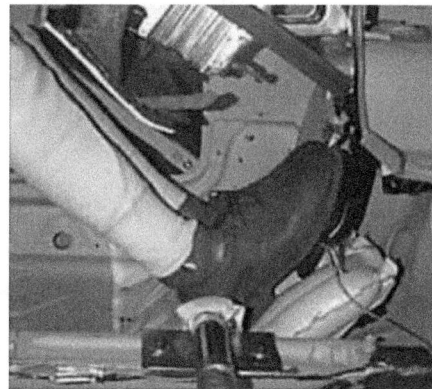

图4-48 足部气囊

5)行人安全气囊

一般来说,在行人与汽车发生正面碰撞时,发动机舱盖、前风窗玻璃和车身立柱最易对行人头部造成严重伤害。相关资料研究表明:在交通事故遇难者中,中国约25%是行人,欧洲为14%,美国为12%。配备行人安全气囊可以保护行人腿部在碰撞事故中免受伤害,并致力于减小40km/h速度下发生正面碰撞事故中行人的伤亡。

福特汽车公司的行人安全车采用了两种可在碰撞中对行人进行保护的安全气囊,即发动机舱盖气囊和前围安全气囊,两种气囊配合使用可减少最常见的行人伤亡事故,如图4-49所示。

发动机舱盖气囊在保险杠上方,紧靠保险杠处开始展开。碰撞前由一个碰撞预警传感器激发,50 ~ 75μs内完成充气,保持充气状态时间可达数秒。充气后的安全气囊在前照灯之间的部位展开,由保险杠上方伸展至发动机舱盖表面以上。气囊的折叠模式和断面设计保证了气囊展开时能与汽车前端的轮廓相合,有利于保证儿童头部和成人腿部的安全。

前围安全气囊的作用是提供二次碰撞保护,防止行人被撞翻到在发动机舱盖后部被前风窗玻璃底部碰伤。该气囊系统包括两个气囊,各由汽车中心线向一侧的立柱延伸,气囊由传感器探测到行人与保险杠发

图4-49 发动机舱盖气囊和前围安全气囊

生初始碰撞后触发。在行人翻到至发动机舱盖上并向前风窗玻璃移动的这段时间内,气囊完成充气,两个气囊沿前风窗玻璃底部将左右立柱之间的汽车整个宽度完全覆盖,避免人体撞击汽车的前风窗玻璃,以免在猛烈碰撞下行人与车内乘客受到更大的伤害。

4.4.3 安全气囊新技术

随着人们对汽车安全重视程度的提高,安全气囊已经成为非常重要的汽车被动安全设备之一,安全气囊新技术得到了迅速发展,进一步提高了安全气囊系统的安全保护性能。

1. 开发质量小、折叠体积小的轻小型气囊

采用420d的新型尼龙,即以235dtex以下的纱线制成160g/m²以下的织物缝制的薄型气袋,涂层材料采用硅酮。这种新型气袋质量较小、舒适性好、装配性能较好,能同时适用于轿车和载货汽车。

轻型气袋的另一发展趋势是无涂层气袋。这种气袋采用新型的聚酯纤维织物材料,能有效减小气袋质量、压缩折叠件体积,并且比采用尼龙66型织物具有更好的经济性。采用无涂层气袋,可让气体通过可穿透性织物从气袋中释放出来,从而节省了缝纫的操作及成本,也有利于缝纫技术的改善。

2. 改进气袋的展开模式

传统的气袋一般都是先充气后膨胀展开。这种展开模式会由于气袋开始膨胀而产生的巨

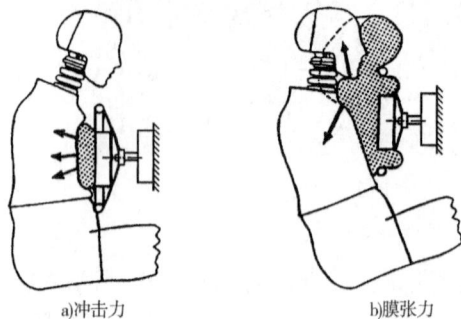

a)冲击力   b)膜张力

图4-50 气袋对近位人体的两种伤害力

大向前冲击力,对离气袋模块很近并处于其膨胀方向的乘员胸部造成伤害;除此之外,还会在气袋在膨胀过程中未完全展开前与乘员相碰撞接触时,其继续展开而产生的膜张力对乘员的头部和颈部造成伤害,如图4-50所示。另外,气袋表面织物沿人体表皮高速滑移会导致人与气袋间过高的接触压力而造成人体皮肤的擦伤,严重擦伤将会损伤皮下组织。改变气袋的展开模式,使其先展开后膨胀,而不是先膨胀后展开,可避免安全气囊对乘员造成的上述伤害。

可以通过设计气袋的内部结构来改变气袋的展开模式。如Autoliv公司提出了一种伞辐式展开系统的新型安全气囊,产生伤害的可能性较小。这种气囊增加了气袋内层结构,内层背面织成特殊的纹理,且有朝向外面的通气孔,当气袋充气时,内层迫使膨胀的气体把气袋伸展到外面去,然后气体通过通气孔,填充体积更大的外层腔体形成气垫。这种气囊的特点为:采用全力充气,气袋可以约以89m/s(320km/h)的速度展开,减小了对人体的冲击;对坐姿不正确的,特别是头部离转向盘太近的驾驶人的危害较小。与传统气囊不同的是,这种气囊可以在驾驶人头部和转向盘之间悄然滑出,不会在驾驶人头下面制造麻烦。但由于其增加的内层织物使气袋折叠后体积变大,常规的转向盘难以安装,因此需要重新设计转向盘和气垫罩。

3. 开发智能型/自适应型安全气囊

传统的碰撞安全气囊系统是根据前座乘员的常规乘坐位置和气囊的理想点火时刻为原则设计的。但是在实际的汽车碰撞事故中,影响气囊保护性能的因素很多,不同的碰撞条件及乘员位置的变化会导致乘员不是在最佳时刻与气囊接触,从而降低气囊对乘员的保护效果。

智能型安全气囊是一种能够最大限度地保护乘员的安全气囊系统,在汽车碰撞的瞬间,其

可以根据碰撞条件和乘员状况来调节气囊的工作性能。智能型气囊基于先进的传感系统和电子运算系统,在事故发生的短暂时刻内能够获得可靠的碰撞环境的信息(包括汽车碰撞的程度和方位、乘员的个人体型和位置以及乘员是否系有安全带等)来判断是否点爆气囊和点爆气囊的具体操作方式,并与安全带形成总体控制。通过传感器,气囊系统还可以判断出车辆当前经历的碰撞形式,以调节和控制气囊的工作性能,使气囊充分发挥其保护效果。

智能型/自适应型安全气囊种类较多,根据碰撞的猛烈程度、乘员的状况等自动调节,以决定是全力展开还是减力展开,其中最典型的是多级气体发生器。如果传感器测得的是一个严重程度相对较低碰撞,其就只让双级气体发生器中最低级别的气体发生器向安全气囊充气;如果传感器测得的是一次严重程度中等的碰撞,就会使两个级别的气体发生器都向安全气囊充气,两个级别之间有一定的时间延迟;但如果测得的是一次更严重的碰撞,则两级别将同步或仅相差 5～10ms 的间隔向安全气囊充气。独立式气体发生器、双缸烟火型气体发生器、双点火器混合型气体发生器对其现有某一零件添加一副件(副气体发生器、副燃烧室或副点火器)就能实现上述功能。

4. 依靠先进的传感器技术

控制装置是安全气囊的核心,而传感器又是控制装置的主要部件,传感器将其所感知的相关信息,经由控制器加以判断,从而决定气体发生器以何种方式启动。因此,为了使气囊智能化或自适应化,必须进一步开发新型传感器。

在开发智能型或自适应型安全气囊系统的过程中,除了常规的碰撞传感器以外,还须有其他各种探测诊断传感器,以获取尽可能多的信息,适应各种复杂环境的情况。它不仅要能将碰撞事故类型、严重程度以及碰撞事故发生时车速的大小等有关信息传给控制器,还应对乘员的状况(包括乘员的类型、高矮、体重、位置、坐姿以及是否有乘员佩戴安全带等)做出感知。归纳起来,新型传感器技术包括以下几个方面。

1)传感与诊断模块

应用微处理加速度计的单点传感单元来感知碰撞减速度,并对采集的数据进行处理,使正碰撞气囊/侧碰撞气囊适时展开,并能保证在碰撞速度很低(低于某一临界值)时或类似碰撞事故(如掉进深坑)中气囊不启动。

2)侧碰撞传感装置

侧碰撞传感装置能在 3ms 内判断是否为侧碰撞,并使安全气囊展开,能排除猛烈关门或与其他物体侧面轻微相碰等的干扰。

3)乘员位置传感装置

乘员位置传感装置应用压力传感以及红外线和超声波技术,识别乘员类型(成人或儿童)和儿童座椅、空座椅以及乘员的位置和坐姿。

4)座椅位置传感装置

座椅位置传感装置安装于座椅滑移轨道上,当乘员调整其座椅向前或向后时,能将这一变动反馈给控制系统。

5)座椅安全带传感装置

座椅安全带传感装置探测乘员是否系安全带。

6)成人临界重量传感装置

成人临界重量传感装置安装于座椅内部,如果占据乘客座椅上的重量低于某一预设的临界值,不启动模块使气袋膨胀,以防误将购物袋或公事包等当成乘客。

7）碰撞程度传感器

碰撞程度传感器能预测到即将发生的翻车事故,并向系统提示这一信息。

8）碰撞预警传感器

碰撞预警传感器安装于车前方和侧方,能预测即将发生的碰撞事故并将此信息传给控制器,使控制器根据这些信息来决定是否展开气囊,以及以何种方式展开。它能有效地缩短启动气囊的时间,使之提供更好的保护。

5. 安全气囊的多样化

驾驶人和前座乘员安全气囊已成为轿车生产中的标准设备,作为正碰撞事故中的安全防护措施。除了驾驶人侧气囊和前排乘员侧气囊,针对气体易受伤的部位而设计的安全气囊还有:安装在转向盘下方膝垫部位的安全气囊,可保护下肢在正碰撞中免受伤害;安装在制动踏板下的安全气囊,可保护脚和踝关节;安装在前座椅靠背上的安全气囊,可以保护后座乘员;安装在汽车发动机舱盖下的安全气囊和安装在前风窗玻璃边框的安全气囊可以减少行人在汽车碰撞事故中头部的损伤等。侧面碰撞气囊正在迅速发展,不同设计形式的侧碰撞气囊可分别安装在座椅靠背外侧、车门中部、车身中立柱、车身顶部与车门交界部位。这些安装在不同部位的侧碰撞气囊可分别起到保护乘员头部、胸部和臀部的作用。随着人们的安全意识和科技的不断提高,安全气囊的种类和功能还将继续丰富、完善。

4.5 座 椅 系 统

4.5.1 汽车座椅系统概述

1. 汽车座椅系统的作用及要求

汽车座椅是汽车中将乘员与车身联系在一起的重要部件,它直接影响到汽车的乘坐舒适性、方便性和安全性。座椅的主要作用如下:

（1）就汽车系统控制和驾驶视野等,为驾驶人定位。

（2）在人体重要的结构点上支撑人体,使乘客在汽车行驶中保持平稳。

（3）为乘客提供安全舒适的环境,以减少颠簸路面的影响。

（4）在汽车受到撞击时保护乘员。

汽车座椅的设计和制造要求如下:

（1）良好的静态特性,座椅尺寸和形状应保证人体具有合适的坐姿、良好的体压分布、触感良好。

（2）有足够的刚度和强度,如作为固定安全带的基座,应能承受人各种动作的作用力（包括车辆碰撞时人的冲击力）。

（3）有良好的振动特性,适应人体的振动特点。

（4）座椅在整车上的布置应使转向盘和其他操纵机构与驾驶人之间的距离、视野、头部间隙、腿部间隙等适应各种不同身材的乘员或驾驶人,座椅调节轻便,且其布置应能在汽车发生碰撞时保证乘员安全。

（5）具有良好的造型,与车身内饰及整车外观协调。

2. 座椅系统的安全性

座椅系统的安全性是指汽车座椅在事故发生时,能最大限度地减少对驾驶人及乘员造成伤害的能力。汽车座椅不仅要减轻驾驶人及乘员的疲劳来满足主动安全性要求,还要与安全带和安全气囊一起对乘员定位的同时缓解碰撞的强度,使乘员的损伤指标达到最小。

汽车座椅安全性的研究始于 20 世纪 50 年代。研究主要集中在汽车尾部碰撞的乘员保护以及头枕和座椅靠背后部冲击能量的吸收等方面,并逐渐形成了两种主流设计理念,即柔性设计及刚性设计。按照上述方法设计的各种结构形式的座椅,在安全性试验中已经取得了比较令人满意的结果。

座椅系统作为被动安全装置的功能包括:

(1)在事故中,保证乘员处在自身的生存空间之内,并防止其他载体进入这个空间。

(2)使乘员在事故发生过程中保持一定的姿态,以使其他的约束系统能充分发挥保护作用。

(3)应能够吸收碰撞时产生的能量,使乘员在发生碰撞时受到的伤害减轻到最低。

座椅安全功能的失效可以引起各种形式的乘员伤害。在正面碰撞中,座椅与车身连接强度不够时,座椅会脱离车体,导致乘员脱离其生存空间;如果后排乘员未受到约束,前排座椅靠背强度不足,则后排乘员的惯性力将击溃前排座椅,使前排座椅上的乘员受到伤害,反之,若前排座椅靠背强度太大,又会对后排乘员在与其冲撞时造成伤害。另外,若座椅外形设计不当,则在正面碰撞时会使乘员沿座椅靠背下滑,使腰部安全带移到胸部以上("潜水"现象),产生极为不利的约束姿势。在尾部碰撞中,如果头枕设计过低或与靠背的相对位置设计不当,都会引起胸部与头部的加速度不一致,出现加速度差值,这个差值达到一定程度,若作用在颈部就会对乘员造成致命的伤害。前排座椅靠背的强度不够时,会在其本身及乘员的惯性力作用下向后发生较大的弹性变形以致发生塑性变形,失去对乘员的支撑作用,使前排乘员弹向后排座椅或后风窗玻璃,并伤及后排乘员。

对于整车结构来说,侧面是整车中强度较薄弱的部位,特别对于轿车而言,由于其侧面是车门,强度更加薄弱。座椅作为侧面碰撞中的吸能部件,对整车的侧面碰撞安全性也有较大的影响。在加强座椅结构本身吸能性的同时,人们开始研究把安全气囊安装在座椅靠背侧面、为后排乘员提供安全保护的方法。

4.5.2 座椅系统的安全结构

1. 座椅的分类

座椅的种类繁多,若按其形状可分为分离式座椅、肩斗式座椅、半分离式座椅和长凳式座椅;若按其使用性能又可分为固定式座椅、活动式座椅、可折式座椅和调节式座椅(调节靠背倾斜角、前后、上下以及整体角度);按其乘坐的人数又可分为单人用座椅;双人用座椅、多人用座椅;此外,座椅按功用不同,可分为驾驶人座椅、前排乘客座椅、后排乘客座椅以及辅助座椅(包括儿童座椅),其中辅助座椅通常用于大客车、运动车、大型轿车和旅行车等。

2. 座椅的安全结构

座椅不仅要保证乘坐的舒适性,还应具有保证安全的驾驶姿势及保护乘员安全的功能。从座椅的安全性能考虑,汽车座椅(图 4-51)主要由座椅骨架、靠背、头枕、坐垫、调节装置、座椅总成与车身相连接的固定部件组成。

1)座椅骨架

座椅骨架是汽车座椅形状的基础结构,由座椅弹簧或

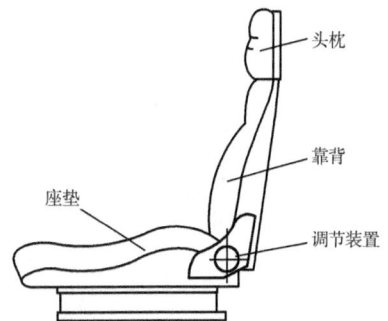

图 4-51 汽车座椅结构示意图

缓冲材料以及蒙皮等部件直接或间接地固定在骨架上。座椅骨架上有时要装座椅调节装置和靠背倾斜角调节装置等机构,所以此时它的形状必须考虑到装配支座的位置。座椅骨架可分为坐垫骨架和靠背骨架,根据用途可采用各种形状的结构。座椅骨架的材料一般采用软钢板、软钢管、软钢丝或硬钢丝等,有时也采用铝板、树脂板和木材等,如图 4-52 所示。

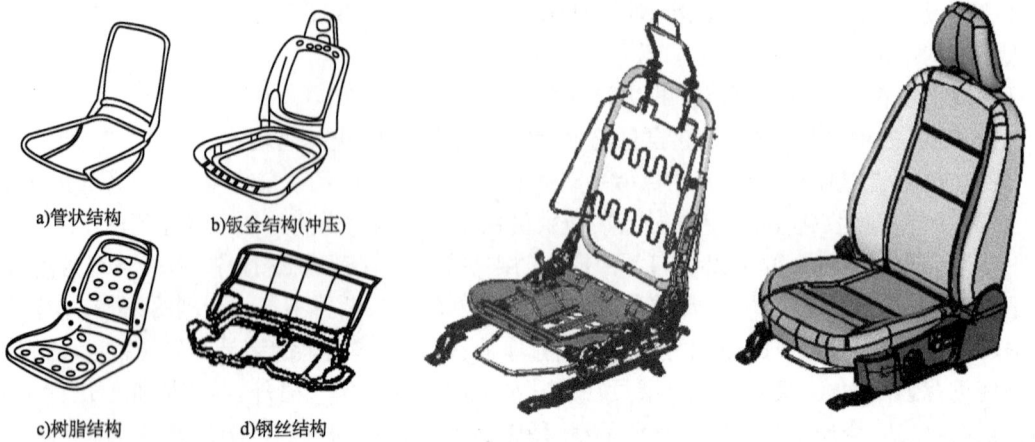

a)管状结构   b)钣金结构(冲压)

c)树脂结构   d)钢丝结构

图 4-52   座椅骨架和整体示意图

靠背及坐垫骨架的形状应以能满足人体生理特征、给驾驶人和乘员提供安全和有效支撑为目的进行设计。为了避免因靠背型芯偏软而造成的侧背支撑能力在急转弯时降低或失效,在靠背骨架两侧加焊凸起的侧支撑板或支撑筋;为了保证驾驶人和乘员的腰部、肩部有良好的支撑而在靠背骨架上设计出符合背部曲线的弧度。

座椅骨架通常由钢质材料焊接而成,但在轻量化成为现代化汽车设计的新趋势下,汽车座椅薄型化显得非常重要,因此热塑性成型的座椅骨架和镁制座椅骨架正在推广应用。

2)座椅坐垫

座椅坐垫通常由座椅弹簧、缓冲垫和蒙皮组成。

座椅弹簧是座椅的弹性元件,起缓冲作用,通常用直径为 2.6 ~ 4.0mm 的弹簧钢丝或硬钢丝加工而成,另外也有采用橡胶弹性元件。座椅弹簧的特性决定了座椅的静、动态弹性特性。其主要分为圆柱螺旋弹簧和 S 形弹簧两种,如图 4-53 所示。圆柱形螺旋弹簧结构简单、刚度

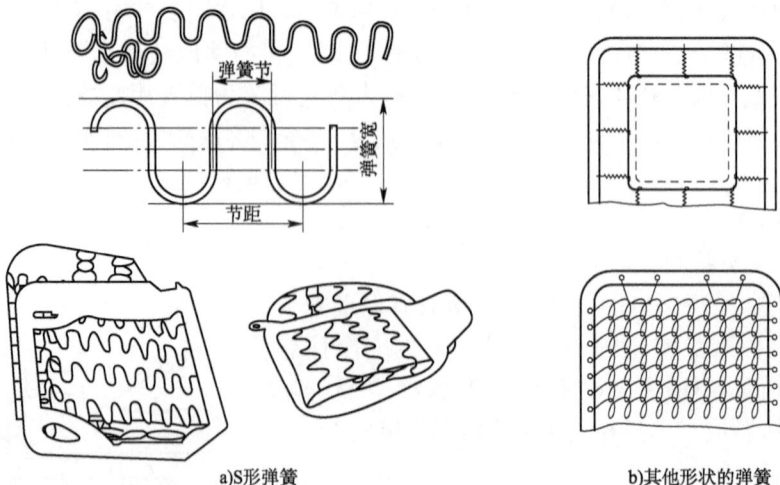

弹簧节

弹簧宽

节距

a)S形弹簧   b)其他形状的弹簧

图 4-53   座椅的弹性元件

124

稳定、制造容易,一般用在座椅和靠背骨架的边框周围起连接作用。S形弹簧座椅减振性好,相同输入条件下,其振幅较螺旋弹簧座椅小。如果将S形弹簧和非金属弹性部件配合使用,会改善座椅的性能。

缓冲部分是汽车座椅弹簧和蒙皮之间的柔软物质,通常采用一层或二至三层棉花、毛发类物质、海绵、乙烯类物质、黄麻毡、乳胶泡沫、氨基甲酸乙酯泡沫等。缓冲垫通常有一定的形状、尺寸和厚度,用来包住坐垫或靠背弹簧总成。缓冲垫不仅起到防止弹簧对乘员产生坚硬的不舒适感,同时还具有增加坐垫弹性的作用。另外,缓冲垫能够分散弹簧和人体之间的压力,使座椅表面具有柔软的触感、补充座椅弹簧的弹性作用的同时,还有使振动衰减的阻尼作用。缓冲垫按性能可分为底层缓冲垫、中层缓冲垫、上层缓冲垫、顶层缓冲垫及其他缓冲垫。通常情况下缓冲垫为一层或同时使用二至三层。

蒙皮是套在座椅总成表面的一层材料,它直接与乘员接触,一方面它起到保护膜的作用,对座椅泡沫有保护作用,同时在座椅表面也应体现出具有特征的外观和良好的触感。座椅蒙皮材料可以分为纺织纤维、粘胶纤维和天然皮革。座椅蒙皮材料应有美观、强度高、耐磨、耐老化、不易燃烧等特性,其燃烧特性必须符合 GB 8410—2006《汽车内饰材料的燃烧特性》的要求。目前世界各国在轿车座椅上广泛采用针织布料,这种织物富有弹性,对人体的附着性能好,适应座椅在人的体重作用下的反复变形;采用毛织物也日渐增多,但其价格较昂贵,只适用于高级轿车。

坐垫设计主要是坐垫深度和坐垫倾角的确定。坐垫深度的设计原则是在充分利用靠背的情况下,使臀部得到合理支撑。人体在坐姿状态下,坐骨与小腿足部构成稳定的人体支撑。坐垫深度过大时,造成人体躯干相对前移,腰部得不到良好的支撑,易引起疲劳;坐垫深度过小时,会因大腿得不到良好的支撑而感到不舒适。因此,坐垫的深度应按臀部至大腿表面全长的3/4设计,一般取 400~480mm。坐垫的倾角应兼顾安全性和舒适性,一般为 2°~10°。

3)调节装置

调节装置主要包括座椅高度调整机构、前后位移调整机构(即座椅滑道)、靠背仰角调整机构(即调角器)及坐垫前倾角调整机构等。调节装置的锁止强度必须能满足 GB 15083—2006《汽车座椅、座椅固定装置及头枕强度要求和试验方法》的规定。

(1)高度调整机构是调整座椅在车舱内垂直位置上下移动的机构,有机械调整机构、可控空气弹簧调整机构、气动调整机构和电动调整机构等几种形式,一般调整范围为 0~100mm。

(2)滑道是调整座椅在车舱纵向水平位置前后位移的机构,有单锁止滑道和双锁止滑道两种形式,滑道的选用一般根据锁止强度确定,一般前后调整距离为 0~100mm。

(3)靠背倾斜角调节装置设在坐垫骨架和靠背骨架之间,用以调节靠背的倾斜角。从调整驾驶姿势的观点出发,可在驾驶姿势、休息姿势、睡眠姿势等多种情况下进行调节。设计和制造靠背倾斜角调节器时,必须充分考虑装配关系、锁止装置的作用及其可靠性以及操纵等问题。

(4)坐垫前倾角调整机构一般是机械调整机构,多采用安全可靠、结构简单的多杆机构。

4)靠背

靠背的设计主要指强度设计和造型设计。靠背的强度设计分柔性吸能式和刚性吸能式两种。根据不同的碰撞条件,各种靠背的保护效果是不同的。在高强度碰撞时,刚性靠背的设计理念对于正常坐姿、按标准状态使用约束系统的乘员来说是合理的。但是,在发生低强度尾部碰撞时,刚性靠背座椅会引起乘员身体沿靠背向上滑动,靠背对乘员产生回弹及导致乘员以非正常坐姿乘坐。

靠背的造型设计应使靠背的高度、形状符合人体曲线,使背部肌肉处于放松状态,并能给背部、肩部有效可靠的支撑,使驾驶人保持稳定的坐姿,还要有足够的侧背支撑,从而避免高速转弯时的横向滑动。为了提高舒适性,满足驾驶人与乘员在休息时的需求,靠背倾角应为可调式,并且调整范围尽可能大。一般载货汽车为100°~115°,大客车为95°~135°,轿车为80°~170°。此外,腰部支撑和扶手也可以减少椎间盘的压力。设计时,腰部支撑要有一定的厚度、硬度和透气性,确保乘坐人员的体重能够均匀地分布于坐骨结节区域。座椅扶手的安装位置应符合人体坐姿时肘部的高度尺寸,一般安装在距坐垫水平面高250mm处。

5)连接部件

汽车座椅连接部件的强度直接影响座椅的安全性能。在发生碰撞时,如果连接部件先于座椅失效,很可能会造成座椅骨架的断裂、严重变形和调节机构失灵等,此时乘员的生命安全将受到极大的威胁。

一般座椅是单侧装有传动机构,当车辆碰撞时,座椅将发生倾倒现象。奔驰汽车公司则在座椅两侧均装有传动机构,并且提高其强度。因此,当发生撞车时,座椅仍能牢固地被固定在原位,从而保证安全带最大限度地发挥作用。

6)头枕

头枕是座椅的一个相当重要的安全部件,用以限制乘员头部相对于躯干向后移位的弹性装置。在发生撞车事故,尤其是汽车发生追尾碰撞时,可抑制乘员头部后倾,防止或减轻颈部损伤。

在国际标准中,有关座椅头枕的法规是独立于整个座椅系统的,如美国的FMVSS 202《头枕的碰撞保护》。在我国国家标准中,GB11550—2009《汽车座椅头枕强度要求和试验方法》对座椅头枕也做了单独规定。但考虑到整个座椅系统结构的完整性,也须将头枕作为整个座椅系统的一个重要组成部件来考虑其对被动安全性的影响。

头枕分为固定式和可拆式两种。

固定式也称为整体式,有两种结构,如表4-3所示。固定式头枕按其宽度分为两种类型,头枕宽度为255mm以上的A型和头枕宽度为170mm以上的B型,A型适用于乘员的落座姿势横向变动比较容易的座椅;B型适用于乘员的落座姿势不易变动的座椅。

固定式头枕结构 表4-3

种　类	代号	结　　构
S_1 种	S_1	靠背上带有安装机构,头枕本体以插入式、螺纹式等进行安装的结构
S_2 种	S_2	靠背的上部形成头枕,靠背和头枕成为整体的结构

可拆式也称为分离式,主要由头枕本体、支持架及固定架组成,支持架可根据结构要求可有可无。按固定架的形状及固定方法,可作如表4-4所示的分类。

分离式头枕的分类 表4-4

种　类		固定架的形状及固定方法
第一种		固定架为鞍形,跨置于座椅靠背上固定
第二种		固定架为附着式,以螺钉等固定方式,将其固定于车内的嵌板、隔板等车体部件上
第三种		固定架为倒L形,插入座椅靠背与车体之间固定
第四种	A型	固定架为插入式、螺钉固定式,固定于座椅靠背内的固定座
	B型	固定架的形状及固定方法与A型相同,只是已设定了乘员的坐姿,横向姿势不宜变动

头枕又可分为可调节型和不可调节型。可调节型头枕具有可以垂直和横向调节的机构，有手动调节和自动调节之分。

头枕的设计应当以低速碰撞防护为主。在发生追尾碰撞时会引起的头部与胸部加速度差值，对于颈部尤其是脊柱以及神经系统的影响是不可忽视的。假定伤害大部分发生在碰撞后的第一阶段，由于靠背的冲击，胸部会产生向前的加速运动，而头部刚好相反，头部与头枕未接触时，或多或少会保持惯性运动，此时脊柱呈 S 形，并从胸部传递剪力给头部，这个剪力对颈椎骨造成的危害很大。因此，应尽可能减小头部与胸部的相对水平运动，与此同时，在低速尾部碰撞时，位置靠前且较高的头枕设计能减少颈部的损伤。另外，座椅头枕应能够自动实现水平、垂直位置的调整，以适应乘员位置的变化。

汽车座椅头枕的性能直接影响头枕对乘员头部、颈部的保护作用。国家标准 GB 11550—2009 对头枕的性能有以下相应的规定：

（1）对于前排座椅头枕，其高度不应低于 800mm，而其他座椅头枕的高度不应低于 750mm。头枕宽度应保证头枕两侧距座椅垂直中心平面的距离都应在 85mm 以上。

（2）头枕按标准规定的试验方法试验时，头部模型位移量必须小于 102mm。将试验载荷加至 890N 时，头枕及其安装部件在座椅及靠背等损坏前不能破损或脱落。

4.5.3 座椅系统安全性能要求

1. 体压分布要求

从人机工程学的观点出发，汽车座椅应对乘员产生良好的静压感，使乘员在保持自然瞭望姿势时，肌肉放松，体压分布合理，不影响血液循环或使乘员疲劳等。良好座椅的最终姿势与体压分布如图 4-54 所示。

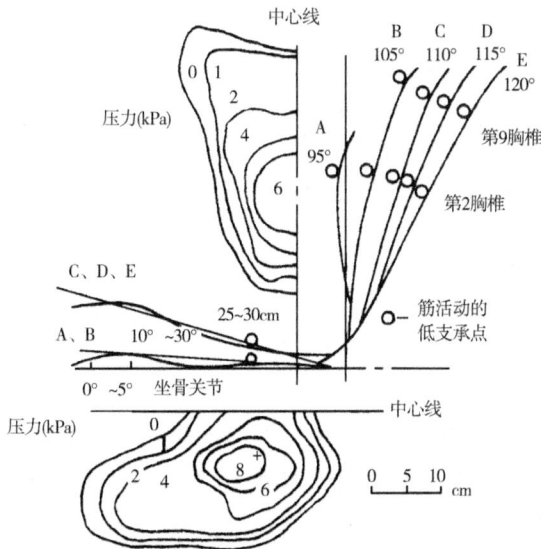

图 4-54　良好座椅的最终姿势与体压分布典型图
A、B-工作用支持面；C、D、E-休息用支撑面

体压分布是由坐垫和靠背的形状及硬度分布来保证的。

在汽车座椅坐垫部位，最适宜的体压分布应是：左右对称；坐骨附近压力最高，向四周逐渐减小，直至与坐垫前缘接触的大腿下面趋于最低值；无明显的异常值，即没有使人有异物感的峰值压力。

127

在汽车座椅靠背部位,最适宜的体压分布应是:左右对称;第四、第五节腰椎骨处压力最大,两个肩胛骨处压力次之,其余部分压力向外逐渐减小,即靠背有明显的腰支撑,肩胛处有依靠;无明显的异常峰值。

应该指出,仅是汽车座椅本身的形状、尺寸和变形特性满足要求还不够,必须考虑座椅在车内空间的布置,这同样影响乘员的静压感,对行车安全性也会产生影响。人体尺寸与座椅、车体尺寸的关系如图4-55所示。

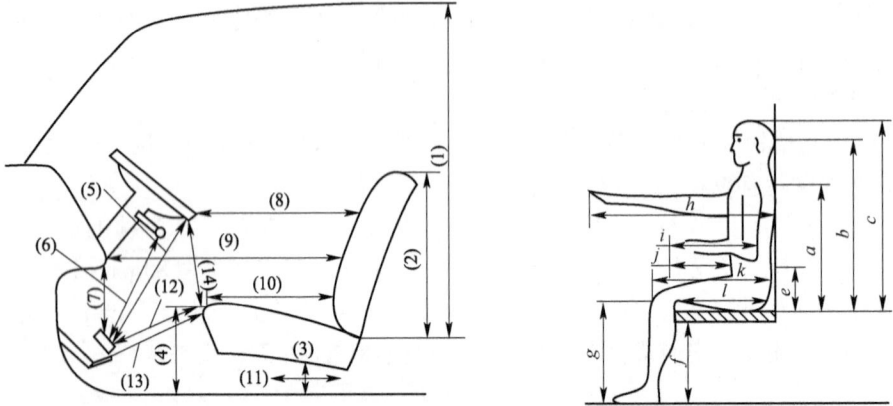

图4-55 汽车和人体的关联尺寸

为了使乘员获得良好的体压分布,对汽车座椅的结构设计提出了相应的要求,这些要求主要有:

(1)座椅的高度和前后位置应可以调节。

(2)坐垫表面应保证乘员坐得踏实,坐垫前角使乘员大腿弯处受力小,仅能支持住大腿即可。

(3)座椅靠背应能承受1500N以上的制动踏板力的反力。脊椎向前弯曲的姿势容易使肌肉过度疲劳,而脊椎向后弯曲的姿势则有拉伤韧带的危险。因此,最好设计出一种即使长时间采用前弯姿势也不会使乘员疲劳的座椅。

(4)座椅靠背前后倾角应可调整,使乘员下身角度(指大腿和腹部之间的角度)可调。适当增大此角度,乘员腹部到大腿的血管不会受到压迫,代谢物质可畅通无阻地由血液带走。

(5)坐垫倾斜角应能调节,以满足汽车在不同路面行驶时乘员的坐姿要求,使身体的重心容易通过腰关节的转动轴(此时肌肉受力最小)。

(6)座椅坐垫和靠背最好和弹簧连成一体,受冲击时使振动迅速衰减。

(7)制动踏板和离合器踏板到座椅的距离应使踏板踏到底时,两只脚移动距离和角度应都相等。加速踏板如果安装得过远,容易使坐骨神经拉伸,会引起坐骨神经疾病。

2. 振动特性要求

汽车座椅应有合适的弹性特性。过硬的弹性部件使人感到不舒适,而过软的弹性部件容易与车身振动的低频相近而引起共振。过软的靠背常使人失去依靠而过早疲劳,不利于驾驶操纵。为了迅速衰减振动,要求汽车座椅有较大的阻尼。美国汽车工程师协会舒适性委员会推荐了一种定量评价乘员与座椅振动关系的方法。如设振幅为 a,振动频率为 f,则有下面关系公式:

$$\begin{cases} f=1\sim6H_z, af_3=50.8 \\ f=6\sim20H_z, af_2=8.47 \\ f=20\sim60H_z, af_1=0.424 \end{cases} \quad (4-1)$$

由上式得出的上下振动容许极限值作为舒适性系数的基准,实际应用时用它的倍数来表示它的大小。这种方法假定人体是一个刚体,从座椅传来的振动原封不动地传到人体各部分,

128

然后再根据各部分的感觉整理成 R.N.杰恩威上下振动容许极限图,如图 4-56 所示。

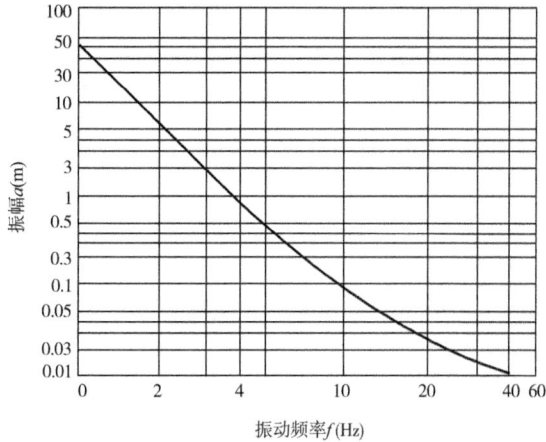

图 4-56　R·N 杰恩威上下振动容许极限图

为获得良好的振动特性,座椅弹性部件必须进行合理的设计、选用和安装,一般弹性部件分为金属和非金属两类。通常由许多直立螺旋弹簧组成坐垫或靠背,在其边缘为金属框架。为避免弹簧部件相互摩擦产生噪声,一般选用大螺距弹簧,并用结实的织物保持金属件的相对位置。水平布置的回形弹簧和水平布置的细长螺旋弹簧通常安装在座椅骨架上。这种结构的坐垫和靠背厚度较小,适用于车身尺寸布置更紧凑的汽车。非金属弹性部件有聚氨酯泡沫塑料、海绵橡胶和水平布置的弹性橡皮条等。制造坐垫和靠背时,其密度、刚度、阻尼等都可按需要调配。同时,为了使坐垫和靠背有较大的阻尼,常将每个螺旋弹簧紧裹在织物统制的套子里或将坐垫底部封闭(只留几个通气小孔),也可在座椅的悬架上安装专门的减振器。

3.刚度、强度要求

从安全角度讲,为了在撞车时不因座椅破损而产生伤害事故,座椅的设计必须考虑座椅骨架、靠背、滑轨、调节器和安全带固定装置等的强度以及它们相互间的安装强度。同时,还要考虑座椅对减少侧面碰撞时的车身变形,确保乘员生存空间。

各国的汽车安全法规都对汽车座椅强度作了规定。我国的 GB 15083—2006《汽车座椅、座椅固定装置及头枕强度要求和试验方法》、GB 11550—2009《汽车座椅头枕强度要求和试验方法》、GB 13057—2014《客车座椅及其车辆固件的强度》、美国国家道路交通安全管理局 NHTSA 的 FMVSS207、FMVSS202、欧洲 ECE R17《机动车座椅、座椅固定装置及头枕认定的统一规定》都对汽车座椅强度做出了规定。上述汽车法规和标准主要包括以下试验项目:座椅总成静态强度试验、座椅靠背静态强度试验、座椅头枕静态强度试验、汽车安全带固定点强度试验和头枕冲击吸能性试验。其中 GB 15083—2006 标准要求除 M_2、M_3 类车以外的乘客座椅必须满足下列要求:

(1)在动态试验(对整个车体向前施加一个不小于 $20g$ 的水平纵向减速度,持续时间为 30ms)或静态试验(座椅的坐垫与靠背为分开式且分别安装在车身上时,通过座椅质心,沿水平向前和向后分别施加相当于座椅总成重量 20 倍的载荷,加载时要求逐渐加载到规定值,并在该值上保持 0.2s 以上)过程中或试验后,座椅骨架、座椅固定装置、调节装置、移位折叠装置或其锁止装置均不应失效。允许产生在碰撞过程中不会增加伤害程度的永久变形(包括断裂)且能承受规定载荷。

(2)每个调节装置和座椅移位装置都要求有自动锁紧位置。除了发生碰撞时会对乘客产

129

生危险的装置以外,扶手或其他用于提高乘坐舒适性的装置不要求有锁紧装置。可移动的座椅和长条座椅在其使用位置都应能自动锁紧;可调式座椅靠背在调节范围内任意位置都应能锁止;所有可前翻的座椅或可折叠的座椅靠背,在其使用过程中都应能自动锁止。

(3)试验后,用于或有助于乘员通过的移位折叠装置应处于工作状态,且至少保证能解锁一次,并按需要使座椅或座椅的一部分移动。对于其他座椅移位折叠装置、调节装置和锁止装置,允许产生变形、断裂,但不允许失效,并保持在原位置。

(4)在头枕顶部向下 65mm 处,通过直径为 165mm 的头型,施加一个垂直于移动后基准线的初始负荷,其相对于 R 点的力矩为 373N·m,头型的最大后移量 x 应小于 102mm。如果座椅或座椅靠背未出现损坏,则由规定的初始载荷可增加到 890N,头枕及其固定装置应保证不被损坏。

(5)通过标准规定的摆锤及试验方法对座椅进行从后向前撞击试验,撞击方向应位于纵向平面内并与铅垂方向成 45°,头型反弹加速度超过 80g 的持续作用时间不超过 3ms,应认为满足要求。同时,试验过程中或试验后不允许有危险的边棱出现。

座椅骨架除了要达到静态强度和刚度的要求外,还必须考虑冲击强度和交变载荷作用下的疲劳强度,特别是座椅弹簧装置部分和包装上的薄弱部分的疲劳强度。碰撞事故发生时,乘员和车身内部部件发生二次碰撞时,座椅必须能保护乘员人身安全。

4.6 转向系防伤机构

由交通事故统计资料和汽车碰撞试验结果的分析表明:汽车正面碰撞时,转向盘、转向管柱是使驾驶人受伤的主要部件。在汽车发生正面碰撞时,碰撞能量使汽车的前部发生塑性变形。布置在汽车前部的转向盘、转向管柱及转向轴在碰撞力的作用下向后移动,而人体在惯性力的作用下又要向前冲,此时,驾驶人的胸部和头部就会碰撞到转向盘而受伤。现代汽车在转向系内设计并安装有能防止或者减轻驾驶人受伤的机构,即转向系防伤机构。

1967 年美国首先将转向系防伤机构于用于轿车,1969 年美国的轿车全部采用转向系防伤机构,日本也从 1973 年起规定其轿车必须安装吸能防伤转向机构。目前,我国与国外合资兴建的轿车生产厂生产的轿车已装有吸能防伤转向机构,但在许多客车和货车上还没有装用吸能防伤转向机构。

汽车转向系防伤机构是一种除了满足转向机构常规功能外,还能够在正面碰撞事故中确保驾驶人有足够的生存空间,吸收碰撞能量,防止或减轻驾驶人伤害的被动保护装置。常见的转向系防伤机构有吸能转向盘、能量吸收式转向柱和转向中间轴。

4.6.1 转向系与驾驶人系统的正面碰撞关系

图 4-57 为汽车发生正面碰撞时转向系与驾驶人系统的碰撞关系。

一次碰撞能量使汽车前部发生塑性变形,安装在汽车前部的、与转向器输入端相连的转向中间轴在碰撞力的作用下向后运动。要减轻一次碰撞的影响,可由转向中间轴来完成。

随着碰撞的继续,碰撞力作用在转向柱的下端,使转向柱向后移动,同时驾驶人在本身的惯性作用下冲向转向盘产生二次碰撞。尽管驾驶人本身有约束装置如安全带、安全气囊的约束,但仍有一部分能量要传递给转向盘和转向柱系统。吸收二次碰撞的能量和驾驶人的部分惯性能量是吸能转向盘和能量吸收式转向柱设计要解决的问题。

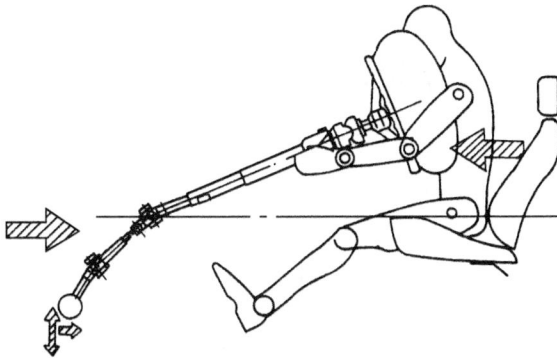

图 4-57　汽车发生正面碰撞时转向管柱与驾驶人系统的碰撞关系

4.6.2　转向系防伤机构结构原理

为满足相应法规和标准的要求,需要在转向系中设计并安装能防止或者减轻驾驶人受伤的机构,以有效地吸收汽车正碰撞时的碰撞能量。

1. 减轻一次碰撞影响的防伤机构

减轻一次碰撞影响的方法是通过转向中间轴的防撞结构来实现。防撞型转向中间轴除了要保证汽车正常行驶时传递转向转矩外,当汽车发生正面碰撞、碰撞力达到一定值时,转向中间轴可以伸长、压缩、弯曲或断开,以消除转向齿轮的后移影响,达到减轻一次碰撞影响的目的。常见的能够减轻一次碰撞影响的转向中间轴的结构形式有以下几种。

1)伸缩式转向中间轴

这种形式的转向中间轴上、下两个联轴器之间是花键轴、套式转向轴或者是"D"形管、轴式转向轴。花键轴花键齿上一般要涂上一层塑料,形成一种可压塑料过盈配合,以消除花键配合的间隙。当汽车发生正碰时,通过花键轴套的相对滑动来消除碰撞力产生的转向系齿轮轴向后的位移,达到减轻一次碰撞影响的目的,如图4-58f)所示。

2)波纹管式或网格式转向中间轴

这种形式的转向中间轴上、下两个联轴器之间是波纹管式转向轴或网格式转向轴。波纹管式或网格式转向轴除了可以正常地传递转向转矩外,当汽车发生正碰时,通过波纹管或网格式轴的弯曲和压缩来消除碰撞力使转向器齿轮轴产生的向后的位移,达到减轻一次碰撞影响的目的,如图4-58b)、c)所示。

3)可断开式转向中间轴

这种形式的转向中间轴可采用双销来连接,正常行驶时,上下两段通过销与孔的配合来传递转向力矩,当汽车发生正面碰撞、碰撞力达到某一规定值时,上、下两段轴能及时脱开而避免转向盘后移,达到减轻一次碰撞影响的目的,如图4-58d)所示。

4)装有钢球的双层管式转向中间轴

碰撞发生时转向轴内、外管产生相对运动,而管与球之间又有较大的过盈量从而产生较大的摩擦力,吸收撞击能量,起到安全作用如图4-58e)所示。

5)两段式转向轴

两段式转向轴采用弹性联轴器连接,两段式转向轴1和2由弹性联轴器连接,后者由有α角斜面的突缘3、弹性垫片4(由浸有橡胶的多层帘布制成)和连接螺栓5组成。弹性垫片的轴向变形可以缓和冲击载荷并允许上段轴向下有一定的弹性位移。一旦汽车发生严重的碰撞,两突缘的斜面接触,如图4-58a)所示。

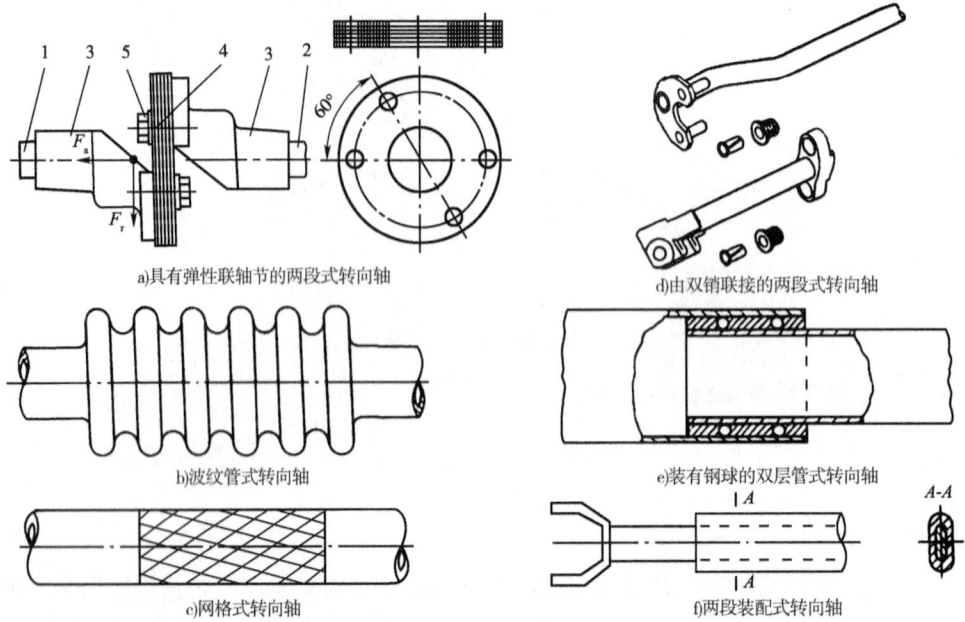

a)具有弹性联轴节的两段式转向轴

d)由双销联接的两段式转向轴

b)波纹管式转向轴

e)装有钢球的双层管式转向轴

c)网格式转向轴

f)两段装配式转向轴

图4-58　采取了防伤安全措施的转向轴结构图

2. 保护驾驶人免受二次碰撞伤害的防伤机构

保护驾驶人免受二次碰撞伤害的方法是通过采用吸收冲击能量的转向盘、转向管柱结构。

1) 吸能转向盘

如图4-59所示转向盘的轮缘包以柔性材料,且向下倾斜的轮辐具有防护用的柔软镶面。从安全考虑,转向盘应有两个夹角范围为140°~160°,且与轮缘平面向下倾斜不小于20°的轮辐。当发生碰撞时,吸能转向盘的轮毂发生塑性变形吸收碰撞能量,其理想受力变形如图4-60所示。

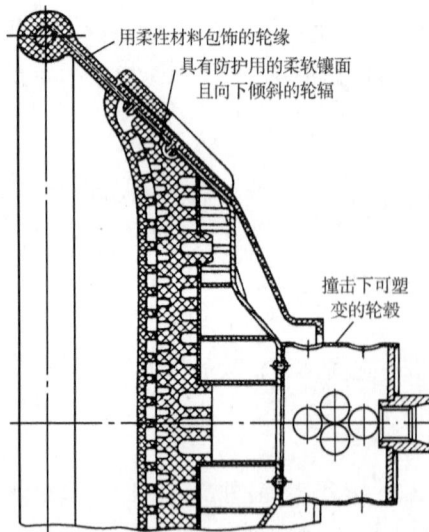

用柔性材料包饰的轮缘

具有防护用的柔软镶面且向下倾斜的轮辐

撞击下可塑变的轮毂

图4-59　吸能转向盘

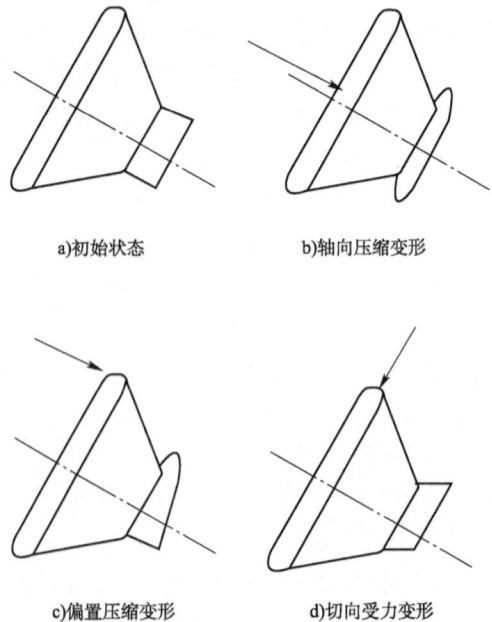

a)初始状态

b)轴向压缩变形

c)偏置压缩变形

d)切向受力变形

图4-60　吸能转向盘的理想受力变形示意图

2)能量吸收式转向管柱

对于能量吸收式转向管柱也可采用上述波纹管式、网格式、装有钢球的双层管式等防止伤害驾驶人的结构措施。

4.6.3 能量吸收式转向管柱设计

1. 能量吸收式转向管柱的性能要求

(1)在汽车正常行驶时,转向管柱及其中的转向轴有足够的强度和刚度,以保证正常的转向力传递及安装于转向管柱上的其他功能件(如变速操纵杆、组合开关等)正常工作。

(2)当汽车发生正面碰撞时,转向管柱系统能够从车身结构中以机械的方式脱离。

(3)当汽车发生正面碰撞时,转向管柱及其中的转向轴可以被压缩,并且转向管柱系统中应具有能量吸收部件以吸收碰撞能量。

2. 能量吸收式转向管柱的吸能原理

能量吸收式转向管柱主要通过材料的弯曲、材料的变形、接触摩擦、剪断、折断或以上几种形式的组合方式吸收碰撞能量,以实现在碰撞压缩的最大设计位移或时间内对驾驶人胸部产生较小的不变的作用力。

在以上几种吸能方式中,通过改变材料的厚度、截面形状、几何尺寸、摩擦系数及强度参数等,可得到所需要的吸能能力。

3. 能量吸收式转向管柱的主要参数及布置

1)主要参数

(1)压缩行程:一般来讲,转向管柱及其中的转向轴的可压缩行程应在150mm以上。

(2)转向管柱系统的最小临界压缩力:一般最小临界压缩力在1.1~2.5kN之间。

(3)转向管柱断开连接盒分离力:连接盒上每个注塑销的破坏力为500N。转向管柱上每个可断开连接盒一般有2~4个注塑销。

(4)能量吸收式转向管柱的抗弯曲强度:要有足够的抗弯曲强度以提高轴向吸能效果。

2)能量吸收式转向管柱的布置

转向管柱的布置设计应该注意转向管柱安装角度的确定。它会影响转向管柱吸能效果。图4-61为转向管柱与驾驶人系统的受力关系。

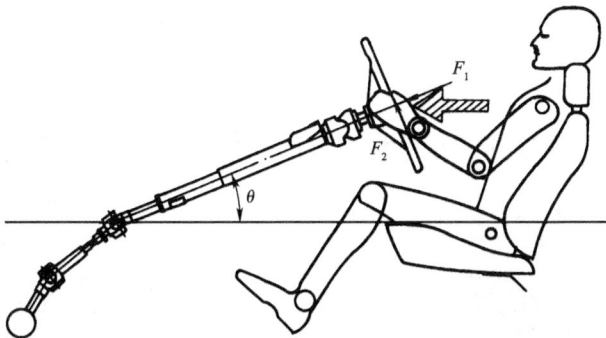

图4-61 转向管柱与驾驶人系统的受力关系

驾驶人胸部对转向管柱的碰撞力即伤害驾驶人的碰撞力 F,可分解为沿转向管柱轴线的使转向管柱压缩吸能的分力 F_1 和使转向管柱向上弯曲的分力 F_2,F_1、F_2 计算公式:

$$F_1 = F\cos\theta, F_2 = F\sin\theta \qquad (4-2)$$

式中:θ——转向管柱的安装角。

当碰撞力 F 不变而 θ 变大时,沿转向管柱轴向的吸能力 F_1 略有下降,而使转向管柱向上弯曲的分力 F_2 却大幅度上升。F_2 的增大会影响转向柱从车身上脱离,并且使驾驶人胸部所受的碰撞分力加大,吸能缓冲效果下降。一般来讲转向柱的安装角度在 $21° \sim 23°$ 时吸能缓冲效果最佳。

对于转向管柱的布置应使压缩吸能部分的上、下端分别连接在车身上强度和刚度有一定差异的部位,保证压缩吸能能力的传递。

对于能量吸收式转向管柱有很多种形式,如弹性联轴器和两段式转向管柱等。图 4-62 为两段式吸能管柱的结构原理图。上、下两段转向管柱 2 和 3 压入两端内壁各有两排凹坑的套管 1 中。转向轴分为上、下两段,用花键连接。当汽车发生撞车事故时,依靠管柱与套管的挤压来吸收冲击能量。因此,为了满足所要求的压紧力,设计时需要计算套管间的过盈量 Δ,即:

$$\Delta = \frac{nF_f}{4\pi E}\left(\frac{\lambda_W}{h} + \frac{\lambda_n}{h}\right) \tag{4-3}$$

式中:n——互相平衡的径向力数或套管上的凹坑数;

F_f——计算断面套管间接触点处的法向力;

h——套管壁厚;

E——弹性模量;

λ_W、λ_n——分别为外、内套管系数。

$$\lambda_W = \sqrt[4]{3(1 - \nu^2)\left(\frac{R_W}{h}\right)^2}$$

$$\lambda_n = \sqrt[4]{3(1 - \nu^2)\left(\frac{R_n}{h}\right)^2} \tag{4-4}$$

式中:ν——泊松比;

R_W、R_n——外、内套管平均半径。

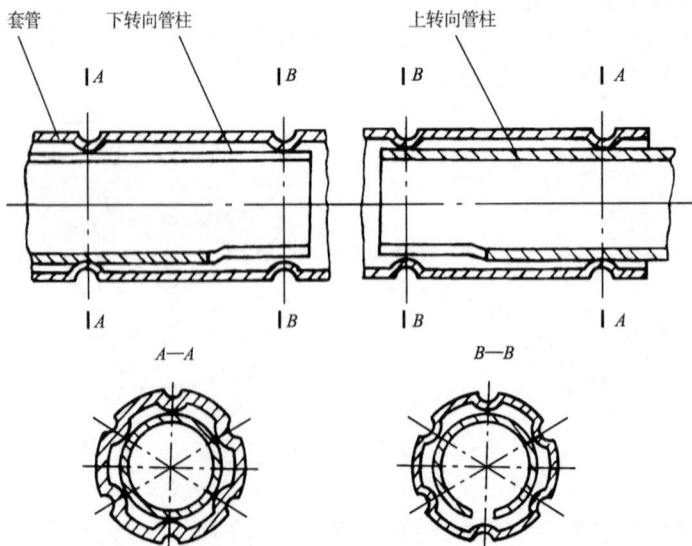

图 4-62 吸收转向管柱简图

撞车时,作用在转向管柱上的轴向力 F_z 受套管间压力限制,因而:$F_z = F_f f$,式中 f 为套管加工表面之间没有润滑时的摩擦系数。

4.6.4 转向防伤机构相应法规

为了减少转向机构在正面碰撞中对驾驶人的伤害,各国都有相应的法规和标准要求。FMVSS204 规定了转向控制装置的向后位移的技术标准,ECE R12 规定了防止转向机构伤害驾驶人的技术法规,我国 GB 11557—2011《防止汽车转向机构对驾驶人伤害》也对转向系统操纵机构做出了规定。

GB 11557—2011 标准的规定包括:

(1)汽车在以 48.3～53.1km/h 之间的车速进行正面固定壁障碰壁试验中,要求转向轴和转向管柱在水平方向的后移量不得大于 127mm,沿垂直方向所测量的车辆转向柱和转向轴顶端相对车内不受碰撞影响的某点的向上位移量不得大于 127mm。

(2)人体模块以 24.1～25.3km/h 的相对速度撞击转向操纵装置时,转向操纵装置作用在人体模块上的水平力不得超过 11123N。

(3)撞击头型以 24.1～25.3km/h 的相对速度撞击转向操作装置时,作用在该撞击头型上的减速度超过 80g 的累积作用时间不得大于 3ms,且最大减速度不得超过 120g。

4.7　其他被动安全装置

4.7.1　安全玻璃

汽车发生碰撞事故时,风窗玻璃的性能对高速行驶的汽车安全性影响较大。汽车安全玻璃一般具有足够大的变形余量和柔性,一方面可保证正常状况下良好的视觉效果,另一方面具有足够的强度,能防止碰撞时乘员从窗中飞出时,以及不对乘员头颈部位造成较严重伤害。安全玻璃包括钢化玻璃、区域钢化玻璃和夹层玻璃。汽车前风窗玻璃普遍采用安全性更好的夹层玻璃,除前风窗玻璃之外,汽车玻璃均为钢化玻璃。

1. 钢化玻璃

玻璃在加热炉内加热到接近软化温度,这时玻璃处于黏态流动状态,保温一段时间,然后将此片玻璃迅速送入冷却装置,用低温高速气流对玻璃均匀淬冷,使玻璃内层产生张应力,外表面产生压应力,经过这样处理的玻璃制品就是全钢化玻璃原片玻璃,再经过加热、吹冷风等工艺流程后即生产出钢化玻璃。

普通玻璃经"钢化"后,不但强度增加了,而且内部结构发生了变化。当遇有破坏性外力冲击,造成玻璃破裂时,就不会形成锋利的刀口,而是碎裂为许许多多的小碎片,每个碎片就是当初吹冷风时形成的钢化点。

2. 区域钢化玻璃

玻璃在加热炉内加热到接近软化温度,然后将玻璃迅速送入不同冷却强度的风栅中,对玻璃进行不均匀冷却,使玻璃主视区与周边区产生不同的应力,周边区处于风栅的强风位置,进行全钢化,此位置碎片好,钢化强度高,主视区处于风栅弱冷位置,碎片大、钢化强度低,用这种方法生产的玻璃就是区域化玻璃。

区域钢化玻璃,一般用它做汽车的前风窗玻璃,安全性不如夹层玻璃,但对汽车厂家而言成本较低。普通钢化玻璃是不宜做前风窗玻璃的,因为它破碎时会化为一堆碎片,像瀑布一般泻落,阻断司机的视线,不利于应急处理情况。这样,一些中低档汽车就选用区域钢化玻璃。当玻璃碎裂时,司机视野部分的玻璃会形成类似镜片大小的碎块,保证司机有一定的视野,防止二次事故的发生。

3. 夹层玻璃

夹层玻璃由两块普通玻璃胶合而成,中间夹有一层薄膜,经强力胶压制而成。在破裂时中间夹的薄膜可以防止石块或其他飞掷物件穿透到另一面,亦能防止碎玻璃飞溅。当玻璃碎裂时,胶片会把玻璃碎片黏在一起,使玻璃碎片不致散落而伤人,层压玻璃可以保证驾驶所需之最小能见度,使驾驶人有一定的视野来处理紧急情况。

汽车安全玻璃应具有良好的视线、足够的强度以及意外事故时应对乘员起到保护作用,各国对安全玻璃指定了专门的法规,ECE R43《安全玻璃材料及安装的统一规定》、美国 FMVSS 205《玻璃材料》、日本 JASO M501《汽车用安全玻璃》、我国 GB 9656—2003《汽车用安全玻璃》对安全玻璃的厚度、可见透光度和抗化学性进行的规定,并且对它的抗穿透性、抗冲击性和碎片状态进行了要求。

4.7.2 儿童安全座椅

儿童安全座椅是一种儿童安全约束系统,对于保障儿童的乘车安全有着明显作用,可以最大限度地减少事故中儿童的伤害。

根据公安部交通管理局 2006 年的统计,2006 年我国 12 岁以下儿童在交通事故中的死亡人数为 4167 人,其中车内死亡的有 683 人,占儿童交通事故死亡人数的 16.4%。交通意外伤害已经成为造成儿童意外伤害的"第一杀手"。

根据美国道路交通安全委员会(NHTSA)报告,1994～1996 年在美国所有使用儿童安全座椅的交通事故中,死亡儿童人数为 232 名,受伤儿童人数为 66000 名,远远低于儿童安全座椅未被强制使用时的伤亡人数。可见,儿童安全座椅可以在交通事故中有效地保护儿童的安全,降低儿童的伤亡人数。

1. 儿童安全座椅概述

汽车儿童安全座椅是一种专为不同体重(或年龄段)儿童设计、安装在汽车内、能有效提高儿童乘车安全的座椅。在汽车碰撞或突然减速的情况下,可以减少对儿童的冲击力和限制儿童的身体移动,从而减轻对他们的伤害。

儿童安全座椅可以根据儿童的体重、儿童的年龄和座椅的放置位置等方面进行分类。

在 ECE R44(2014)法规中,汽车儿童安全座椅根据儿童的体重分为 5 种,即 0 组(适用于体重小于 10kg 的儿童)、0 + 组(适用于体重小于 13kg 的儿童)、Ⅰ组(适用于体重在 9～18kg 的儿童)、Ⅱ组(适用于体重在 15～25kg 的儿童)、Ⅲ组(适用于体重在 22～36kg 的儿童)。

按照儿童安全座椅在车辆上的放置位置,汽车儿童安全座椅分为通用类、半通用类、受限制类和特殊车辆类。通用类儿童安全座椅能用于大多数座位上,采用成人安全带固定。半通用类儿童座椅用于配备有 ISOFIX 辅助固定点的座位。受限制类儿童座椅只能用于特殊车型的指定座位,采用成人安全带固定。特殊车辆类儿童座椅为内置式儿童约束系统,主要用于装备有车辆制造商或约束系统制造商设计的固定点的特殊车辆类型。

按照摆放方向,汽车儿童安全座椅分为卧式、后向式、前向式和可转换式。手提式婴儿床(婴儿提篮)属于卧式儿童座椅,使用时婴儿平躺着,适用于 1 岁以内的婴儿。后向式是指儿童乘坐的方向朝向车辆后方的儿童座椅,使用时儿童往往斜躺着,配备有多点式安全带,多数产品适用于1~3岁的儿童。前向式是指儿童乘坐的方向朝向车辆前方的儿童座椅,使用时儿童正常坐着,一般与成人安全带组合使用,多数产品适用于3岁以上的儿童。可转换式是一种既可后向式使用也可前向式使用的儿童座椅,一般适用于较大年龄区间的儿童,儿童年龄小时采用后向式,儿童足够高后改用前向式。

按使用儿童的年龄,汽车儿童座椅分为婴儿用(0~1岁)、幼儿用(1~5岁)和学童用(5~12岁)儿童座椅。婴儿用座椅采用躺的方式,幼儿用座椅可采用前向式、后向式和可转换式儿童座椅,学童用座椅使用增高垫和成人座椅安全带。

2. 儿童安全座椅的约束带系统和固定装置

儿童安全座椅的约束功能主要由约束带系统和固定装置实现。

约束带系统是将儿童可靠地约束在乘卧空间的系统,主要由约束带肩带出口、肩带夹、约束带、约束带吊扣、约束带松开锁止机构、约束带调节机构所组成。可转向式儿童座椅安全带主要有五点式、配有碟形防护扶手的三点式、T形防护板与肩部织带的组合式三种类型。

固定装置是指将儿童安全座椅连接在座椅上的固定系统,除了座椅本身是否能提供适当的保护外,儿童安全座椅能否被正确、稳固地固定在车座上更是儿童安全座椅安全性的重点。儿童安全座椅可以直接使用成人安全带固定,也可采用儿童约束固定系统(即 ISOFIX 或 LATCH),即儿童安全座椅的固定方式可分为安全带固定方式、ISOFIX 固定方式和 LATCH 固定方式三种形式。

使用汽车安全带固定儿童安全座椅的方式就是安全带固定方式,如图4-63所示。这种儿童安全座椅的固定方式适用于所有配置安全带的车型,优点是通用性强,多数儿童安全座椅都可采用这种固定方式。但缺点则是安装费时、复杂,且长时间使用容易造成松动。

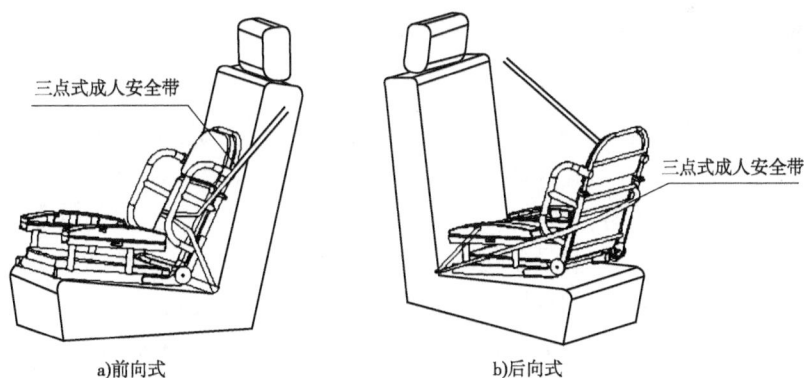

图 4-63　安全带固定方式

ISOFIX 固定方式是指采用 ISOFIX 系统固定儿童安全座椅的方式。ISOFIX 系统是由国际标准化组织制定的汽车儿童安全座椅快速刚性连接系统,如图4-64所示。ISOFIX 固定方式属于两点固定,即仅有两个固定点。ISOFIX 系统主要包括位于汽车座椅靠背与坐垫之间可将儿童安全座椅与车体本身结合起来的两个刚性固定点,面朝前的座椅还有一个防倾斜固定点。ISOFIX 除较低位置的连接必须是刚性外,对上部固定点没有强制要求。

ISOFIX 固定方式的优点是刚性连接强度高、不易松动、安装简单。缺点是必须使用专用接口的安全座椅、通用性不好。ISOFIX 标准化的儿童安全座椅固定方式可将0~4岁儿童的伤亡情况降低22%,对儿童颈部的保护更加有效。

美国从 2002 年 9 月 1 日起开始实施一项新的儿童座椅安全措施规范,要求使用 LATCH 系统固定儿童座椅。FMVSS213 法规要求所有汽车后座位置处位于座椅靠背和坐垫之间必须安装有儿童安全座椅固定点。儿童安全座椅底部连接件用于连接汽车座椅较低位置的固定点,儿童座椅的上拉带用来连接汽车座椅上部固定点,较低位置的固定点和上拉带组成了 LATCH 系统。该系统有三个固定点,如图 4-65 所示。这种保护儿童的安全系统可以脱离安全带而独立工作,并且对于儿童座椅的安装也是非常地简便。

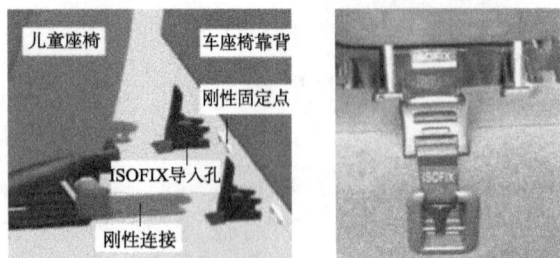

a)ISOFIX结构示意图

b)ISOFIX上部固定点

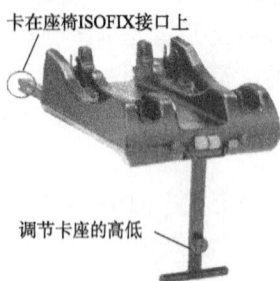

c)ISOFIX固定示意图

图 4-64 ISOFIX 固定方式

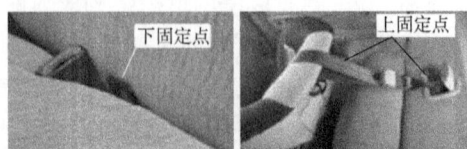

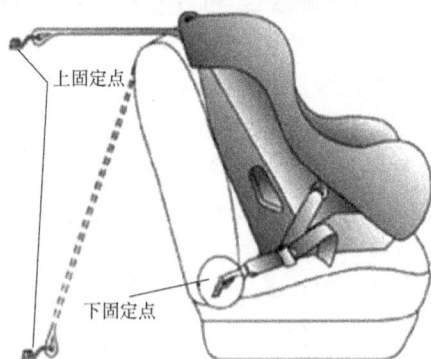

图 4-65 LATCH 固定方式

3. 儿童受伤部位与原因

在碰撞事故中,根据儿童的受伤部位的不同,可分为头部、颈部、胸部、腹部以及四肢的伤害。

儿童头部占自身体重 16%,儿童的头颈部高度是自身身高的 1/4,远大于与成年人相应的比例。因此当交通事故发生时,儿童头部可能与汽车内饰件发生碰撞,也包括与车内其他乘员的碰撞,导致的儿童头部损伤。其通常包括碰撞点附近的擦伤、挫伤及伴随脑组织损伤的粉碎性骨折;碰撞产生的惯性力矩或加速度可能导致的头部的软组织损伤。

儿童颈部的骨骼发育尚未成熟,颈部韧带比较松弛,碰撞可能导致颈部损伤风险增加。

儿童心脏在其胸腔内所占的比例大于成人心脏在成人胸腔内所占的比例,儿童的肋骨通常比成年人的肋骨柔韧,因此儿童肋骨骨折现象比较少见,但儿童胸腔内部器官的损伤风险却很大。

腹腔内包含有肝、脾等重要器官,由于儿童骨骼发育及内脏发育速度不一致的原因,儿童的腹部与成年人的腹部相比较为凸起,则碰撞会引起腹部实体及空体器官的损伤。

在车辆碰撞中,儿童四肢所受伤害一般是骨折,严重的会导致截肢,但一般不会危及生命。

车内儿童在碰撞事故中受到严重损伤的原因是多方面的。首先,儿童座椅或安全带的使用不当或未使用任何约束装置,造成了对儿童乘员的乘车保护不足;其次,机动车相关的交通事故中车辆撞击速度相对较高导致事故的严重程度较大,这都会成了儿童在交通事故中的伤亡。在交通事故中的碰撞的类型、碰撞严重程度、约束的类型、儿童乘坐位置、儿童年龄(体重)及约束系统的使用等因素都对儿童乘员的损伤程度有着影响。

4.儿童安全座椅的功能

作为儿童乘员约束系统的儿童安全座椅应能实现以下功能：

(1)正面碰撞或紧急制动时,能有效阻止儿童身体向前急速运动,避免二次碰撞,不能因为约束系统的定位不佳而向前滑动。

(2)侧向碰撞时,靠背侧翼和头枕侧翼能有效地保护儿童的躯干和头部。

(3)追尾碰撞时,靠背和头枕能承托住儿童的躯干和头部,避免儿童颈部损伤。

(4)侧翻时,儿童身体及约束系统只有少许位移,但绝对不能松脱。

(5)儿童睡觉时,座椅侧翼能保证儿童身体不会严重歪斜,以免碰撞时受到伤害。

5.儿童约束系统相关法规

欧洲在1981针对儿童约束系统制订了ECER44法规,最新修订的ECER44/2014对儿童约束系统的约束系统总成和约束带系统提出了进一步的要求。约束系统总成的要求主要包括盐雾试验、儿童靠背的能量吸收性、翻滚试验、动态试验以及耐温度性要求。

靠背的能量吸收性是通过用模拟头型冲击儿童约束系统的靠背,其头部的加速度不得超过$600 m/s^2$。在翻滚试验中,当试验座椅处在颠倒位置时,儿童假人的头从它原始位置沿相对于座椅的垂直的方向的位移不得超过300mm。

在进行动态试验时,试验假人的损伤参数均不得超过规定限值。如胸部的合成加速度不大于$55g$,但超过$55g$的持续时间不超过3ms的值除外;胸部的垂直加速度不大于$30g$,同样超过$30g$的持续时间不超过3ms的值除外;头部最大前方位移量为550mm,垂直位移量为800m。儿童座椅的任何部分都不能断裂,拔扣、锁定装置或位移装置都不能发生脱扣现象。标准安全带不得从导向装置或锁止装置中脱开,约束装置的任何部分都不能引起腹部模型黏土被穿透的明显现象。

约束带系统的要求主要包括对带扣、调节装置、卷收器、织带、织带锁止机构一些要求,如带扣的强度、调节装置的调节力、织带锁止机构的微滑移量等。

美国联邦机动车安全法规FMVSS213于1971年颁布了用于机动车辆和飞机的儿童约束系统的要求,并在2005年12月进行了最新的修订。该法规对儿童约束的要求主要体现在三个方面:对动态试验的要求、对儿童施加分布载荷的要求以及对约束带系统的要求。

对动态试验的要求主要体现在儿童约束系统的完整性、假人伤害值、假人位移量等方面。进行动态试验后,应保证儿童约束系统的完整性,儿童头部应满足极限值为1000的HIC36标准。胸部合成加速度不超过$60g$,但超过$60g$的累积持续时间不超过3ms的值除外。头部最大前方位移量为813mm,膝部位移量为915mm。

对儿童施加载荷分布的要求主要体现在对儿童头部的最小支撑面、躯干支撑面的尺寸结构等方面提出了相应的要求,以保证能给儿童提供足够的接触面积,防止对儿童身体局部施加过大的载荷。

对约束带系统的要求也同样体现在对织带强度、带扣强度等方面的要求。

6.新型儿童安全座椅

随着人们对汽车儿童安全座椅重要性的认识不断提高,儿童安全座椅也向着更安全、更便捷、多功能的方向不断发展,新型儿童安全座椅也大量涌现,下面将介绍三款新型儿童安全座椅。

1)多功能儿童座椅

汽车儿童安全座椅与手推车相结合的多功能座椅配有座椅机座,可固定在汽车的后座上,使座椅放在车内更加平稳,提篮可便捷地从推车或汽车中取放固定,与手推车配合使用时直接装入推车支架,乘车时支架可折叠放入行李舱中。多功能座椅适合 0 ~ 4 岁的儿童,为儿童出行提供了便利。

2)组合式多功能儿童座椅

组合式多功能儿童汽车安全座椅集汽车座椅、手推车、航空座、就餐座等功能为一体。座椅里面配有多点式约束带,可以保障儿童不滑脱;当手推车使用时,机座轮子打开并锁止,靠背上方有手推装置且手柄高度可调节;儿童座椅和机座为一体,机座轮子可折叠,在安装到汽车后座时完全收起,如图 4-66 所示。

3)整体式增高座椅

整体式增高座椅与传统增高座椅不同,它本身就是车体座椅的一部分。因此,不需要加外挂式安全座椅和拉带或其他装置来固定,需要配合成人安全带来使用。可以使儿童座椅的使用变得简单,同时减少了儿童座椅的误用,还可以为儿童提供更合适的大腿支撑,如图 4-67 所示。

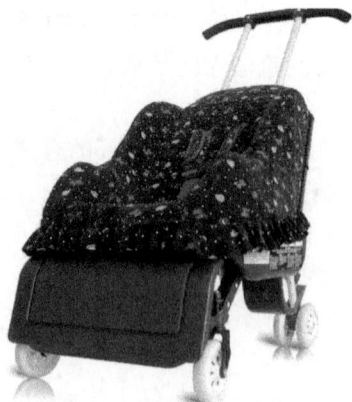

图 4-66 组合式多功能儿童安全座椅

图 4-67 整体式增高座椅

第5章 汽车主动安全系统

本章主要介绍了车轮防抱死制动系统、驱动防滑系统、电子制动力分配系统、制动辅助系统、电控动力转向系统、可控悬架系统、电子稳定性控制系统、安全辅助驾驶系统等汽车主动安全系统的作用、结构、工作原理和控制技术。

5.1 概　　述

汽车电子技术的快速发展为主动安全技术带来了全新的理念,各种主动安全控制装置相继出现,并很快成为满足乘坐舒适、操纵方便和改善汽车主动安全性、减少车辆交通事故的有效手段。

作为汽车技术方面的预防性安全对策,汽车主动安全系统可以确保车辆具有与驾驶人操作特性匹配的动特性,因此,可以主动预防汽车交通事故的发生。通常,主动安全系统有车轮防抱死制动系统(ABS)、制动力分配系统(EBD)、驱动防滑系统(ASR)、电控悬架系统、电控动力转向系统、车辆动力学控制系统等多项控制技术系统。

5.2 车轮防抱死制动系统

车轮防抱死制动系统(Anti Lock Braking System,ABS)通过将制动器制动力调节到适应路面所能提供的附着力,达到防止车轮在紧急制动期间抱死的目的。

当汽车在行驶中遇到紧急情况需要立即制动时,驾驶人会用力踩下制动踏板,这样很容易使车轮抱死,产生滑移。特别是在湿路面或积雪(冰)路面上紧急制动,汽车会失去转向能力而产生侧滑,严重时会旋转甚至掉头,失去汽车的运动控制,这些都极易造成严重的交通事故。ABS 系统可以提高汽车制动时方向的可控性和稳定性,防止车辆侧滑和甩尾,被认为是当前提高车辆行驶安全性的最有效措施之一。

5.2.1 ABS 基本原理

1. 轮胎与路面附着特性

实验证明,当车轮在路面上滑动时,将改变轮胎与路面之间的附着系数,从而改变汽车的制动力。图 5-1 给出了车轮与路面纵向附着系数 φ_B 和侧向附着系数 φ_s 随滑移率 λ 变化的典型曲线。当轮胎纯滚动时,φ_B 为 0;当滑移率为 10% ~20% 时,φ_B 达到峰值。在纵向峰值附着系数下的滑移率左侧,φ_B 随滑移率 λ 呈线性增长,也就是说,路面附着力能随汽车制动力矩的增加,而提供足够的地面制动力,并且,此时的侧向附着系数也较大,具有足够的抗侧滑能力,一般称为稳定区。当滑移率继续增大,φ_B 持续下降,直到车轮抱死($\lambda = 100\%$),φ_B 降到极小值。也就是说,随着作用车轮制动力矩的继续增大,地面制动力反而在逐渐减小。值得注意的是,从纵向峰值附着系数下的滑移率增长到 100% 几乎是瞬间完成的,大约在 0.1s 左右,为不

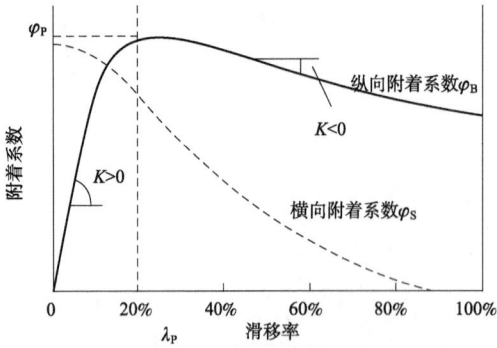

图 5-1 附着系数与滑移率的关系曲线

稳定区。在滑移率达到 100% 时，φ_B 大约下降 1/4 ~ 1/3。在此过程中，侧向附着系数 φ_s 急剧下降，当车轮抱死时，φ_s 几乎为零，汽车将丧失抵抗侧滑的能力。

2. ABS 理论依据

由上述分析可以看出，如果能将车轮滑移率控制在 10% ~ 35% 的范围内，既可使纵向附着系数接近峰值，同时又得到较大的侧向附着系数，从而可使汽车获得最佳的制动效能和方向稳定性。用滑移率 λ 作为参数，调节制动压力以控制车轮转速，达到防制动抱死的目的，ABS 就是基于此而开发的。

ABS 的目的就是保持制动时车轮滑移率始终在侧向附着系数较大、纵向附着系数最大的滑移率值范围，从而得到能维持转向能力和方向稳定性充分大的侧向反力及最大地面制动力（纵向力）。ABS 应是能自动完成下列动作的理想制动控制装置，如图 5-2 所示。

ABS 的工作过程为在车轮的转动状态越过稳定界限（车轮滑移率从稳定区进入不稳定区）的瞬间，迅速而又适度地减小制动器制动力，使制动器制动力略低于车轮与地面间的附着力，从而使车轮的转动恢复到稳定区域内。然后，逐渐地增大制动器制动力，直至车轮状态再次越过稳定界限为止，尽量长时间地保持车轮运动于稳定界限附近的最佳滚动状态，使受 ABS 控制的制动车轮始终在 φ_B 最大处 λ_p 附近的狭小滑移率范围内滚动，实现既充分保证转向操纵性和制动方向稳定性，又获得最小制动距离的理想制动控制目标。

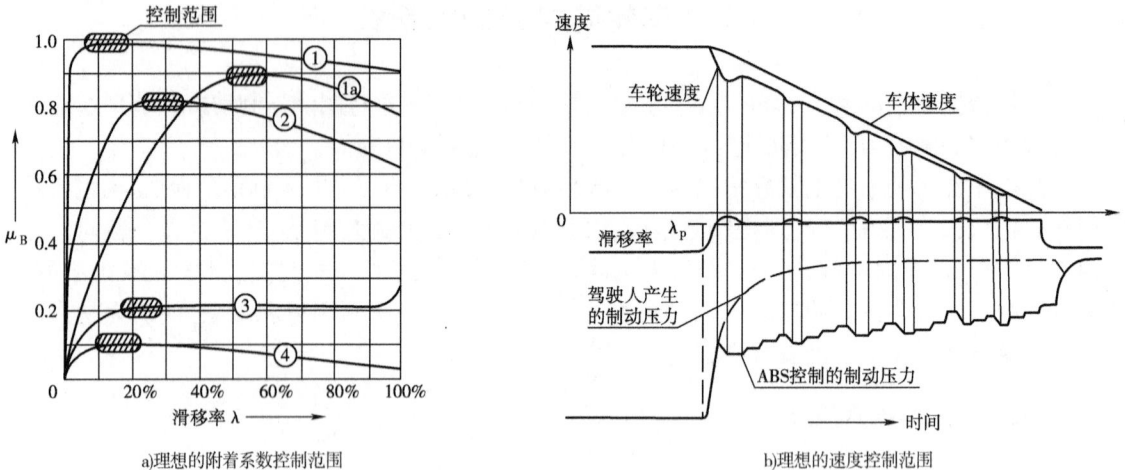

a)理想的附着系数控制范围

b)理想的速度控制范围

图 5-2 ABS 理想制动控制

5.2.2 ABS 控制技术

1. ABS 控制方法

按基本工作原理实现 ABS 控制方法有：

(1)按惯性原理设计的机械式车轮控制系统。

(2)按照理论推导方法可分为基于状态空间的最优控制法和以经典数字控制理论为基础的滑动模态变结构法等。

142

（3）按预定控制逻辑、控制参数及其设定值的门限值控制方法。

随着微电子技术的发展与普及，按惯性原理设计的机械式车轮控制系统，在性价比和对不同车辆的适应性方面已不具有优势。而最优控制和滑动模态变结构控制等尚有诸多难点有待克服，故仍未进入实用阶段。逻辑门限值控制方法则是当今世界各国著名 ABS 公司采用的实用技术。

2. ABS 控制逻辑

基于门限值控制方法的 ABS 控制逻辑主要有：HSRI（Highway Safety Research Institute）控制逻辑、Bosch 控制逻辑和 Bendix 控制逻辑。HSRI 控制逻辑是根据设定的门限值条件来进行判断和控制制动管路的降压或增压，控制过程中没有保压过程。Bosch 控制逻辑是当今被广泛采用的控制逻辑，通过控制制动管路不同阶段的降压、保压或增压来进行 ABS 控制。Bendix 控制逻辑与 Bosch 逻辑相似，同样采用降压、保压和升压阶段来调控制动压力，只是取消了图 5-3 中阶段 2 和阶段 4 的保压过程。下面主要介绍 Bosch 控制逻辑。

图 5-3 和图 5-4 分别是 Bosch 公司采用的高附着系数和低附着系数路面的基本控制逻辑。图中综合地表达了一个防抱死控制循环（第一个循环）过程中的各个参数（制动压力 p、轮速 v_w、车轮圆周加速度 a、车速 v、参考车速 v'、参考滑移率 λ_1 和电磁阀工作电流 i）随时间 T 的特性及其相互关系。其采用的门限值控制参数有：车轮加速度 $-a_1$、a_2、A 和参考滑移率 λ_1，在相关阶段还有时间 ΔT 作为辅助控制参数。其降压、保压或升压条件，按以下不等式确定：

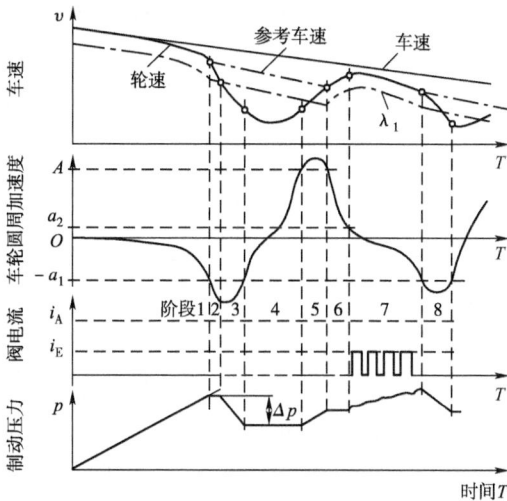

图 5-3　高附着系数路面的 Bosch 控制逻辑　　　图 5-4　低附着系数路面的 Bosch 控制逻辑

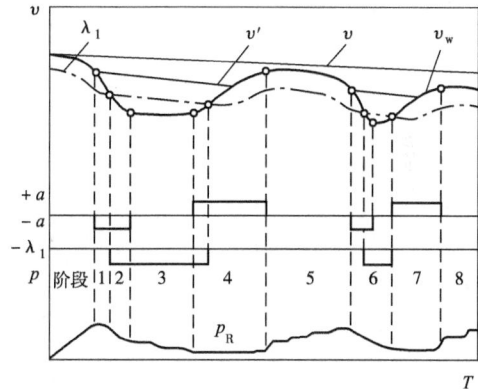

降压：$a_d \leq -a_1$，$\lambda \geq \lambda_1$　　　只在第一个循环中出现

　　　　$a_d \leq -a_1$　　　　　　　　除第一个循环外的各个循环

保压：$\lambda \leq \lambda_1$，$a_d \leq -a_1$　　　只在第一个循环阶段 2 出现

　　　　$-a_1 \leq a_d \leq A$　　　　　　在降压阶段 3 之后

　　　　$a_2 \leq a_d \leq A$　　　　　　在升压阶段 5 之后

　　　　$a_2 \geq a_d \geq -a_1$　　　　　在慢升压阶段 7 中的升压后

升压：$0 \geq a_d \geq -a_1$　　　　　只在第一个循环的阶段 1 出现

　　　　$a_d \geq A$　　　　　　　　　快速，在保压阶段 4 之后

　　　　$-a_1 \leq a_d \leq a_2$　　　　　慢速，慢升压阶段 7 的保压后

其中：a_d——防抱制动过程中的车轮加速度；

    $-a_1$——车轮减速度门限值；

    a_2——车轮加速度中门限值；

    A——车轮加速度上门限值；

    λ——防抱制动过程中的车轮滑移率；

    λ_1——滑移率门限值。

现代 ABS 一般均采用参考速度 v' 近似代替实时车速 v，参考速度 v' 可以从轮速中采用"高选"方法确定。例如在制动开始初期，从动轮的轮速作为 v' 最接近 v。制动开始后的短时间内，驱动轮的轮速作为 v' 较接近 v。在均质状态的路面上转弯制动时，汽车前外轮由于重量转移的结果，路面提供的附着力最大，前外轮最难抱死，该轮速度作为参考速度 v' 最接近 v。又如在"对开"路面上的高附着系数一侧车轮也最难抱死，其轮速作为参考速度 v' 也最接近 v。在防抱制动轮速急速下降阶段中，则按设定的减速斜率计算参考速度 v'。

正如控制条件所示，a_2 在第二次出现时，是被作为慢升压判断参数。实际应用中 a_2（在阶段 4 出现）也可以与时间辅助参数 ΔT_4 一起，作为低附着系数路面的识别参数。

1）高附着系数路面 ABS 控制

开始制动时，轮缸压力和车轮减速度增加，在阶段 1 结束时，车轮减速度刚好越过设定的阈值（$-a_1$），电磁调节阀切换到"压力保持"位置。由于阈值（$-a_1$）位于 λ—φ 曲线的稳定范围，制动压力不应减小，否则会使制动距离增长。同时，参考速度以给定的斜率相应降低，滑移率阈值 λ_1 由参考速度导出。

在阶段 2 结束时，车轮速度降低到阈值 λ_1 以下。此后在阶段 3，电磁阀切换到"压力下降"位置，从而导致制动压力减小，直到车轮减速度越过阈值（$-a_1$）。在阶段 4 里，开始一个较长的压力保持阶段，车轮加速度增加，越过阈值（a_2），一旦超过相对高的阈值（A），制动压力就开始增加（阶段 5）。

在阶段 6，由于车轮加速度仍高于阈值（a_2），制动压力再次保持恒定，在这个阶段结束时，车轮加速度下降到阈值（a_2）之下。这表示车轮已进入 φ—λ 曲线的稳定范围，并且制动力轻微不足。

在阶段 7，制动压力以步进式增长，直到车轮减速度越过阈值（$-a_1$），进入阶段 8，制动压力降低，直至车轮加速度超过阈值（$-a_1$），然后，制动过程是上述循环的重复，只不过汽车速度逐渐减小，直到停车。

2）低附着系数路面 ABS 控制

首先介绍一下路面识别的方法。路面识别可采用软件来实现，一般有下述两种方法：其一，从图 5-3 低压保压阶段 4 可以看到，当高附着系数路面能提供足够附着力时，减压后车轮加速度可由 $-a_1$ 经过 a_2 回升至 A，反之，车轮处于附着系数小于 0.3 的冰雪路面，车轮加速度将有可能回升不到 A 值，此时，如果采用一个 ΔT_4 时间作为辅助判断信号，就是说，在 ΔT_4 时间内车轮加速度回升不到 A 值，就可定性认为是低附着系数路面；其二，可按图 5-5 中根据滑移率 λ_2 进行，即 $-a_1$ 信号消失时，若较大的 λ_2 信号已经产生，则也可定性地认为是低附

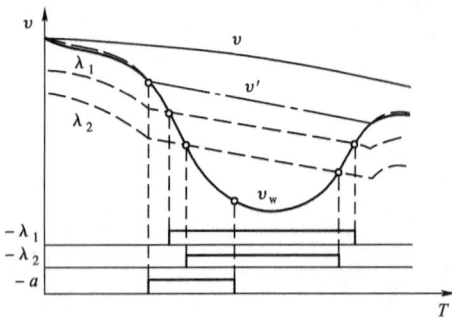

图 5-5　利用两个滑移率 λ_1、λ_2 识别路面

着系数路面。

在低附着系数路面上只需施加较小的制动力就足以将车轮抱死,而且由于高滑移率,汽车重新加速需要更长时间,因此,电控装置的逻辑电路要识别各种道路条件,并适应 ABS 特性。

低附着系数路面 ABS 控制如图 5-4 所示,在阶段 1 和阶段 2,ABS 控制与高附着系数路面情况相同。阶段 3 的开始是一个短暂的压力保持过程,然后不断对车轮速度与滑移率切换阈值 λ_1 快速进行比较,当车轮速度低于滑移率切换阈值时,制动压力即在规定的极短时间里降低,继而是更短时间的压力保持。在压力保持阶段 4 中,车轮再次加速,其加速度要达到阈值 $(+a)$,因此压力保持时间较长,直到加速度再次降到阈值 $(+a)$ 以下。

在阶段 5 中压力步进式增长,直到进入阶段 6,压力降低开始的一个新的控制循环。车轮较长时间在高滑移率范围内运行、不利于保持汽车的制动稳定性和转向能力。为此,在此阶段和以后的控制循环中,对车轮速度与滑移率切换阈值 λ_1 要不断进行比较。因此,在阶段 6 中制动压力持续下降,直到车轮加速度在阶段 7 中达到阈值 $(+a)$。

5.2.3 ABS 结构与组成

尽管汽车防抱死制动系统的结构类型各不相同,但都是在常规制动系统的基础上,增设一个电子控制系统。因此 ABS 系统是由制动压力调节系统和防抱死制动电子控制系统组成,如图 5-6 所示。在制动过程中,当车轮尚未抱死时,制动过程与常规制动完全相同。只有当车轮趋于抱死时,ABS 才对制动压力进行调节。当 ABS 系统发生故障时,如果常规制动装置正常,汽车仍具有制动能力。但是,如果常规制动装置发生故障,ABS 将随之失效。

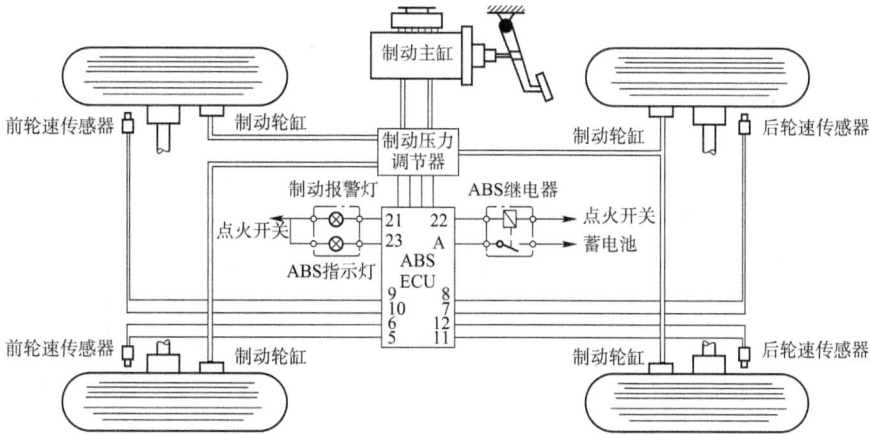

图 5-6　ABS 的组成

1.防抱死制动电子控制系统

防抱死制动电子控制系统主要由传感器、电子控制器和压力调节器的电磁阀等组成。

1)传感器

ABS 采用的传感器有轮速传感器和减速度传感器两种,轮速传感器是 ABS 必备的传感器,用于检测车轮的运动状态,将车轮转速变换为电信号输入电子控制器,以计算车轮转速。减速度传感器用于控制精度较高的 ABS,功能是检测汽车车身的减速度,并根据不同附着系数路面车身制动减速度大小的不同,以供电子控制器判断路面状态并采取相应控制措施。

轮速传感器用来采集车轮旋转速度信号。通常用支架固定在制动底板上或转向节支架上,它相对于车轮和驱动轴静止。齿圈安装于车轮或驱动轴差速器输入端,通常热压在轮毂的油封端,并跟随车轮或驱动轴一起转动。轮速传感器以间隙配合方式对准齿圈。当齿圈转动时,轮速传感器能产生正比于其转速的交流感应信号。

轮速传感器可分为磁电式被动轮速传感器和霍尔效应主动式轮速传感器。

(1)磁电式被动轮速传感器能在高温、低温和泥、水、冰、雪等各种恶劣环境条件下可靠工作,故得到广泛采用。此种传感器与交流发电机工作原理相似,当齿圈在永久磁铁产生的磁场中旋转时,随着齿圈与传感器之间磁阻周期性地改变或轮速的增减,引起磁通量的周期性变化或增减,其结果在传感器线圈中正比地产生感应电压(实际使用中,在较高车速时开始呈现饱和现象),如图 5-7 所示。传感器与齿圈之间的正常工作间隙为 1mm 或 2mm 以内。可靠工作速度为 10～15km/h。齿圈的齿根据具体情况,可制成径向齿或端面齿,齿圈的齿数根据所用轮胎大小选择。如可根据 ABS 产品说明中给出对应的基准车轮半径 r 和基准齿数 z 确定实际齿数 z',齿圈齿数 z' 可根据下式计算,即:$z' = r'/r \times z$,式中 r' 为实际车型轮胎的滚动半径。

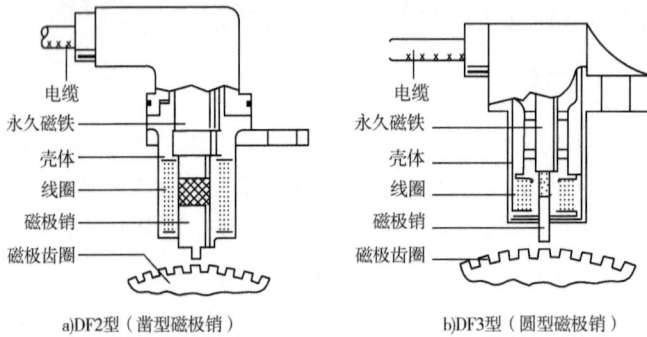

a)DF2型(凿型磁极销)　　　　b)DF3型(圆型磁极销)

图 5-7　Bosch 公司的磁电式被动轮速传感器

(2)霍尔效应主动式轮速传感器的工作原理为当通以电流的金属或半导体元件在垂直于元件平面的方向上施加以磁场,则在垂直于电流和磁场的方向上将产生电势。霍尔元件即使在静止状态下,仍具有感受磁场的独特能力,因此,它的频率范围较宽(从直流到微波),即具有零频率响应特性。利用这一现象来测量轮速的传感器称为霍尔效应主动式轮速传感器。霍尔轮速传感器是由传感头和齿圈组成。传感头由永磁体、霍尔元件和电子电路等组成。如图 5-8 所示,永磁体的磁力线穿过霍尔元件到达齿圈,齿圈相当于一个集磁器。当齿圈位于图 5-8a)所示位置时,穿过霍尔元件的磁力线分散,磁场相对较弱,而当齿圈位于图 5-8b)所示位置时,穿过霍尔元件的磁力线集中,磁场相对较强。齿圈转动时,使得穿过霍尔元件的磁力线密度发生变化,因而引起霍尔电压的变化,霍尔元件将输出一个毫伏级的准正弦波电压,然后再由电子电路转换成标准的脉冲电压。其特点是:输出信号电压值不受轮速的影响,在 12V 的汽车电源电压条件下,其输出信号电压保持在 11.5～12V 不变,即使车速下降接近于零也不变;其响应频率高达 20kHz,用于 ABS 时,相当于车速为 1000km/h 时所检测的信号频率;抗电磁波干扰能力强,由于其输出信号电压不随轮速的变化而变化,且幅值高,故具有很强的抗电磁波干扰的能力。

轮速传感器在汽车上的安装有两种方法,即径向安装和轴向安装,如图 5-9 和图 5-10所示。

减速度传感器按结构不同可分为光电式、水银式、差动变压式和半导体式等。

光电减速度传感器由两只发光二极管(LED)、两只光敏晶体管、一块遮光板和信号处理电路等组成,其结构如图 5-11 所示。

146

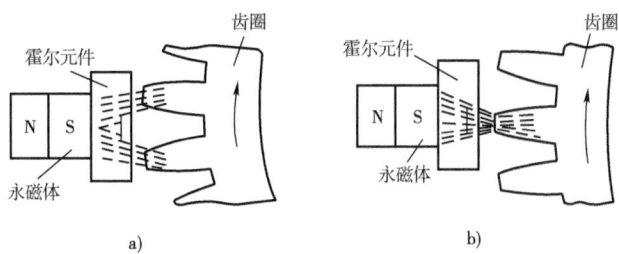

图 5-8　霍尔轮速传感器

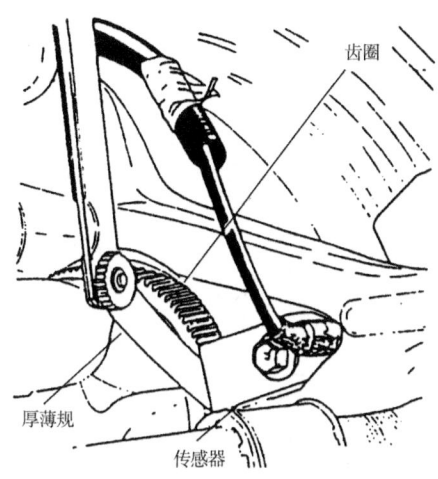

图 5-9　轮速传感器和齿圈的径向安装方法

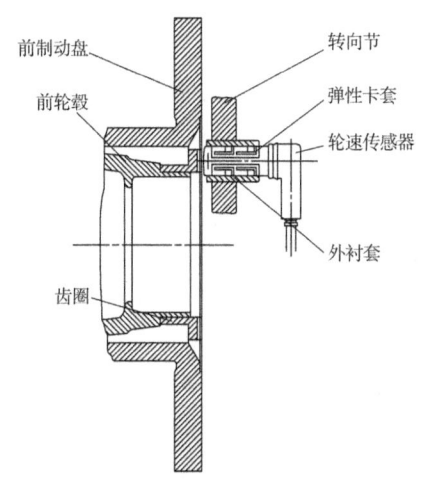

图 5-10　轮速传感器和齿圈的轴向安装方法

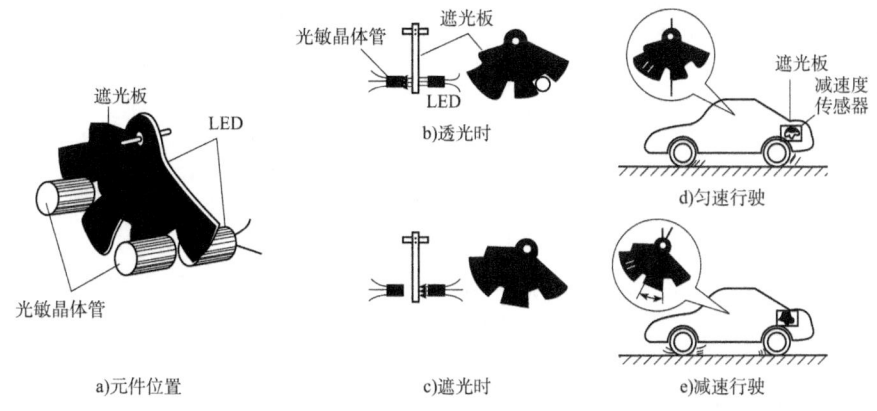

图 5-11　光电式减速度传感器的结构原理

　　光电式减速度传感器遮光板的作用是透光或遮光。当遮光板上的开口位于发光二极管与光敏晶体管之间时,发光二极管发出的光线能够照射到光敏晶体管上,使光敏晶体管导通,如图 5-11b)所示。当遮光板上的齿扇位于发光二极管与光敏晶体管之间时,发光二极管发出的光线被遮光板上的齿扇挡住而不能照射到光敏晶体管上,光敏晶体管处于截止状态,如图 5-11c)。

　　汽车匀速行驶时,遮光板静止不动,传感器无信号输出,如图 5-11d)所示。当汽车减速时,遮光板沿汽车纵向摆动,如图 5-11e)所示。

　　减速度大小不同,遮光板摆动角度就不同,两只光敏晶体管"导通"与"截止"状态也就不

147

相同。减速度越大,遮光板摆动角度越大。根据两只光敏晶体管的输出信号,就可将汽车减速度区分为四个等级,如表 5-1 所示。ABS ECU 接收到传感器信号后,就可判定出路面状况,从而采取相应地控制措施。

减速度速率的等级   表 5-1

减速率等级	低减速度率 1	低减速度率 2	中等减速度率	高减速度率
1 号晶体管	导通	截止	截止	导通
2 号晶体管	导通	导通	截止	截止

2)电子控制器

防抱死制动电子控制单元的主要功用是接收轮速传感器信号、减速度传感器信号和各种控制开关信号,并根据设定的控制逻辑,通过数学计算和逻辑判断输出控制指令,控制制动压力调节器调节制动分泵的制动压力。

各种车型 ABS ECU 内部的电路及控制程序各不相同,但其基本组成大致相同。如图 5-12 所示,它主要由主控 CPU、辅控 CPU、稳压模块、电磁阀电源模块、电磁阀驱动模块、回液泵电动机驱动模块、信号处理模块和安全保护电路等组成。

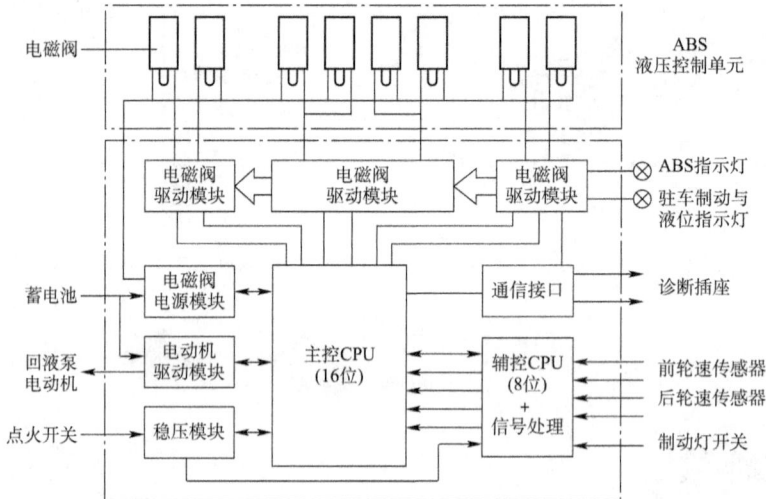

图 5-12   ABS ECU 电路组成

ABS ECU 的显著特点是采用了两个 CPU,一个为主控 CPU,另一个为辅控 CPU,其主要目的是保证 ABS 的安全性。两个 CPU 接收同样的输入信号,在运算处理过程中,通过通信对两个微处理器的处理结果进行比较。如果两个微处理器处理结果不一致,微处理器立即发出控制指令使 ABS 停止工作,防止系统发生逻辑错误。

信号处理模块由低通滤波电路和整形放大电路等组成,其功用是对轮速传感器输入的交变电压信号进行处理,并传送给主控 CPU 和辅控 CPU。与此同时,信号处理电路还要接收点火开关、制动灯开关、液位开关等外部信号。

计算电路是 ABS ECU 的核心,主要由微处理器构成。其功用是根据轮速传感器和控制开关信号,按照预先编制的程序进行数学计算和逻辑判断,形成相应的控制指令。计算电路按照设定的程序,根据轮速传感器输入的轮速信号,计算出车轮瞬时速度,进而计算出加(减)速度、初始速度、参考车速和滑移率,最后根据加、减速度和滑移率形成相应的控制指令,再向电磁阀控制电路输出制动压力"降低""保持"或"升高"的控制信号。计算电路不仅能够监测自

148

己内部的工作过程,而且还能监测系统控制部件的工作状况,如轮速传感器、回液泵电动机工作电路、电磁阀工作电路等。当监测到电路工作不正常时,立即向安全保护电路输出指令,使ABS停止工作。

电动机驱动模块的主要功用是将CPU输出的数字信号(如控制压力升高、保持、降低信号等)进行功率放大并驱动执行元件(电磁阀、电动机)工作,实现制动压力"升高""保持"或"降低"的调节功能。

安全保护电路由电源监控、故障记忆和ABS指示灯驱动电路等组成。其主要功用是接收蓄电池(或发电机)的电压信号,监控电源电压是否在稳定范围内,同时将12V或14V的车载电源电压变换为ECU工作需要的5V电压。

ABS ECU具有监测与故障记忆功能。当发现影响ABS工作的故障(如电源电压、轮速传感器信号、计算电路、电磁阀控制电路等出现异常)时,CPU就会发出指令使ABS停止工作,恢复常规制动功能。同时接通仪表板上的ABS指示灯电路使ABS指示灯发亮,提醒驾驶人及时检修。当ECU监测到ABS出现故障时,除控制执行上述动作外,还将故障信息编成代码存储在存储器中,以备自诊断时读取故障码,供维修诊断参考。

2. 制动压力调节系统

制动压力调节系统由常规制动系统和制动压力调节器组成,常规制动系统主要由制动管路驱动系统和制动器组成。制动压力调节系统分液压调节系统和气压调节系统,小轿车普遍采用液压调节系统,载货汽车普遍采用气压调节系统。

1) 液压式压力调节器

在液压调节系统中,制动压力调节器又称为液压式压力调节器。液压式压力调节器是用电磁阀和液压泵产生的压力来控制制动压力。若按液压油的流通路径可分为三类。

(1) 再循环式调压器。

减压时,将轮缸压力油释放至压力控制回路以外的低压储油池,再用液压泵将储油池的低压油加压后输送回制动主缸。这种调压装置结构简单、灵敏,但是在液压泵工作时,高压制动液返回主缸和加压时制动液从主缸流出瞬间,制动踏板行程都会发生变动。这种踏板动作让驾驶人知道ABS正在工作,但是,也有不少驾驶人对踏板动作有不舒适感。

再循环式调压器采用3/3电磁阀,其示意图如图5-13所示。根据电流的大小,可将柱塞控制在三个位置,改变三个阀口之间的通路,以完成常规制动过程、减压过程、保压过程和加压过程。

常规制动时电磁阀不通电,柱塞位于下部,主缸和轮缸是相通的,制动主缸可直接控制轮缸的制动压力增减,电机与泵不工作。

减压过程时电磁阀通入较大电流,柱塞位移至上部电磁阀内,主缸和轮缸的通路被截断,轮缸和储液器接通,轮缸的制动液回流储液器,轮缸减压。与此同时,驱动电动机启动,带动液压泵工作,把储液器的制动液加压后输送到主缸,为下一个制动周期做好准备。这种再循环工作方式的作用是把减压过程中轮缸释放的高压油送回储液器,再由液压泵增压后输送至主缸。ABS工作过程中,液压泵必须始终处于工作状态。

保压过程时电磁阀通入较小电流,柱塞位置移动,三条油路均被截断,所以能保持制动管路中的制动压力不变。

加压过程时电磁阀断电,柱塞在回位弹簧作用下又回到ABS不工作的初始位置,主缸和轮缸再次相通,如制动踏板上持续维持压力不变,主缸一端的高压制动液(包括液压泵输出的制动液)再次进入轮缸使其制动压力增加。

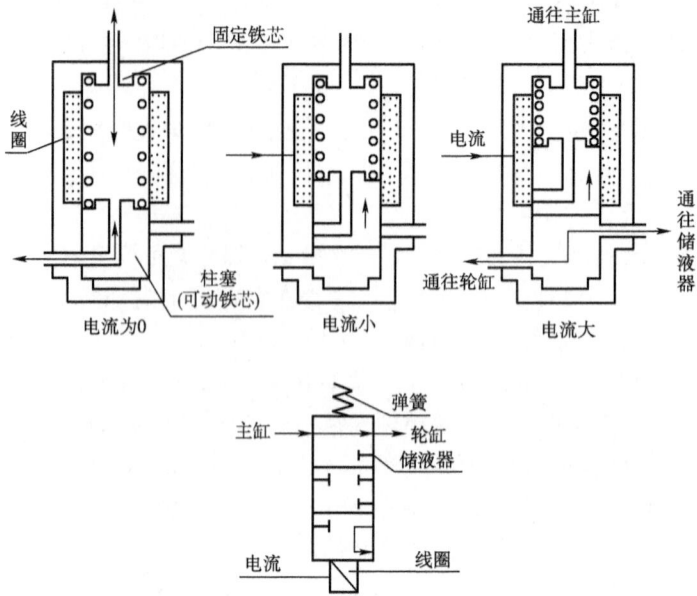

图 5-13　3/3 电磁阀的工作过程

（2）回流泵式调压器。

减压、保压和加压时采用回流泵把制动液送回主缸的调压器称为回流泵式调压器。它是由两个 2/2 电磁阀（加压阀和减压阀）、液压蓄能器、减振器节流阀、止回阀和液压泵组成。图 5-14a) 为常规制动工况，图 5-14b) ~ d) 为 ABS 进入防抱死控制后的减压、保压和加压过程。

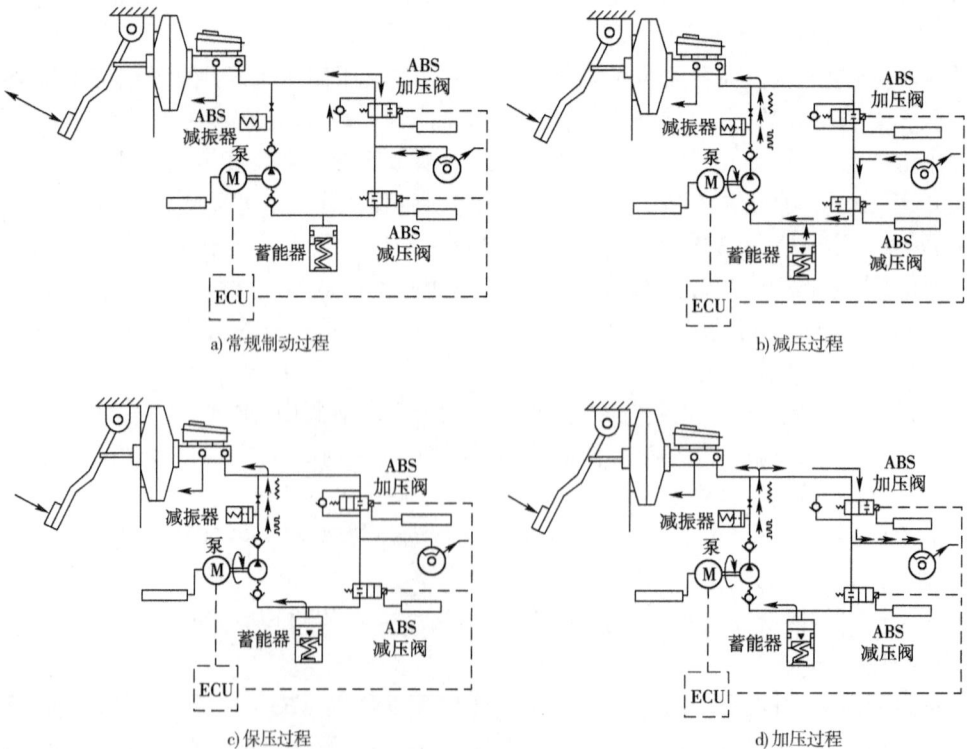

a) 常规制动过程

b) 减压过程

c) 保压过程

d) 加压过程

图 5-14　ABS 回流泵式调压器工作过程

150

（3）可变容积式调压器。

可变容积式调压器是通过改变电磁阀柱塞的位置来控制动力活塞的移动,以改变轮缸侧管路容积,进而利用这种变化间接地控制制动压力的增减。结构原理如图5-15。图中位置是传统制动工况,根据电磁阀通电电流的大小可实现ABS进入防抱死控制后的减压、保压和加压工况。可变容积式压力调节系统的制动压力增减速度取决于动力活塞的移动速度。这种调压方式由于ABS工作时,制动主缸被电磁阀和止回阀隔离,可以消除制动踏板脉动反应。

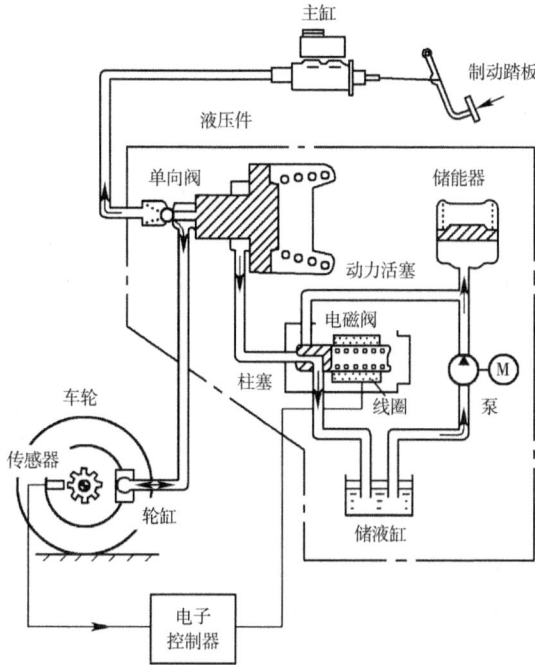

图5-15　ABS可变容积式调压器

2）气压式压力调节器

气压ABS的基本工作原理与液压ABS是类同的,同样通过加压、保压和减压完成对制动压力的控制。

空气压力式调节器主要用于大客车、中型以上货车等的气压制动系统,分为直接控制式和间接控制式两种形式。

（1）直接控制式。

直接控制式调节器一般是设置在继动阀或快放阀与制动气室之间,直接控制制动气室的输入气压,其结构如图5-16所示。该调节器由膜片式进气隔离阀、两个膜片式排气阀和多个电磁阀组成。进气隔离阀用来控制从继动阀进入的空气,膜片式排气阀用来释放制动气室的气压,电磁阀用来控制各膜片式排气阀的背压。电磁阀的控制状态如表5-2所示。

电磁阀的控制状态　　　　　　　　　　　　　　　　　　　　　　表5-2

控制过程	隔　离　阀	排　气　阀
增压过程	关	关
保压过程	开	关
减压过程	开	开

151

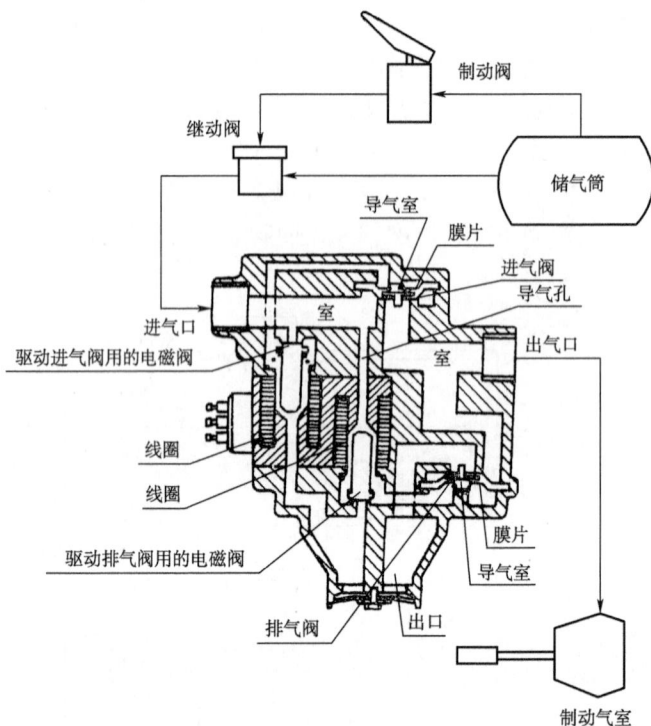

图 5-16　直接控制式空气压力式调节器

（2）间接控制式。

间接控制式调节器的结构如图 5-17 所示,在继动阀的继动活塞上部设有两个电磁阀,用来控制辅助管路的气压,间接地控制输向制动气室的气压。间接控制式的继动阀通路容积比直接控制式大得多,用一个电磁阀最多可控制四个制动气室,在挂车上应用较多。

5.2.4　ABS 在汽车上的配置

ABS 的配置是指汽车车轮或车轴的制动力矩是否直接受控于防抱制动系统和其控制方式,以及 ABS 轮速传感器、电磁阀的安装数量及安装部位的设计形式。

对于 ABS 的配置,配置方法可以有多种,较为典型的有 4S/3M 三通道系统、4S/4M 三通道系统、4S/4M 四通道独立控制系统、4S/2M 双通道控制系统和 2S/1M 或 1S/1M 单通道系统等,如图 5-18 所示。在图中,S 表示轮速传感器,如 4S 代表系统采用 4 个轮速传感器;M 表示电磁阀,4M 代表系统采用 4 个电磁阀。例如 4S/3M 三通道系统配置,前轮采用独立控制,后轮采用轴控制。对于轴控制存在两种选择,低选调节和高选调节。所谓低选调节就是以两侧车轮中附着系数较低一侧的传感器信号来确定制动压力的调解,这种调解方式以牺牲了高附着系数侧车轮的部分制动力为条件,来保持车辆的行驶稳定性。高选调节与低选调节相反,高选调节是以两侧车轮中附着系数较高一侧的传感器信号来确定制动压力的调节,这种调节充分利用了高附着系数侧车轮的制动力,但有可能使低附着系数侧的车轮抱死,产生不利于行驶稳定性的侧偏力。

1. 液压制动系统的 ABS 配置

1）4S/4M 四通道独立控制系统

如图 5-18a)所示,此系统在各种道路条件下都能充分利用路面的附着系数,具有较高的制动

152

效能。但在左右不同质的"对开"路面,由于后轴侧偏力应限制在一定范围以内,需要进行修正控制,增加了软硬件成本,性价比有所降低。但对轴距较长、整车绕垂直轴的转动惯量较大的汽车影响较小,因此,四轮独立控制一般只应用于豪华轿车或前后双管路和交叉双管路制动系统。

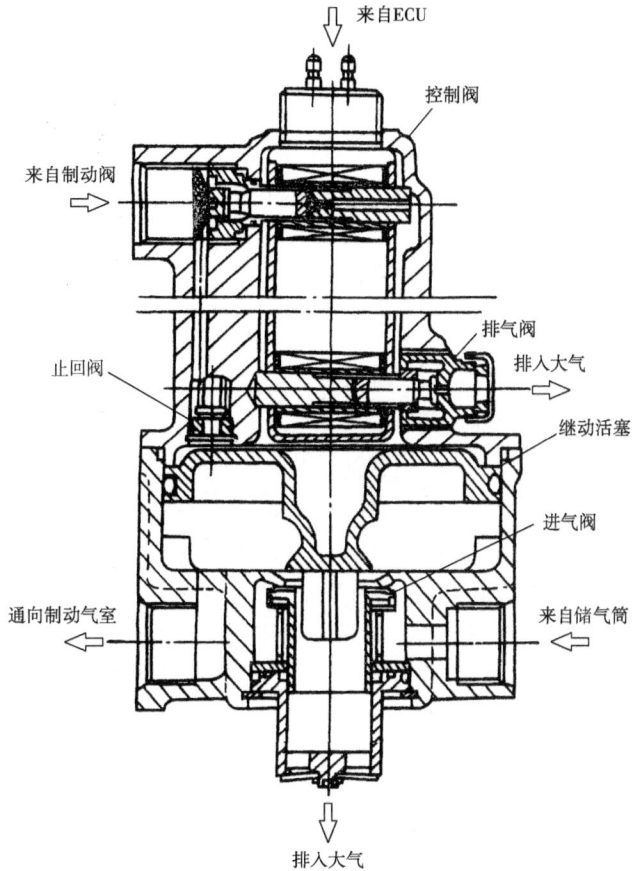

图 5-17 间接控制式空气压力式调节器

2)4S/3M 三通道系统

如图 5-18b)所示,前轮采用独立控制,后轮采用低选调节轴控制,以免引起侧滑,保持车辆的行驶稳定性。三通道系统具有较高的性价比,故广泛应用在前后双管路制动系统的轿车上。

3)4S/2M 双通道控制系统

如图 5-18c)所示,此系统一般前轴采用高选调节轴控制,以充分利用地面制动力,缩短制动距离。后轴仍采用低选调节轴控制,以免侧滑导致稳定性降低。

4)2S/1M 或 1S/1M 单通道系统

如图 5-18d)所示,此系统一般只安装在后轴。在各种高、低附着系数路面上,它也能满足直线制动的稳定性。在汽车转弯制动时,由于前轮为非受控车轮,丧失转向能力,故车辆将沿弯道切线方向惯性行驶,而偏离期望的行驶路线。此系统对于后轴载荷变化大、售价较低的轻型货车,在性价比上具有优势。应当指出,随着电子工业的发展和 ABS 系统的大批量生产,这一优势已逐渐弱化。

2.气压制动系统的 ABS 配置

气压制动系统的 ABS 控制和液压制动系统的 ABS 控制相比,存在下列问题:

(1)工作介质不同,液压 ABS 的制动液是一种不可压缩的液体,而气压 ABS 的介质为空气,可压缩性大,两者有不同的频响特性和迟滞特性,液压 ABS 调节器的固有频率一般可达 12 ~ 15Hz,而气压 ABS 一般仅能达 3 ~5Hz。另外气压升、降的指数特性,也给实时控制增加了困难。

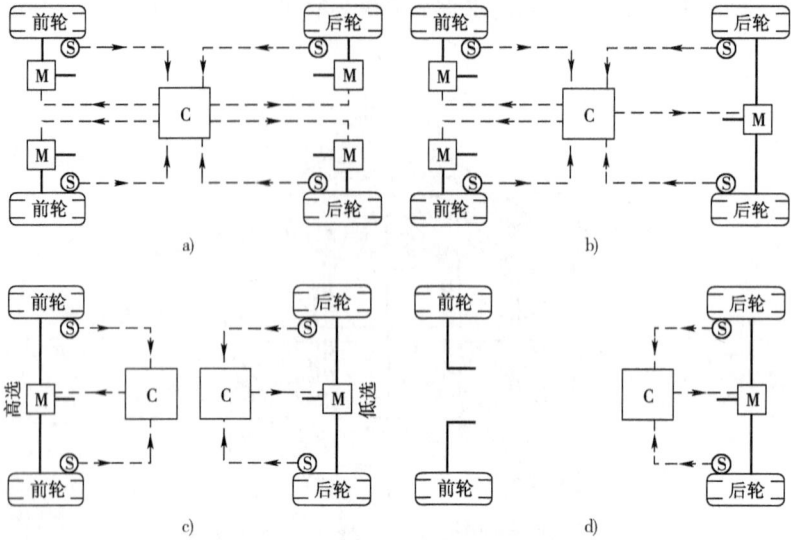

图 5-18　几种典型 ABS 配置方案

（2）车轮及其驱动系统的惯量大,不易实现精确的控制。

（3）除通常的两轴四轮汽车外,可以有多种变形,如半挂车、挂车等三轴、多轴汽车和列车,需要控制的车轴多。为保证控制各轴的协调性,增加了控制的复杂性和难度。

气压制动 ABS 的配置有 4S/3M、4S/4M、6S/3M、6S/4M 和 6S/6M 等。

图 5-19 所示气压制动 ABS 采用的 4S/4M 配置。前轮为修正的独立控制,后轮为独立控制。修正的独立控制所用的元件与独立控制一样,不同之处在于同轴左、右轮路面附着系数相差较大时,限制高附着系数侧车轮的制动压力增大,使其制动不足。修正的单轮控制可适当减小横摆力矩,使方向稳定性提高,但由于高附着系数侧车轮的路面附着系数未得到充分利用,汽车制动距离有所增加。图 5-20 为适用于三轴汽车的 6S/6M 配置。

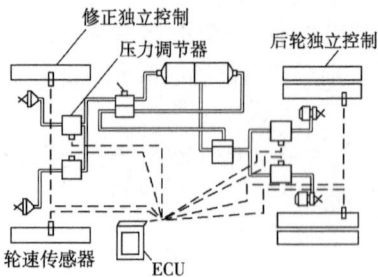

图 5-19　WABCO 4S/4M 配置

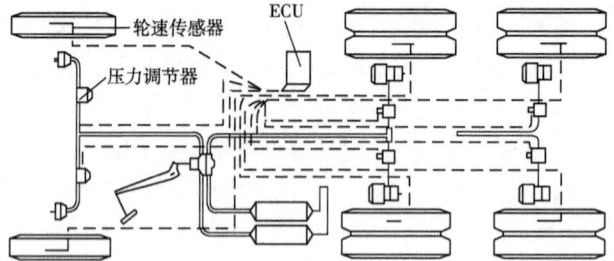

图 5-20　WABCO 6S/6M 配置

5.3　驱动防滑控制系统

当汽车在低附着系数的路面上行驶时,尤其是在起动或急加速时,驱动车轮会产生滑转,致使驱动力矩损失,甚至导致侧滑,驱动防滑控制系统(Acceleration Slip Regulation, ASR)能在车轮开始滑转时,迅速降低发动机输出转矩,同时控制制动系统,降低传递给驱动车轮的力矩,使之达到合适的水平,以使汽车起动和加速时达到既快速而又稳定的效果。特别是可防止汽车在非对称路面或在转弯时驱动轮的空转,维持最佳驱动力矩,保证实现汽车的动力性,保持车辆的方向稳定性和操纵性。

5.3.1 ASR 基本工作原理

汽车在路面上行驶时,其驱动力决定于传递到驱动轮上的发动机转矩和轮胎与路面的附着条件。传递到驱动车轮上的发动机转矩与发动机工作性能和传动系特性有关。通过增大发动机转矩来增强汽车驱动能力,只有在轮胎与路面之间附着极限内驱动轮不发生滑转时才有效。路面附着系数与驱动滑转率的关系如图 5-21 所示,从图中可知,滑转率只有在 0 与 λ_T 之间可保证稳定驱动,且当滑转率为 λ_T 时可获得最佳附着性能。从图中还可知,取滑转率略小于 λ_T 对提高汽车侧向稳定性是十分有利的。汽车防滑控制正是利用驱动滑转率与附着系数之间这种关系进行控制的。

目前 ASR 大部分都是通过在 ABS 系统中增设一些部件的方法来实现,可以看成 ASR 是 ABS 的延伸,是对 ABS 的完善和补充。但不同的是,ABS 对所有车轮都可进行控制,是一个控制制动的单循环系统;而 ASR 只对驱动车轮进行控制,是既可控制制动又可控制发动机输出的多循环系统。ASR 也是控制汽车滑移率的系统。

5.3.2 ASR 控制方式

为了追求高速性能,现代汽车的比功率都比较高,而且还有继续增高的趋势。若行驶在附着系数较小的路面(如湿、水、雪路面),对于后轮驱动车辆,猛踩加速踏板又快速放松时将使汽车发生不规则的旋转,对于前轮驱动车辆,强踩加速踏板会使驱动轮空转而失去方向控制。因此为了保证大功率车辆在低附着系数道路上加速行驶的安全性,应采取适当措施防止驱动轮空转。目前可行的控制方式有以下几种。

1. 驱动轮制动控制方式

对驱动轮施加制动力是使驱动轮保持最佳滑转率且响应速度较快的控制方法,一般作为仅采用控制节气门开度来调节发动机输出转矩的补充控制。在设计控制系统时,为了保证乘坐舒适性,制动力不能太大;此外,为了避免制动器过热,施加制动力的时间不能过长。因此,这种方法只限于低速行驶时短时间使用。

控制驱动轮的制动力实际上是利用差速器的差速作用来获得较大的驱动力。作用在驱动轮上的纵向力如图 5-22 所示。

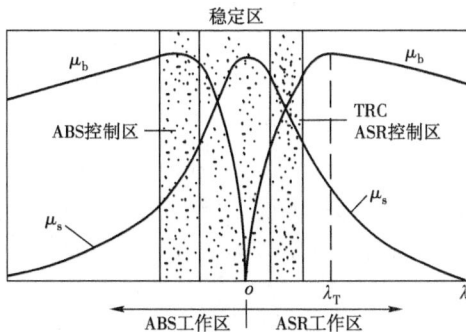

图 5-21　驱动滑转率与附着系数关系

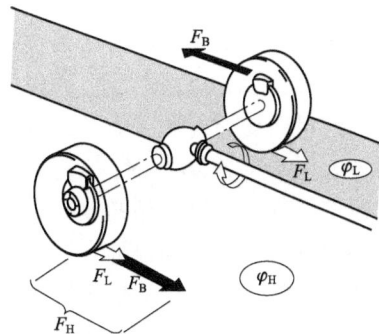

图 5-22　作用在驱动轮上的作用力

处于高附着系数 φ_H 路面上的右侧驱动轮能够产生的驱动力为 F_H，处于低附着系数 φ_L 路面上的左侧驱动轮能够产生的驱动力为 F_L。根据差速器转矩等量分配特性，此时汽车的驱动力只取决于低附着系数路面上的驱动力 F_L。尽管右侧驱动轮能够产生的驱动力为 F_H，但是其获得的驱动力只能与左侧驱动轮产生的驱动力 F_L 相等（$F_H = F_L$），即两只驱动轮能够获得的驱动力为 $F_H + F_L = 2F_L$。为了阻止低附着系数路面上行驶的左侧驱动轮产生滑转，对其施加一个制动力 F_B，通过差速器的差速作用，在右侧驱动轮上也会产生作用力 F_B（$F_H = F_L + F_B$），此时两个驱动轮能够获得的驱动力就为 $F_{tH} = F_H + F_L = 2F_L + F_B$，即驱动力增大了制动力 F_B 值，发动机的输出转矩就可按增大后的驱动力进行调节。

驱动轮制动控制方式是对发生空转的某个驱动轮直接进行制动，通过差速器的作用使驱动桥上驱动力增大。这种控制方式的反应速度快，能有效地防止汽车起步时或从高附着系数路面突然进入低附着系数路面时的车轮空转。制动控制方式只限于低速行驶且单边驱动轮发生空转的场合，以避免制动器过热、早期磨损或发动机熄火。另外，控制过程中应是缓慢升高制动压力，使制动过程平稳圆滑。

2. 发动机控制方式

这种控制方式通过调整发动机加到车轮上的驱动转矩，以使车轮滑转率保持在最佳范围。这种控制方法能够保证发动机输出转矩与地面提供的驱动转矩达到匹配，因此可以改善燃油经济性，减少轮胎磨损，使汽车具有良好的行驶稳定性和乘坐舒适性。对于前轮驱动汽车，能够得到良好的转向操纵性。在装备电子燃油喷射系统（EFI）的汽车上，普遍采用了控制发动机输出转矩的方法来实现防滑转调节。

控制发动机输出转矩的方法有：控制点火时间、控制节气门开度或控制燃油供给量等。

1）控制点火时间

该方法是利用减小汽油机的点火提前角或切断个别汽缸的点火电流，来降低发动机的输出转矩。现代汽车普遍采用电子点火系统，其点火时刻是根据发动机转速、载荷以及冷却液温度等信号确定。在汽车行驶过程中，防滑转调节电控单元（ASR ECU）根据轮速传感器和车速传感器信号即可计算确定驱动轮滑转率的大小，通过减小点火提前角，即可微量降低发动机的输出转矩。当驱动轮滑转率很大，延迟点火时刻不能达到控制滑转率的目的时，则可中断个别汽缸点火来进一步减小滑转率。

在中断个别汽缸点火时，为了防止排放增加和三元催化转换器过热，在中止点火时必须中断燃油喷射。恢复点火时，点火时刻应缓慢提前，保证发动机输出转矩平稳增加。

2）控制节气门开度或燃油供给量

短时间中断供油也可微量调节发动机的输出转矩，但响应速度没有减小点火提前角迅速。这种控制方法适用于未采用电子燃油喷射系统的汽油机或柴油机汽车。在采用电子加速踏板的汽车上，根据加速踏板行程大小，通过调节汽油机节气门开度或柴油机喷油泵拉杆位置，使进气量或供油量改变即可调节发动机的输出转矩，控制方法如图 5-23 所示。

当驾驶人操作加速踏板时，加速踏板的行程信号由传感器输入防滑转电控单元（ASR ECU），电控单元根据预先存储的数据和发动机转速、冷却液温度、进气温度等信号确定伺服电动机控制电压或电流的大小，再由伺服电动机调节节气门开度或喷油泵拉杆位置，通过调节进气量或供油量来调节发动机的输出转矩。

控制节气门位置（开度）可以控制进入汽缸的进气量，从而能够显著改变发动机的输出转矩，现代汽车（如丰田雷克萨斯 LS300 型、LS400 型、皇冠轿车等）普遍采用这种控制方式。

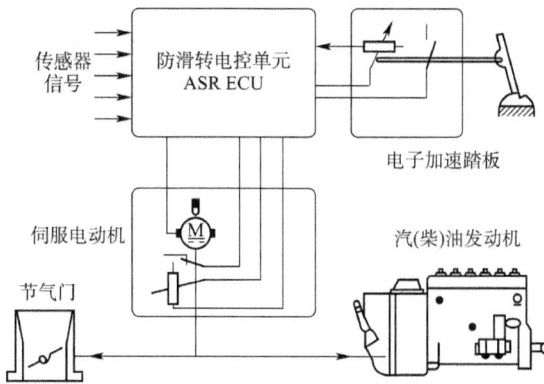

图5-23　发动机输出转矩的控制方法

在装备电子燃油喷射系统(EFI)的汽车上,ASR电控单元根据轮速传感器和车速传感器信号计算确定驱动轮滑转率的大小之后,通过控制节气门开度和燃油喷射量等即可调节发动机的输出转矩。当驱动轮滑转率超出规定值范围时,ASR电控单元便向执行器发出控制指令,减小节气门的开度、缩短喷油器的喷射时间或中断个别喷油器喷油,迅速降低发动机输出转矩,防止驱动轮滑转。

3.控制差速器的锁止程度

控制差速器的锁止程度必须采用防滑转差速器进行控制。防滑转差速器是一种由电控单元控制的可锁止差速器,其控制原理如图5-24所示。

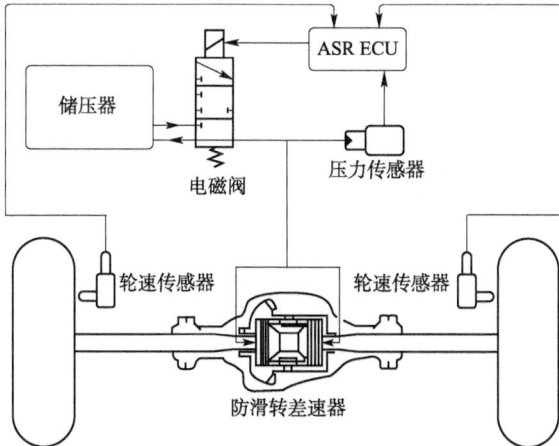

图5-24　防滑转差速器锁止控制原理

在防滑转差速器向车轮输出驱动力的输出端有一个离合器。调节离合器上的油液压力,即可调节差速器的锁止程度。油压逐渐降低时,差速器锁止程度逐渐减小,传递给驱动轮的驱动力就逐渐减小;油压升高时,驱动力将逐渐增大。油液压力来自储压器的高压油液,压力大小由防滑转调节系统的电控单元(ASR ECU)通过控制电磁阀使压力"升高""保持""降低"进行调节,并由压力传感器和驱动轮上的轮速传感器反馈给电控单元,从而实现反馈控制。通过调节防滑转差速器的锁止程度,即可调节传递给驱动轮的驱动力,所以汽车在各种附着系数不同的路面上起步和行驶时,都具有较好的稳定性和操纵性。对于越野汽车,则可大大提高通过性。

4.综合式

在汽车实际装备的ASR中,为了充分发挥电子控制系统的控制功能并有效地防止驱动轮滑转,一般都将不同的控制方法组合在一起进行控制。常用的组合方式有:组合控制发动机的输出转矩和驱动轮的制动力、组合控制发动机的输出转矩和控制差速器的锁止程度。

驱动轮制动控制响应速度快,但这种控制方式要把发动机多输出的功率以热的形式在制动器上消耗掉,因而制动器发热严重,影响它的使用寿命,不利于汽车的经济性。而采用发动机转矩控制,除了响应速度比驱动轮制动控制方式较慢以外,另一个本质问题是在非对称附着系数路面不能实现最佳驱动控制,其效能和 ABS 控制系统低选调节的情形相似。采用发动机控制与驱动轮制动综合的控制方式,只要采用合理的控制算法,就可以解决各种路面条件的驱动控制问题,并使车辆的加速性、经济性、方向稳定性和操纵性达到最佳状态。

5.3.3 ASR 的组成及控制过程

对于采用发动机控制节气门开度与驱动轮制动综合控制方式的 ASR 由液压控制系统和电子控制系统两个子系统组成。

防滑转液压控制系统是在防抱死制动液压控制系统的基础上,增设 ASR 制动执行器(即 ASR 液压调节器)而构成,如图 5-25 所示。ASR 液压调节器由主制动油缸关断电磁阀、溢流阀、回液泵、回液泵电动机、蓄压器、蓄压器关闭电磁阀和储油罐关断电磁阀等组成。

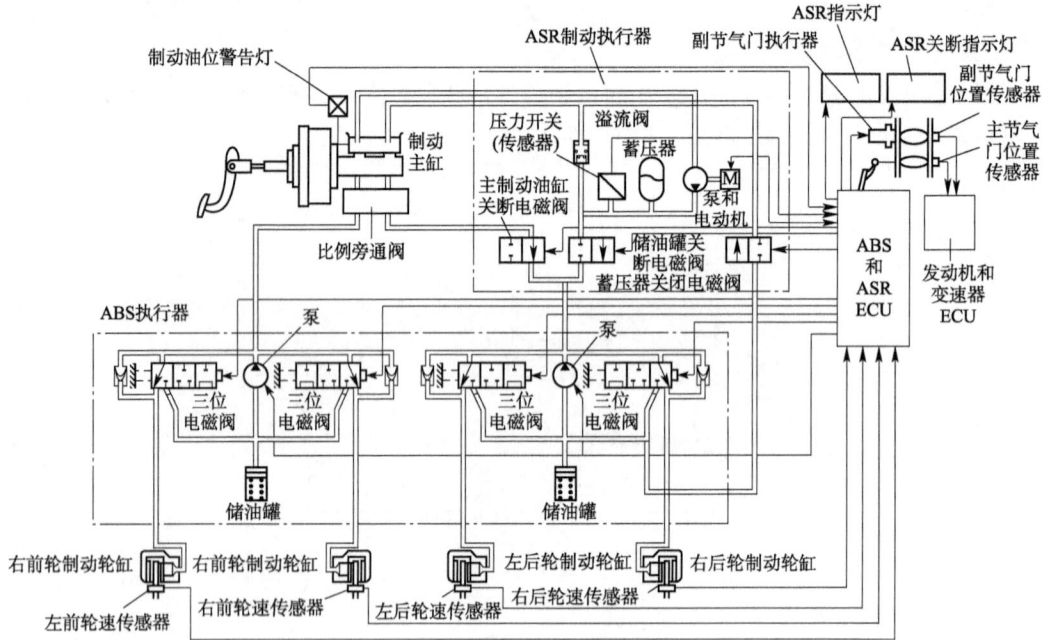

图 5-25　轿车 ABS/ASR 控制系统

防滑转电子控制系统也是由传感器、控制开关、电控单元和执行器组成。防滑转电子控制系统在 ABS 的基础上,增设了传感器、控制开关、电控单元和执行器。增设的传感器有发动机副节气门位置传感器和 ASR 制动执行器中的压力传感器(开关),左前、右前、左后、右后共四只轮速传感器与 ABS 共用。增设的控制开关有防滑转调节系统关闭开关。增设的执行器有副节气门位置控制步进电动机、主制动缸关断电磁阀、回液泵、回液泵电动机、蓄压器关断电磁阀、储油罐关断电磁阀、防滑转调节指示灯、防滑转调节关闭指示灯等。

在控制驱动轮滑转的过程中,ASR 通过调节副节气门的开度和对驱动轮施加制动力来实现驱动轮防滑转调节。汽车发动机的输出转矩利用步进电动机调节副节气门开度进行调节,驱动轮的制动力利用 ASR 执行器结合 ABS 进行控制。在制动驱动轮产生差速作用(即驱动轮转速不同,两个半轴产生差动作用)时,控制驱动轮的制动力可使驱动力得到充分发挥,从而改善行驶稳定性和转向性能,这种作用对于两侧车轮所处路面的附着系数不同时更为显著。因此,这种控制系统特别适用于装备电子燃油喷射系统的汽车和前轮驱动轿车。

当发动机起动后,ABS/ASR 控制单元便根据轮速传感器产生的车轮转速信号以及参考车速,计算确定驱动轮的滑移率和滑转率。在滑移率和滑转率未达到设定门限值时,ABS 执行器和 ASR 制动执行器中的电磁阀均不通电,各电磁阀处于图 5-25 所示初始状态,蓄压器中制动液的压力保持在一定范围之内,副节气门控制步进电动机不通电,副节气门保持在全开位置。

在汽车行驶过程中,当 ABS/ASR ECU 根据轮速传感器产生的车轮转速信号以及参考车速,计算驱动轮的滑转率超过设定门限值时,ABS/ASR ECU 就会进入防滑转调节状态,通过控制发动机输出转矩和对驱动轮施加制动来避免发生滑转现象。当汽车行驶速度较低时,ABS/ASR ECU 一般采用控制驱动轮的驱动力来防止车轮滑转,当汽车行驶速度较高时,ABS/ASR ECU 一般采用控制发动机输出转矩来防止车轮滑转。控制发动机输出转矩时,ABS/ASR ECU 首先向发动机与变速器 ECU 发送控制副节气门步进电动机的指令,然后再控制副节气门步进电动机动作,使副节气门开度减小(副节气门在 ASR 不起作用时处于全开状态),减少发动机的进气量,使发动机的输出转矩减小。因为副节气门与主节气门为串联关系,所以即使主节气门开度不变,发动机的进气量也会因副节气门开度减小而减小,从而使发动机输出转矩减小,驱动轮的驱动力随之减小。

控制驱动轮的驱动力时,ABS/ASR ECU 将向 ASR 制动执行器和 ABS 执行器发出控制指令来调节滑转率。向 ASR 制动执行器发出主制动缸关断电磁阀、蓄压器关断电磁阀和储油罐关断电磁阀三个电磁阀通电指令,使主制动缸电磁阀处于关闭(断流)状态,使蓄压器(储能器)关断电磁阀和储油罐关断电磁阀处于打开(通流)状态,蓄压器中具有较高压力的制动液就会进入驱动轮制动轮缸,驱动轮制动轮缸的制动压力即可随之增大。与此同时,ABS/ASR ECU 再像控制防抱死制动一样,向 ABS 执行器发出控制指令,通过独立地调节两驱动轮调压电磁阀的工作状态,使两个驱动轮制动轮缸的制动液压力"升高""保持"和"降低",从而将滑转率控制在设定范围内实现防滑转调节功能。

在防滑转调节过程中,如果驾驶人踩下制动踏板进行制动,ABS/ASR ECU 就会自动退出控制状态,而不会影响防抱死制动功能的发挥。

5.4 电子制动力分配系统

电子制动力分配系统(Electronic Controlled BrakeForce Distribution System,EBD)是在 ABS 的基础上开发的,根据制动减速度和车轮载荷的变化、车轮与地面附着条件的不同,自动改变车轮制动器制动力的分配比例,使制动力与地面附着能力相匹配,从而缩短制动距离和提高行驶稳定性。现已广泛用于不同类型的车辆上。

5.4.1 EBD 的组成

汽车电子制动力分配系统是由减速度传感器(制动减速度也可由轮速传感器提供的轮速变化率求得)、电控单元(EBD ECU)和制动压力调节器组成。因为 EBD 是在 ABS 的基础上拓展开发的主动安全控制系统,不需要增加任何硬件配置,其功能通过改进 ABS 软件的控制逻辑来实现,故其减速度传感器(或轮速传感器)、EBD ECU 和制动压力调节器均可与 ABS 共用,相应的电控单元称为防抱死与制动力分配电控单元(ABS/EBD ECU),执行器是 ABS 制动压力调节器。

5.4.2　EBD 的工作原理

在制动过程中,EBD 先起作用,当车轮接近抱死时,ABS 才起作用,此时 EBD 作用消失,即 EBD 和 ABS 不能同时对车轮的制动力进行控制。EBD 系统在车轮达到一定的制动滑移率范围之前,也就是在 ABS 发生控制之前,就根据前后轮上垂直载荷的大小及路面附着情况,在 ABS 硬件基础上通过软件控制实现前、后轴制动力分配。

EBD 在汽车的制动瞬间通过电子控制器 ECU 分别对各个车轮在路面上的附着和滑移情况进行测量与计算,控制其执行器中的增压电磁阀和减压电磁阀的工作,调节每个轮缸中的制动油压,使前后制动力的分配线(β 线)在理想的制动力分配曲线(I 线)下方,并接近理想的制动力分配曲线,如图 5-26 所示。

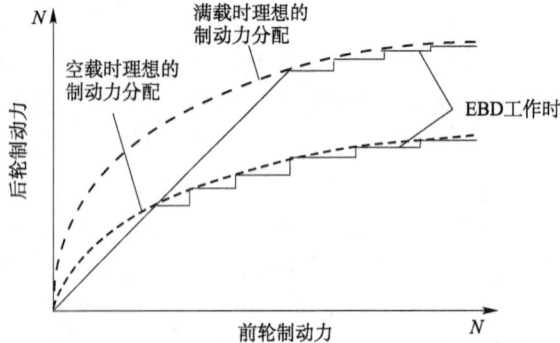

图 5-26　EBD 控制系统的汽车制动力分配曲线

汽车制动力分配系统 EBD 和防抱死制动系统 ABS 是一个控制功能相互融合、工作时相互协调的有机整体。当 EBD 分配给车轮的制动力使车轮趋于抱死滑移时,防抱死制动系统 ABS 就会开始工作,其通过调节车轮的制动力将滑移率控制在 10% ~30% 之间,从而提高制动效能。

当汽车在弯道制动时,内侧车轮的载荷减小,外侧车轮的载荷增大。因此,内侧车轮附着力未能充分利用,外侧车轮也需要增大制动力来充分利用其附着力。为此,增设一只转向盘转角传感器(也可与车身稳定性控制系统共用),用其检测出转向盘的转向方向与转动角速度,由此 ABS/EBD ECU 即可实现弯道制动时内、外侧车轮制动力不同的最佳分配,保证汽车在弯道行驶时的制动稳定性。

5.5　制动辅助系统

电子控制制动辅助系统(Electronic Control Brake Assist System,EBA)也是在 ABS 的基础上开发的。当出现紧急制动情况时,EBA 根据驾驶人踩制动踏板的力和速度,自动增大汽车紧急制动时的制动力,从而缩短制动距离。日本丰田汽车公司研究表明:当汽车紧急制动时,由于驾驶技术水平和精神紧张程度等原因,约有 42% 的驾驶人不能使车轮制动器产生足够的制动力。因此对驾驶技术不熟练的驾驶人而言,采用制动辅助系统 EBA 可有效地提高汽车行驶安全性。

5.5.1 EBA 的组成

制动辅助系统 EBA 是在 ABS 的基础上,增设制动踏板行程传感器和制动压力传感器,并在 ABS ECU 中增设与编制制动力调节软件程序(称为 ABS/EBA ECU)而构成的。

制动踏板行程传感器用于检测驾驶人操作制动踏板的速度,制动压力传感器用于检测制动主缸制动液压力的高低,ABS/EBA ECU 根据制动踏板的速度信号和制动压力信号来计算和判断本次制动属于常规制动还是紧急制动,并向 ABS 液压调节器中的电磁阀发不同占空比的控制脉冲,以便控制制动力的大小。

5.5.2 EBA 的工作原理

装备 EBA 后,ABS/EBA ECU 能够根据制动踏板传感器信号的变化率和制动压力传感器信号,计算确定驾驶人踩下制动踏板的速度和力量,从而判断出本次制动属于哪一类制动(常规制动或紧急制动)。当 ABS/EBA ECU 判断为紧急制动时,即使驾驶人踩下制动踏板的力量不大,ABS/EBA ECU 也能自动控制制动压力调节器使车轮制动器产生较大的制动力,从而缩短制动距离,如图 5-27 所示。当 EBA 调节的制动力使车轮趋于抱死滑移时,ABS 就会开始工作,EBA 的作用消失。

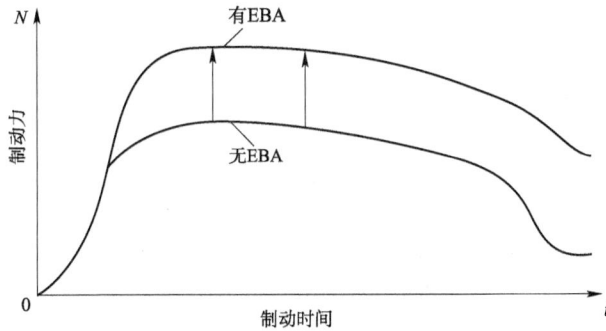

图 5-27　有无 EBA 的制动力比较

5.6　电控动力转向系统

汽车电控动力转向系统可根据车速和发动机转速改变转向动力的放大倍数,使汽车停车或低速行驶时转动转向盘所需的力减小,高速行驶时转动转向盘所需的力增大,以解决传统转向系统中存在的"轻"与"灵"的矛盾,从而提高车辆的操纵轻便性和行车安全性。转向电控式动力转向系统中常见的有电子控制液压动力转向系统(Electric Hydraulic Power Steering,EHPS)和电子控制电动转向系统(Electric Power Steering,EPS)两种。

5.6.1　电子控制液压动力转向系统(EHPS)

EHPS 是在液压动力转向系统的基础上增加电子控制和执行元件,结构原理如图 5-28 所示。电子控制液压动力转向系统主要为车速响应型,即主要通过传感器向电子控制器传递车速的变化信号,经过处理后控制电液转换装置改变动力转向器转向手力,使驾驶人转向手力根据车速和行驶条件变化而改变,从而获得理想的汽车操纵稳定性。

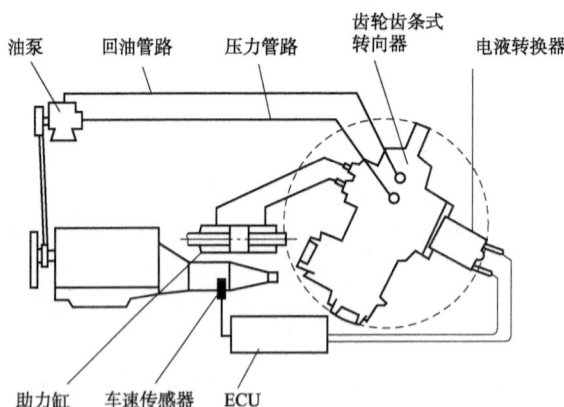

图 5-28　电子控制液压动力转向系统示意图

1. EHPS 分类

按控制方式可分为流量控制式、液压缸分流控制式、压力反馈控制式和阀特性控制式四种。

1）流量控制式

流量控制式动力转向系统主要是随着车速变化而通过改变向动力转向器的供油流量来控制转向手力。车速低时充分发挥动力转向器助力效果,减小转向手力;车速高时适当减少油泵供油量,使转向手力略显沉重,无发飘的感觉,以提高行驶稳定性;急转弯时又可通过传感器探测出转向角度快速变化,控制系统恢复到全动力转向状态,以帮助驾驶人操纵。该控制方式主要有可变量孔式、电磁阀式及独立油泵式三种形式。

可变量孔式系统主要是采用电子控制可变量孔装置来达到改变助力效果。该装置主要包含一个由电子控制的喷嘴量针和由一个螺线管绕组控制的量针,接收电子控制器发出的车速信号,根据给定的特性向绕组供电,螺线管控制量针移动,从而起节流作用。该系统中喷嘴量针控制器(螺线管)能逐步地改变喷嘴量针在孔中的位置,因此可以随着汽车行驶速度的提高而逐渐均匀地减少转向助力作用。

电磁阀式是在系统中增加一个电磁阀。根据车速传感器和转向盘转角传感器所传递的信号,电子控制器控制电磁阀开启的大小,直接改变动力转向器的供油量。即汽车低速行驶或停车状态时,车速传感器传递的是低速信号,这时向电磁阀传输较大电流,使电磁阀全开,油泵以最大供油量向动力转向器供油,流量越大,转向越轻。随之汽车车速的升高,向电磁阀供电电流适量地减小,电磁阀开启量也随着减小,供油量也减小,流量越小,转向越重,其结构原理如图 5-29 所示。

独立油泵式系统采用了直流电机驱动油泵工作的结构,直接控制动力转向器的供油量。根据车速传感器和转向盘转角传感器所传递的信号,通过电子控制器直接改变直流电机转速,由此改变油泵供油量,控制转向手力的变化。

2）液压缸分流控制式

液压缸分流控制式动力转向系统中,在连接液压缸两腔油路中增设了电磁分流阀和分流油路,随着车速的提高,电磁分流阀开启间隙增大,液压缸工作压力减小,转向手力增大;在停车或低速行驶急转弯情况下,电磁分流阀完全关闭,不起分流作用,转向手力明显减小,达到改变转向手力的作用。

系统的结构原理如图 5-30 所示,电子控制单元根据车速传感器、转向角速度传感器和控

162

制开关等信号和汽车的行驶状态向旁通流量控制阀发出控制信号,控制阀控制旁通流量,调整向转向器供油流量的大小,进而调节液压活塞两侧的油压差,以控制助力的大小。驾驶人可以利用仪表板上的选择开关选择适应不同行驶条件的转向力特性。

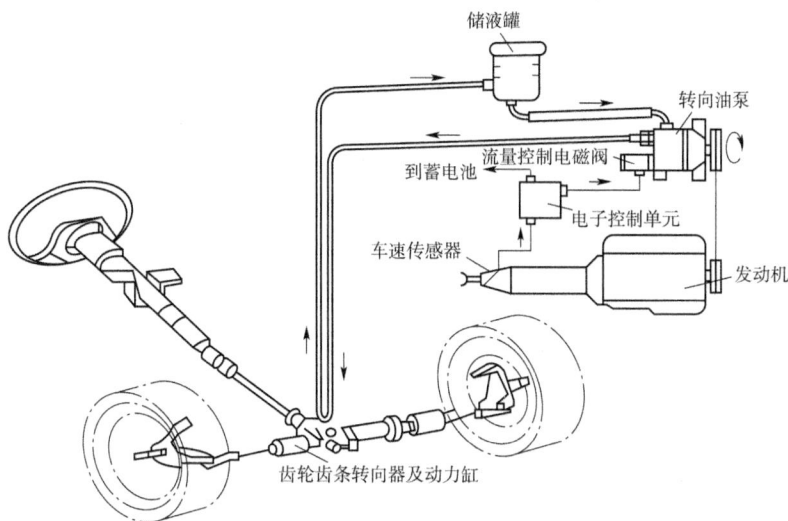

图 5-29　电磁阀流量控制式系统示意图

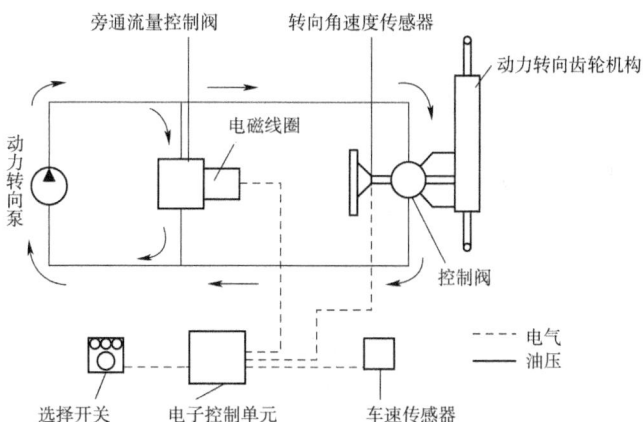

图 5-30　电子控制转向系统原理图

3)压力反馈控制式

压力反馈控制式动力转向系统采用改变控制阀反作用腔反馈压力的办法来改变转向手力。该结构增加一个电液转换阀和一个反作用力阀,在车速信号控制下,车速越高,通往控制阀反作用腔的反馈压力越高,增大了开启控制阀的阻力,转向手力也随之增加,反之转向手力减小。这种结构能在低速掉头和停车转动转向盘时提供95%的助力作用,随着车速的提高可以逐渐减少到最低65%的助力作用,可提供明显的路感和精确的手动控制,并且不受温度变化而引出的油量变化或液体黏度变化的影响。另外,可保证在轮胎爆裂时对转向的控制,在任何电子元件失效时仍能作为一般动力转向使用,确保行驶安全。压力反馈控制式主要由转向控制阀、分流阀、电磁阀、转向动力缸、转向油泵、储油箱、车速传感器及 ECU 等组成,其结构如图 5-31 所示。

主要部件的结构和工作原理如下。

163

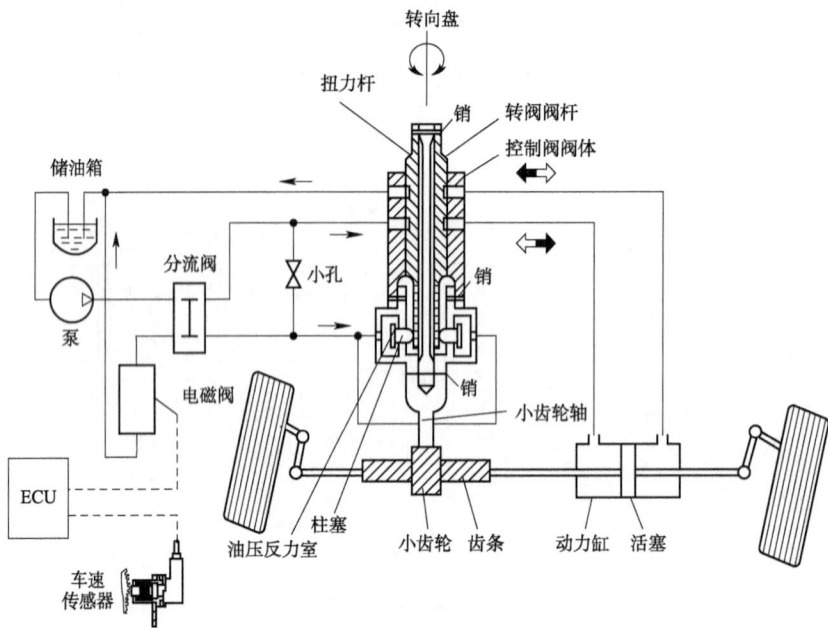

图 5-31　压力反馈控制式动力转向系统结构和工作原理

（1）转向控制阀。

在传统的整体转阀式动力转向控制阀的基础上增设了油压反力室。扭力杆的上端通过销子与转阀阀杆相连，下端用销子与小齿轮轴和控制阀阀体相连。

转向时，转向盘上的转向力通过扭力杆传递给小齿轮轴，带动小齿轮旋转，使齿条运动，实现转向。当转向力增大，扭力杆发生扭转变形时，转阀阀杆和控制阀体之间将发生相对转动，以此改变阀体和阀杆之间油道的通、断关系和工作油液的流动方向，从而实现液压助力转向作用。

（2）分流阀。

分流阀的结构如图 5-32 所示，主要由阀门、弹簧、进油道和出油道组成。分流阀的作用是将来自转向油泵的液流分送到转向、油压反力室和电磁阀。送到电磁阀和油压反力室中的液压油流量是由转阀中的油压来调整的。当转动转向盘时，转阀中的油压增大，分配到电磁阀和油压反力室的液压油流量增加；当转阀中的油压达到一定值后，转阀中的油压便不再升高，而分配给电磁阀和油压反力室的液流量不变。

（3）分流小孔。

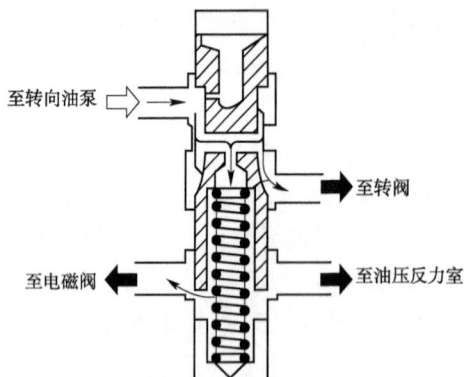

图 5-32　分流阀结构示意图

分流小孔的作用是把供给转向控制阀的一部分液流量分配到油压反力室的一侧。

（4）电磁阀。

电磁阀的作用是根据需要将油压反力室一侧的油液压回储油箱。电子控制单元根据车速的高低控制电磁阀油路的阻尼面积，开口面积随电磁线圈通电电流占空比而变化，进而控制油压反力室一侧的液压油压力大小。

（5）车速传感器。

车速传感器的主要功能是检测汽车行驶速度，通常安装在变速器输出轴上。

164

（6）电子控制单元。

电子控制单元的作用是根据车速传感器输入信号控制通入电磁阀的电流，实现相应的控制功能。车速提高时，为了增大转向操纵力，需要加大电磁阀的电流；而当车速超过120km/h时，为了防止电流过大造成过载，电子控制单元则使通往电磁阀的通电电流保持恒定。

当车辆静止或者速度较低时，电子控制单元使电磁线圈的电流增大，电磁阀开口面积增大，经分流阀分流的液压油和小孔分流的液压油通过电磁阀开口重新回流到储油箱中，此时储油箱的油量变大，作用于柱塞的背压降低，柱塞推动控制阀转阀阀杆的反力较小，因此只需要较小的转向力就可使扭力杆扭转变形，是转阀阀杆和控制阀体发生相对转动而实现转向助力作用；当车辆在中高速区域转向时，电子控制单元使电磁线圈的电流减小，电磁阀开口面积减少，经分流阀分流的液压油和小孔分流的液压油通过电磁阀开口重新回流到储油箱中，此时储油箱的油量变小，油压反力室的油压升高，作用于柱塞的背压增大，于是柱塞推动转阀阀杆的反力增大，此时需要较大的转向力才能使转阀阀杆和控制阀体之间做相对移动，从而实现转向助力作用，使驾驶人获得良好的转向手感和转向特性。

4）阀特性控制式

阀特性控制式动力转向系统以可变的阀特性来控制转向手力。即在回油路中增加一个电磁阀，利用电磁阀开启的大小控制回油路阻力的方式改变阀特性，而电磁阀开启量的大小，由车速传感器传来的车速变化信号通过电子控制器来控制。转急弯时则保证电磁阀全开，不影响转向。

阀特性控制式直接改变动力转向缸的油压增益。这种转向系统结构简单、价格便宜，而且具有较大的选择转向力的自由度。与反力控制式转向相比，转向刚性较差，可以提高原来的弹性刚度加以克服，可获得较好的转向手感和良好的转向特性。

2. EHPS的特点

EHPS可以提供的多重静特性曲线，如图5-33所示，在低速时，"反应"更为剧烈，而高速时则"反应"平缓。这种特性使转向动力放大倍率实现连续可调，从而满足不同车速时的转向助力要求，这也正符合了汽车操纵稳定性要求。

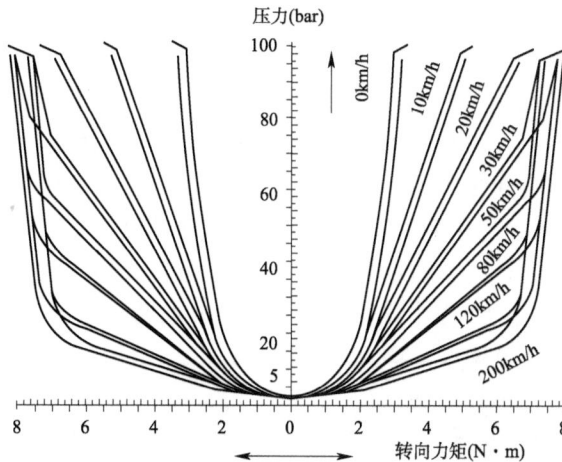

图5-33　多重静特性曲线

EHPS是在原液压式动力转向系统上发展起来的，其优点包括：原来的系统都可利用，不需要更改布置；低速时转向效果不变，高速时可以自动根据车速逐步增大转向手力，提高车辆行驶稳定性；增强了路感；具有失效保护系统，当电子元件失灵后仍可依靠原液压动力转向系统安全工作。但是相对液压动力转向系统，EHPS结构更复杂、价格更昂贵，而且仍然无法克服液压动力系统的一些缺点,如效率低、能耗大等。

5.6.2 电子控制电动转向系统(EPS)

电子控制电动转向系统是在机械式转向系统的基础上,利用直流电动机作为动力源,通过电子控制装置控制电机产生相应大小和方向的辅助力,协助驾驶人进行转向操纵,并获得最佳转向特性的伺服系统。

1. EPS 组成及基本原理

EPS 由机械式转向装置、驱动电机、电磁离合器、减速机构、转向盘传感器(包括转矩传感器和转速传感器)及控制器(包括控制单元和驱动单元两部分)等组成。

EPS 基本工作原理为:当操纵转向盘时,装在转向盘轴上的转矩传感器不断地测量转向轴上的转矩信号,并将该信号与车速信号同时输入到电子控制单元。电子控制单元根据这些输入信号,确定助力转矩的大小和方向,选定电动机的电流和转向,调整转向助力的大小。电动机的转矩由电磁离合器通过减速器减速增扭后,传递到汽车的转向机构上,使之得到一个与汽车工况相适应的转向作用力,从而保证汽车转向在低速行驶时轻便灵活、高速行驶时稳定可靠。

电动转向系统中的电磁离合器,可以保证在规定车速和出现异常情况时自动切断离合器,使转向器变为手动转向。电动转向系统中的控制单元既可以将输入的转矩传感器和车速传感器的信号加以处理确定如何控制电动机工作,又可以收集电动机的电流、发电机电压、发动机工况等信号,判断其系统工作状况是否正常,确保系统安全运作,具有诊断功能。

EPS 中有减速机构,不同类型电动转向系统减速机构结构也不同。其主要作用为降低电动机转速,使之适合转向速度要求,并且增大转向力矩。

EPS 的转向盘转矩传感器有接触式和非接触式两种,常用的接触式转矩传感器有摆臂式、双排行星齿轮式和扭杆式三种类型,非接触式转矩传感器主要有光电式和磁电式两种。EPS 系统控制器的控制单元由单片机及其外围电路组成。驱动电机多为直流电机或永磁无刷电机。

2. EPS 结构形式

EPS 根据电动机布置的位置分为转向轴助力式、齿轮助力式、单独助力式及齿条助力式四种形式。

1)转向轴助力式(Column-assist type EPS)

转向轴助力式电动助力转向器(C-EPS)的助力电机固定在转向轴的一侧,通过减速增扭机构与转向轴相连,直接驱动转向轴助力转向,如图 5-34 所示。这种形式的电动助力转向系统结构简单紧凑、易于安装,现在多数 EPS 就是采用这种形式。此外,C-EPS 的助力提供装置可以设计成适用于各种转向轴,如固定式转向轴、斜度可调式转向轴以及其他形式的转向轴。但由于助力电机安装在驾驶舱内,受到空间布置和噪声控制的影响,电机的体积较小,输出扭矩不大,一般只用在小型及紧凑型车辆上。

2)齿轮助力式(Pinion-assist type EPS)

齿轮助力式电动助力转向器(P-EPS)的助力电机和减速增扭机构与小齿轮相连,直接驱动齿轮实现助力转向,如图 5-35 所示。由于助力电机不是安装在乘客舱内,因此可以使用较大的电机以获得较高的助力扭矩,而不必担心电机转动惯量太大而产生噪声。该类型转向器可用于中型车辆,以提供较大的助力。

3)齿条助力式(Rack-assist type EPS)

电动转向系统的驱动电机和电磁离合器固定在齿轮齿条转向器小齿轮相对的另一侧,单独驱动齿条助力转向。齿条助力式电动助力转向器(R-EPS)的助力电机和减速增扭机构则直接驱动齿条提供助力,如图5-36所示。由于助力电机安装于齿条上的位置比较自由,因此在汽车的底盘布置时非常方便。同时,同C-EPS和P-EPS相比,R-EPS可以提供更大的助力值,所以一般用于大型车辆上。

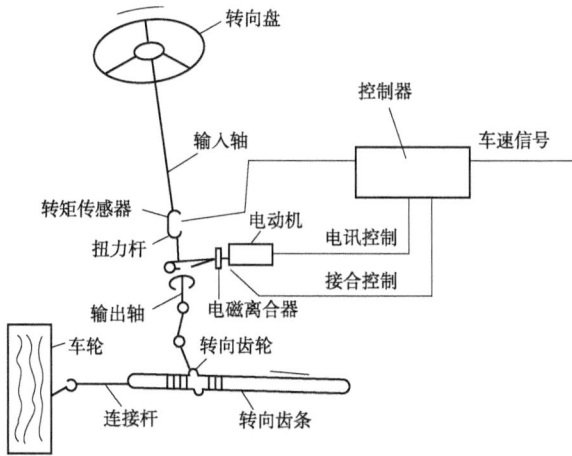

图 5-34 转向轴助力式原理图

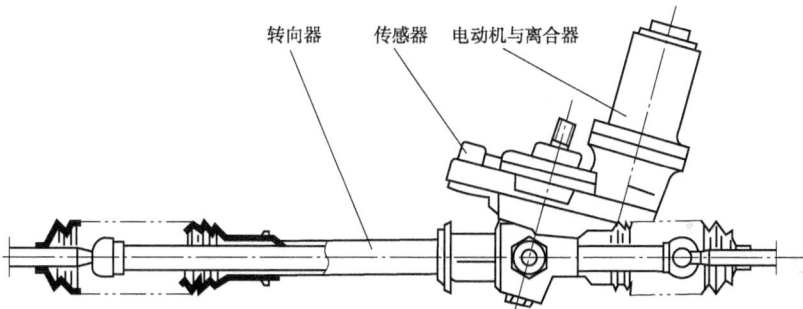

图 5-35 齿轮助力式结构图

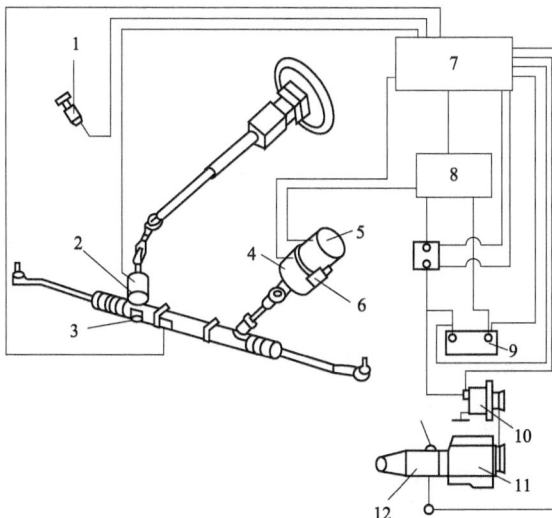

图 5-36 齿条助力式布置图

1-点火起动开关;2-转矩传感器;3-转向角传感器;4-离合器和减速器;5-电动机;6-电动机继电器;7-信号控制器;8-动力控制器;9-蓄电池;10-交流同步发电机;11-发动机;12-车速传感器

4）直接助力式（Direct-assist type EPS）

直接助力式电动助力转向器（D-EPS）的驱动电机与齿条形成了一个独立的单元,驱动电机转动带动循环球螺母转动,使齿条与螺杆产生轴向位移,直接起助力转向作用,如图 5-37 所示。它与 R-EPS 比较相似,两者的主要区别是扭矩传感器的安装位置有所不同。通过优化电控单元（ECU）内部的算法,让电机向齿条直接提供转向助力可以获得良好的转向路感。其主要用于前轴载荷较大的情况。

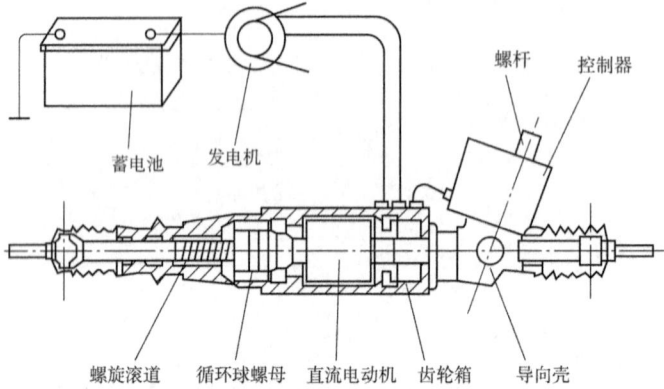

图 5-37　齿条助力式结构图

3. 电动式 EPS 主要部件的结构及工作原理

电动式 EPS 主要由扭矩传感器、电动机、电磁离合器及减速机构等组成,其各部分的结构和工作原理如下。

1）扭矩传感器

扭矩传感器的作用是测量转向轴与转向器之间的相对扭矩,是电动助力的参数之一。扭矩传感器可分为无触点式扭矩传感器和有触点式扭矩传感器。

（1）无触点式扭矩传感器。

图 5-38 所示无触点式扭矩传感器的结构及工作原理。

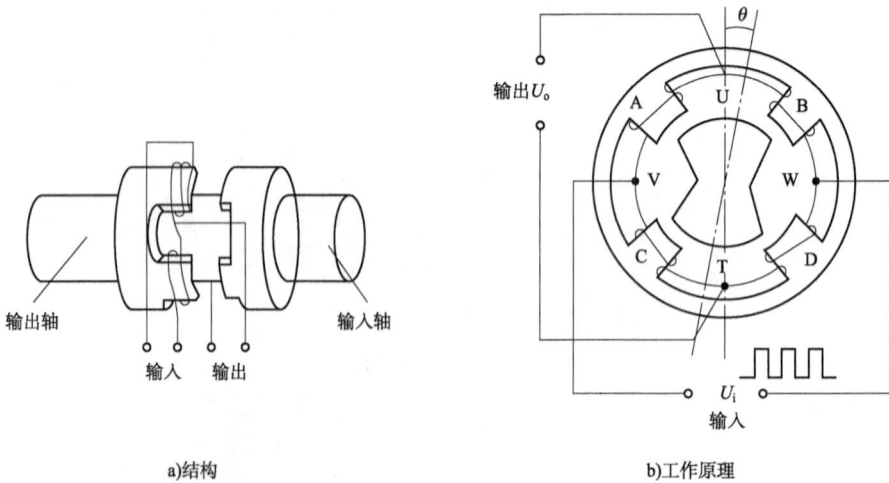

a）结构　　　　　　　　　　　　b）工作原理

图 5-38　无触点式扭矩传感器的结构及工作原理

（2）有触点式扭矩传感器。

图 5-39 所示滑动可变电阻式扭矩传感器的结构和原理示意图。它是将转向力矩引起的

168

扭力杆角位移转换为电位器电阻的变化以引起输出电压的变化,并经滑环传递出来作为扭矩信号。

2)电动机

电动式 EPS 一般采用直流电动机。其工作原理与启动与直流电动机的原理基本相同。其电压为 12V,最大通过电流一般为 30A 左右,额定转矩为 10N·m 左右。

3)电磁离合器

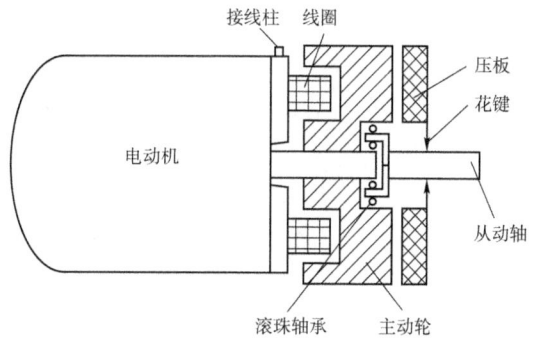

图 5-40 为单片干式电磁离合器的结构图。当滑动可变电阻式扭矩传感器结构电流通过滑环进入电磁离合器线圈时,主动轮产生电磁吸力,带花键的压板被吸引与主动轮压紧,于是电动机的动力经过轴、主动轮、压板、花键、从动轴传递给执行机构。

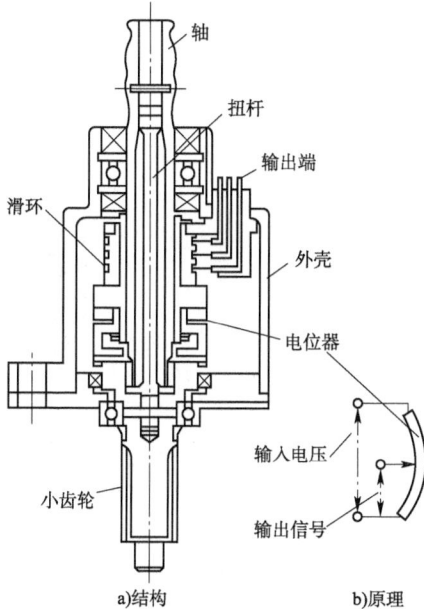

图 5-39　滑动可变电阻式扭矩传感器的结构和原理　　　图 5-40　单片干式电磁离合器的结构

4)减速机构

(1)蜗轮蜗杆减速助力传动机构。

蜗轮蜗杆减速助力传动机构由电磁离合器、一套蜗轮蜗杆助力传动机构组成,如图 5-41 所示。电动机提供的转向助力通过蜗轮蜗杆机构放大作用于转向轴,辅助驾驶人进行转向动作。车辆高速行驶不需要助力或在助力转向系统出现故障时,为了增加转向的可靠性,在电动机与助力机构之间采用电磁离合器来实现电动机与转向系统分离。

(2)差动轮系助力减速传动机构。

差动轮系助力减速传动机构由一套蜗轮蜗杆机构和一套差动轮系机构组成,如图 5-42 所示。转向输入轴与差动轮系的中心轮相连,电动机经过一级蜗轮蜗杆减速机构带动齿圈运动,合成的运动由行星架输出。工作原理是根据车速和手动转向角度,电子控制单元按照事先确定的控制规律使电动机提供一个与手动转向同方向的辅助转角并利用差动轮系的运动合成得到前轮转向角度,这间接地减小了转向系统的传动比而减小了手动转向角度,从而减少了驾驶人消耗的转向功。

4. EPS 的控制技术

电动助力转向控制器硬件组成如图 5-43 所示,主要由电控单元和功率放大器组成。

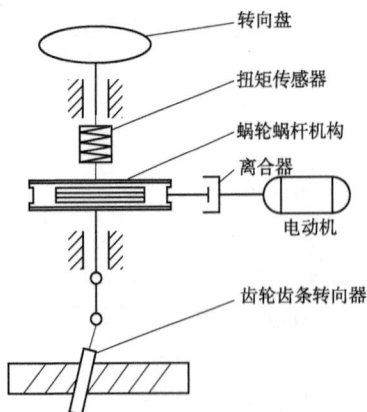

图 5-41 蜗轮蜗杆减速助力传动机构

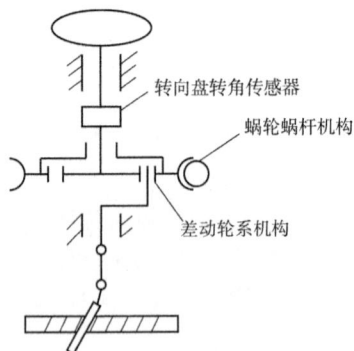

图 5-42 差动轮系助力减速传动机构

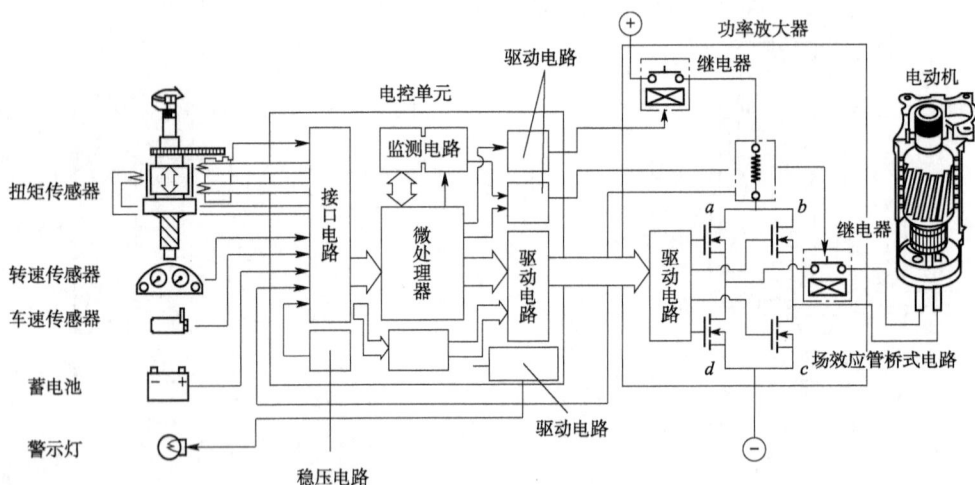

图 5-43 电动助力转向控制器硬件组成示意图

1）EPS 控制器功能

采集转向盘扭矩/转角传感器、车速传感器、发动机转速传感器、电动机的电流/电压等传感器的信号；控制电动机、离合器、状态灯等执行器的动作；通过 CAN/LIN 总线、K 线与其他 ECU 进行信号传递。

2）电动助力转向控制原理

EPS 控制策略可分为上层控制和下层控制，如图 5-44 所示，其中 T_d 为转向盘转矩，v 为汽车车速，θ 为转向盘转角，I 为电机实际电流，I_{cmd} 为电机目标电流，e 为电机目标电流与实际电流的误差，u 为电机电枢电压，T_m 为电机输出转矩。上层控制是确定具体的工作模式，并确定目标电流。下层控制是采用一定的控制方法实现对目标电流的跟踪控制。EPS 工作模式可分为助力控制模式、阻尼控制模式和回正控制模式。

助力控制模式是 EPS 基本控制模式，主要解决转向轻便性和路感问题，包括基本助力控制和补偿控制。基本助力控制不考虑转向时的动态因素，只根据转向盘转矩信号和车速信号，从事先制定好的基本助力特性表中查取相应的目标助力电流，然后利用下层控制策略实现对目标电流的跟踪控制。补偿控制的目的是为了改善汽车转向的动态效果，主要包括惯性补偿控制、转向盘转速补偿控制和摩擦补偿控制。助力控制原理如图 5-45 所示，其中 ω_m 为电机转速。

170

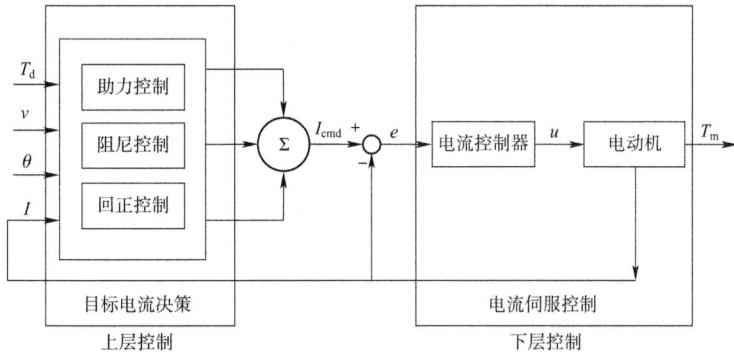

图 5-44　EPS 控制原理图

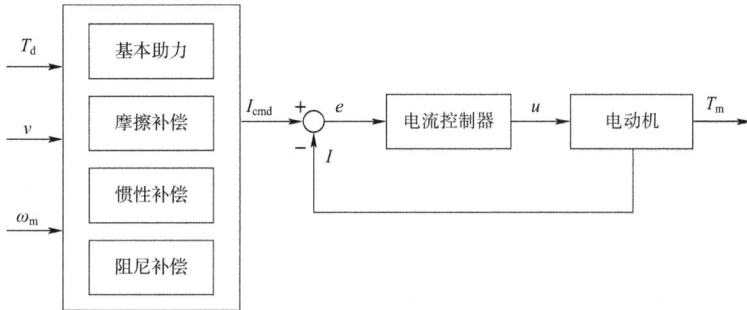

图 5-45　助力控制原理图

EPS 基本助力控制操作步骤如下：

（1）由车速传感器测得车速信号。

（2）由转向盘扭矩传感器测得转向盘扭矩大小和方向。

（3）根据车速和转向盘力矩，由助力特性得到电动机目标电流。

（4）通过电动机电流控制器控制电动机输出扭矩。

EPS 基本助力原理如图 5-46 所示。

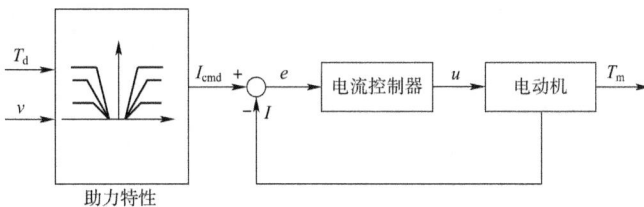

图 5-46　EPS 基本助力原理图

EPS 的助力特性具有多种曲线形式，图 5-47 为三种典型助力特性曲线。图中助力特性曲线可以分成三个区，分别为无助力区，助力变化区和助力不变区。

直线形助力特性曲线比较简单，需要确定的特征参数较少，但是这种助力曲线在助力阶段助力增益保持不变，路感差，同时，直线形还存在拐点 T_{d0}，助力增益的突变会使转向盘出现跳跃感，降低系统的稳定性和电流跟随性，造成电机振动。折线形助力特性曲线采用分段连接，虽然在一定程度上增加了路感，不过还是存在拐点 T_{d0} 和 T_{d1}，并不是最优特性。曲线形助力特性曲线采用平滑过渡的曲线，助力转矩连续平稳，有利于提高驾驶舒适性和系统稳定性，同时兼顾了轻便性和路感特性。

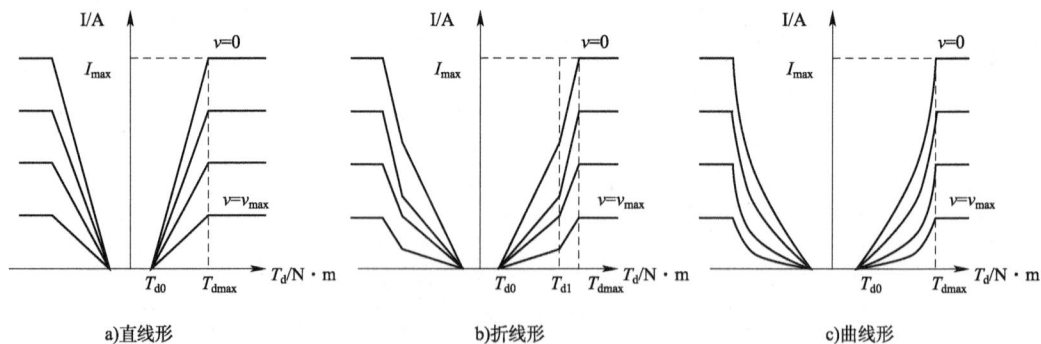

图 5-47 典型助力特性曲线

a)直线形　　　　　　　　　　b)折线形　　　　　　　　　　c)曲线形

当汽车高速直线行驶时,如果路面有高频的干扰,转向盘便会在中位附近抖动,使驾驶人感觉紧张,同时手感变差。为改善汽车高速行驶时转向盘在中位附近的性能,考虑在这种工况下利用助力电机对转向系统施加一定阻尼,减少转向盘的抖动,从而改善驾驶人的手感,这就是 EPS 阻尼控制的主要目的。

在汽车结构参数一定的情况下,回正力矩的大小与前轮载荷、路面条件、轮胎气压、车速等有着密切的关系。汽车高速行驶时,回正力矩较大,转向盘回正容易,有时甚至会回正超调。汽车低速行驶时,回正力矩较小,转向盘有可能回正不足。回正不足时,需要驾驶人对转向盘位置进行修正,从而增加了驾驶人的劳动强度。因此在转向盘回正过程中,需要考虑:回正力矩过大,引起转向盘回正超调和回正力矩过小,转向盘不能回到中间位置的情况。对于前者,EPS 回正控制利用电动机的阻尼来防止出现超调,对于后者,EPS 回正控制对助力进行补偿,以增加回正能力。

EPS 下层控制本质上是电动机的电流伺服控制。EPS 的驱动电动机多采用直流电动机,电流控制可以通过场效应管组成的 H 桥电路脉冲宽度调制(PWM)实现。直流电动机的电流控制一般采用 PID 控制,如图 5-48 所示。

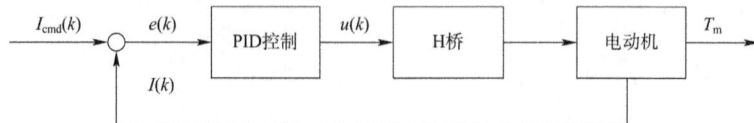

图 5-48　电动机电流控制原理示意图

5. EPS 的特点

EPS 中的电动机和减速器安装在转向机总成内,所占空间很小,易于布置;由于用电动机作为动力装置,故不需加装液压泵及相应的管路,故障率比较低;EPS 只在转向时电机才提供助力,可以显著降低燃油消耗;使用的零部件体积小而且结构紧凑、对整车质量影响小,质量轻,生产线装配好,易于维护;反应灵敏迅速、转向平稳准确、路感好,转向助力大小可以通过软件调整,能够兼顾低速时的转向轻便性和高速时的操纵稳定性,回正性能良好;当发动机出现故障时,仍能通过蓄电池供电继续提供转向助力;有良好的缓冲作用,使转向摆动和反冲降到最低;通过程序的设置,电动助力转向系统容易与不同车型匹配,可以缩短生产和开发的周期。

5.6.3　线控电动转向系统 SBW(Steer by Wire)

线控电动转向系统是在电动助力转向系统的基础上发展而来的,两者都是用电机作为执行器,但在线控电动转向系统中,转向盘和转向车轮之间是没有任何机械连接,完全实现电机转向。线控电动转向系统又称为电子转向系统,主要有转向盘系统、电子控制系统和转向系统,如图5-49所示。

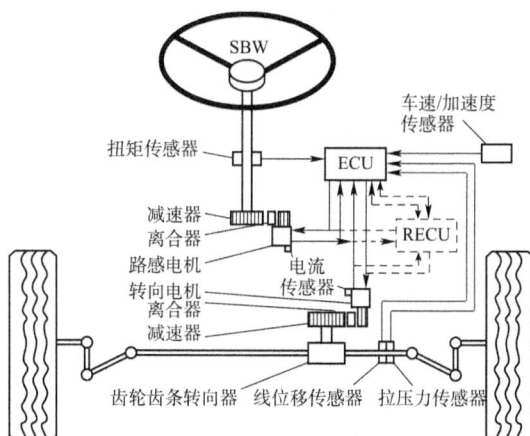

图 5-49　线控电动转向系统示意图

线控电动转向系统工作时,装在转向拉杆上的拉压力传感器和线位移传感器实时地反映出路面状况,即可得出路感信息,再将这些信息转换为电流信号传给ECU,ECU根据车速传感器传来的电信号以及路感电机上反馈来的电流信号来控制路感电机的转动方向和输出转矩大小,从而完成对路感电机的实时控制。当转向盘转动时,装在转向轴上的扭矩传感器开始工作,将在转向轴上产生的转矩信号和转向信号转换为电信号传给ECU,同时,ECU再依据车速传感器传来的电信号、拉杆上传感器的路感信号以及转向电机上反馈来的电流信号来决定转向电机的转向方向和转矩大小,从而完成对转向执行电机的实时控制。

由于线控转向系统中的转向盘与转向轮没有直接机械连接,该系统也被称为柔性转向系统。与传统转向系统相比,线控转向系统能消除转向干涉,方便转向系统的布置,消除了碰撞事故中转向柱伤害驾驶人的可能性,提高了汽车的安全性能,使汽车具有一定的智能化,是未来汽车转向系统的发展方向。

5.7　可控悬架系统

弹性元件和减振器所构成的悬架系统的弹性特性和阻尼特性是一定的,当受到外界激励(如汽车以一定速度驶过坑洼不平路面)时,只能"被动"地做出响应,这类悬架被称为被动悬架。被动悬架在多变环境或性能要求高且影响因素复杂的情况下,难以满足期望的性能要求。而可控悬架能够通过对行驶路面、汽车的工况和载荷等状况的监测控制悬架本身的特性及工作状态,使汽车的整体行驶性能达到最佳,从而改善汽车的行驶安全性。

可控悬架的应用起始于车身高度可调的空气或油气弹簧悬架以及阻尼可随路面条件、车辆工况分级可变的适应悬架,其后发展为具有可快速切换或连续可控阻尼的半主动悬架,进而发展到有自身能源、连续可控的主动悬架系统。

5.5.1　自适应悬架

悬架的刚度和阻尼特性应能根据车辆的行驶条件进行自适应调节。当汽车在正常路面行驶时,悬架的刚度和阻尼应设置得较低,以保证乘坐舒适条件;在急转弯、快速起动及紧急制动时,提高阻尼力可减少车身姿态的变化;在越过凸凹路面及在坏路面行驶时,提高阻尼力能快速吸收车身的振动,并降低轮胎接地点力的变化,减少轮胎动载荷。

自适应悬架最开始的形式为手动调节悬架阻尼,一般在仪表板上设置有"舒适"与"运动"两挡,通过驾驶人来调整。另一种形式可以根据车辆行驶速度自动控制,低速时"软"、高速时"硬"等。随着电子技术的进一步发展,出现了由更为复杂的电控形式形成的智能悬架,即自适应悬架系统。该系统的悬架阻尼或弹簧刚度可根据行驶条件的变化在几挡间由电信号控制,并且可实现车高调整和抗侧倾等控制。

图 5-50 为采用了一个两级阻尼可调式自适应悬架。低阻尼挡用于车辆正常行驶工况,高阻尼挡用于车辆转弯、加速或制动工况。

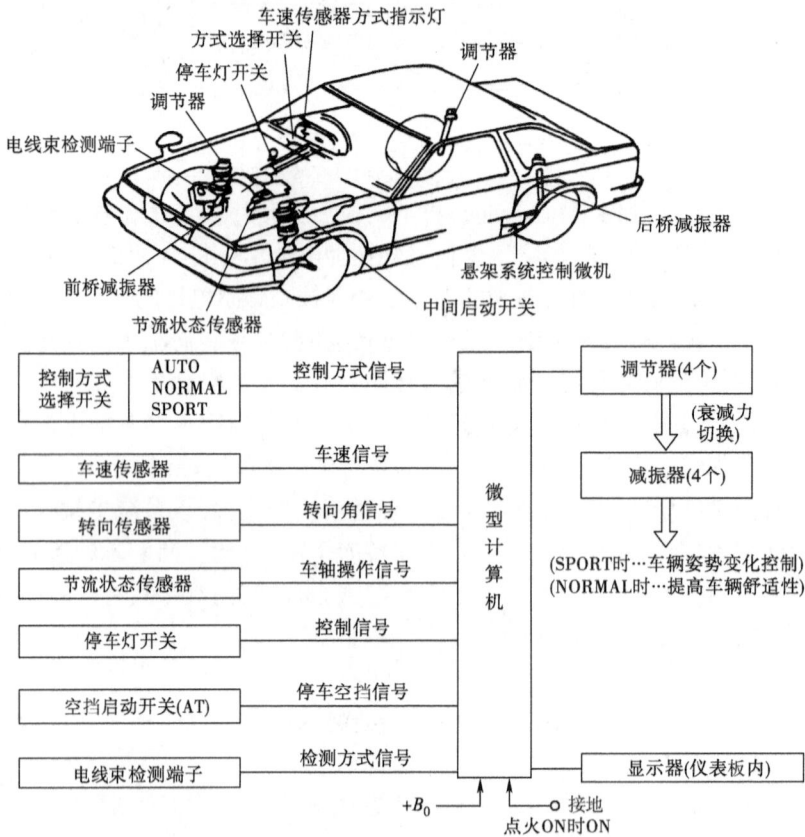

图 5-50 TEMS 阻力可调式自适应悬架系统

该系统的主要控制为:

1)侧倾控制

当转向角或转向速度一定时,提高阻尼力,以降低侧倾速度。当车速高、转向角大时,将低阻尼切换为高阻尼状态,这主要是因为横向加速度与车速的平方成比的缘故。一般阻尼由低到高的切换过程仅需几分之一秒。

2)抗点头控制

系统通过制动油压或制动信号灯监测信号控制,当制动灯开关处于"ON"状态时,系统切换至高阻尼状态。

174

3）振动控制

路面的状况是由加速度信号及车身相对高度信号来识别的,也可以采用超声波传感器直接测量。正常行驶时,系统设置在低阻尼状态,可以减少车身与车轴的振动,提高乘坐舒适性和轮胎接地性。阻尼系数的调节通过调节减振器节流孔的大小来实现。调节装置多以旋转式为主,包括步进电机式、可动线圈式及 DC 电机齿轮组合式等。车速的检测一般采用软轴输出变速器的转速,并将其转变成电信号。

5.5.2 主动与半主动悬架系统

1. 主动悬架系统

主动悬架中不再有传统意义上的"弹簧刚度"和"阻尼特性",悬架中的弹簧和减振器全部或者至少部分被执行元件所取代。其基本原理是靠自身的能源通过执行元件对振动进行"主动"干预。根据执行元件的响应带宽可分为宽带宽主动悬架和有限带宽主动悬架两种,两种悬架又分别称为全主动悬架和慢主动悬架。

1）全主动悬架

全主动悬架系统所采用的执行元件具有较宽的响应频带,以便对车轮的高频共振也加以控制。执行元件多采用电液或液气伺服系统,控制带宽一般应至少覆盖 $0 \sim 15\text{Hz}$,有的执行元件响应带宽甚至高达 100Hz。

图 5-51 为一种全主动悬架工作原理的示意图(单个车轮)。系统主要由执行元件、各种必要的传感器、信号处理器和控制单元等组成。控制单元根据检测到的各种信号判断汽车的当前状态,并根据事先设定的控制策略决定执行元件该输出多大的力。系统内部靠闭环控制保

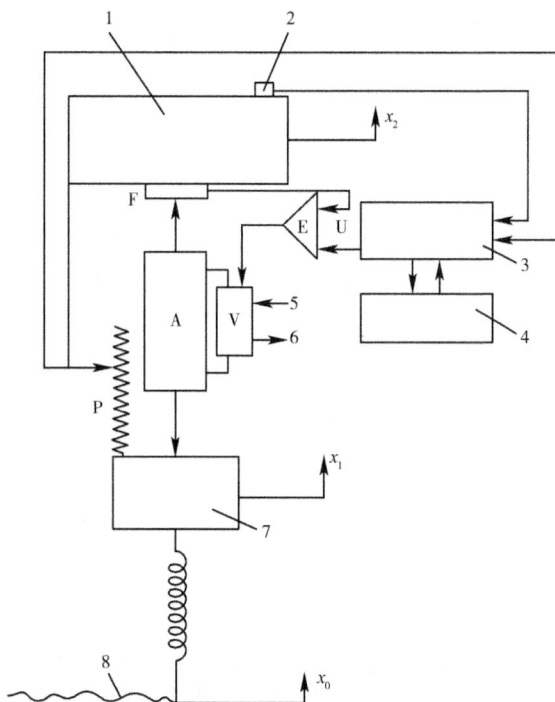

图 5-51 主动悬架工作原理图

1-悬架质量;2-加速度传感器;3-信号处理器;4-控制单元;5-进油;6-出油;7-非悬架质量;8-路面输入;A-执行元件;E-比较器;F-力传感器;P-电位器;V-控制阀

175

证执行元件输出的力满足指令要求。实际使用时,还必须包括更多的传感器以检测必要的系统状态量,比如转向时与汽车运动相关的横向加速度、转向盘角速度,还有汽车车速、发动机油门开度、制动踏板位置以及汽车车身高度等系统状态量。图 5-52 为一种主动悬架布置图。

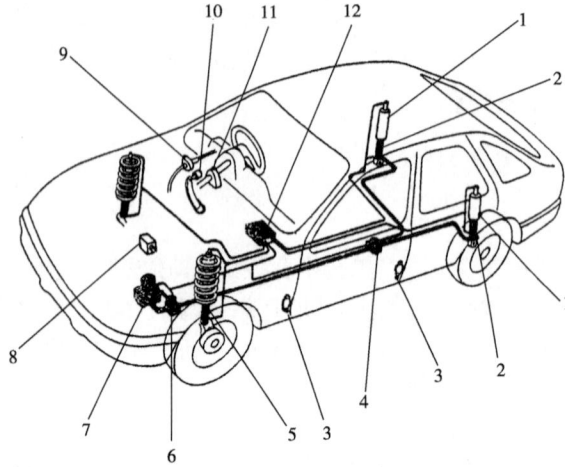

图 5-52　轿车主动悬架布置示意图

1-悬架位移传感器;2-后悬架执行元件;3-车门开关传感器;4-隔离阀;5-前悬架执行元件;6-控制阀;7-液压泵;8-油门位置传感器;9-车速传感器;10-控制踏板位置传感器;11-转向盘传感器;12-中央控制单元

主动悬架的性能指标可以用多个系统输出变量的均方根值的加权和来表征。这些变量可以包括车身加速度、车轮与地面间的动载、车轮相对于车身的位移以及执行元件的作用力等。系统的控制变量也比传统的被动悬架要多,并且参数的选择范围也更宽。

主动悬架的一个重要特点是,要求执行元件所产生的力能够很好地跟踪任何力控制信号。因此,它为控制律的选择提供了一个广阔的设计空间,即如何确定控制律以使系统能够让车辆达到最佳的总体性能。研究表明,主动悬架能够在不同路面及行驶条件下显著地提高车辆性能。

2) 慢主动悬架

慢主动悬架将执行元件的频响带宽降低到只考虑车身的垂直、俯仰和侧倾振动以及汽车的转向反应,不考虑车轮刚度所对应的频率,即带宽降至 3 ~ 4Hz。它与前述的主动悬架在被测状态量和控制实施等方面都有类似,唯一的差异就是执行元件带宽的降低。

在慢主动悬架中,可以选用两类执行元件。一类为当其不起作用(激励频率超过响应带宽)时可以像普通弹簧一样工作,比如气压执行元件,在这种情况下由于执行元件可以支持车身的质量,所以系统中可以不加弹簧或并联一个弹簧。另一类为不起作用时变为刚性体的执行元件,如滑阀控制的液力作动器,在这种情况下系统中必须串联弹性元件。图 5-53 为轿车用慢主动悬架原理图。

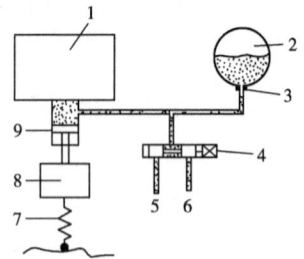

图 5-53　轿车用慢主动悬架示意图

1-悬架质量;2-空气弹簧;3-阻力阀;4-比例流量控制阀;5-接油泵;6-接油罐;7-轮胎刚度;8-非悬架质量;9-执行元件

由于慢主动悬架执行元件仅需在窄带频率范围内工作,降低了系统的成本及复杂程度,比全主动悬架便宜得多。尽管如此,它的主动控制仍然覆盖了主要的车身振动,包含纵向、俯仰、侧倾及转向控制等要求的频率范围,改善了车身共振频率附近的行驶性能,提高了对车身姿态的控制。性能可达到与全主动悬架系统很接近的程度。就实用性及商业竞争力而言,慢主动悬架有较好的应用前景。

2. 半主动式悬架

半主动悬架与主动悬架的区别在于用可控阻尼的减振器取代了执行元件。可控阻尼减振器所起的作用与主动悬架中执行元件的作用类似,都是通过系统内的闭环控制实现控制单元提出的力要求。所不同的是执行元件要做功,而减振器则是通过调节阻尼力控制耗散掉能量的多少,几乎不消耗汽车发动机的能量。显然,在半主动悬架中,必须并联弹簧以支持悬架质量,一般情况下该弹簧刚度是不变的。

半主动悬架包括阻尼连续可调式和可切换阻尼式两类,前者的阻尼系数在一定的范围内可以连续变化,后者的阻尼系数只能在几个离散的阻尼值之间进行切换。需要指出的是,可切换阻尼系统与前面介绍的阻尼可调自适应悬架的区别在于阻尼值停留在特定设置的时间长短不同。阻尼可调自适应悬架在每一设置上停留的时间较长(一般在 5 s 以上),而可切换阻尼式悬架的设置则可在每一车辆振动周期变化范围内在频繁地改变(切换速度为十几毫秒)。

常见的可切换阻尼式悬架一般设置 2 至 3 个挡位,阻尼系数可在几挡之间快速切换,切换的时间通常为 10 ~ 20ms。控制方法通常采用 Karnopp 等提出的算法,即根据车身的相对速度和绝对速度来改变系统阻尼的设置。以两挡切换系统为例,如果二者符号相同,阻尼为硬设置,否则为软设置。

可切换阻尼悬架的设计关键是发展先进的控制阀技术,保证切换时间能足够短,以便使复杂的控制策略的应用成为可能。但这也将导致阻尼器的制造成本升高,目前这种快速切换阻尼系统在实际应用中仍不多见。

连续可调减振器有两种基本结构形式。一种是通过调节减振器节流阀的面积而改变阻尼特性的孔径调节式,其孔径的改变一般可由电磁阀或其他类似的机电式驱动阀来实现;另一种是电流变或磁流变可调阻尼器,其工作原理是通过改变电场或磁场强度来改变流变体的阻尼特性。两种结构中,前者技术较为成熟,后者属于新兴技术,随着对这项技术的研究和突破,将会成为一种较有前途的半主动悬架。

与主动悬架相比,半主动悬架不需要油泵、过滤器、储油箱、冷却器及输油管等附件,几乎不消耗发动机功率,并且制造可控阻尼减振器不像制造电液伺服液力执行元件那样复杂,悬架系统的制造成本和运行成本可大大降低。

5.8 电子稳定性控制系统

汽车电子稳定性控制系统(Electronically Controlled Stability Program, ESP)主要是在防抱死制动系统(ABS)和防滑转控制系统(ASR)的基础上,增设控制程序和传感器而构成的。该系统通过主动调节各轮缸制动压力及发动机转矩,产生作用于整车的附加横摆力矩,实现车辆行驶状态的调整,保证车辆稳定行驶。

车辆在纵向侧向极限工况,尤其是高速急转弯和低附着路面行驶时,容易发生侧滑等失稳状态而失去稳定性引发交通事故。汽车电子稳定性控制系统,作为一种先进的主动安全控制系统,能够通过主动施加相应的纵向力控制,有效提高车辆在极限工况下的行驶稳定性,降低交通事故率,减少在交通事故中的人员死亡率。据欧盟调研表明,车辆在正常行驶状态下,ESP 可降低事故发生率 20% 以上;在潮湿路面及冰雪路面行驶时,装配 ESP 车辆的事故发生率可降低30%～40%,提高汽车行驶安全性。在美国,2012年以后生产销售的乘用车要求必须装配电子稳定性控制系统。

5.8.1 ESP 的组成

电子稳定性控制系统(ESP)是由传感器、电控单元(ESP ECU)和执行器三部分组成,如图5-54所示。为了实现防止车轮侧滑功能,ESP在ABS和ASR的基础上,传感器部分增设了用于检测汽车状态的横摆角速度传感器、转向盘转角传感器、横向加速度传感器以及检测制动压力的压力传感器。电控单元增加相应的信号处理电路、驱动放大电路和软件程序等,ESP电控单元一般都与ABS ECU和ASR ECU组合为一体。执行器部分既可像ABS或ASR那样单独设置压力调节器和发动机输出转矩调节器,也可对液压通道进行适当改进、直接利用ABS和ASR已有调节装置对制动力和发动机输出转矩进行调节。

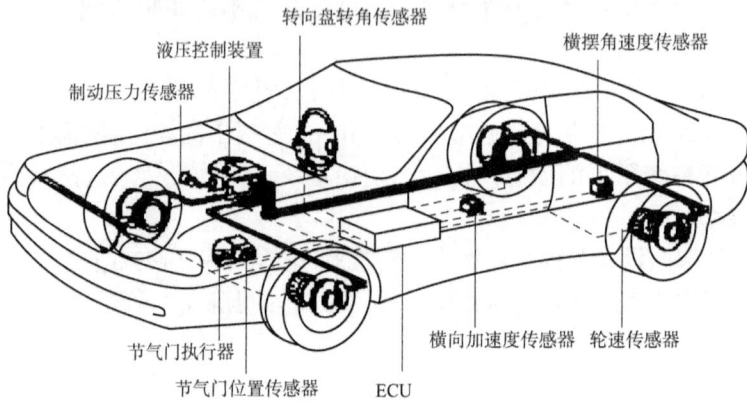

图5-54 EPS 系统的组成

1. 电控单元(ECU)

电控单元(ECU)是ESP系统的核心,主要由微控制器及数字电路组成。它接收来自各传感器的信号,通过计算各个参数,向制动系统及发动机管理系统发出制动压力调节信号和发动机转矩调节信号,实现车辆电子稳定性控制。

2. ESP 传感器

1)轮速传感器

轮速传感器分别装在四个车轮上,用于采集轮速信号并将轮速信息发送给电控单元。

2)横摆角速度传感器

横摆角速度传感器根据振动陀螺仪原理测量车辆横摆角速度,监测并触发ESP控制。横摆角速度传感器通过检测汽车沿垂直轴的偏转,判断汽车的稳定程度。当车辆绕垂直方向轴线偏转时,传感器内的微音叉振动平面发生变化,根据输出信号的变化可计算出横摆角速度。如果偏转角速度达到一定的阈值,汽车发生侧滑或甩尾的危险现象,将触发ESP控制。根据测量原理横摆角速度传感器安装位置应尽量靠近车辆质心。

3)横向加速度传感器

横向加速度传感器用于检测车辆横向加速度信息,用于监测并触发ESP控制。横向加速度传感器直接影响主动横摆力矩控制模块是否能够正常工作,安装要求比横摆角速度传感器更加严格。

4）制动压力传感器

制动压力传感器用于测量制动主缸压力,电控单元根据制动压力高低向调节器的电磁阀发出不同占空比的控制脉冲,以便控制车轮制动力的大小。

5）转向盘转角传感器

转向盘转角传感器用于测量转向盘转角及其角速度,判断驾驶人操作意图,常用的转向盘传感器包括电磁式、光电式等。目前大多数转向盘转角传感器均有单独控制单元,处理计算转向盘转角,并与 CAN 总线连接,向 ESP 控制单元传递信号。

6）节气门位置传感器

节气门位置传感器安装在节气门体上,用于检测驾驶人操纵加速踏板以及由 ESP 执行器调节发动机输出转矩时节气门开度的大小。

3. ESP 执行器

1）制动液压调节器

一般都直接利用 ABS 液压调节器来调节制动力。当汽车制动减速使车轮发生滑移时,液压调节器执行 ABS 功能;当车轮发生滑转时,液压调节器执行 ASR 功能;当汽车发生侧滑时,液压调节器执行 ESP 功能,通过自动调节各车轮的制动力,实现 ABS、ASR 和 ESP 功能。

液压调节器主要由蓄压器、储液箱、回液泵、回液泵电动机、选择电磁阀和控制电磁阀等组成,其结构原理与前述同类控制装置大同小异。选择电磁阀在 ESP、ASR 或 ABS 工作时,接通或关闭制动主缸与控制电磁阀之间的液压管路。控制电磁阀在 ESP、ASR 或 ABS 工作时,升高、保持或降低每个车轮制动轮缸的制动液压力,调节每个车轮的制动力或驱动力,从而实现 ESP、ASR 或 ABS 功能。

2）节气门执行器

一般采用步进电动机与扇形齿轮配合对发动机副节气门的位置进行控制。当 ESP 调节发动机输出转矩时,电控单元向步进电动机发出控制指令,步进电动机步进转动,电动机轴一端的驱动齿轮驱动副节气门轴上的扇形齿轮转动,使副节气门开度减小(副节气门在 ESP 不起作用时处于全开状态),减少发动机的进气量,使发动机的输出转矩减小。

5.8.2 ESP 的控制原理

汽车电子稳定性控制系统是一种先进的主动安全控制系统,它通过对车轮的纵向力进行主动调节达到影响车轮横向力的目的,实现对汽车横摆运动的控制,使汽车具有良好的操纵稳定性和方向稳定性。图 5-55 所示电子稳定性控制系统工作的基本原理图。传感器信号监测汽车实际运动状态并判断驾驶人操作意图,电控单元 ECU 计算出理想车辆行驶状态并将理想值与实际值进行比较,通过控制偏差,计算出所需的附加横摆力矩值。控制指令通过 ECU 发给执行单元,主动干预各制动轮缸压力,对相应的车轮进行制动,同时根据需要与发动机管理系统通信,由发动机管理系统通过节气门执行器改变发动机的输出转矩,从而修正汽车的过度转向或转向不足,以避免汽车打滑、转向过度、转向不足和抱死,从而保证汽车的行驶安全。

ESP 对各种行驶状况的控制,实质上是对不足转向和过多转向的控制。如图 5-56 所示,如果汽车出现不足转向趋势,行驶轨迹向期望轨迹外侧偏离,此时 ESP 控制系统将对内侧后轮进行制动干预,产生补偿力矩将车辆带回期望行驶轨迹;如果车辆表现出较大的过多转向,一般情况下,ESP 首先会降低驱动力矩,提高后轴的侧向附着力,地面作用于后轴的侧向力相应会提高,产生一个与过度转向相反的横摆力矩,如果没有达到理想效果,那么 ESP 将向转向外侧的前轮进行制动,产生一个使汽车向外侧转向的横摆力矩,消除了过多转向使汽车进入正常轨道。此外,对车轮制动使车速降低,也增加了汽车行驶稳定性。其次,由于差速器的作用,对内侧后轮制动从而导致外侧后轮被加速,即外侧后轮受到的驱动力增加而侧向力减少,于是产生了一个所期望的附加横摆力矩。对车轮制动可以降低车速,一定程度上增加了汽车行驶的稳定性因素。

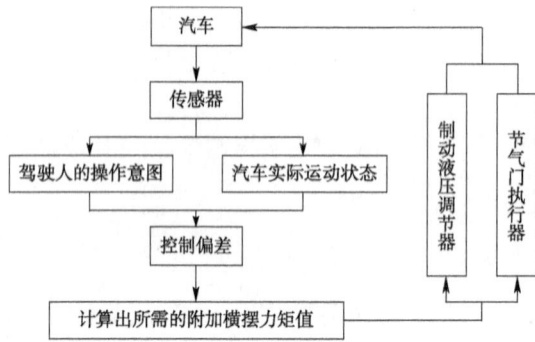

图 5-55　ESP 控制原理图

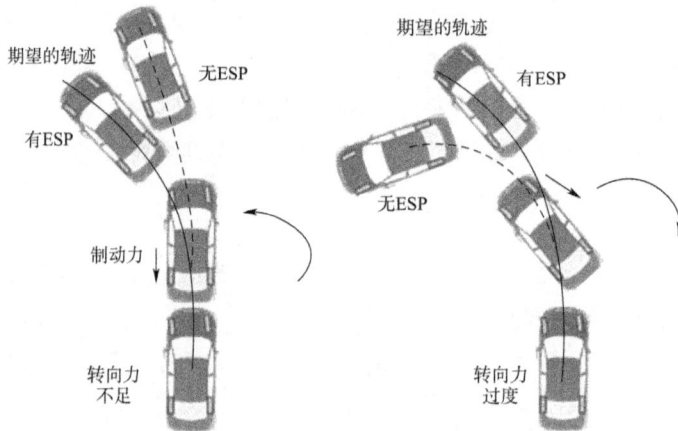

图 5-56　ESP 对不足转向和过多转向的控制

车辆稳定性控制系统能够通过对相应车轮施加制动力和对发动机转矩控制,克服车辆的跑偏以及不足或过多转向,帮助驾驶人更好的保持对车辆的控制,尤其在低附着路面紧急躲避障碍、弯道制动、加速行驶等工况,可以明显改善汽车行驶稳定性。

5.8.3　车身稳定性控制新技术

为了确保行车安全并获得更好的驾驶性能,车身稳定性控制技术的发展趋势是将 ABS、EBD、EBA、ASR 和 EPS 等控制制动力和驱动力的主动安全系统,与电子控制动力转向系统(EPS)和主动悬架系统等组合成为车身动态综合管理系统(Vehicle Dynamics Integrated Management System,VDIM)。

VDIM 将 ABS、EBD、EBA、ASR 和 ESP 等主动安全系统组合成一体进行统一管理和控制,同时也将液压调节装置组合成为一体,由集成的控制单元进行控制。VDIM 可以对车身姿态进行全方位调节,ABS、EBD、EBA 和 ASR 可以控制车轮的纵向力,EPS 与 ESP 配合可以控制侧向作用力,在转弯控制方面,通过与电控转向助力的协调来控制转向力矩的助力,实现更好的行驶安全性和操控性,主动悬架系统可以调节车身前后左右的姿态。因此,将这些系统组合成一体对车身姿态进行综合控制,不仅能够提高车身的动态稳定性,而且还能大大提高汽车行驶安全性和乘坐舒适性。

5.9 安全辅助驾驶系统

随着公路交通特别是高速公路交通的飞速发展,交通事故尤其是恶性交通事故呈现不断上升趋势,交通安全越来越受到社会广泛关注。因此,研究车辆安全辅助驾驶技术,为汽车提供安全辅助驾驶功能,从而为减少常规车辆因驾驶人主观因素造成的交通事故提供智能技术保障。

汽车安全辅助驾驶系统(Advanced Driver Assistance Systems,ADAS)是利用安装于汽车上的各种传感器,在第一时间采集车内外的环境数据,进行静、动态物体的辨识、侦测与追踪等技术上的处理,从而能够让驾驶人在最快的时间察觉可能发生的危险。

ADAS主要由夜视系统、自适应巡航控制系统、随动转向前照灯系统、车道偏离预警系统、碰撞预警系统、盲点辅助系统以及泊车辅助系统等组成。

5.9.1 夜视系统(NVS)

虽然车辆配备的照明设备能够提供良好的照明效果,但为了不影响逆向车道驾驶人的视线,普通前照灯近光灯的照射范围只有30m远,所有光线没有直接照射到的地方,驾驶人都很难看清楚,或者根本看不见,虽然远光灯可以改善这种情况,但由于存在晃眼的问题,因此只能在很少的情况下使用。

汽车夜视系统(Night Vision System,NVS)是利用红外线技术能将车辆前方外界黑暗环境变得如同白昼,使驾驶人在黑夜里看得更远更清楚,保障行车安全。

1. 系统基本组成

夜视系统主要由两部分组成:一部分是红外线摄像机,另一部分是风窗玻璃上的光显示系统。夜视系统中采用的红外线摄像机一般为320×240像素,拍摄距离为300m,由风窗玻璃清洗系统负责清洁。当外界气温低于5℃时,镜头则被加热。中速行驶时,监控器中的显示图像覆盖角度为24°,可以根据驾驶人转动转向盘的角度在左右方向调整6°。高速行驶时,被拍摄物体可以按照1.5:1的比例放大。

2. 系统工作原理

目前汽车夜视系统主要使用的是热成像技术,也被称为红外线成像技术。利用不同温度的物体散发的热量不同,特别是人类、动物和行驶的车辆与周围环境相比散发的热量要多这个特点,夜视系统可以根据这些信息,分辨不同物体,然后转变成可视的图像,把本来在夜间看不清的物体清楚的呈现在眼前,增加夜间行车的安全性。

配备了夜视辅助系统的车辆装有两个额外的红外线前照灯,在可见光波长范围之外进行工作,因此不会对人类的视线产生影响。装配被动夜视系统的车辆前端一个隐蔽的防撞击盒子中装有热能摄像机,利用人和动物本身的辐射特性,以8~12μm的波长范围记录人和动物身体上传来的热辐射,将路边行人和穿行道路的动物以影像中最亮的物体显示在荧屏上,如图5-57所示。系统能够提供更大的视野范围,而且不会让逆向的车辆感到晃眼,可以提前看清近光灯照不到的黑暗中的交通标牌、弯道、行人、汽车、丢失的货物或者道路上其他可以造成危险的事物。这样,驾驶人可以及时采取制动或者避让措施。此外,这个系统能减轻驾驶人在夜间开车的紧张和劳累,保持精神饱满的状态,从而能够在紧要关头迅速而正确地做出反应。

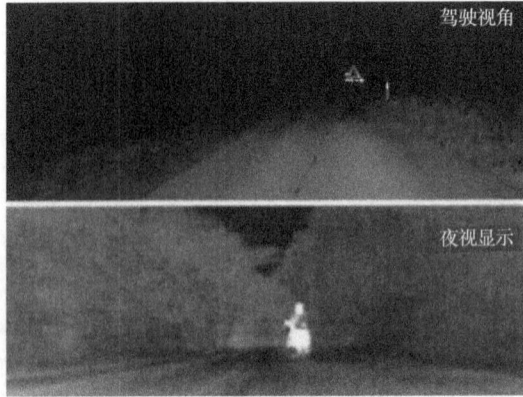

图 5-57　夜视系统工作效果示意图

5.9.2　自适应巡航控制系统(ACC)

自适应巡航控制系统(Adaptive Cruise Control,ACC)是在传统的定速巡航系统上增加了代替驾驶人控制车速的功能,能够连续调整车速以保持与前车安全距离,避免了频繁的取消和设定巡航控制,使巡航系统适合于更多的路况。自动巡航控制类似于传统的巡航控制,同样是保持设定的车速,不同的是新系统能够自动调节车速以保证与前车有足够的安全距离。

1. 系统基本组成

与传统的巡航系统不同的是,ACC 增加了主要用于检测与前方物体间距离信息的距离传感器和根据该信息瞄准前方行驶汽车、输出目标加减速度以使其与前车的间距保持一定的汽车间距控制 ECU。距离传感器包括距离雷达和视觉传感器,雷达测量的实时性、准确性优于视像传感器,故用得较多。距离雷达包括微波与激光雷达。ACC 一般是在发动机控制系统、ESP 系统及自动变速器的基础上,利用其一些重要的汽车行驶动态参量的传感器信号,并修改发动机转矩电子控制的发动机控制和电子制动压力调节控制实现汽车速度的控制,ACC 系统与自动变速器的配合可以改善汽车行驶的舒适性。ACC 结构原理如图 5-58 所示。

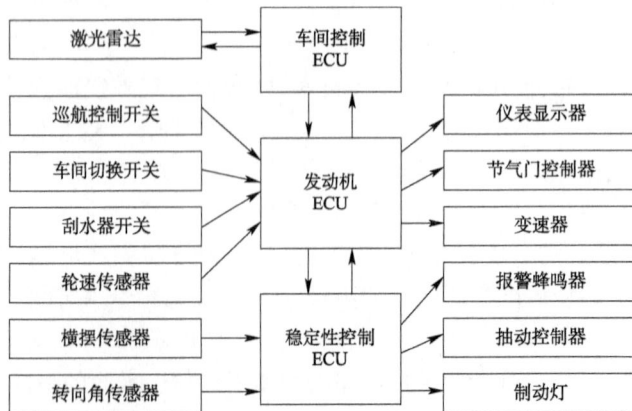

图 5-58　自适应巡航控制系统的基本组成

182

2. 系统工作原理

自适应巡航控制系统利用低功率雷达传感器得到前车的确切位置,驾驶人设定安全车速和车距,通过控制制动器和节气门实现智能控制车速,在高速公路上与前车自动保持一定车距,避免了频繁地取消和设定巡航控制。

如果系统检测前车减速,系统就会发送执行信号给发动机或制动系统来降低车速,配合前方汽车车速进行减速控制,此后,如果与前方汽车保持同车道行驶,按照驾驶人设定的车间距离(等于与车速成比例的车间距离)进行随行控制。当前方汽车消失后,又会加速恢复到设定车速后继续保持匀速行驶。其主要通过自动控制制动和加速来保持一定的车距。当遇到前方车速很慢必须制动车时,会发出声音和视觉报警以提醒驾驶人。由于车辆不仅仅在直线行使,也要考虑在弯道中的使用。在多车道公路上行驶时,系统根据转向盘转动的角度可以识别自己所在车道上的车辆和相邻车道的车辆,避免出现错误判断。图5-59为自适应巡航控制系统工作示意图。

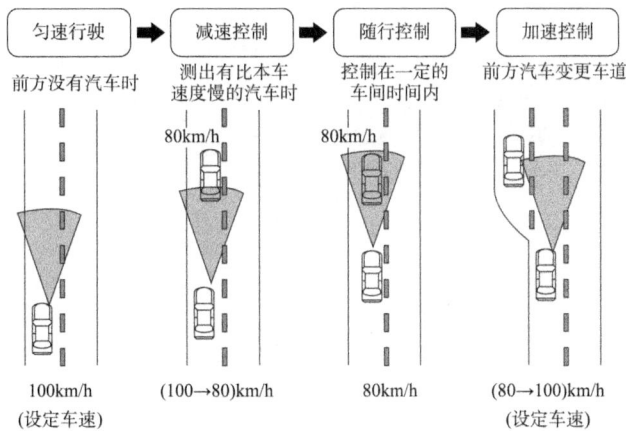

图5-59 自适应巡航控制系统工作示意图

此外,系统工作时,它与前方车辆的距离以时间单位衡量,这将确保系统在目前的行驶速度下有足够的反应时间。带启停式行车功能的自动巡航控制系统令驾驶更加轻松和安全。如需调整速度,系统则依据动态稳定控制系统和导航系统的数据计算出需要的安全速度。

5.9.3 随动转向前照灯系统(AFS)

随动转向前照灯系统(Adaptive Frontlight System,AFS)能够根据汽车转向盘角度、车辆偏转姿态和行驶速度,不断对前照灯进行动态调节,适应当前的转向角,保持灯光方向与汽车的当前行驶方向一致,以确保对前方道路提供最佳照明并对驾驶人提供最佳可见度,它能够根据行车速度、转向角度等自动调节前照灯的偏转,以便能够提前照亮"未到达"的区域,提供全方位的安全照明,从而显著增强了黑暗中驾驶的安全性。在路面无(弱)灯或多弯道的路况中,扩大驾驶人的视野,并且可提前提醒前方来车。

1. 系统基本组成

(1)传感器组。传感器组包括光敏传感器、车速传感器、车身高度传感器、转向盘转角传感器、雨量传感器、雾传感器、风速传感器、颗粒物传感器、汽车位置传感器(GPS)。

(2)传输通路。选择CAN总线作为传输通道,通过CAN总线与其他电子模块实现资源共享。

(3)处理单元及执行机构。主要包括前照灯照程调节控制单元以及转弯灯光动态调节电机等。

2. 系统工作原理

随动转向前照灯是采用多源传感器检测车辆的转向,并通过电控单元控制汽车前照灯在极短的时间内做出反应,使照射方向迅速转过一定的角度,提供弯道死角处的照明,在可见度较弱的场合可以大幅提升驾驶安全性。此外,系统不仅可以使前照灯左右转动,而且能够根据车身平衡度的变化而自动调节光柱上下角度。当车辆制动、上坡和下坡、前后乘坐人员不等、车头下探或上仰的同时灯光也会自动调整上下角度,以维持光照的范围不变,从而提高行车安全性,其工作示意图如图5-60所示。

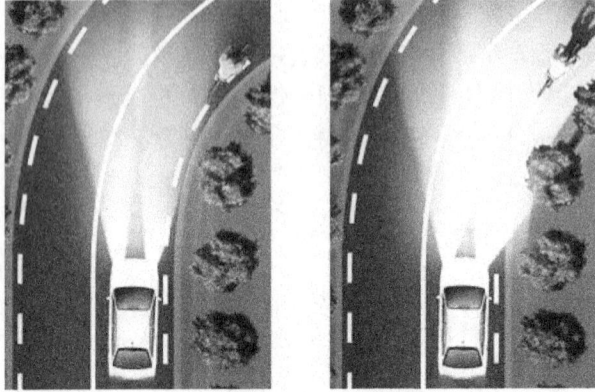

图5-60 随动转向前照灯工作示意图

5.9.4 车道偏离预警系统(LDWS)

车道偏离预警系统(Lane Departure Warning System,LDWS)是一种通过辅助转向操作及报警的方式辅助驾驶人减少汽车因车道偏离而发生交通事故的系统。车道偏离预警系统提供智能的车道偏离报警,在驾驶人无意识(驾驶人未打转向灯)偏离原车道时,能在偏离车道0.5s之前发出警报,或转向盘开始振动以提醒驾驶人目前车辆偏离的状况,在报警的同时,施加轻微的转向操作力,以唤起驾驶人的注意,为驾驶人提供更多的反应时间,大大减少了因车道偏离引发的碰撞事故。

1. 系统基本组成

车道偏离预警系统主要由识别汽车前方车道的摄像头和ECU、车速传感器、雷达传感器、转向时附加以转向操作力的电动动力转向(EPS)以及进行控制演算的计算机等构成,如图5-61所示。

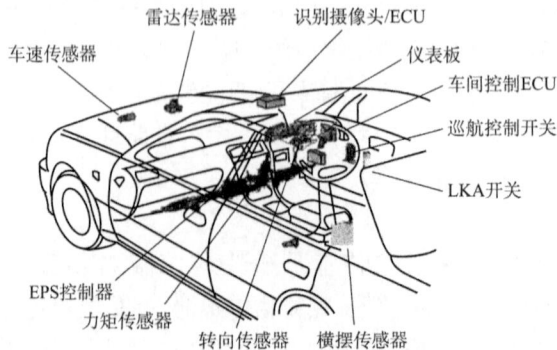

图5-61 车道偏离预警系统基本组成

184

2. 系统基本分类

系统主要是利用视觉传感器或红外传感器检测车道标识的位置,按照传感器的安装方式可分为侧视系统和前视系统。

1) 侧视系统

侧视系统的摄像头安装在车辆侧面,斜指向车道,其优势就是在结构化道路上效率高并简单易行,并有可能取得更高的定位精度,其不利的因素是只能在结构化道路上使用(必须存在道路标识,且道路标识能被有效识别)。

2) 前视系统

前视系统的摄像头安装在车辆前部,斜指向前方的车道,其优势在于可以利用更多的道路信息,在没有道路标识的道路上也可以使用,其不利因素就是用来定位车辆横向位置的一些图像特征点可能被其他车辆或行人干扰。

3. 系统工作原理

当车道偏离预警系统开启时,视觉传感器(一般安置在车身侧面或后视镜位置)会时刻采集行驶车道的道路标识线。LDWS 通过图像处理获得汽车在当前车道中的位置参数,测量和监控本车与道路边界的距离。当检测到汽车偏离车道时,传感器实时采集车辆数据和驾驶人的操纵状态,之后由控制器发出警报信号,并根据控制器计算出车辆回到车道中央所需转向操作力的一部分以辅助的形式施加到 EPS 系统,整个过程大约在 0.5s 内完成,为驾驶人提供更多的反应时间。如果驾驶人打开转向灯,正常进行变线行驶,车道偏离预警系统不工作。车道偏离预警系统分为“纵向”和“横向”车道偏离警告两个主要功能。纵向车道偏离警告系统主要用于预防由于车速太快或方向失控引起的车道偏离碰撞;横向车道偏离警告系统主要用于预防由于驾驶人注意力不集中以及驾驶人放弃转向操作而引起的车道偏离碰撞,当车辆偏离行驶车道时,其可通过警报音、转向盘振动或自动改变转向给予提醒。图 5-62 为 LDWS 的系统组成。

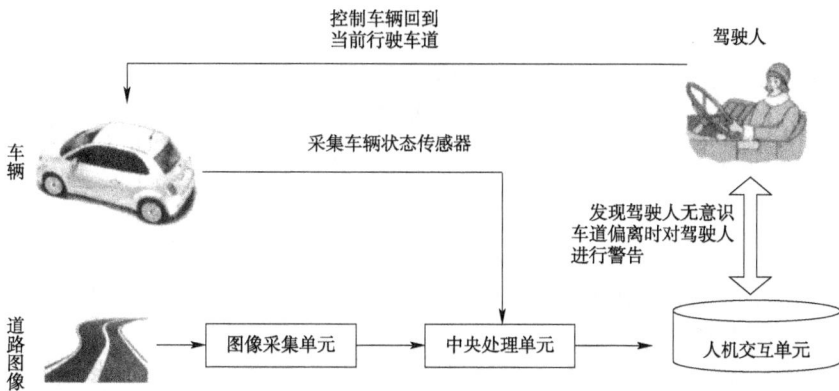

图 5-62　车道偏离预警系统的工作原理

5.9.5　防碰撞预警系统(ACWS)

汽车防碰撞预警系统(Advance Collision Warning System,ACWS)主要用于协助驾驶人避免追尾、高速中无意识偏离车道、与行人碰撞等重大交通事故。系统利用传感器持续不断的检测车辆前方道路状况,识别判断各种潜在的危险情况,并通过不同的声音和视觉提醒、必要时采取制动方式以帮助驾驶人避免或减缓碰撞事故。汽车防碰撞预警系统基于智能视频分析处理,通过动态视频摄像技术、计算机图像处理技术来实现其预警功能。

1. 系统的基本组成

系统主要包括了前方车辆探测传感器、碰撞判断中央处理器ECU、制动辅助系统、电动座椅主动安全带系统以及预警装置等,如图5-63所示。前方车辆探测传感器一般采用视觉(摄像头)与毫米波雷达(也称微波雷达)。毫米波雷达系统一共有2个波段,频率为77GHz的雷达波有效监测距离达150m,频率为24GHz的雷达波监测距离为30m,扫描角度为80°。雷达通过探测道路前方车辆的距离并将数据传送给系统中央处理器,同样的视觉传感器采集前方车辆的图像信息传递给中央处理器进行信息融合。监测到前方车辆进入150m范围时,系统进入预备状态。

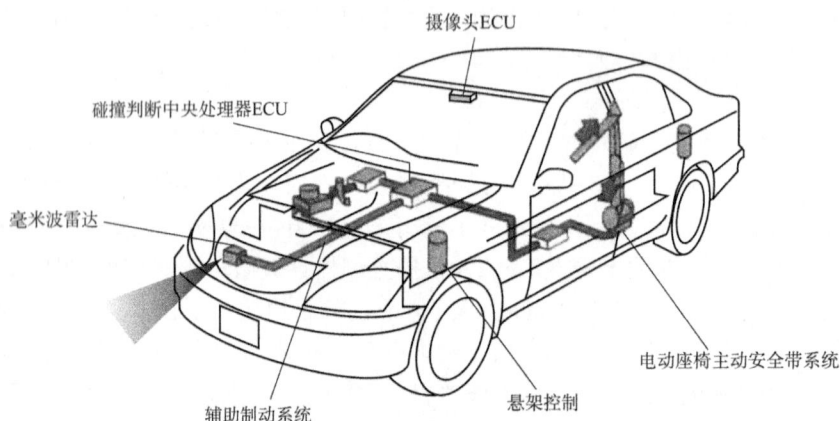

图5-63 防碰撞预警系统结构图

2. 系统工作原理

当在同一车道上有车辆或其他障碍物时,毫米波雷达与视觉传感器监测到与前方车辆达到危险距离30m而驾驶人还未做出反应时,系统会根据车速和车距计算出最佳制动力值,并同时给制动辅助系统传递制动指令,以此来最大限度地避免碰撞发生,安全带和座椅都进入碰撞预备状态,同时闪光制动灯也开始工作,如图5-64所示。如果驾驶人未进行人工回避操作,系统判断碰撞不可避免,则强制进行制动干预,降低碰撞速度。当进行紧急制动时,为了减小碰撞伤害,在碰撞发生前主动型安全带开始工作,系统控制单元指挥安全带卷收器实施预紧,

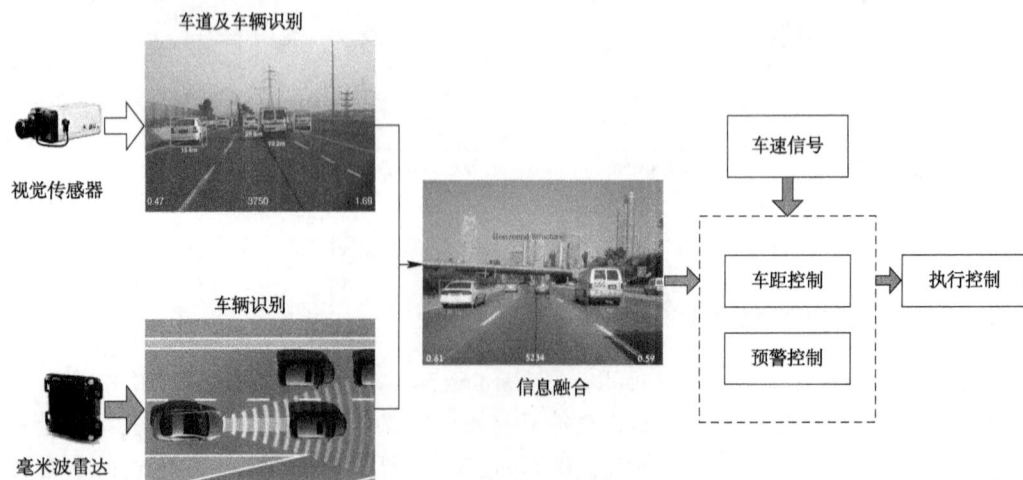

图5-64 防碰撞预警系统工作原理图

电动座椅同时自动调节到标准位置,此时制动力通过制动辅助系统迅速达到最大。当车速与前方车辆相同或低于前方车辆之后,安全带和座椅恢复至正常状态。

5.9.6 盲点辅助系统(BSA)

汽车左右两侧3m、后方3m的区域,极易形成车外后视镜上的视觉盲点,并对汽车造成潜在的危险。随着雷达技术的运用,汽车的视觉盲点被雷达检测所覆盖。盲点辅助系统(Blind Spot Assist System,BSA)的出现提高了汽车的安全性能,系统利用雷达传感器检测车辆后方和两侧的环境,并在驾驶人变换车道时提供帮助。被监控的区域不仅包括视觉盲点,也包括所谓的"视野"盲区。同时系统还对驾驶人侧和副驾驶人侧进行监控。

车辆的前后保险杠安装6个短距雷达,实时地对后方与两侧车道监控,系统最大监控范围可达到50m远。当车速达到60km/h以上,系统就会自动启动。当邻近车辆进入视觉盲点区域时,盲点辅助系统将用后视镜上的红色三角形报警灯提醒驾驶人。当驾驶人开启转向灯准备变换车道时,车辆速度超过一定值时,盲点检测系统识别到变换行车道可能会造成事故风险时,系统将提示或警告驾驶人,此时相应车外后视镜内的LED警告灯亮起或快速闪烁,以提示或者警告驾驶人潜在的风险。图5-65为盲点辅助系统工作示意图。

图5-65 盲点辅助系统工作示意图

5.9.7 泊车辅助系统(PAS)

泊车辅助系统(Parking Assist System,PAS)又被称为主动式停车辅助系统,是借助前后保险杠上安装的若干组超声波感应器来实现辅助泊车的系统。该系统可以使汽车自动地停靠泊车位,增加了泊车的便利性。系统采集图像数据及周围物体距离车身的距离数据,通过数据线传输给中央处理器,由中央处理器分析处理后,得出汽车的当前位置、目标位置以及周围环境参数,依据上述参数制定自动泊车策略,并将其转换成电信号,车辆策略控制系统接受电信号后,依据指令自动控制汽车的转向等动作,整个过程中驾驶人只需控制车速即可。

1. 系统基本组成

系统主要由倒车摄像头和车载显示器组成,倒车时在车前显示器可以显示车后倒车摄像头的实时视频,或者是由超声波传感器、控制器和显示器(或蜂鸣器)等部分组成。

2. 系统工作原理

智能泊车系统的基本原理是通过车身前后和侧面的多个传感器,来测算车位的大小、距离以及准确的入位角度。系统对车辆和车位都有要求,车辆必须装有倒车影像功能的屏幕,车位的大小不应小于车身总长加2m的长度。倒车时,与旁边车辆的横向距离要求保持在0.5~1.5m之间。自动泊车时,首先选好车位,车辆位置固定挂入倒挡后,倒车影像屏幕会自动显示出车辆所在的位置和周围环境。在触摸屏式导航仪上,通过移动光标来设定泊车的目标位置,同时启动智能泊车系统,系统一旦启动会自动操纵转向盘,然后缓慢进行倒车,最后将车辆停在泊车位置。驾驶人可以在注意周围有无障碍物的同时,控制加速或制动踏板调整泊车过程。图 5-66 为泊车辅助系统工作示意图。

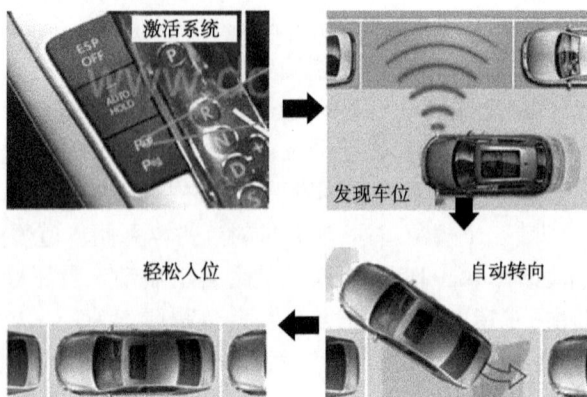

图 5-66　泊车辅助系统工作示意图

第6章　汽车被动安全性能试验

本章主要介绍了汽车发生碰撞事故时评价安全性能的试验方法及典型设备：台架试验；模拟碰撞试验(滑车模拟碰撞试验)；实车碰撞试验。同时也简单介绍汽车被动安全研究新动向——计算机碰撞仿真研究。

6.1　概　　述

提高汽车被动安全性的目的是在汽车发生碰撞时确保乘员生存空间、缓和冲击、防止发生火灾等。如前所述，汽车工业发达国家都有自己的汽车被动安全标准(法规)，且都形成了各自的标准体系。从内容上看，各国的标准不尽一致，因此其性能的评价方法与使用的设备也不完全相同，但归纳起来，被动安全性试验方法可分为三类：台架试验；模拟碰撞试验(滑车模拟碰撞试验)；实车碰撞试验。

台架试验包括台架动态冲击试验及静态强度试验。台架动态冲击试验用于评价零部件遭受冲击时的能量吸收性能；静态强度试验主要用于评价对冲击速度不敏感的零部件的安全性能，可作为动态试验的补充。

模拟碰撞试验是指模拟实车碰撞的试验，主要是模拟实车碰撞的减速度波形，以进行乘员保护装置的性能评价和零部件的耐冲击力试验。

实车碰撞试验与事故的情况最接近，其试验结果说服力最强，是综合评价车辆安全性能的最基本、最有效的方法，但试验费用非常昂贵。从乘员保护的观点出发，以交通事故再现的方式，分析车辆碰撞过程中乘员与车辆的运动状态和损伤状况，并使用假人定量地评价碰撞安全性能。

实车碰撞试验是最终检验汽车安全性能必不可少的试验，同时，在汽车开发过程中为滑车模拟碰撞试验设定试验条件，为计算机碰撞仿真建模中验证计算模型等，实车碰撞试验也是必不可少的环节。虽然实车碰撞试验技术难度大、试验准备周期长、试验费用昂贵，但实车碰撞试验是汽车碰撞安全研究中必需的、不可替代的试验。其他两类试验方法基本上都是以实车试验的结果为基础，模拟碰撞环境的零部件试验，试验费用较低、试验条件稳定、试验过程易于控制，适合于汽车安全部件性能的考核及汽车开发过程中的阶段性验证试验。

6.2　汽车零部件台架试验方法及典型设备

汽车安全部件试验大多采用台架试验。汽车零部件台架试验主要有：车顶及侧门强度、安全带固定点、门锁及门铰链、安全带、座椅及头枕、燃油箱、安全转向柱、内部凸出物、行人碰撞保护装置、安全气囊等零部件的台架试验。

6.2.1　车顶及侧门强度试验

1. 车顶顶盖强度试验

车顶顶盖强度试验目的是评价汽车发生滚翻事故时,为了确保乘员的生存空间,车顶应具备的最低强度。该项试验是用静压方法模拟翻车状态下顶盖的受力状态,在车体自重的作用下顶盖强度应能保证乘员的最小生存空间。

美国 FMVSS571.216 规定了车顶强度的试验方法及性能要求。图 6-1 为车顶强度试验装置的安装和使用图。试验时将车体或车辆固定在试验装置前的铁地板上,用 762mm×1029mm 的刚性平板对车顶规定位置加载。考虑轿车翻车后在平地上的平衡姿态,加载的前倾角为 5°,侧倾角为 25°(用以检验横滚过程中顶棚支撑构件的强度);加载初始点在加载装置下表面中心线上并距中心线最前端 254mm。在垂直于加载平板下表面向下方向,以 12.7mm/s 速度加载,直至达到空车重量的 1.5 倍或 22230N(取两者之中的较大值);要求在此载荷下加载平板的位移不应超过 127mm,试验应在 120s 内完成。

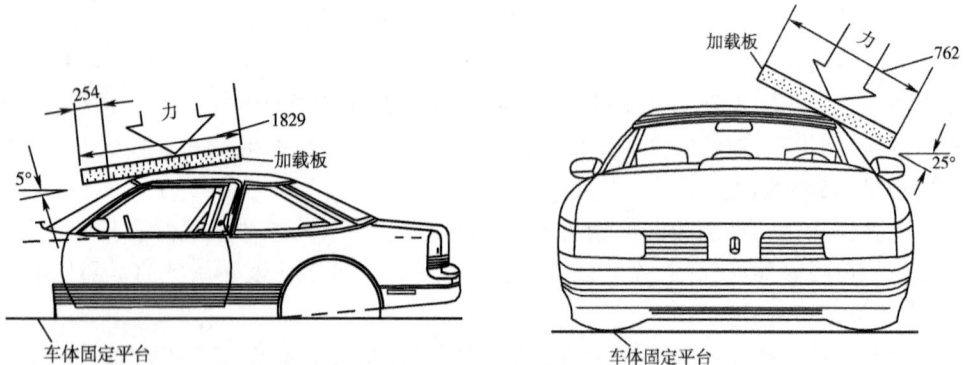

图 6-1　车顶强度试验装置的安装和使用

注意:被试车固定方法要保证不妨碍车顶的变形,且加载过程中车体或车辆不得发生移动;加载装置要有导向机构,以保证加载过程中加载方向不变。

2. 侧门静强度试验

侧门静强度试验是评价汽车在侧面撞车时,为了使侧门进入驾驶舱产生的危险性降到最低,侧门应具有的最低强度。该项试验是模拟车辆发生正面碰撞而使车体产生偏斜后,车体侧面与其他柱状物体(如树桩、消防栓等)相撞的状态,此时的薄弱环节是车门中点。

图 6-2 为侧门强度试验装置的安装和使用图。试验时将车体或车身固定在试验装置前的铁地板上,用直径为 305mm、棱边圆角半径为 13mm 的刚性圆柱或半圆柱体向车门中点施加水平的横向载荷(柱体长度应保证其超出车窗下边缘至少 13mm,但又不接触车窗上边缘),以载荷—变形曲线评价车体侧面是否具有一定的抗力。

注意:试验时,车辆固定方法要保证不妨碍车门的变形,且加载过程中车体或车辆不得发生移动;加载装置要有导向机构,以保证加载过程中加载方向不变。另外,试验中门锁应处于锁紧状态。

3. 试验设备与标准

车顶顶盖强度试验可与侧门强度共用一套综合性设备,如图 6-3 所示。试验装置(即台架)可进行上下、左右及前后调节,加载装置也可进行相应的调节。FMVSS571.214、ADR29、GB15743 等标准都规定了对侧门强度的试验方法及性能要求。

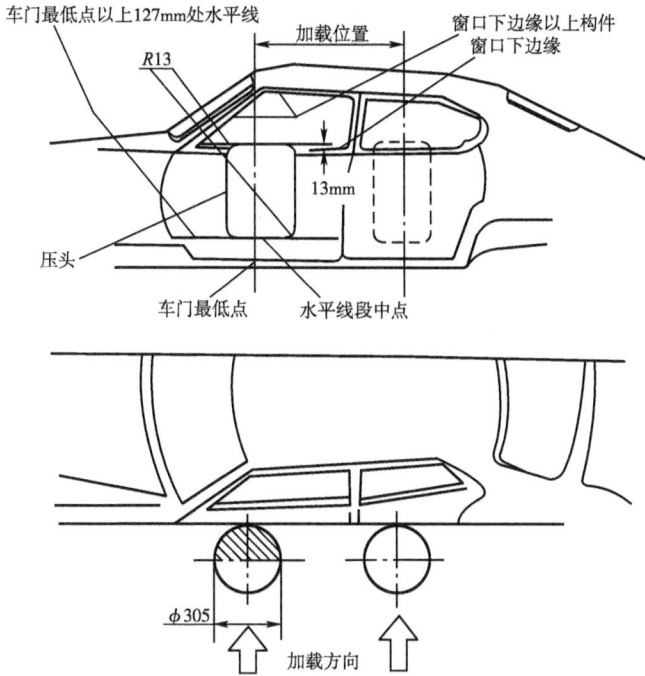

车门最低点以上127mm处水平线　加载位置　窗口下边缘以上构件
窗口下边缘
R13
13mm
压头
车门最低点　水平线段中点
φ305
加载方向

图 6-2　侧门强度试验装置的安装和使用

6.2.2　安全带固定点强度试验

安全带是一种既便宜又有效的乘员保护装置。汽车发生交通事故时,仅安全带性能好是
远远不够的,安全带固定点也必须具备足够的强度,才能
确保安全带在事故中有效地保护乘员。安全带固定点强
度试验是评价安全带在实车安装状态下,当安全带总成
承受乘员向前的惯性载荷时,安全带与车身的连接点是
否有松脱、破损现象。该试验为静载荷模拟。

汽车撞车事故中安全带固定点应具备的最低强度。
此外,安全带固定点的位置也应符合有关规定,以保证安
全带能最有效地保护乘员。

FMV5S219、ECER14、GB 14167 等标准都对安全带固
定点的位置及强度提出了要求。各标准对位置及强度要
求相近,但强度试验的加载速度及载荷维持时间的要求却有差别。

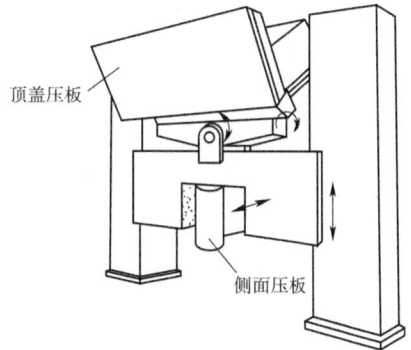

顶盖压板
侧面压板

图 6-3　车顶及侧门强度试验装置

对第 Ⅰ 类安全带,向套在安全带上的人体模块施加(22300 ± 220)N 的载荷,但对 M_2、M_3
类汽车后排座位上的人体模块则施加(2940 ± 200)N 的载荷;对第 Ⅱ 类安全带,向套在安全带
上的上、下人体模块同时各施加(13500 ± 200)N 的载荷,但对 M_2、M_3 类汽车和 N 类汽车后排
座位上的上、下人体模块则施加(2940 ± 200)N 的载荷。

图 6-4 为第 Ⅱ 类安全带固定点强度试验加载方法。一般情况下同排座椅的安全带固定点
应同时进行试验。若安全带固定点布置在座椅上,则应同时考虑座椅固定点强度试验。试验
时对腰带及肩带部分分别用不动的加载块同时加载,腰带及肩带部分加载方向为水平向前
$10° \pm 5°$方向。对第 Ⅱ 类安全带来说,GB 14167 规定腰带及肩带部分的载荷均为 13500N,加载

191

要在 60s 内完成,达最大载荷时要维持 0.2s。试验中固定点不许脱落,但可以产生永久变形。

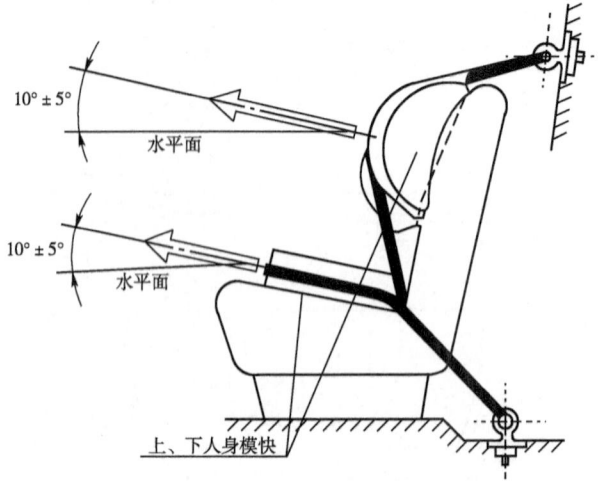

图 6-4　第 Ⅱ 类安全带固定点强度试验加载方法

　　进行固定点强度试验时,要保证车身固定点位置与安全带固定点位置的距离满足前部大于 500mm,后部大于 300mm,且加载过程中车身或车体不得发生移动。

　　安全带固定点强度试验一般采用液压缸加载,图 6-5 为固定点强度试验台的一个例子,上面 5 个缸用于安全带固定点试验,下面 2 个缸用于进行座椅固定点强度试验。

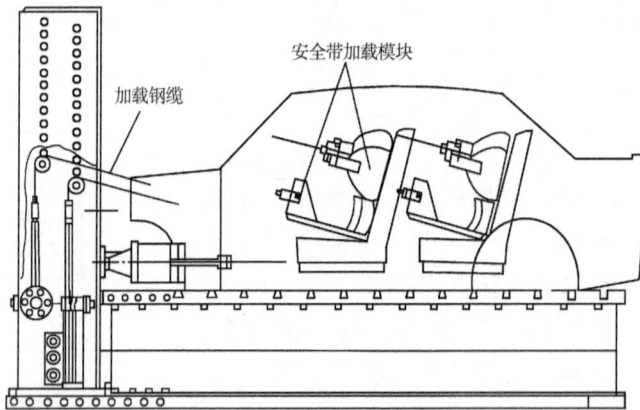

图 6-5　安全带固定点强度试验装置

6.2.3　门锁及门铰链试验

　　为了避免汽车发生碰撞事故时,由于车门的开启而造成乘员被抛出车外,应对车门及门铰链的强度进行评价试验。FMVSS206、GBl5084 等标准对门锁及门铰链强度提出了要求,各标准对其强度要求及试验方法基本一致,只是有些标准未对滑动门提出要求。

　　1. 门锁强度试验

　　门锁应能承受足够大的纵向、横向载荷,还应有足够高的耐冲击和耐久性。对于门锁,应在车门全锁紧及半锁紧两个状态下进行试验,不同的加载方向及不同的锁紧状态要求的载荷也不尽一致。

　　图 6-6 为门锁静态纵向强度试验用夹具示意,图 6-7 为门锁静态横向静态强度试验用夹

具示意。试验时将门锁或门铰链按实际装车状态安装在夹具上,进行纵向及横向加载。

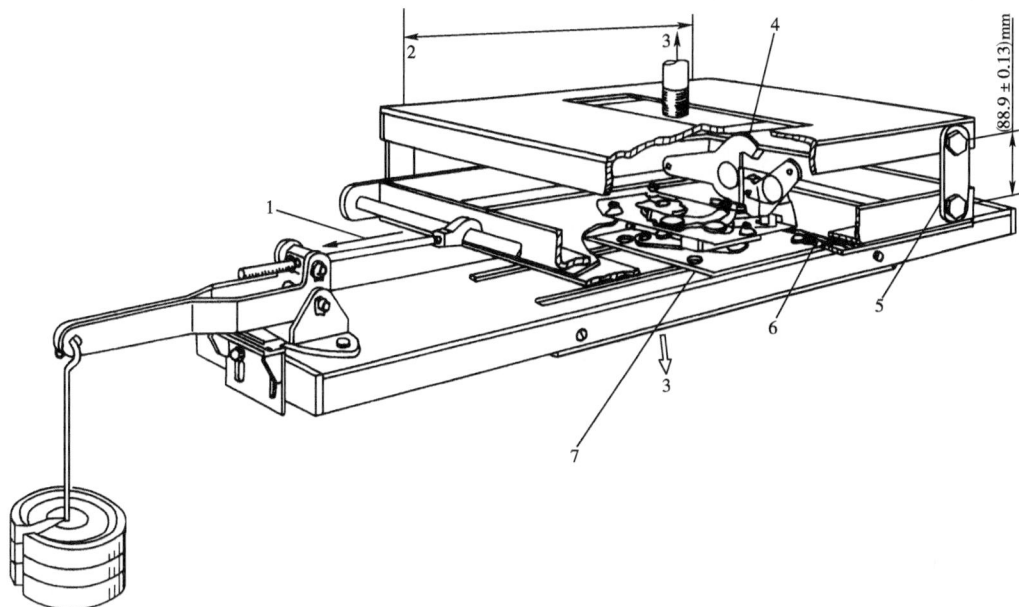

图6-6　门锁静态纵向强度试验夹具

1-890N 的载荷;2-轴心线之间的距离(203.2±0.13)mm;3-拉力;4-试验设备要与待试门锁及锁扣的形式相适应;5-平衡连接皮;6-可互换的门锁安装板(推荐厚度(3.05±0.25)mm);7-可互换的锁扣安装板(推荐厚度(3.05±0.25)mm)

门锁耐 30g 加速度惯性力试验可用计算法或滑车试验法进行,在全锁紧位置时,纵向及横向在 30g 加速度惯性载荷作用下,门锁不应打开。门锁耐惯性力的静力学分析如图 6-8 所示,门锁耐久性试验台气动系统示意图如图 6-9 所示。

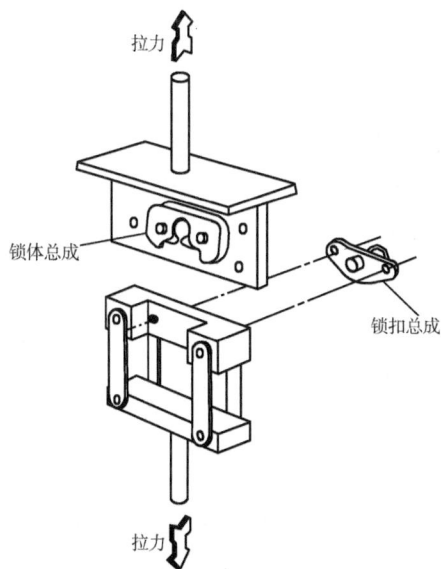

图6-7　门锁静态横向强度试验夹具

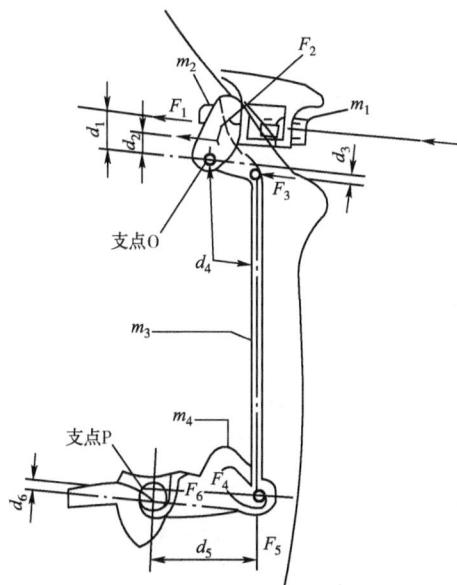

图6-8　门锁耐惯性力的静力学分析

m_1、m_2、m_3、m_4-相关构件质量(kg);F_1、F_2、F_3、F_4、F_5、F_6-惯性力(N);d_1、d_2、d_3、d_4、d_5、d_6-惯性力至回转中心的距离(mm)

193

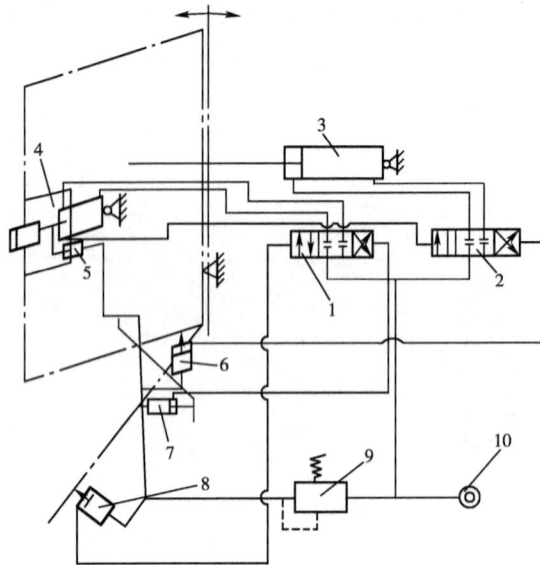

图 6-9　门锁耐久性试验台气动系统

1-开(关)锁气控换向阀;2-开(关)门气控换向阀;3-开(关)门汽缸;4-门锁;5、6、7、8-到位信号阀;9-低压定值器;10-气源

2. 门铰链强度试验

门铰链用来确定车门与车身的相对位置,控制车门运动轨迹,保证车门的灵活开关。铰链系统在安全性方面与车门锁具有同等重要的地位。

门铰链应进行静强度、垂直刚性试验、开门强度、耐久性试验。

门锁及门铰链静态强度试验一般均在材料试验机上配置专用夹具进行。门铰链系统静态载荷试验装置如图 6-10 所示,铰链系统垂直刚性试验如图 6-11 所示,铰链开门强度试验如图 6-12 所示。铰链系统的操作寿命应与门锁系统相当,试验可在实车或模拟装置上进行。

6.2.4　安全带试验

为了保证安全带在实际撞车、翻车等形式的交通事故发生时能很好地约束车内乘员,以避免乘员与车内结构件发生强烈碰撞或被抛出车外而造成严重伤害,汽车安全法规、标准中都对安全带总成及各部件规定了严格的试验方法和评价指标。主要试验有安全带的强度、刚度性能、卷收器卷收性能、抗环境干扰以及耐久性试验。

1. 安全带的强度、刚度性能试验

安全带强度、刚度性能要求是为了确保碰撞过程中车内乘员的安全性,如果安全带各部件断裂或织带伸长量、锁止机构锁止距离过大,会造成车内前排乘员前移量过大而造成乘员伤害。对安全带强度、刚度的评价方法可分为静态试验和动态性能试验。

1)静态试验

静态试验是针对安全带的组成部件(如织带、带扣锁、锁止机构、安装附件等)和安全带总成,并可在材料试验机上进行。试验时,需要采用专用的夹具安装试件。安全带总成的静态试验是通过上安装三角夹具和下安装夹具将安全带总成安装在材料试验机上来进行的,如图 6-13所示。此项试验中不但要考核安全带总成,同时还要测量安全带总成的位移量以及带扣开启力。另外,在中国、日本和澳大利亚等国家的标准和法规中,还要考核织带的伸长率和能量吸收性,此项试验应在织带抗拉强度试验过程中进行测定。

194

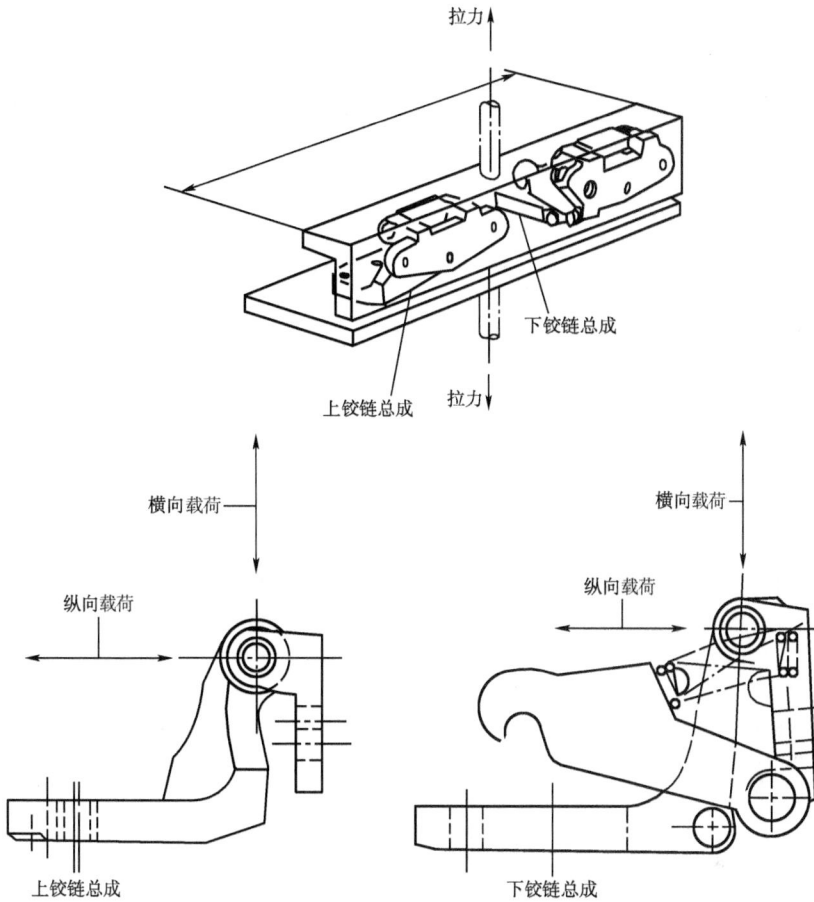

图 6-10　门铰链系统静态载荷试验装置

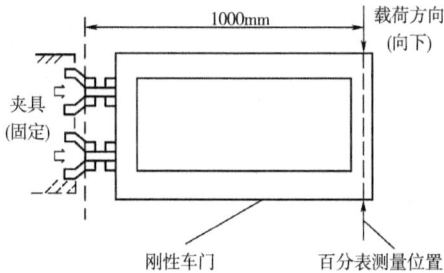

图 6-11　铰链系统垂直刚性试验示意

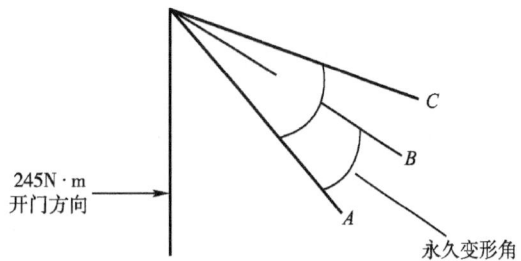

图 6-12　铰链开门强度试验结果

2）动态性能试验

动态性能试验是评价前方撞车时安全带各组成部件的综合强度和综合冲击缓和性不可缺少的试验,它是通过再现撞车时的减速度波形和撞车速度的模拟试验来进行的。各国的安全带动态性能试验方法在碰撞车速、滑车加速度波形、实验假人的选用方面不尽相同。

2. 卷收器卷收性能试验

安全带卷收器的功能是在感受到汽车碰撞或倾翻信号时锁死织带的进一步拉出。卷收机构的工作性能主要有:紧急锁止距离、倾斜锁止角和卷收力。

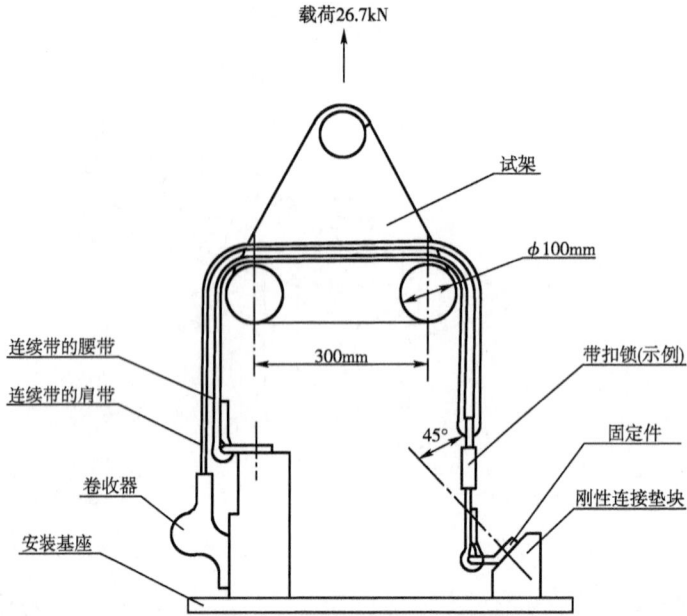

载荷26.7kN

试架

φ100mm

连续带的腰带

连续带的肩带

带扣锁(示例)

固定件

刚性连接垫块

卷收器

安装基座

300mm

45°

图6-13　安全带总成静态试验用夹具

卷收器紧急锁止性能常常采用图6-14所示卷收器紧急锁止试验台,图6-14a)所示试验设备采用凸轮加速,图6-14b)所示试验设备采用橡胶绳弹射加速。通过更换凸轮或调节橡胶绳,可以改变加速度,以满足试验要求。试验中要求测量产生锁止的加速度值、加速度上升斜率以及锁止距离。

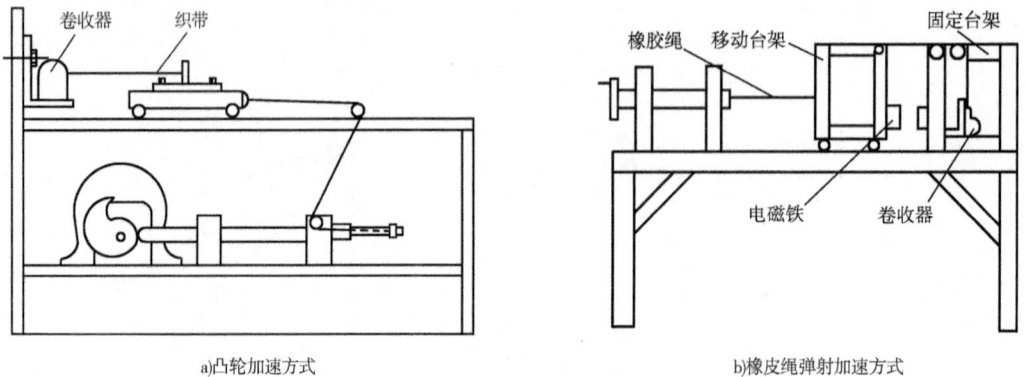

卷收器　织带

a)凸轮加速方式

橡胶绳　移动台架　　固定台架

电磁铁　卷收器

b)橡皮绳弹射加速方式

图6-14　卷收器加速度锁止性能试验装置工作原理

现在,还有更精确的安全带紧急锁止性能试验台,其采用直流电机加速,可以更加精确地控制织带拉出的加速度。

倾斜锁止角试验是评价卷收器在感受倾斜信号时对织带的锁止性能。试验时将卷收器按照实际装车位置安装在一个可以倾斜的平台上,然后,将平台向不同方向倾斜,随着卷收器的倾斜,织带被拉出,直到织带被锁止,可测量出倾斜锁止角。

倾斜锁止角试验是评价卷收器在感受到倾斜信号时对织带的锁止性能。试验时将卷收器按实际装车位置安装在一个可以倾斜的平台上,然后分别将平台向前、向后、向左和向右四个方向进行倾斜,随着卷收器的倾斜,其织带被匀速拉出,直至卷收器锁止机构开始工作,织带被锁止,即可测出倾斜锁止角。

卷收力试验是为了评价卷收器的卷收力是否满足标准要求,卷收力过小会造成织带回卷困难,佩带时过于松弛而增加碰撞时乘员的前移量;卷收力过大,则会造成乘员佩带不舒适。图6-15所示卷收器卷收力测量示意图。

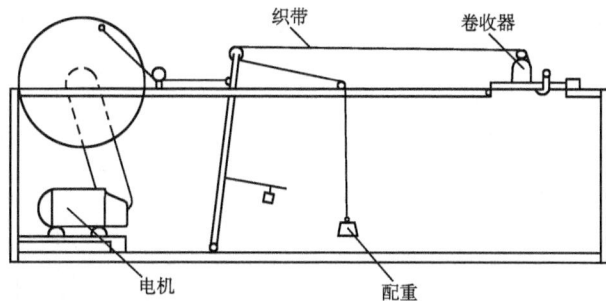

3. 抗环境干扰和耐久性能试验

抗环境干扰和耐久性能试验是评价安全带在长期的日常使用过程中各个部件抵抗其功能衰退的能力。在汽车运营过程中,安全带长期受到日照、高温、低温及汗水等侵蚀;使用中,卷收器、带扣工作频繁,织带要产生磨损。为了考核安全带抵抗衰退的能力,规定了环境试验,其中包括盐雾试验、高温试验、低温试验、光照试验等;对卷收器、带扣、织带规定了耐久性试验。

图6-16所示卷收器耐久试验装置的工作原理图。它应能实现织带从卷收器里自由地拉出和回卷。我国标准规定:卷收器耐久试验装置应保证织带拉出、回卷的速度每分钟不得超过30个循环,其拉出和回卷长度应能在65%～100%织带有效长度之间进行调整,同时要求在拉出的过程中具有能实现织带分别在拉出量为65%、70%、75%、80%、90%处让卷收器锁止机构工作的功能。各国标准和法规在卷收器耐久性能方面的具体规定各不相同。带扣的耐久试验是要求进行若干次开启—闭合循环。织带的耐久性要求织带在标准的六棱柱上进行磨损试验。

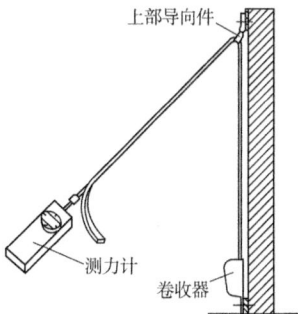

图6-15　卷收力测量方法　　　　图6-16　卷收器耐久性能试验装置工作原理

6.2.5　座椅及头枕试验

汽车座椅主要由座椅骨架、头枕、调节器、滑道等部分组成。座椅试验的目的是为了确保在汽车发生正面碰撞或追尾碰撞时座椅固定装置、骨架、调节装置具有足够的强度,并且座椅头枕、靠背等对乘员头部具有良好的冲击缓冲性能,座椅头枕还要求具有足够的强度和刚度以防止过大的后移量造成乘员颈部伤害。座椅试验主要包括强度试验、能量吸收性试验和头枕强度及后移量试验。

1. 座椅强度试验

座椅强度试验的目的是为了评价在前碰撞事故或汽车追尾事故发生时座椅安装固定点、座椅骨架以及座椅调节器等各个部分的变形及破坏情况。座椅强度试验分为静强度试验和动态强度试验。

座椅总成、座椅靠背强度以及座椅调节件的静强度试验在静态加载试验装置上进行。在加载过程中,试验装置应能够保持载荷方向不变且加载高度随着位移的产生而自动调节,使载荷始终通过座椅总成或靠背总成的质心。在座椅靠背强度试验中,要求所加载荷相对于座椅设计"R 点"的力矩始终不变。

座椅的动态强度试验是在滑车模拟碰撞试验台上进行的,通过碰撞产生的惯性载荷能够更加全面、综合地考核座椅系统的强度。试验前,将座椅按照装车的实际要求固定在车身地板或模拟的车身地板上,试验中滑车上不搭载假人,滑车产生标准要求的冲击波形;或按照试验厂家要求,产生模拟实车碰撞的冲击波形。在 ECE 法规、FMVSS 法规、日本车辆认证标准以及澳大利亚标准中,要求模拟碰撞滑车或加速度发生装置所产生的加速度应不得小于 $20g$,另外,ECE 法规规定加速度大于 $20g$ 的作用时间不得小于 30ms,而其他标准与法规中则无这项规定。

2. 能量吸收性试验

能量吸收性试验是用于考核座椅靠背或座椅头枕对冲击能量的吸收性,即对乘员的头部缓冲保护能力。常采用的试验设备有发射式冲击试验机和摆式头型冲击试验机等。MTS 公司生产是发射式冲击试验机如图 6-17 所示。其在摆臂的前端装有一个头部模型,当摆臂回转时,头部模型便与试验样件进行碰撞。该设备是利用高压气体将推杆射出,快速推动摆杆使其获得试验要求的发射速度。摆式头型冲击试验机也是在其摆臂的前端装有一个头部模型,当摆臂回转时,头部模型便与试验样件进行碰撞,与发射式的区别在于摆臂速度的产生是利用将摆臂提到一定高度然后释放,将势能转化成动能实现的。CATARC 的头枕试验台就是利用此原理制成的。试验用头部模型,各国法规均采用 SAE J984 标准规定的直径 165mm、质量 6.8kg 的金属制半球状钢体。在进行座椅靠背能量吸收性试验时,是用如图 6-18 所示方法来确定座椅的试验碰撞点和碰撞方向。

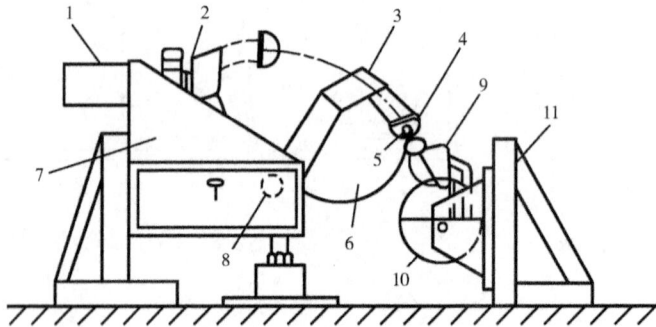

图 6-17　发射式冲击试验机

1-加速用发射机;2-推杆;3-摆臂;4-头部模型;5-加速度计;6-磁带开关;7-发射装置本体;8-测定冲击速度和动态最大位移量的编码装置;9-试验零部件;10-试验品安装架;11-安装框架

3. 头枕后移量及强度试验

头枕后移量及强度试验是为防止在车辆追尾撞车事故发生时,因乘员头部后倾而造成颈部伤害,评价座椅在受到向后载荷时座椅头枕及座椅靠背的变形量和破坏情况等。如图 6-19 所示,在我国标准中,要求先使用座椅靠背板施加相对于座椅"R 点"位置 373N·m 的力矩,测出移动后的躯干线,然后取下座椅靠背板,装上头型,用它在座椅头枕顶端向下 65mm 处施加相对于座椅"R 点"位置 373N·m 的力矩,测得此时加载头型最前端到移动后躯干线的距离即为头枕后移量。继续加载至 890N,以考核座椅头枕的强度。

各国在有关头枕强度及后移量试验的试验方法和加载载荷大小等方面的标准规定相差不大,只有 ECE 法规规定在头部模型加载过程中不要求取下靠背加载板。

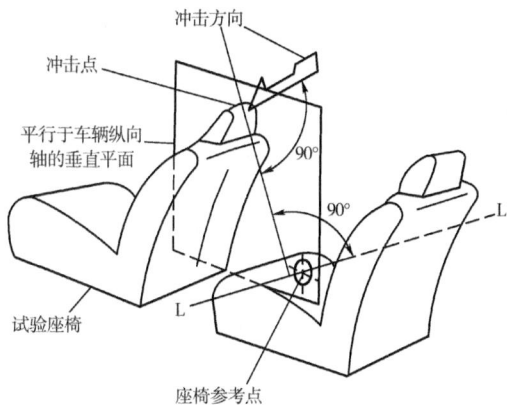

图 6-18 座椅靠背冲击点及冲击方向

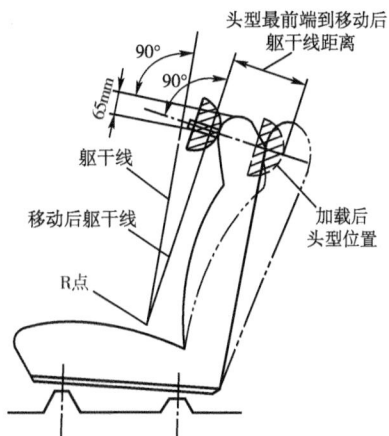

图 6-19 头枕强度及后移量试验方法

6.2.6 燃油箱试验

为了在汽车发生撞车事故后,把由于燃油泄漏而发生火灾的可能性降至最低限度,应对燃油箱的强度、耐冲击、防火、耐高温等性能进行评价试验。各国的标准对金属燃油箱的要求相差较大,而对塑料燃油箱的要求基本一致。

在燃油箱试验中常需要使用下列三个试验台:

(1)坠落试验台:金属燃油箱、塑料燃油箱及其燃油箱加油口的坠落冲击试验均可在坠落试验台上进行。

(2)冲击试验台:使用一个质量为 15kg 的钢制角锤落下,冲击燃油箱,一般要求冲击能量为 30N·m。

(3)燃烧试验台:用于塑料燃油箱的耐火性能试验。由燃烧盘、防火屏、油箱支架和导轨组成。燃烧试验一般分为三个阶段:

①预热阶段——将燃烧盘内燃油点燃,预热 60s;

②直接燃烧阶段——将燃烧盘移到燃油箱下,火焰包围燃油箱燃烧 60s;

③间接燃烧阶段——用防火屏盖住燃烧盘,继续燃烧 60s。

要求燃烧后塑料燃油箱不得产生破裂和泄漏。

6.2.7 转向系统冲击缓冲性能试验

在汽车发生正面碰撞事故时,转向系统是造成驾驶人伤害的主要部件之一。各国的汽车安全标准、法规中都规定了汽车正面碰撞中转向盘后移量要求和转向系统遭受冲击时的缓冲吸能性要求。汽车正面碰撞中转向盘后移量测量的试验需要进行实车碰撞。转向系统遭受冲击时的缓冲吸能性使用标准胸块模型进行碰撞试验,如图 6-20 所示转向系统遭受冲击时的缓冲吸能性试验原理图,该项试验通常使用的设备是美国 MTS 公司生产的胸块发射试验装置。

我国 GB/T 11557—2011,欧洲 ECER12、74/29/ECE 及美国 FMVSS203、204 等标准均对撞击时转向盘后移量及转向盘吸能性提出了要求。各标准对上述两项性能要求及试验方法基本一致,只是美国将其分为两个标准 FMVSS203 和 FMVSS204。

199

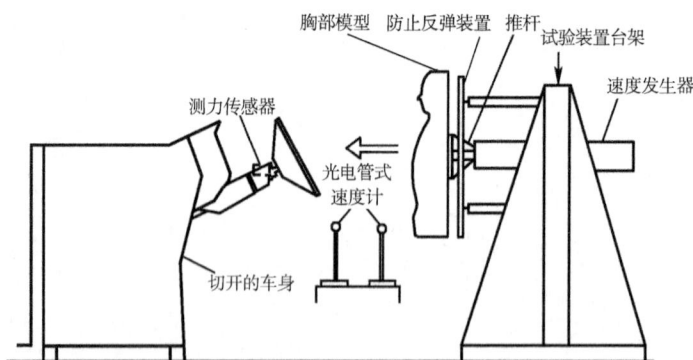

图 6-20 转向系统成绩缓冲吸能性试验原理图

6.2.8 内部凸出物试验

为了在汽车发生碰撞事故时,使汽车内部凸出物对乘员的伤害降至最小,应对内部凸出物的凸出高度、圆角及材料吸能性等进行评价试验。我国 GB 11552—2009,欧洲法规 ECER21、74/60/EEC 及美国机动车安全法规 FMVSS201 均对汽车内部凸出物提出了要求。上述 4 个标准中对材料吸能性的要求及试验方法基本一致。对凸出高度及圆角性能和测量方法的规定,美国与我国及欧洲法规略有差异,欧洲法规要求比较详尽。

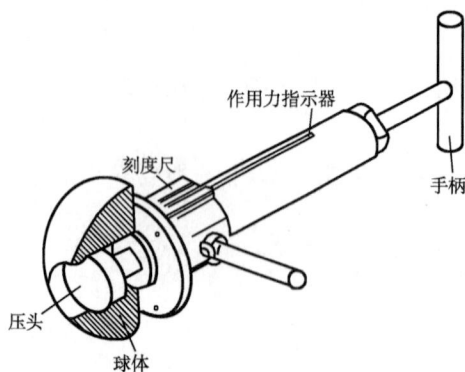

图 6-21 凸出物凸出高度测量仪

图 6-21 为我国及欧洲法规规定的内部凸出物凸出高度测量仪。当测量车内开关、按钮等构件的凸出高度时,将测量仪罩在被测凸出物上,以一定大小的力使测量仪上的球头模型接触凸出物周围表面,然后推动压头与被测凸出物接触,由刻度尺读出凸出高度值。

内饰件材料的碰撞吸能性能所使用的试验设备、头型碰撞试验方法及评价方法与座椅头枕、靠背碰撞吸能性试验相同,也是使用直径 165mm、质量 6.8kg 的刚性头型对内饰件进行碰撞试验。试验时,摆锤以 24.1km/h 的速度撞击在头部碰撞区内选定的冲击点,试验结果应满足锤头的减速度大于 80g 的持续时间不超过 3ms 的要求。

6.2.9 行人碰撞保护试验

行人是交通事故中最脆弱的一方,即使较低车速汽车与行人的碰撞事故中,车体对行人产生的碰撞载荷也会给行人造成极大的伤害。在美国,交通事故中汽车与汽车碰撞的事故所占比例很大。在我国,由于道路条件所限制,大部分城市交通都是混行的交通模式,行人伤害事故占有很大比例,位居各种交通方式死亡人数构成之首。

行人保护策略与乘员保护策略不同。对于乘员保护而言,在碰撞过程中有效地控制乘员的运动,从而降低乘员的伤害程度。对于降低行人的伤害程度,则是从降低车体外部对行人的进攻性着手,特别是车体前部的外形及刚度等参数十分重要。通过改进汽车前部的外形及结构,可降低人车碰撞事故中车体对行人的损伤程度,具体的措施包括:增加保险杠宽度、降低发动机舱盖及其前缘刚度、增大发动机舱盖与动力总成之间的空间、降低翼子板及风窗玻璃的刚度等。

针对人车碰撞事故的机理,欧洲共同体颁布了行人保护试验方法 74/483/EEC,其中提出了使用代替行人下肢和头部的冲击锤撞击车体的前保险杠、发动机舱盖的前沿和上表面。主要有:腿部撞击保险杠的试验;大腿部撞击发动机舱盖前沿的试验;(成年人、儿童)头部撞击发动机舱盖上表面的试验。我国的 GB/T 24550—2009《汽车对行人的碰撞保护》标准试验主要有通过小腿冲击器与保险杠撞击试验、大腿冲击器与发动机舱盖前缘的撞击试验、头部冲击器与发动机舱盖上表面的撞击试验来评价汽车前部结构对行人的保护性能。《汽车对行人的碰撞保护》已于 2009 年 10 月 30 日发布,2010 年 7 月 1 日实施。在 2012 年 C-NCAP9(中国新车评价规程)中规定 5 星级及以上新车必须进行该项试验。

6.2.10 安全气囊试验

汽车安全气囊是重要的乘员保护装置,通过大量事故统计数据表明,安全带和安全气囊是事故中乘员保护的有效装备,目前已在乘人客车上得到广泛的应用。但是,由于技术上的原因,现在还没有一套得到公认的试验评价方法。现在,对于安全气囊的乘员保护性能只能在 FMVSS 208、ECE R94 等实车碰撞试验中评价。

对于汽车安全气囊,考核安全气囊的控制条件是十分重要的。气囊的控制条件包括两方面,一是正确判断是否开包,二是何时点火。在 ECE 草案"关于提供气囊保护的车辆认证的统一规定"中试图为安全气囊的认证制定法规,但由于气囊控制技术都属于各公司的保密技术,很难沟通,该法规草案一直没有成为正式的法规。

在 SAE 中提出了一系列标准,用于规范安全气囊的试验方法。

由于安全气囊要求在汽车车内环境下工作 10 ~ 15 年,所以除了安全气囊的性能试验外,安全气囊模块的环境试验是十分重要的。ISO 12097 中详细地规定了安全气囊模块的环境试验要求。各个安全气囊公司都有一套自己的控制系统设定开发程序。作为汽车安全气囊的核心技术——控制系统,在开发、标定过程中必须了解车辆在不同车速、不同碰撞形态下车体的变形形态和冲击加速度波形、乘员的运动形态和伤害,以便决定在什么条件下需要打开气囊、这些参数条件什么时候打开气囊。这些参数条件必须通过大量的碰撞试验来设定气囊控制器的控制参数。

6.3 汽车零部件模拟碰撞试验方法及典型设备

模拟碰撞试验常用于评价乘员保护装置的性能和安全部件的耐冲击能力。与实车碰撞试验相比,滑车模拟碰撞试验具有简便、再现性好、试验费用低的优点。

模拟碰撞试验通常是以实车撞车实验中,在车身上测得的减速度波形为依据,采用与其近似的梯形波或半正弦波为标准波形。把实车碰撞过程中从车身的不变形区域测量获得的加速度信号进行积分可获得图 6-22 中的曲线。所示的速度曲线,车速由碰撞初速度 v_0 下降到 0。但各国标准不仅对不同的零部件(如安全带、座椅等)规定的滑车碰撞速度和减速度波形不完全一样,而且对同一种部件规定的标准值也不完全一样。为实现各种标准要求,既可用冲撞式模拟实验设备,也可用发射式模拟试验设备进行模拟,即模拟碰撞试验方法和形式是多种多样的。对碰撞过程的模拟可采用以下三种类型:

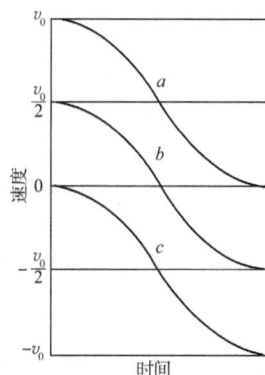

图 6-22 碰撞过程中的速度变化

（1）冲撞型——如图 6-22 中曲线 a 所示。

（2）冲击反弹型——如图 6-22 中曲线 b 所示。

（3）发射型——如图 6-22 中曲线 c 所示。

从试件响应和零部件损伤来看,对这种模拟试验有重要影响的三个参数为:冲击时的速度、加速度峰值、到加速度峰值的上升时间或总脉冲持续时间。试验结果表明,这三个参数不是一定相关的,因此理想的模拟试验装置应能对速度、加速度峰值和上升时间或脉冲持续时间进行单独的控制或调整,也就是必须能改变脉冲波形,以满足不同标准要求。

6.3.1 冲撞型模拟碰撞试验设备

这种设备使用适当方法(电机或橡皮绳弹射),将滑车加速到规定车速后使脱离牵引的滑车与固定壁上的吸能缓冲器碰撞,急速将滑车车速从 v_0 下降到 0。通过调节缓冲器的性能使滑车产生的减速度波形与实车对固定壁碰撞的减速度波形相当。

图 6-23 所示中国汽车技术研究中心(CATARC)参照法国汽车、摩托车、自行车联合会(UTAC)和荷兰国家技术研究院(TNO)的滑车模拟碰撞试验台建立的 CATARC 模拟碰撞试验台。该试验台采用橡胶绳弹射方式,由电动卷扬机拖动拖车,拖车与滑台之间采用电磁铁吸合,橡胶绳拉伸到要求的长度后释放电磁铁,由橡胶绳将滑台加速到规定车速。滑台在到达固定壁前约 2m 处与橡皮筋脱开。

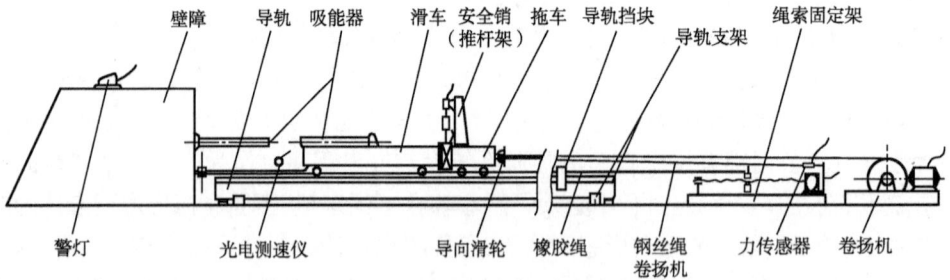

图 6-23　CATARC 模拟碰撞装置

在冲击式滑车试验台上,关键部件之一是产生符合要求的冲击波形的吸能缓冲装置。目前常用的有以下三种形式的吸能缓冲装置。

1. 塑料管吸能器

塑料管吸能器是使用聚氨酯注塑制成,如图 6-24 所示。将塑料管与不同尺寸的橄榄头相配合可产生不同形状的冲击减速度波形。这种方法在欧洲比较常用,ECE R16 中安全带动态试验推荐使用这种吸能器。法国 UTAC 和荷兰 TNO 的滑车模拟碰撞试验台都使用这种缓冲器。现在国内建造的滑车模拟碰撞试验台上,中国汽车技术研究中心、东风汽车工程研究院、天津益中安全带厂等单位也采用了塑料管吸能器。使用表明,这种吸能缓冲器能满足座椅、安全带动态碰撞试验的要求。

2. 冲击钢板吸能器

图 6-25 所示德国莱茵技术监督服务有限公司的滑车模拟碰撞试验台采用的冲击钢板吸能器。其吸能元件是钢板,一般选用厚度约 10 ~ 12mm 的钢板。根据试验要求,试验前应准备好合适的钢板,试验时将钢板放入两排滚柱之间,滑车前端有一个冲击臂,当臂上的冲击头高速冲击钢板时,钢板弯曲变形吸收能量,使滑车的减速度波形达到试验标准要求的波形。

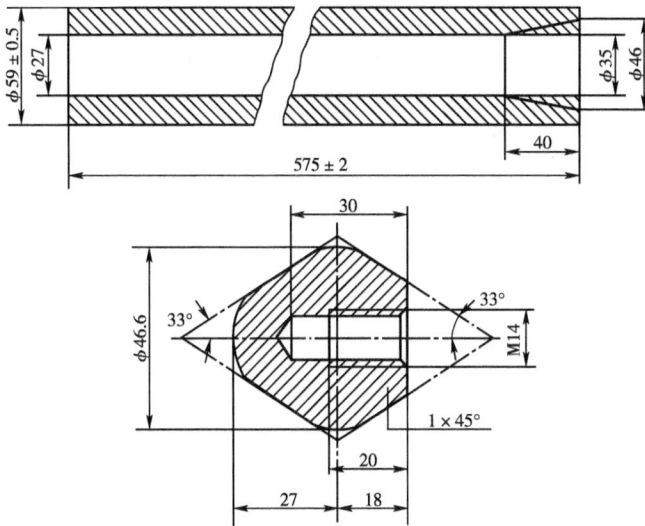

图 6-24　塑料管吸能器(单位:mm)

3. 液压缓冲器

图 6-26 所示一种液压缓冲器,该装置由内外两层油缸及活塞组成,在内层油缸上排列有精心设计的节流阻尼孔。当滑车冲击活塞杆时,活塞通过节流孔将内缸中的油高速排向外缸体,通过改变节流孔调节冲击波形。这种装置在日本和美国使用较多,国内清华大学汽车研究所的汽车碰撞试验台采用这种类型的吸能缓冲器。

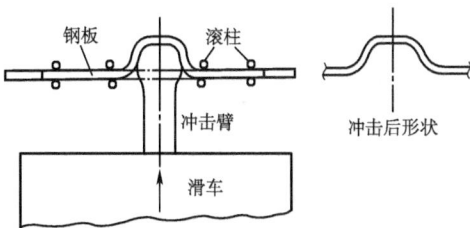

图 6-25　冲击钢板吸能器

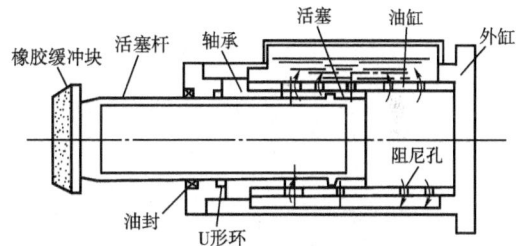

图 6-26　液压缓冲器结构示意图

6.3.2　冲击反弹式滑车模拟碰撞试验设备

按照图 6-22 曲线 b 的原理,美国 MTS 公司制造了一种冲击反弹式的滑车模拟碰撞试验装置。它与冲撞型滑车装置的主要区别是吸能器不同。在冲击反弹式的滑车模拟碰撞试验装置上使用程序控制吸能器,它吸收滑车冲击能量后再将滑车反弹,采用一半减速、一半加速的方式模拟汽车碰撞的冲击环境。由于冲击初速度可以设定成实车碰撞车速的一半,所以这类试验台的优点是可以大大减少试验加速段导轨的长度。

图 6-27 所示 MTS 的反作用力式汽缸程序控制吸能器,汽缸的两个气室对活塞产生反作用力,形成气体弹簧。由于气体的绝热压缩及膨胀,每个气体弹簧的力与位移关系呈非线性特性。因为作用在活塞上的两个力方向相反,为了产生近似线性或不同程度的非线性的刚度特性,可以通过调节压力来实现。程序控制吸能器的刚度特性曲线的形状将决定碰撞脉冲的波形。为了改变程序控制器的刚度,也可以通过调节两腔的容积来实现,刚度大小将决定脉冲的持续时间和加速度的峰值。程序控制器的预充压力用仪表板上的压力控制阀调节,仪表板上

装有两套充、放气手动阀,用来控制两个气室中的压力。

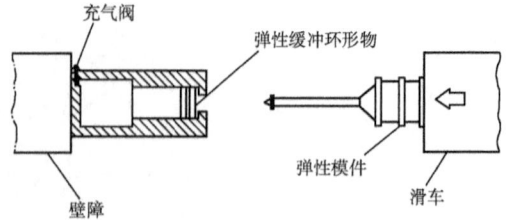

图 6-28 所示 MTS 恒定压力汽缸式程序控制器,由汽缸、弹性缓冲环形物、弹性模件及充气阀组成。汽缸装在壁障上,弹性模件装在滑车上,当弹性模件上的推杆与汽缸活塞杆碰撞时,弹性模件被压缩。当弹性模件被压缩到所产生的力等于汽缸预充气压力时,活塞以近似恒力的方式移动。该装置中,弹性模件可控制滑车减速度上升的速率和延迟时间,汽缸的压力可控制冲击减速度,汽缸的行程可控制脉冲持续时间。

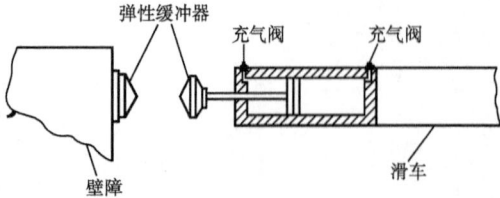

图 6-27　MTS 的反作用力式汽缸程序控制吸能器　　　　图 6-28　MTS 恒定压力汽缸式程序控制器

6.3.3　发射型滑车模拟碰撞试验设备

这类试验台是将试件(包括假人)反向安装在滑车平台上,通过对平台的加速来模拟汽车碰撞过程中的冲击环境。

HYGE 试验装置是美国本迪克斯(Bendix)公司生产的,如图 6-29 所示。该装置由高压压缩机、氮气贮气筒、气液油缸(内设改变冲击波形的针阀)及控制台、导轨和滑车组成。

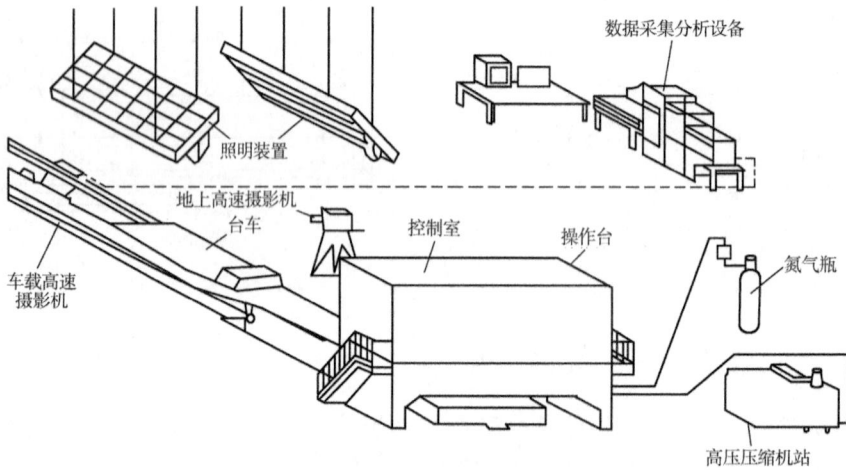

图 6-29　HYGE 试验装置

HYGE 试验装置能实现半正弦波和梯形波,并且加速度和持续时间可任意设定。图 6-30 所示 HYGE 的结构原理图,图 6-31 所示发射前后针阀的位置图。HYGE 的缸内有 4 个室,图 6-30 中,从左到右各室分别充满了水(或油)、氮气、空气和水(或油),图示位置为准备发射状态。封入的加封压力 p_2 侧约为调定压力 p_1 的 6 倍,但由于主活塞承受调定压力 p_1 侧的面积 S_1 比承受加载压力侧的面积 S_2 大得多,使 $p_1S_1 > p_2S_2$,这样主活塞压在量孔板上不动。当触发压力 p_3 加主活塞和量孔板之间的小气室内,使 $p_3(S_1 - S_2) > p_1S_1 - p_2S_2$ 时,平衡状态被破坏,主活塞向左移动,于是在一瞬间 $S_1 = S_2$,由于 $p_2S_2 \gg p_1S_1$,便推动活塞高速向左移动,滑车被发射出去。

204

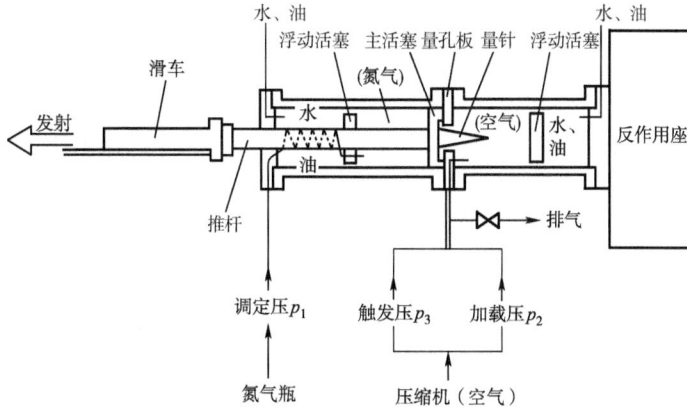

图 6-30　HYGE 的结构原理图

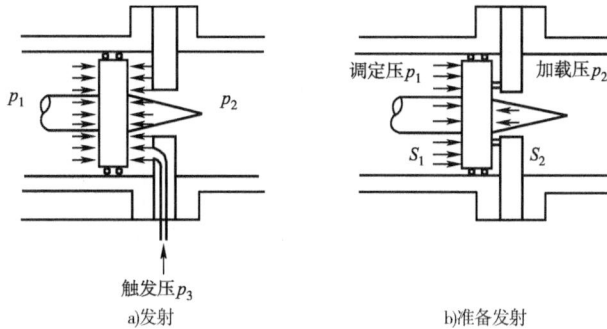

图 6-31　HYGE 针阀的结构图

应该提及的是利用这种装置进行模拟减速工况试验时,被试件(包括假人)必须反装于滑车上。

6.4　实车碰撞试验方法及典型设备

实车碰撞试验是综合评价汽车碰撞安全性能的最基本、最有效的方法。它是从乘员保护的观点出发,以交通事故再现的方式,来分析车辆碰撞前后的乘员与车辆运动状态及损伤状况,并以此为依据改进车辆结构安全性设计,增设或改进车内外乘员保护装置。同时,它还是滑车模拟碰撞、计算机模拟计算等试验研究的基础。虽然,实车碰撞试验费用昂贵、周期较长,但却是不可替代的试验方法。一般地说,一个设施完备的实车碰撞试验室至少应该能够完成试验法规要求的碰撞试验,并能够尽可能灵活地再现交通事故中车辆的碰撞形态,以满足汽车碰撞安全性能评价、研究及为实车碰撞试验法规的发展提出新的试验方法的要求。实车碰撞试验一般用于下列目的:车辆安全性能的综合评价;安全约束系统和整车的关系;分析车身变形对乘员生存空间的影响;设定模拟碰撞试验的碰撞环境;再现实际交通事故过程。

实车碰撞试验按碰撞形态可分为:正面碰撞、侧面碰撞、追尾碰撞、车辆动态翻滚和角度碰撞。正面碰撞指车与固定壁正面碰撞;侧面碰撞指移动壁与汽车的侧面碰撞;追尾碰撞指自车与前车发生追尾碰撞;角度碰撞指车与车之间以一定角度发生的碰撞。

6.4.1 实车碰撞用主要试验设备

实车碰撞试验的瞬时性、复杂性和综合性决定了它所用的各种仪器设备必须准确无误地实现预先设定的碰撞,并精确地记录车辆与乘员碰撞时的运动状态。因此建造一个整车标准实车碰撞系统需要较大的资金。图6-32所示日本汽车研究所(JARI)的实车碰撞试验室。一个较完善的实车碰撞试验室应包括的主要试验设备有:碰撞区、牵引系统、浸车环境室、照明系统、假人标定室、测量分析室及车辆翻转台等。

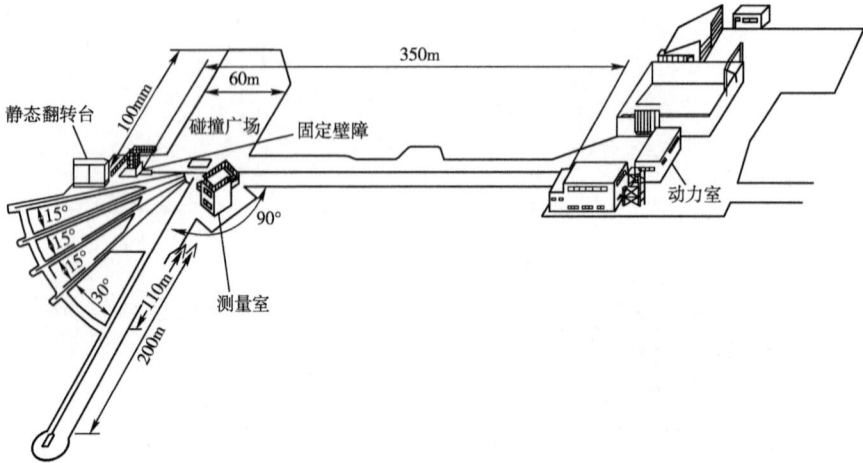

图6-32 日本汽车研究所的实车碰撞试验室

1. 碰撞区

由于碰撞过程具有一定的不可预见性,要求碰撞区足够大,以防止各种不同形态的碰撞过程中车辆与其他设施发生意外的碰撞。

1)固定壁障

碰撞区中的正面碰撞试验区域设置有固定壁障。按照SAEJ850推荐,固定壁障表面至少宽3m、高1.5m,壁障表面垂直于壁障前的路面,且覆盖一层19mm厚的胶合板,壁障尺寸和结构应足以限制其表面变形量小于车辆永久变形量的1%。在日本标准JISD1060—1982中规定,要求壁障宽3m、高1.5m、厚0.6m,质量不低于70t。大多数试验室的固定壁障采用固定的混凝土结构,但也有一些试验室,为了场地能实现其他碰撞形态,将固定壁设计成能移动的结构,如英国MARY的实车碰撞试验台,其固定壁障通过一个气垫顶起,置于一条横向轨道上后可推到一侧,以便于实施汽车与护栏、标志牌等公路设施的碰撞试验。在固定壁前方一般设置有摄影地坑,在地坑内设置照明系统和高速摄影机,从而可以从地坑中实施拍摄,为了增强被摄影零部件的可分辨性,试验前可对车辆底部的动力总成、散热器、前纵梁等对碰撞性能影响较大的部件喷涂不同的颜色并贴标志点,以了解碰撞过程中车辆前端结构内部的变形、运动状态和接触状况。

2)移动壁障

侧面碰撞和追尾碰撞是采用移动壁障对停放在碰撞区域中的试验车辆实施碰撞,移动壁障如图6-33所示。移动壁障的质量、碰撞表面结构按照不同的试验要求是不同的。在FM-VSS208标准中,定义了用于追尾、侧面碰撞的移动壁障,即质量为1814.4kg、碰撞面为刚性平面的移动壁。该移动壁障也用于FMVSS 301中侧面碰撞、追尾碰撞后的燃油泄漏试验。此外,FMVSS 301中还定义了一种刚性仿形壁障。FMVSS 214和ECE R95中规定的侧面碰撞试验法规中的移动壁障,它是代表一辆"平均的标准车",移动壁的质量代表该地区使用车辆的平均质量。移动壁前端是由蜂窝状铝材制成的吸能壁障,用于模拟该地区使用的车辆前端碰撞时的平均刚度。FMVSS 214 中规定的移动壁障质量为 1 366kg,R95 中规定的移动壁障质量为 950kg。

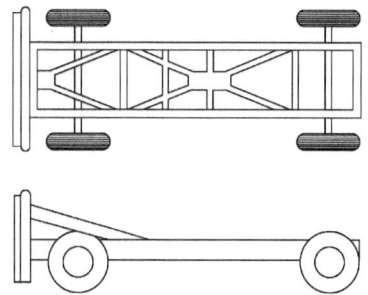

图 6-33　移动壁障

2. 牵引系统

牵引系统是将试验车辆或移动壁障由静止加速到所设定的碰撞初速度的装置。

1) 牵引装置要求

(1) 准确的速度控制,以满足试验法规中规定的碰撞速度要求。

(2) 对于放置有假人的试验车辆,在牵引过程中,为了防止加速过程中假人姿态发生变化,加速度不能过大。FMVSS 208 的试验程序和日本 TRIAS 11-4-30 中规定牵引加速度不大于0.5g,欧、美、日等国家的实车碰撞试验设施的牵引系统一般都将最大牵引加速度限制在0.2g ~ 0.25g 之间。

(3) 具有导向和脱钩装置,导向装置确保试验车沿设定的轨道运动。在 FMVSS 208 和日本 TRIAS 11-4-30 及欧洲 ECE R94.00 中规定,正面碰撞试验车牵引过程中对设定中心线的偏离量不能超过 300mm(±150mm);在 ECE R94.01 中规定对设定中心线的偏离量不能超过150mm(±75mm)。脱钩装置用于实现牵引系统与碰撞车辆脱离,以便保证碰撞车辆处于自由状态下发生碰撞。

图 6-34 所示日本汽车研究所实车碰撞试验台牵引系统示意图,该系统采用直流电机驱动,具体参数如下:

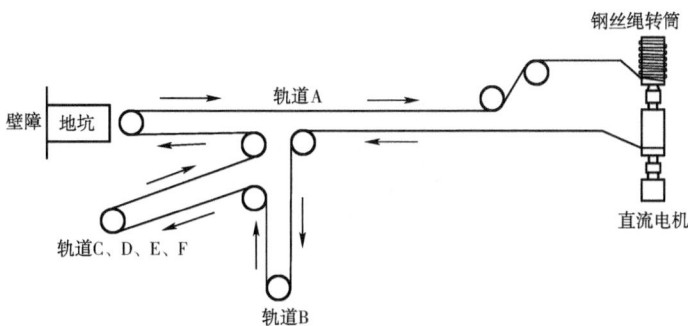

图 6-34　日本汽车研究所实车碰撞试验台牵引系统

(1) 最大速度。牵引系统最大速度如表 6-1 所示。

牵引系统最大速度　　　　　　　　　　　　　　　　　　表 6-1

车辆质量(kg)	轨道长度(m)	最大车速(km/h)
2800	350	130
2800	200	100
2200	110	80
10000	350	75

(2) 加速方式。缓起动,按 S 形曲线方式加速。

(3) 牵引系统。

①电机功率:DC550kW;

②最大驱动扭矩:15500N·m;

③最大制动扭矩:24500N·m。

(4)加速轨道。

主加速轨道:　　　350m　　　1条

辅助加速轨道:　　200m　　　1条(90°)

　　　　　　　　110m　　　4条(120°;135°;150°;165°)

2)驱动绞车

一般试验车辆牵引加速方式,多采用电机(或液压马达)驱动转筒缠绕钢丝绳来实现。绞车转鼓表面有绕线沟槽实现钢丝绳规则排列和摩擦驱动,也有另设排线机构的情况。

3)制动装置

开始牵引后的试验车辆发生异常或牵引加速度超过规定值或绞车发生故障钢丝绳拉断等情况发生时,必须终止试验。在这种情况下,须使用驱动轴上液压操纵的制动器迫使驱动系统紧急停车。

4)脱钩装置

脱钩装置用于拖挂且引导车辆,由两部分组成,一部分是连接车辆部分,另一部分是引导部分与钢丝绳相连。这两部分通过一个底板安装在一起,如图6-35所示。有的脱钩装置在车辆前后端拖拉车辆:前端用于拖挂,后端用于紧急制动。

脱钩装置在车辆碰撞前约30m(或按适合的规定距离)与被试车辆脱开,以保证被试车辆有一段匀速行驶距离。图6-35中,脱钩装置是由一块固定在导轨侧面的挡块实现的。当然,还有其他形式的脱钩机构。

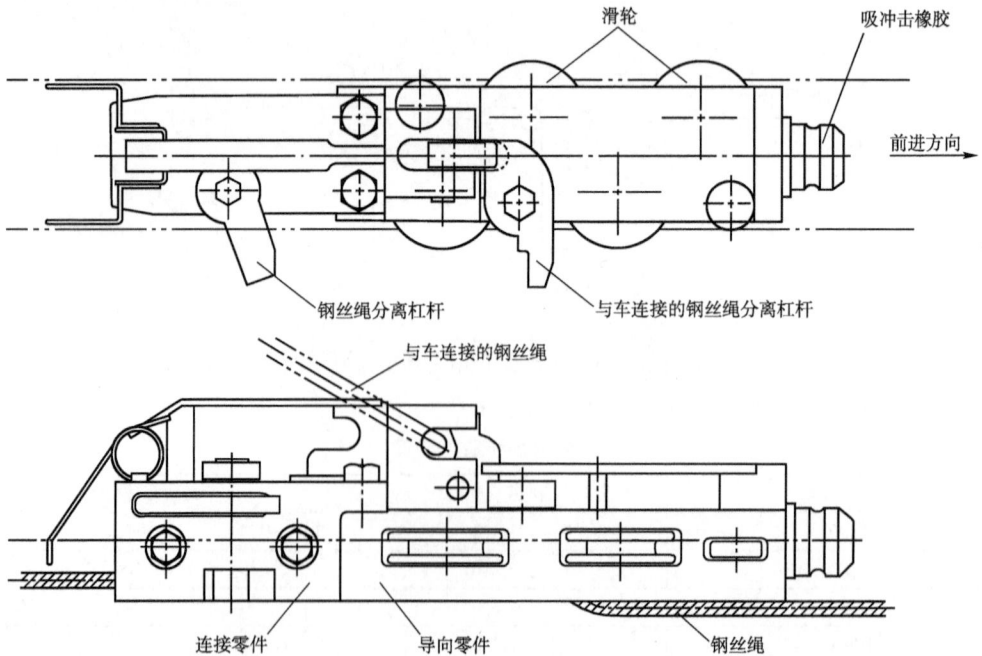

图6-35　脱钩装置

3. 浸车环境室

碰撞试验需用假人,其皮肤、颈部和胸部等采用了许多塑料部件,这些塑料部件的特性是随着温度的变化而改变,欲正确测量假人各部位伤害值,必须保证在专门设定的温度下进行试验。因此,在实车碰撞试验法规中要求碰撞前在规定的环境中浸车 4h 以上,以确保试验的精度。表 6-2 所示常见的几项法规规定的实车碰撞试验的环境要求。

浸 车 环 境 要 求　　　　表 6-2

试验内容	使用假人	温度(℃)	湿度(%)	试验内容	使用假人	温度(℃)	湿度(%)
FMVSS 208	Hybrid Ⅲ	20.6 ~ 22.2	10% ~ 17%	ECE R95	ECE R95	18 ~ 26	—
FMVSS 214	SID	18.9 ~ 25.6	10% ~ 17%	TRIAS11-4-30	Hybrid Ⅱ	18 ~ 26	—
ECE R94	Hybrid Ⅲ	19 ~ 22	—		Hybrid Ⅲ	20 ~ 23	—

4. 照明系统

实车碰撞试验过程中,为了分析汽车的变形形态、了解假人的运动形态,必须同时采用多台高速摄影(摄像)机拍摄试验过程。因此,在碰撞区应该设置专用的照明设施。

5. 假人标定室

为了确保试验用假人性能的一致性,为实车碰撞试验假人规定了标定试验要求。为了使试验结果具有较好的重复性,最好在实车碰撞试验室中建有假人标定室,以避免由于运输对假人标定结果的影响。

假人标定试验室有严格的环境要求,表 6-3 所示 Hybrid Ⅲ 假人标定时的环境温度要求。

Hybrid Ⅲ假人标定试验的环境温度要求　　　　表 6-3

试 验 内 容		温度(℃)	湿度(%)
Hybrid Ⅲ	头部跌落	18.9 ~ 25.6	10 ~ 70
	膝部冲击	18.9 ~ 25.6	10 ~ 70
	胸部冲击	20.6 ~ 22.2	10 ~ 70
	颈部弯曲	20.6 ~ 22.2	10 ~ 70

6. 车辆翻转台

1) 车辆动态翻转试验装置

如图 6-36 所示,将试验车辆放置在一个倾斜 23° 的平台上,平台以 48.3km/h 的速度运动,到达动态翻滚区后,平台与安装在地面上的冲击缓冲器碰撞,使试验车脱离平台,产生动态翻滚。

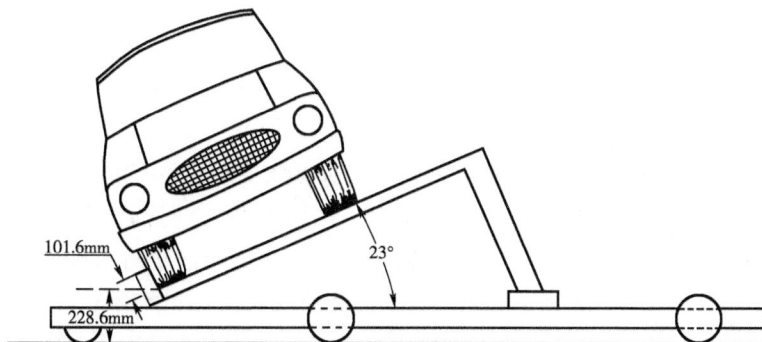

图 6-36　车辆动态翻滚试验装置

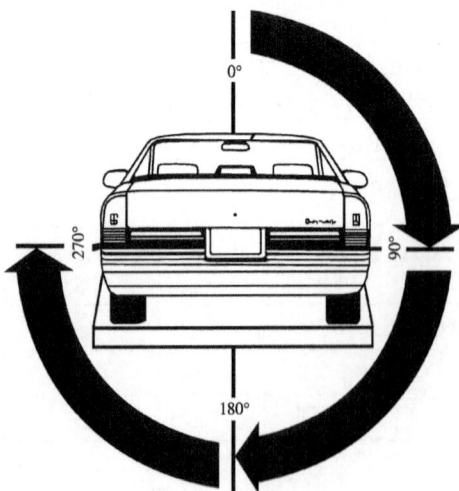

图6-37 车辆静态翻转试验

2）车辆静态翻转试验装置

在 FMVSS 301 中规定,碰撞试验后分别测量 0°、90°、180°和 270°各个位置的燃油泄漏。为了实现这项检验要求,在碰撞区附近应建造静态翻转试验台,以便能对碰撞后试验车辆及时地进行燃油泄漏试验,如图6-37 所示。

6.4.2　实车碰撞试验程序

由于实车碰撞属于瞬时发生的猛烈冲击,试验中车辆是破坏性的,试验不能重复进行。它综合了机械运动学、电子学、光学、计算机等学科技术,且实验要用真实车辆和许多一次性消耗材料,成本很高,任何小的失误都可能造成巨大的损失。因此实车碰撞试验不但要求试验仪器设备有很高的精度,而且对试验人员的技术及经验也要求很高,试验准备工作也要做到仔细认真。下面是根据美国 FMVSS208 法规正面碰撞的标准程序中的主要试验程序,即从准备到完成试验的主要步骤:

（1）试验车辆质量:空载质量 + 行李质量 + 假人质量(两个假人质量)。

（2）燃油箱:抽出全部燃油,加入 92% ~94% 油箱容积的水或其他不易燃液体。

（3）被试车辆的制动液、冷却液、机油应全部放出(这一点没有专门规定),防止溅洒到壁障表面和下部的高速摄影机上。

（4）轮胎气压调到规定值。

（5）车辆质量的调整:当车辆未达到上述第(1)条规定的质量时,应加配重(质量块),加装位置应选择不影响车辆碰撞和乘员保护的地方。

（6）加速度传感器安装和目标标志纸设置。

（7）座椅位置和靠背角度调整,转向盘位置调整。

（8）试验车辆的基本条件:车门全闭不锁,驻车制动释放,变速器处空挡位置,钥匙锁处于接通位置。

（9）假人着座姿势检查:头、腿和其他部位按需要涂些油彩,以帮助确认假人碰撞部位。

（10）试验:在距碰撞点之前 300mm 处测量车速,碰撞试验后进行静态翻转检验,并检查泄漏情况。

侧面碰撞试验与正面碰撞试验程序相似,只是在正面碰撞基础上加上移动壁障的准备工作,图6-38 为实车碰撞试验的程序框图。

6.4.3　正面碰撞试验

交通事故统计表明,交通事故形态中最常见且造成乘员伤害最多的事故形式是正面碰撞,紧接着是侧面碰撞,追尾碰撞次之。所以各国对汽车正面碰撞试验都很重视,作为法规由政府强制实施。20 世纪 60 年代初,美国、欧洲等汽车工业发达国家就开始了汽车正面碰撞试验研究工作。目前,国际上实车碰撞安全法规主要有美国的 FMVSS 和欧盟的 ECE 两大体系,其他国家的技术法规大多数是参照上述两大法规体系制定的。表6-4 列出了美国、日本、欧洲的正面碰撞法规试验概况。

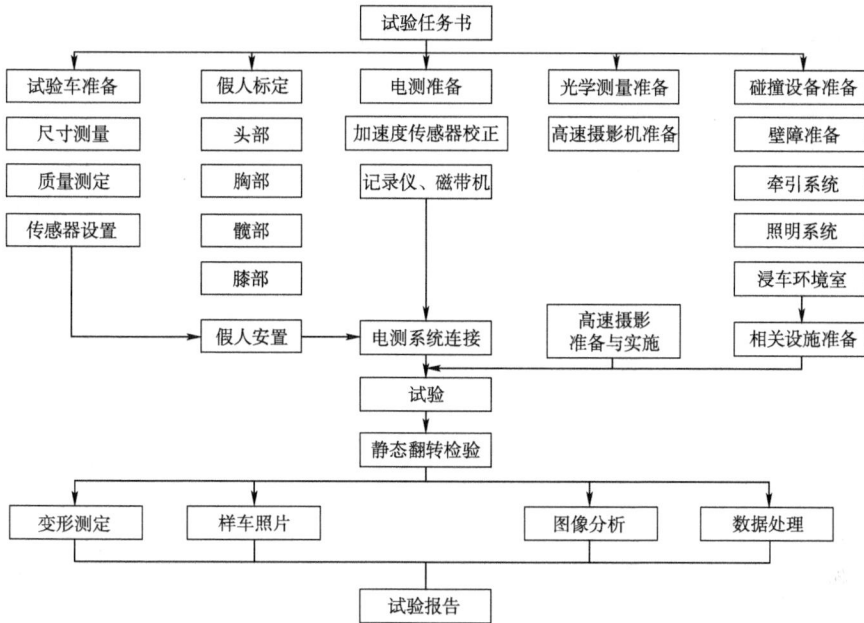

图 6-38　实车碰撞试验的程序框图

正面碰撞法规试验概况

表 6-4

法规名称/法规号	FMVSS 208（美国）	TRIAS 11-4-30（日本）	ECE R94（欧洲）
碰撞形态	①30°角左右倾斜壁障碰撞　②正面碰撞	正面碰撞	30°角倾斜壁障碰撞（驾驶人侧）　防侧滑装置
碰撞速度	48.3km/h	50km/h	50km/h
试验车质量	空车+行李+假人（2个）	空车+假人（2个）	空车+假人（2或3个）
试验假人	Hybrid Ⅲ 第50百分位男性	Hybrid Ⅲ 或 Hybrid Ⅲ 第50百分位男性	Hybrid Ⅲ 第50百分位男性
安全带	不系安全带	系安全带	系安全带
座椅位置	中间位置	可适当向后调节	中间位置
评价指标 头部（HIC）	≤1000	≤1000	≤1000
评价指标 胸部（3ms）	≤60g	≤60g	—
评价指标 胸骨挤压变形量	≤76.2mm	≤76.2mm	≤75mm
评价指标 大腿骨轴向力	≤10kN	≤10kN	≤10kN

正面碰撞试验研究的范围主要有：正面碰撞试验实现的途径，包括牵引装置、控制装置、壁障等；碰撞用假人的开发或尸体代替乘员的试验；数据采集与处理；图像分析；乘员伤害指标的确定。

1. 美国的正面碰撞法规

1986 年美国颁布了正面碰撞法规 FMVSS 208"乘员碰撞保护",统一规定了碰撞车速为 48.3km/h,固定壁障为刚性表面。正面碰撞试验以下面三种方式进行:车辆纵轴线与壁障表面垂直;车辆横截面与壁障表面成 30°角,碰撞时车辆左前端先触壁;车辆横截面与壁障表面成 30°角,碰撞时车辆右前端先触壁。其规定允许使用 Hybrid II 和 Hybrid III 型假人,并给出了乘员伤害指标限值。1992 年美国国家公路安全局(NHTSA)对 FMVSS 208 做了进一步修改,规定从 1997 年开始使用 Hybrid III 型假人,形成了现行的美国正面碰撞法规:在正面碰撞时前排座椅上的两个 Hybrid III 假人是不系安全带的,从而要求轿车必须装设安全气囊;对于系安全带的乘员,在安全带和安全气囊共同作用时轿车的碰撞保护性能是由 NCAP 试验来考核的。

2. 日本的正面碰撞法规

日本是当今世界汽车工业发达国家之一,但是,实车碰撞研究工作起步滞后美国、欧洲 10 年左右,在研究美国、欧洲法规的基础上,其逐步建立了自己的实车碰撞法规,已于 1994 年 4 月开始实施日本保安基准 18 条《正面碰撞的安全基准》,碰撞形式为车辆纵轴线与壁障表面垂直,其余内容与美国 FMVSS 208 正面碰撞条件基本一致。

日本正面碰撞试验标准 TRIAS 11-4-30 中采用了 50km/h 的正面固定壁碰撞方式,使用代表欧、美人体的 Hybrid III 第 50 百分位假人和三维 H 点装置(ISO 6549),人体评价指标也与 FMVSS 208 相同,但现在 TRIAS 11-4-30 中还允许使用 Hybrid II 假人。

由于日本人体体型分布与欧、美人体差异很大,在汽车设计中,日本开发了代表本国成年人体型分布特征的三维 H 点装置,所以一些以日本人体模型为基础设计开发的微型轿车在使用 Hybrid III 假人时,如果座椅位于中间位置,就无法保证 Hybrid III 假人下肢的正确摆放。为了考虑人体体型的差异,在 TRAIS 11-4-30 中对影响坐姿的三维 H 点装置的大腿长度进行了调整。

3. 欧洲的正面碰撞法规

欧洲汽车工业发达国家正面碰撞试验研究虽然进行了很长时间,但一直没有形成统一的法规,直到 1992 年才提出一个 ECE 草案。草案中规定碰撞速度 50km/h,固定壁障为刚性表面,碰撞形式为车辆横截面与壁障表面成 30°角,碰撞时车辆驾驶人侧先触壁。该草案与美国 FMVSS 208 法规不同的是只进行一种方式的试验。壁障表面有防滑装置,防止碰撞时车辆沿壁障表面滑脱,使车辆在碰撞中的变形与事故更接近。欧洲试验车辆委员会(EEVC)工作组第 11 次会议提出议案,建议到 1998 年实施新法规。新法规规定碰撞形式为:刚性表面壁障与被试车辆正面偏置碰撞,重叠系数分别为 40%、50%、60%;吸能壁障正面偏置碰撞,重叠系数分别为 40%、50%、60%,碰撞速度分别为 50km/h、55km/h、60km/h、64km/h。同时该规定给出了比 ECE 法规草案更为严格的乘员伤害指标限值。

4. 中国的实车碰撞标准

1989 年参照美国联邦法规 FMVSS 208,中国制订了 GB/T 11551—1989《汽车乘员碰撞保护》标准,由于当时我国不具备试验条件,因此该标准一直没有执行。1999 年中国参照欧洲 ECE R94.00 制定了我国的第一个机动车设计法规 CMVDR294《关于正面碰撞乘员保护的设计规则》,该法规与 ECE R94.00 的区别是将 ECE R94.00 中的碰撞壁角度由 30°的斜碰撞改为 0°的正面碰撞,碰撞的车速、试验用假人以及其他各项要求都与 ECE R94.00 一致。

2003 年我国制定了国家强制性标准 GB 11551—2003《乘用车正面碰撞的乘员保护》(替代了 GB/T 11551—1989),GB 11551—2003 与 ECER94 的一致性程度为非等效,主要差异有:

本标准中规定了正面垂直碰撞,而ECER94则规定了正面角度碰撞。考虑到我国人体参数和车型特点,在座椅调节部分,参照日本保安基准第18条款内容,增加了相应的调节方法等。2006年制定了强制性标准GB 20072—2006《乘用车后碰撞燃油系统安全要求》并于2006年7月1日起强制实施。2014年制定了国家强制性标准GB/T 11551—2014《汽车正面碰撞的乘员保护》替代了GB 11551—2003,新标准适用范围由"M_1类车"扩展为"M_1类汽车和最大设计总质量不大于2500kg的N_1类汽车,以及多用途货车";增加了"多用途货车"的定义、安全气囊的提示信息和在具有安全气囊保护的座位上使用后向儿童约束系统的警告信息、增加了车辆形式的变更和扩展、增加了滑车试验程序,增加和修改了技术要求的部分内容。

在试验假人方面,各国都是采用50% Hybddm成年男性假人,欧盟用的是三个,中国和美国则是两个。值得一提的是,在安全带佩戴方面,只有美国考虑佩戴安全带和不佩戴安全带两种形式,中国和欧盟则只考虑佩戴安全带这一种方式。在假人伤害指标方面,欧盟只考虑了头部HPC、胸部压缩量和大腿力,而中国和美国则除此之外还考虑了胸部三毫秒加速度值。在考查的重点方面,美国更加注重对乘员约束系统的考查,而欧盟更加注重的是车身的抗撞强度,中国则兼顾了两个方面。2007年4月,我国颁布了GB/T 20913—2007《乘用车正面偏置碰撞的乘员保护》,并于2007年12月1日起实施。

6.4.4 侧面碰撞试验

侧面碰撞试验方法目前尚处于研究阶段,美国与欧洲的现有侧面碰撞实验方法不同点较多:移动壁障的台车质量、尺寸、壁障尺寸、形状不同;碰撞形态不同;试验用假人不同;碰撞速度不同;碰撞点的位置不同;乘员伤害指标也略有不同。表6-5列出了各国侧碰撞试验方法与评价指标的特点。

侧面碰撞法规试验概况

表6-5

法 规 号		FMVSS 214(美国)	ECE R95(欧洲)
碰撞形态		 D/B 27° 碰撞角	 D/B 0° 碰撞角
移动吸能壁障质量		1365kg	950kg
碰撞速度		53.6km/h	50km/h
碰撞假人		SID	EuroSID-Ⅰ
伤害指标	胸部	头部 HIC	—	≤1000
		TTI	≤85g(四门车) ≤90g(二门车)	—
		肋骨挤压位移量	—	≤42mm
		VC	—	≤1.0m/s
		腹部载荷	—	≤2.5kN
	骨盆	加速度	≤130g	—
		载荷	—	≤6kN

侧面碰撞试验法规同样也正处于建立与完善过程中。1990年,美国将原来的FMVSS214《车门侧压静强度》进行了修正,增加上了侧面碰撞试验条款。欧洲于1991年发布了ECE草案《侧碰撞保护》,于1995年发布了正式的ECE R95法规。日本在用车车辆的平均质量、刚度与欧洲的十分相似,同时基于大量的研究,日本的侧面碰撞采用了欧洲ECE R95的碰撞试验方法。鉴于我国实施的产品认证制度与欧洲相似,且我国强制性标准体系采用欧洲ECE标准体系,为了便于与国际接轨,我国制定侧面碰撞标准时,是以ECE R95·02法规为蓝本,并结合国内的具体国情制定的。由于我国人体与欧洲人体差异很大,所以在制定该标准时又参考了日本的相关法规。GB 20071—2006《汽车侧面碰撞的乘员保护》规定了汽车进行侧面碰撞的要求和试验程序,还对车辆形式的变更、三维H点装置、移动变形壁障及侧碰撞假人进行了规定。本标准适用于其质量为基准质量时,最低座椅的R点与地面的距离不超过700mm的M_1和N_1类车辆。该标准于2006年7月1日开始实施。

侧面碰撞假人的统一问题是目前十分迫切的一项工作。现有的侧面碰撞试验方法中,FMVSS 214指定使用SID;ECE R95指定使用EuroSID-Ⅰ,欧洲ECE R95·02建议采用Euro-SIS-Ⅰ的改进型ES-Ⅱ,EuroSID-Ⅰ侧面碰撞假人到2008年后停止使用;国际标准化组织制订的侧面碰撞试验方法指定使用EuroSID-Ⅰ和BIOSID。并且欧美侧面碰撞试验都是用可变形移动壁障从侧面碰撞静止的试验车。在侧面碰撞试验中都是用假人进行指标评定,且有一定不同,欧美日等国以及相应的国际组织已研发了新一代的侧碰用假人,2005年正式采用了统一的侧碰用假人标准进行装车侧碰试验。由于我国采用ECE法规体系,故不使用美国侧面碰撞假人SID假人,考虑到我国目前车型有美、欧、日、韩等国不同车型的实际情况以及2008年以后World SID侧面碰撞假人有统一使用的可能。因此,我国同时采用EuroSID-Ⅰ及ES-Ⅱ侧面碰撞假人,试验和评估允许任选其中一种假人。

对于侧面碰撞假人而言,由于目前各国采用的侧面碰撞假人的型号不同,标准也不一致,因此,美国第一技术安全系统公司(FTSS)联合相关制造商和国际组织又重新开发出了全球统一标准的"世界侧碰假人(WorldSID)"。该型号假人从设计开始即定位为智能型假人,与普通的汽车碰撞试验假人相比,智能型试验假人(iDummy)采用了目前最先进的多项新技术,以智能型假人为基础发展形成的智能型碰撞测试系统(iCrash)将成为该领域的发展趋势。

6.4.5 其他实车碰撞试验

在汽车碰撞安全性研究中,政府强制的法规试验是最重要的评价依据。但在试验方法研究中则需要在试验室用真车再现事故中的车与车碰撞;在安全气囊开发中,除了法规试验外还需进行各种不同碰撞形态、不同碰撞车速的碰撞试验,以用于安全气囊电控单元传感系统控制参数的设定。

为了再现在道路上实际发生的事故,采用车与车的碰撞试验,可以选用与事故车型号完全相同的车辆。在车对车的碰撞试验中,双方车辆都发生变形,参与能量耗散和吸收,这样比一方是刚性固定壁障的碰撞试验更真实。

第7章 汽车安全检测

本章主要介绍了 GB 7258—2012 中的汽车安全检测规范和汽车安全检测主要设备(前照灯检测仪、侧滑试验台、制动试验台、声级计、前部冲击强度检测设备、顶部静压集成设备、客车侧翻集成设备、车辆关键部位安全性检测锤击设备、汽车列车制动性能检测装备等)的类别及工作原理。

7.1 汽车安全检测规范

汽车强制性安全标准 GB 7258—2012《机动车运行安全技术条件》对我国汽车的一般安全做了相关规定。该标准是国家对在我国道路上行驶的机动车的安全、排气污染物控制、车内外噪声和驾驶人耳旁噪声控制的最基本的技术要求。新车定型试验及新生产车出厂检验、车辆维修后性能检验按有关国家标准及行业标准的规定执行,但国家标准及行业标准的相关要求不得低于本标准所规定的要求。为配合标准的实行,机动车安全检测站的检测线一般具有以下检测项目:外观检查(包括车底检查);前照灯光束及配光检查;前轮侧滑量;车速表校验;制动性能检查;废气排放(汽油车检查排放的 CO 和 HC,柴油车检查排放的烟度);噪声水平或喇叭音量。以下简要介绍 GB 7258—2012 中有关汽车安全检测的规范。

1. 外观检查

标准规定的外观检查项目有:漏水、漏油检查;车体周正检测;车轮轮胎检测;转向盘的转动阻力和自由转动量检测以及车轮的横向和径向摆动量的检测。

汽车外观的某些检查,特别是汽车外部的检查,使用任何仪器和设备进行检测都不尽完善,比如汽车三漏、汽车外部损伤、铆钉螺栓的松动和脱落等,外观检查的方法有:

(1)直接检测法。根据检测人员的技能和经验,用感官法或简单的工具进行定性直观检测。

(2)检测仪器法。有些定量要求的汽车外观检测项目,要用一些检测设备等完成,如汽车转向盘的自由转动量须用汽车转向盘转向力—转向角测量仪完成。

2. 前照灯检验

1)前照灯光束照射位置要求

(1)汽车在检验前照灯的近光光束照射位置时,前照灯在距离屏幕 10m 处,乘用车近光光束明暗截止线转角或中点的高度应为 $0.7H \sim 0.9H$(H 为前照灯基准中心高度),其他机动车应为 $0.6H \sim 0.8H$。前照灯近光光束水平方向位置向左偏值应小于等于 170mm,向右偏值应小于等于 350mm。

(2)四灯制前照灯其远光单光束灯的调整,对于能单独调整远光光束的前照灯,前照灯照射在距离 10m 的屏幕时,要求在屏幕光束中心离地高度,对乘用车为 $0.85H \sim 0.95H$,其他机动车应为 $0.8H \sim 0.95H$。前照灯远光光束水平位置要求,左灯向左偏值应小于等于 170mm,

向右偏值应小于等于350mm；右灯向左或向右偏值均应小于等于350mm。

2）前照灯的发光强度

机动车每只前照灯的远光光束发光强度应达到表7-1的要求，并且，同时打开所有前照灯（远光）时，其总的远光光束发光强度应符合GB4785的规定。测试时，电源系统应处于充电状态。

前照灯远光光束发光强度   表7-1

车辆类型 检查项目	新注册车（cd）			在用车（cd）		
	一灯制	两灯制	四灯制	一灯制	两灯制	四灯制
三轮汽车	8000	6000	—	6000	5000	—
最大设计车速小于70km/h的汽车	—	10000	8000	—	8000	6000
其他汽车	—	18000	15000	—	15000	12000
备注	（1）四灯制是指前照灯具有四个远光光束； （2）采用四灯制的机动车其中两只对称的灯达到两灯制的要求时视为合格					

3．转向轮侧滑量检验

GB 7258—2012的6.11中规定，对前轴采用非独立悬架的汽车（前轴采用双转向轴时除外），其转向轮的横向侧滑量，用侧滑台检测时侧滑量值应在±5m/km之间。

4．排气污染物排放控制检验

汽车排气污染物排放应符合相关标准的规定。

5．噪声水平和喇叭音量

GB 7258—2012的4.14中规定：汽车（低速汽车除外）驾驶人耳旁噪声声级应小于等于90dB（A），其检验方法见附录A。

GB 7258—2012的8.6.1中规定：机动车（手扶拖拉机组除外）应设置具有连续发声功能的喇叭，喇叭声级在距车前2m、离地高1.2m处测量时，发动机最大净功率（或电动机最大输出功率总和）为7 kW以下的摩托车为80dB（A）～112 dB（A），其他机动车为90 dB（A）～115 dB（A）。教练车（三轮汽车除外）还应设置辅助喇叭开关，其工作应可靠。

7.2　汽车安全检测设备

7.2.1　前照灯检测仪

汽车前照灯性能的好坏，直接影响驾驶人夜间视认的效果，或者给对向车驾驶人造成眩目，这样都会导致夜间交通事故的发生，故需进行安全检验。

1．前照灯检测仪检测原理

前照灯检测仪一般是采用具有把光能吸收变成电流的光电池元件，按照前照灯的主光轴照射光电池产生电流与前照灯光强成正比的特性，来测量前照灯的发光强度和光轴偏斜量的。

1）光电池工作原理

光电池是一种光电元件，前照灯检测仪上用的主要是硒光电池。如图7-1所示，硒光电池受光照后，光使金属膜和非结晶硒的上下部产生电动势，由于光电池的上部带负电，下部带正电,因此在金属膜和铁底板上引出线后,再把它们用导线连接起来,光电流就可使电流表指针作相应的偏转。这样通过光与电转换,从指针偏转的大小就可判断出前照灯的发光强度和光轴的方向。

如图 7-2 所示,在适当的距离使前照灯照射光电池,光电池根据前照灯发光强度的强弱产生大小不同的电流,使光度计的指针摆动,据此即可测出前照灯的发光强度。

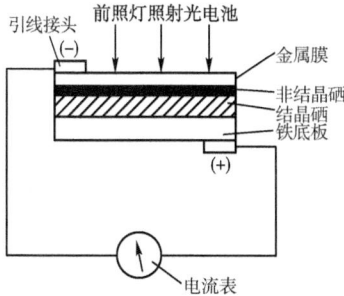

图 7-1 硒光电池原理图

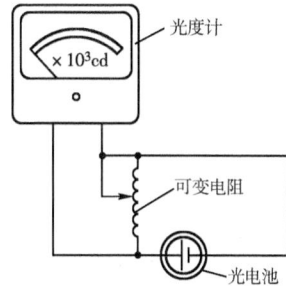

图 7-2 发光强度的测量方法

2)光轴偏斜量的检测原理

如图 7-3 所示,把一个光电池分割成四份即 $S_上$、$S_下$、$S_左$、$S_右$,在 $S_上$ 和 $S_下$ 之间接有上下偏斜指示计,在 $S_左$ 和 $S_右$ 之间接有左右偏斜指示计。当前照灯的光束照射光电池时,四份光电池根据受光面的受光情况产生相应的电流。

光轴偏斜情况如图 7-4 所示。若光电池属于无偏斜受光,则上下偏斜指针计的指针和左右偏斜指针计的指针均处于中间的垂直位置,即均无偏斜指示,见图 7-4a);若四份光电池受光面不一致,则产生的电流也不一样,由于存在上与下和左与右之间的电流大小差

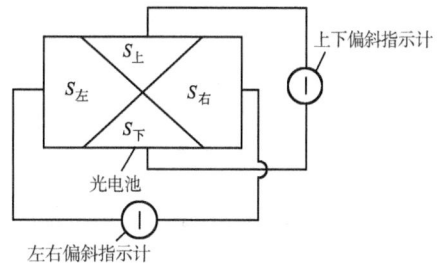

图 7-3 光轴偏斜量的测量方法

值,就会使上下偏斜指针计或左右偏斜指针计的指针摆动,由此可检测出光轴的偏斜量。图 7-4b)所示光电池受光面向左向下偏位的情况,即上下偏斜指针计的指针向下偏转,左右偏斜指针计的指针向左偏转。

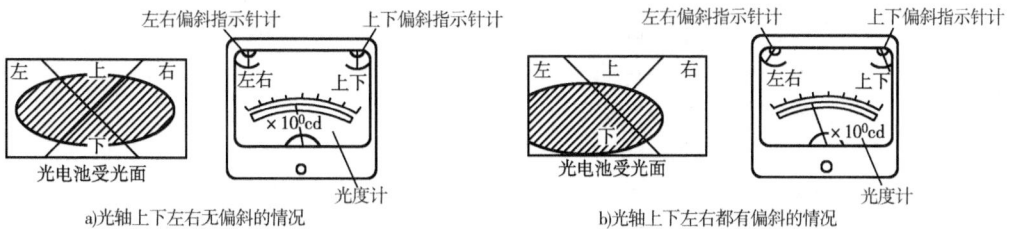

a)光轴上下左右无偏斜的情况   b)光轴上下左右都有偏斜的情况

图 7-4 光轴偏斜情况图

常见的前照灯测试仪测量方法有:

(1)采用 CCD 和光电池相结合方法。利用光电池进行远光测量,利用 CCD 进行近光测量。这种方法是对原用的远光测量仪上改进而来。

(2)采用全 CCD 测量,用 CCD 替代光电池进行远光的定位、角度和光强测量。

(3)利用 CCD 的成像高分辨率,进行远光和近光的角度测量,利用具有大动态范围的光电池进行远光光强度的测量。

（4）采用全光电池的方法。测量近光时用光电池进行扫描,以得到平面图像进行近光分析。

（5）采用手工进行仪器的定位,用目视的方法进行偏角的观察,同时利用光电池进行光强的测量。

CCD法在测量远光灯光型不符合标准而具有多组对称点时,具有角度测量上的优势,其精度和重复性精度较高。如果考虑到光型是在车灯灯具生产的时候就应该得到保证,其优势并不明显。同样的,由于CCD本身的生产工艺的限制,其器件的动态范围较小。由于前照灯的光强范围变化较大,因此在光强测量上,光电池要优于CCD。

2. 前照灯检测仪的类型与构造

根据测量距离与测量方法,汽车前照灯检验仪可分为聚光式、屏幕式、投影式和自动追踪光轴式等。不同类型的前照灯检验仪,都是由接受前照灯灯光的受光器、使受光器与汽车灯具对正的照准器、前照灯发光强度指示装置、光轴偏斜量指示装置和支柱、底座、导轨及车辆摆正找准器等部件组成。

如图7-5所示自动跟踪光轴式前照灯检验仪的构造示意图。它是置于前照灯前方3m的检测距离处,用受光器自动追踪光轴的方法来检测发光器强度和光轴偏斜量。其受光器具有聚光透镜和四个光电元件。根据前照灯的照射方向,受光器能自动追踪光轴,以使上、下、左、右四个光电元件受光量相等,从而找到主光轴的方向。同时,前照灯的光束穿过透镜照射到受光器内部的四块光电池上。当主光轴有偏斜时,光电池本身或聚光透镜就会移动,直到达到平衡状态为止。光轴的偏斜量由电位计测出,指示在上下和左右偏斜指针计上,同时根据光度计的指示即可测出发光强度值。

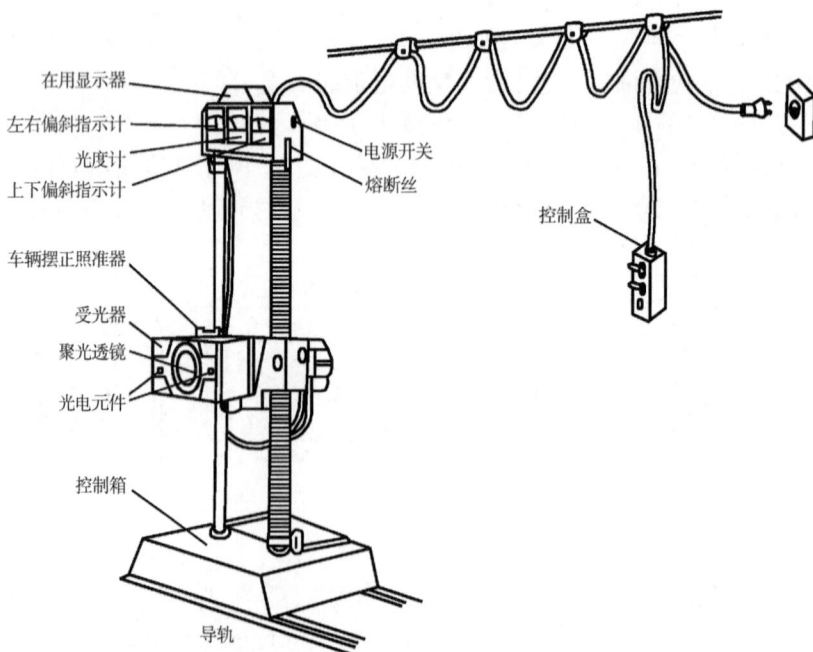

图7-5　自动跟踪光轴式前照灯检验仪

自动跟踪光轴式前照灯检验仪还具有自动判别被检汽车前照灯技术状况是否合格的功能,从而大大提高了检测自动化程度和检测效率。

7.2.2 侧滑试验台

1. 前轮外倾与前束

转向轮有了外倾角的存在,在滚动过程中车轮力图向外张开,只是由于转向桥为刚性的,不可能伸长。因此,前轮不能真正向外分开滚动,但两前轮分别给地面向内的侧向力和轮胎在地面上的滑磨实际存在。假设两个只有外倾角而没有前束的转向轮在两块互不连接而可以左、右自由滑动的滑板上前进通过时,则可以看到两滑板向内靠拢,如图7-6所示。滑板向内的靠拢量就是该前轮的侧滑量。

转向轮有了前束后,在滚动过程中向内收拢,因为转向桥不可压缩。因此,在实际滚动过程中才不至于真正向内靠拢。但两前轮分别给地面一个向外的力并在地面上滑磨。假设让两个只有前束而无外倾角的转向轮向前驶过上述同样的滑板,则两滑板分别向无滑动,如图7-7所示。滑动板的滑动量,就是该前轮的侧滑量。

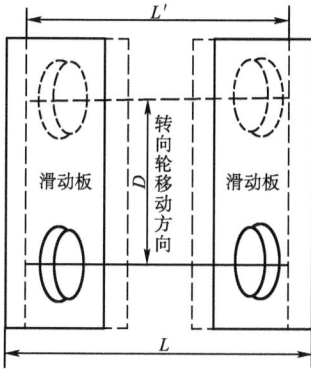

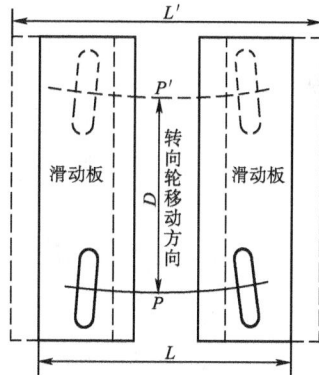

图7-6　由车轮外倾角引起滑动板的侧滑　　　图7-7　由前束引起滑动板的侧滑

前轮前束是为了纠正前轮外倾角后向外张开滚动而出现的。前束值调整恰到好处,前轮就会保持稳定的直线行驶,此时,汽车前轮通过上述滑板,滑板不会左、右移动。

侧滑试验台就是利用上述滑板在侧向力作用下横向滑动的原理来测量前轮侧滑量的。检测中若滑板向内移动,表明前轮外倾太大或负前束太大;若滑板向外移动,表明前束太大或负外倾太大。

2. 滑板式侧滑试验台

侧滑试验台一般由测量装置、指示装置和报警器等组成。按滑板位移量传给指示装置的方式不同,测量装置有机械式和电气式两种。

1)测量装置

(1)机械式测量装置如图7-8所示,其指示装置与滑板是用机械方式连接在一起,通过连杆和L形杠杆等零件,把滑板位移量直接传给指示装置。

(2)电气式测量装置是把滑板的位移量通过位移传感器变成电信号,再经过放大与处理后传给指示装置。位移传感器有自整角电机式(即同步电机式)、电位计式和差动变压器式等。如图7-9所示自整角电机式侧滑试验台。该装置是把滑板的位移通过齿条和小齿轮组成的机构,将直线运动转变为回转运动,由小齿轮带动自整角电机转动一定角度以产生电信号,并把同样大小的电信号传给指示机构中的自整角电机的一种结构形式。指示机构中的自整角电机接收到这一电信号后,立即转动同一角度,即指示出滑板的滑移量。

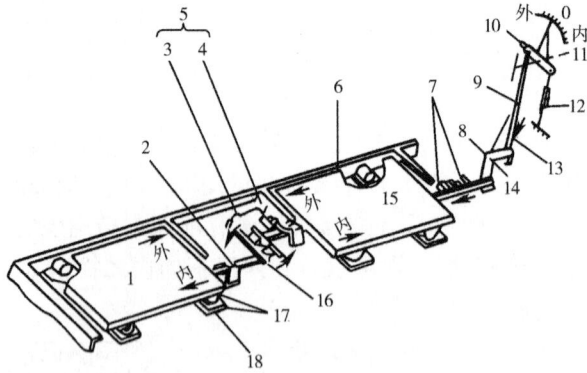

图 7-8 机械式侧滑试验台

1-左滑动板;2-导向滚轮;3-复位弹簧;4-摆臂;5-回位装置;6-框架;7-限位开关;8-L型杠杆;9-连杆;10-刻度放大倍数调整器;11-指示机构;12-调整弹簧;13-零位调整装置;14-支点;15-右滑动板;16-双销叉式曲柄;17-轨道;18-滚轮

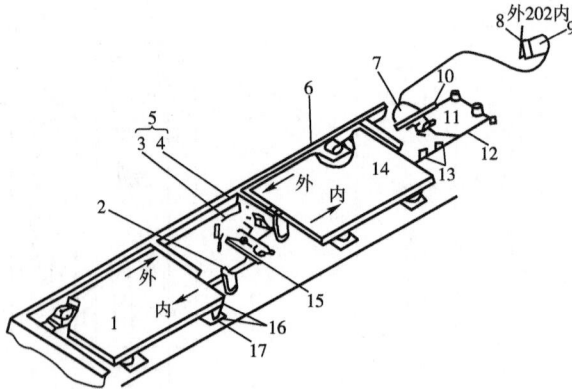

图 7-9 电气式侧滑试验台

1-左滑动板;2-导向滚轮;3-回位弹簧;4-摆臂;5-回位装置;6-框架;7-产生信号的自整角电机;8-指示机构;9-接收信号的自整角电机;10-齿条;11-小齿轮;12-连杆;13-限位开关;14-右滑动板;15-双销叉式曲柄;16-轨道;17-滚轮

2)指示装置和报警器

指示装置也有机械式和电气式两种,如图 7-10 和图 7-11 所示。指示装置把测量装置传来的滑板侧滑量,按汽车每行驶 1km 侧滑 1m 定为一格刻度,通常将转向轮正前束(IN——内)和负前束(OUT——外)刻成 10 格刻度进行指示。

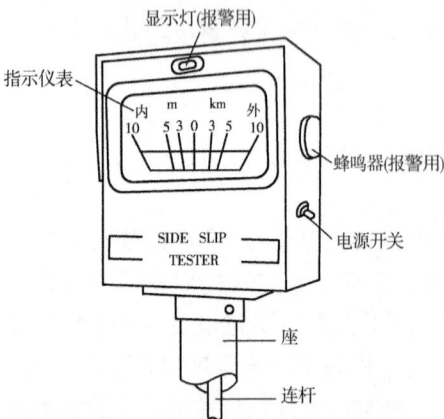

图 7-10 机械式指示装置和报警器

因此,滑板长度为 1000mm 者,单边滑板侧滑 1mm 时指示一格刻度;滑板长度为 800mm 者,单边滑板侧滑 0.8mm 时指示一格刻度;滑板长度为 500mm 者,单边滑板侧滑 0.5mm 时指示一格刻度。

指示装置的刻度板上除用数字及符号标明侧滑量的大小及方向外,还有不同的颜色把侧滑量划分为三个区间:侧滑量 −3m/km ~ +3m/km 范围涂为绿色,表示良好区域;侧滑量 −5m/km ~ −3m/km 和 +3m/km ~ +5m/km 范围涂为黄色,表示准用区域;侧滑量 −10m/km ~ −5m/km 和 +5m/km ~ +10m/km 范围涂为红色,表示不良区域,以引起注意。

220

在检测前轮侧滑量时,为便于快速表示结果是否合格,当侧滑量超过规定值后,侧滑试验台的报警器用蜂鸣器或信号报警。

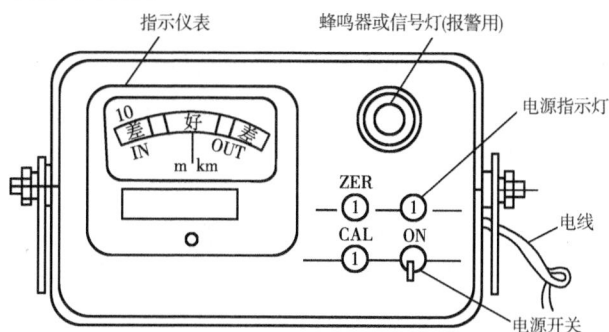

图 7-11　电气式指示装置和报警器

7.2.3　制动试验台

制动试验台按不同的分类方法,可以分出不同的类型。按试验台测试原理不同,可分为反力式制动试验台和惯性式制动试验台;按试验台支承车轮形式不同,可分为滚筒式和跑板式;按试验台检测参数不同,可分为测制动力式、测制动距离式和多功能综合式;按试验台测量装置至指示装置传递信号方式不同,可分为机械式、液压式和电气式。

目前,常用的制动试验台有滚筒反力式制动试验台、平板式制动试验台和滚筒惯性式制动试验台。以下主要介绍的是广泛使用的反力式制动试验台和惯性式制动试验台。

1. 反力式制动试验台

按所能同时测量的车轴数,滚筒反力式制动试验台可分为单轴式、双轴式、多轴式。单轴滚筒反力式制动试验台是目前我国使用较为广泛的制动试验台。

如图 7-12 所示反力式制动试验台的测力机构示意图。由于反力式制动试验台简便、测试条件稳定、易于控制,故我国现用的制动试验台绝大多数都是反力式试验台。用反力式制动试验台检测汽车的制动性能时,将车辆开到试验台上,被测汽车的车轮处于两滚筒之间,滚筒在电机驱动下带动车轮转动,即相当于汽车不动、路面以一定速度移动,在对车轮实施制动时,制动力就作用在滚筒上,该力与滚筒的转动方向相反,并经杠杆传给与滚筒相连的测力秤,即可由测力秤的指示表显示出制动力的数值。

试验台主要由制动力承受装置、驱动装置、制动力检测装置和制动力指示与控制装置组成。

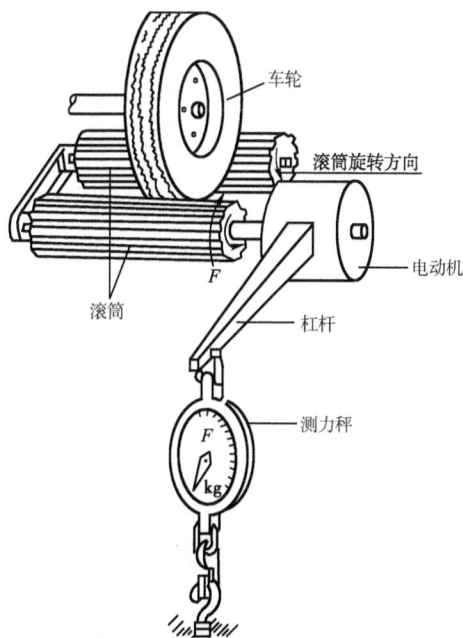

图 7-12　反力式制动试验台的测力机构

1)制动力承受装置

制动力承受装置由两副滚筒组成,每副滚筒有一个主动滚筒和一个从动滚筒。滚筒用碳钢制成,滚筒的外圆周上开有纵向矩形槽。它可增加车轮与滚筒间的附着系数(一般取附着系数为 0.6 以上),两副滚筒分别用轴承安装在试验台架上。在两滚筒之间装有举升器(举升

221

器可采用气压式或液压式,当车辆驶入、驶出时,举升缸将托板举起,使车轮平稳驶入、驶出两滚筒之间,减少了冲击)。

2)驱动装置

驱动装置由电动机、减速器和传动链条等组成。电动机的转速经减速器内的一副蜗轮蜗杆和一对直齿轮两级减速后传给主动滚筒,主动滚筒通过传动链条带动从动滚筒旋转。减速器壳体为浮动连接,能绕滚筒轴转动。

3)制动力检测装置

制动力检测装置由测力杠杆和检测机构组成。检测机构的形式多样,如自整角电机式、电位计式、差动变压器式和应变片式等。测量装置中,用来测量由传动齿轮传给测力弹簧的作用力以电量形式测出,然后传给指示装置。

4)制动力指示与控制装置

控制装置有电子式和电脑式之分。电子式的控制装置多配以指针式指示仪表;电脑式多配以数字显示器。国产反力式制动试验台多为电脑式。指针式制动力指示仪表有两种形式:一种是一轴单针式;另一种是一轴双针式。一轴单针式有两个刻度盘、两个指针,分别指示左右轮的制动力。一轴双针式只有一个刻度盘,两个指针分别指示左右轮的制动力。

由于滚筒式制动试验台测试不能反映汽车行驶制动的真实效果。因此制动性仿真试验是近年来研究的新方向。该试验为了模拟现实情况驾驶人急踩刹车的效果,仿真的过程中必须在车轮上施加一个与实际制动情况相符的制动力。因此利用虚拟样机软件 AD-AMS 建立了整车和滚筒式制动试验台的模型,并进行了相关制动试验仿真,为滚筒式制动试验台的设计、验证提供了很好的参考价值。并且通过对仿真结果的分析可知:滚筒表面附着系数对制动性能测试结果影响较大,随着附着系数的增大,测试结果越接近实际车轮制动力值;滚筒的直径对制动性能测试结果也有一定影响,随着直径的增大,测试结果越接近实际车轮制动力值。由于仿真模型中滚筒模型是以纯刚体结构的形式建立的,导致仿真过程中存在较大波动。为了提高仿真精度,因此在今后的研究中可以引入柔性体技术,使仿真更加接近于现实。

2. 惯性式制动试验台

惯性式制动试验台的基本原理是用旋转飞轮的动能来模拟汽车在道路上行驶时的平移动能。在一个较大的光面滚筒上串联一个惯性飞轮,电动机驱动飞轮旋转,并带动车轮转动;设车轮相当于 30km/h 的速度转动,则与滚筒相连的所有旋转件的总惯量也相当于汽车 30km/h 速度下的功能。这就模拟了与路试相似的结果。

如图 7-13 所示双轴惯性式制动试验台。它可以同时测试双轴车辆所有车轮的制动距离。被测汽车置于滚筒组上,前滚筒组可根据被测汽车轴距由推拉油缸 4 来调节,调节后用夹紧油缸 5 夹紧定位。左右主动滚筒用半轴与差速器 6 相连,再经差速器与变速器 7、花键轴 8 相连。后滚筒组上将有第三滚筒 12,以防止汽车制动时向后跳动。测试时,由被测试车驱动后滚筒旋转,并经过离合器 11、花键轴 8、变速器 7、差速器 6 带动前滚筒及汽车前轮一起旋转。此时,按被测汽车行驶时的惯性等效重量配置的飞轮 14 也一起旋转。当车轮制动后,滚筒与飞轮将依惯性继续旋转,其继续旋转的圈数(即相当于汽车的制动距离),由装在滚筒轴上的遮光圆板及装在滚筒架上的光源和光电传感器发出信号,并用计数器来记录。

这种试验台亦可测取制动减速度(或制动力)的大小。减速度是利用滚筒两边的测速发电机作传感器,通过电子线路在加速表中分别示出两轮的减速度大小和制动时间的先后。滚筒减速度的差别反应在测速发电机电压的不相等,"跑偏"从平衡表(电桥)中表示出来。

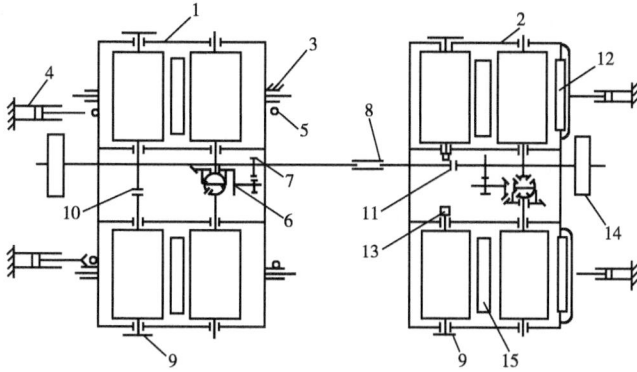

图 7-13　惯性式制动试验台示意图

1-前滚筒组;2-后滚筒组;3-导轨;4-推拉油缸;5-夹紧油缸;6-差速器;7-变速器;8-花键轴;9-制动距离测试单元;10-电磁离合器;11-电磁离合器;12-第三滚筒;13-测速发动机;14-飞轮;15-举升器

为了保证左右车轮在制动前转速相等,在左右滚筒之间用电磁离合器连接。电磁离合器在制动信号开始发出时分离,从而保证左右车轮在制动前转速相等。

前后滚筒之间装有举升器,以使汽车进行试验时进出方便。

惯性式制动试验台,由于采用高速模拟试验,比较接近道路行驶条件,因而试验方法更为先进,并可发展成进行加速、滑行、测功等试验的多功能台架。但是,由于试验台旋转部分要有具有被检车辆各轴的转动惯量,因此具有设备复杂、电机功率大等缺点。

对于装有 ABS 的汽车可采用滚筒惯性式 ABS 制动台进行检测,该检验台可以模仿汽车在道路运行时的制动情况,客观地反映汽车在运行时的制动状况,能同时检测四个车轮的常规制动性能检测参数(制动力、制动协调时间和制动距离)及 ABS 制动性能检测参数(车轮滑移率)。因此,该检测台又被称为多功能汽车制动监测台。滚筒惯性式 ABS 制动台利用物体动能可用转动惯量等效原理,采用机械惯量或电惯量模拟装置模拟汽车直线运动质量的平均动能,以再现汽车道路制动时的工况。

7.2.4　声级计

1. 声级计的结构与工作原理

声级计是一种能把各种噪声按人听觉特性近似地测定其噪声级的仪器。它包括测量传声器、放大器、计权网络、衰减器、检波器和指示电表等几个部分,其方框图如图 7-14 所示。

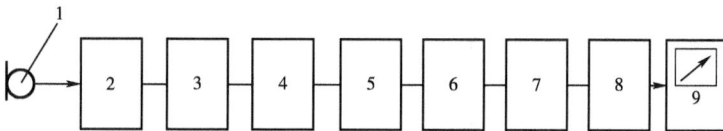

图 7-14　声级计方框图

1-传声器;2-前置放大器;3-输入衰减器;4-输入放大器;5-计权网络;6-输出衰减器;7-输出放大器;8-检波器;9-指示表头

1)传声器

传声器是把声压信号转变为电信号的装置,也称为话筒,是声级计的传感器。常见的传声器有晶体式、驻极体式、动圈式和电容式多种。

2)放大器和衰减器

一般在放大电路中采用两极放大器,即输入放大器和输出放大器,其作用是将微弱的电信

223

号放大。输入衰减器和输出衰减器是用来改变输入信号和输出信号的衰减量,以便使表头指针指在适当的位置,其每一挡的衰减量为 10dB。输入和输出两个衰减器的刻度盘做成不同颜色。

3)计权网络

为了模拟人耳听觉在不同频率有不同的灵敏性,在声级计内设有一种能模拟人耳的听觉特性,把电信号修正为与听感近似的网络,这种网络叫计权网络。通过计权网络测得的声压级叫噪声级或计权声级。

声级计一般设有 A、B、C 三种计权网络,其显示读数通常称为声级,单位仍用分贝,但要标明所用的计权网络名称。如 85dB(A)声级为 85dB,且使用 A 计权网络。三种计权网络最常用的是 A 计权,B 计权次之,C 计权最少。A 计权声级是模拟人耳对 55dB 以下低强度噪声的频率特性;B 计权声级是模拟 55~85dB 的中等强度噪声的频率特性;C 计权声级是模拟高强度噪声的频率特性。

4)检波器和指示电表

检波器是为了把放大的信号通过表头显示出来,它能把迅速变化的电压信号转变成较慢的直流电压信号。这个直流电压的大小正比于输入信号的大小。检波器在多数噪声测量中采用均方根值式,它能对交流信号进行平方、平均和开方,得出电压的均方根值,最后将均方根值电压信号输送到指示电表。

声级计表头阻尼一般都有"快"和"慢"两挡。"快"挡的平均时间为 0.27s,很接近于人耳听觉器官的生理平均时间;"慢"挡的平均时间为 1.05s。当对稳定噪声进行测量,或需要记录声级变化过程时,使用"快"挡较为合适。在用"慢"挡测量时,应注意有一定的观察时间,以保证能近似读出平均值。如被测噪声起伏变化比较大应用"慢"挡测量其平均值。

2.汽车噪声测量方法

1)车外噪声测量方法

汽车车外噪声应采用精密声级计或普通声级计来测量。

(1)测量条件。

①测量场地应平坦空旷,在测试中心以 25m 为半径的范围内,不应有大的反射物,如建筑物、围墙。

②测量场地跑道应有 20m 以上的平直、干燥的沥青路面或混凝土路面,路面坡度不超过 0.5% 。

③周围环境噪声(本底噪声)至少要比所测车辆低 10dB。

④为了避免风噪声的干扰,可采用防风罩,但应注意防风罩对声级计灵敏度的影响。

⑤声级计附近除测量者外,不应有其他人员,如不可缺少时,则必须在测量者背后。

⑥被测车辆须空载,测量时发动机应处于正常使用温度。车辆带有其他辅助设备亦是噪声源,测量时是否开动,应按正常使用状况而定。

(2)加速行驶车外噪声测量方法。

为了保证测量结果的可比性和重复性,要求各种车辆到达始端线的挡位和车速按下列规定:

①无变速挡位车辆以发动机额定功率时转速的 3/4 稳定到达始端线。

②手动变速器的车辆:四挡和四挡以下的车辆使用二挡,四挡以上的车辆使用三挡。车辆到达始端线的速度为相当于发动机额定功率时转速的 3/4。如果此时车速超过了 50km/h,那

么车辆应以 50km/h 的车速稳定地到达始端线。

从车辆前端到达始端线开始,立即将加速踏板踩到底或节气门全开,直线加速行驶,当车辆后端到达终端线时,立即停止加速。车辆后端不包括拖车以及拖车连接的部分。这时声级计应用"A"计权网络、"快"挡进行测量,读取车辆驶过时声级计表头最大读数。

同样的测量往往进行一次。车辆同侧两次测量结果之差不应大于 2dB。即每侧两次声级的平均值中最大值作为被测车辆的最大噪声级。如果只用一个声级计测量,同样的测量应进行 4 次,即每侧测量 2 次。

(3)匀速行驶车外噪声测量方法。

决定加速最大噪声的主要噪声源是排气噪声和发动机噪声,经常使用的另一种测试车外噪声的方法是匀速行驶噪声测量法。这种方法的场地和环境要求与加速测量方法相同。

测量时,车辆用常用挡,保持加速踏板稳定,以 50km/h 的车速匀速通过测量区域,声级计用"A"计权网络、"快"挡进行测量,读取车辆驶过时声级计表头最大读数。同样的测量往往进行一次。车辆同侧两次测量结果之差不应大于 2dB。如果只用一个声级计测量,同样的测量应进行 4 次,即每侧测量 2 次。

这种测试方法广泛用于确定车辆的噪声特性。车辆匀速行驶噪声与排气噪声、发动机噪声、传动系噪声、车体噪声及轮胎噪声有关。

2)车内噪声的测量方法

(1)车内噪声测量条件。

测量车内噪声时,要求测量跑道应是平直干燥的沥青路面或水泥路面,并应具有足够的试验长度。测量时风速应不大于 3m/s。并注意不被偶然的其他噪声源所干扰。如果车内带有其他设备是噪声源,测量时是否开动,应按正常使用情况而定。车内除驾驶人和测量人员外,不应有其他人员。

(2)车内噪声测点位置。

测量驾驶人耳旁噪声时,汽车须空载,并处于静止状态且置变速器于空挡,发动机应处于额定转速状态,门窗紧闭。测量位置应符合 GB/T 18697—2002 的规定。

(3)测量方法

声级计"A"计权、"快"挡。分别读取表头指针最大读数的平均值。

3)汽车喇叭噪声的测量方法

机动车喇叭声级的检测点应符合 GB 7258—2012 的规定。检测时应注意不被偶然的其他声源峰值所干扰。检测次数宜在两次以上,并监听喇叭声音是否悦耳。

7.3　营运车辆结构安全性综合评价与检测

我国营运车辆发生道路交通事故已成为危害人民群众生命财产安全、影响社会和谐稳定的重要因素之一,严重阻碍了道路运输业的可持续发展,引起了社会各界的广泛关注。2009年国家科技支撑项目"重特大道路交通事故综合预防与处置集成技术开发与示范应用——营运车辆安全保障技术开发及大范围集成应用",以营运车辆安全为研究对象,研究制定了营运车辆安全性准入与退出的机制及相应的营运车辆结构安全性评价与检测技术,开发完善了营运车身结构安全性检测设备,形成了基于实车检测的营运客车结构安全性仿真评价体系。

结构安全性,即在发生交通事故的瞬间能有效地保护乘员和行人、使其免受或减轻伤亡的能力。车辆结构安全性主要包括侧倾稳定性和结构强度两类:侧倾稳定性的要求是使大客车尽可能的不产生倾翻,属于事前的预防;结构强度的要求是当车辆倾翻时,其变形空间不至于伤害到乘员的生存空间,属于事故发生时保护乘员,需做破坏性检测。影响客车车身结构强度因素有顶盖横梁端部结构形式、侧围和地板链接处的局部处理等因素。针对客车车身结构制定的强制性安全标准有 GB 13094《客车结构安全要求》、GB 13057《客车座椅及其固定件强度》、GB 18986《轻型客车结构安全要求》及 GB/T 16887《卧铺客车结构安全要求》等。

1. 客车结构安全性评价方法

欧洲经济委员会制定 ECE R66《关于大客车上部结构强度认证的统一技术规定》,对客车上部结构强度安全性试验提供了 5 种测试方法:

(1)整车侧翻试验。

将处于"可运行"状态的整车配载后放置于(800±20)mm 的侧翻平台上,平台翻转式整车以不超过 5°/s 的初始角速度侧翻撞击水泥地面,测量客车的变形量等来评价试验车辆的安全性能。

(2)车身段侧翻试验。

与整车侧翻试验不同的是,该方法用车身段代替整车进行侧翻试验。根据整车几何特征、质心位置、旋转轴和可吸能量百分数,选择有代表性的车身段,试验时需根据实车情况精确配重,以保证车身段的质量和质心进行侧翻试验。

(3)车身段准静态载荷试验。

根据结构刚性、质量分布等信息取车体较为薄弱的车身段,用刚性加载板以一定角度对车身段的上边梁缓慢施压,直至生存空间遭到侵入。车身段至少含有两个隔间,试验中在离散的时间点上测量变形及所加载荷,用以计算车身段实际吸收能量。若车身段实际吸收能量大于应吸收能量则判定为合格。

(4)基于部件测试的准静态计算。

依据部件试验获得车体关键变形位置的弯曲刚度特性,利用该特性将车身变形部位简化为塑性铰,而其他部位假定为弹性或刚性结构,从而构建数字化模型进行计算。加载和评价方式与车身段准静态载荷试验一致。

(5)计算机模拟整车侧翻试验。

利用仿真分析软件,建立客车车体结构数学模型,对整车侧翻试验的模拟再现。要求模拟能够真实反映车辆的质量分配、材料性能,计算中要确保能量平衡,不得引入过多的沙漏能等。

以上任何一种测试方法均可作为客车上部结构强度安全性检测方法。检验营运客车结构强度和被动安全性的最直接、有效的方法是客车侧翻试验,但整车试验成本高,其他四种均为等效替代方法。四种等效替代方法有关文献阐述的均非常简短,关键核心技术笼统,直接实施性不强。1998 年我国采用 ECER66 的整车侧翻试验,制定了 GB/T 17578《客车上部结构强度的规定》,提出了生存空间的确立及侧翻试验方法。

2. 货车结构安全性评价

各国实行的载货汽车结构驾驶室结构强度安全性检测要求也不尽相同,在检测位置、撞击能量以及试验样本是都会有差异。我国实施的第一项载货汽车驾驶室安全标准 GB 26512《商用车驾驶室乘员保护》等同采用欧洲 ECE R29-02,将 ECE R29-02 中顶部静载荷和后围强度试验为选作项,而对后围强度有严格要求,主要原因在于国内载货汽车驾驶室后围处多设计为卧铺,且卧铺使用率非常高,必须考核后围强度。

3. 营运客车结构安全性检测技术及设备

在现有条件的基础上,集成营运车辆顶部静压、前部冲击和客车侧翻等设备,开发了适合营运车辆本身结构关键部位安全性检测的锤击设备,完善了营运车辆本身结构安全性检测设备和手段,从整体上提高营运车辆的车身结构安全性。

(1)前部冲击强度检测设备。

按照 GB 26512—2011《商用车驾驶室乘员保护》的试验要求,考核营运货车在摆锤正面冲击下驾驶人腿部的车身结构强度和生存空间,检测营运车辆追尾碰撞的结构安全性。

前部冲击设备的冲击摆锤升降速度范围为 0 ~ 15mm/s,控制精度小于 1%。设备的主要技术参数见表 7-2。

前部冲击强度检测设备主要技术参数 表 7-2

立体龙门框架机身	尺寸(长×宽×高)(m×m×m)	7×4.5×8	
	材料	重型工字钢与优质钢板组焊	
冲击摆锤	碰撞面形状	平整的长方形摆锤	
	摆锤质量(kg)	1700	
	尺寸(宽×高)(m×m)	2.5×0.8	
	摆臂长度(m)	3.5	
	最大能量(kJ)	80	
	冲击速度(m/s)	0 ~ 15	
卷扬机组	交流电机	功率(kW)	7.5
	减速器	减速比	1:46
	牵引滑轮组	额定牵引力(kN)	50

摆锤重心位于车辆纵向中心平面内,高度应比驾驶室座椅"R 点"的高度低 50mm,如图 7-15所示。

图 7-15 驾驶室前部冲击试验

(2)顶部静压集成设备。

参照 GB 26512—2011《商用车驾驶室乘员保护》、欧洲 ECE R29 以及 ECE R66,可以完成营运客车车体准静态载荷试验、营运货车的顶部强度试验以及后围强度试验。

顶部静压加载力在 30kN 内可调,控制精度小于 1%,其主要参数见表 7-3。驾驶室顶部静压试验见图 7-16。

227

顶部静压集成设备主要技术参数 表7-3

序号	名　称	参　数
1	外形尺寸(长×宽×高)(m×m×m)	4×3.6×5.855
2	加载平板离地高度(m)	2.9~4.1
3	顶部加载行程(mm)	850
4	偏摆角度(°)	0~80
5	最大加载力(kN)	0~247,0.5%F·S
6	后围加载行程(mm)	550
7	高度调整范围(mm)	650
8	后围强度加载力(kN)	0~180,0.5%F·S

（3）客车侧翻集成设备。

按照 GB/T 13094《客车结构安全要求》中关于侧倾稳定性的检测要求,《汽车静侧翻稳定性台架试验方法》中关于试验仪器设备、试验条件、试验方法的要求,《客车上部结构强度的规定》中试验方法以及对翻转平台的要求,集成的客车侧翻试验设备的主要技术参数,见表7-4。汽车侧倾侧翻性能综合试验台的最大侧翻角度可达45°,角度测量精确度也达到了±0.1°,最大翻转速度小于5°/s。实车侧翻试验如图7-17所示。

图7-16　驾驶室顶部静压试验

图7-17　实车侧翻试验

客车侧翻集成设备主要技术参数 表7-4

项　目	尺　寸	项　目	尺　寸
台面尺寸(长×宽)(m×m)	16×3	最大翻转速度(°/s)	5
试验车辆最大总重(t)	30	角度测量精度(°)	±0.1
试验台最大翻转角度(°)	45		

在交通部公路交通试验场完成世界首例卧铺客车空载侧翻试验,如图7-18所示。实验结束后,该车车身并未发生明显变形,客车乘坐空间未出现任何挤压现象,变形量满足营运车辆结构安全性准入检验标准要求。

（4）车辆关键部位安全性检测锤击设备。

车辆关键部位安全性检测锤击设备的测试原理与整车侧翻试验相同,有效地利用摆锤冲

228

击发客车车身段关键部位等效整车侧翻试验。使用冲击摆锤撞击大客车顶部上边梁就相当于整车侧翻与地面接触。利用电动丝杠原理调整装有大客车车身段骨架的试验台体，其调整角度因车体高度而变化，可以通过整车高度计算确定不同车型具体所需的支撑变更角度 α：

$$\alpha = \arcsin\left(\frac{800}{H_C}\right) \tag{7-1}$$

式中：H_C——车辆停放在水平面上测得的车辆上边梁高度，mm。

营运车辆关键部位锤击设备主要在前部冲击设备基础上集成，具体参数见表 7-5。

营运车辆关键部位锤击设备 表 7-5

立体龙门框架车身	尺寸(长×宽×高)(m×m×m)	7×4.5×8	
	材料	重型工字钢与优质钢板组焊	
冲击摆锤	碰撞面形状	平整的长方形摆锤	
	摆锤质量(kg)	400+100(可调配重)	
	最大能量(kJ)	29.8	
卷扬机组	交流电机	功率(kW)	7.5
	牵引滑轮组	额定牵引力(kN)	50
支撑试验台体	交流电机	功率(kW)	240
	升降机构	角度调整(°)	0~30

如图 7-19 所示典型营运客车车身段锤击试验，其中冲击能量为 17.6kJ，客车车身段与摆锤接触角度为 14.5°。

图 7-18 首例卧铺客车空载侧翻试验

图 7-19 营运车辆关键部位锤击设备

7.4 营运汽车列车制动性能检测技术及装备开发

2009 年国家科技支撑项目"重特大道路交通事故综合预防与处置集成技术开发与示范应用——营运车辆安全保障技术开发及大范围集成应用"以全面保持营运车辆正常的安全技术状况为目标，通过检测汽车列车制动时序、整车动态制动力、制动过程差、协调时间等参数，实现了对汽车列车多轴制动性能的检测。

1.汽车列车制动性能检测装备方案比较

国内机动车制动性能检测采用台架检测方式,装备主要是滚筒反力式制动检验台或平板式制动检验台。由于结构的制约,滚筒反力式制动检测台上只适合汽车列车或多轴营运车辆的单轴制动性能测量(各个轴分别测量),而不能同时检测每个车轮、每根车轴的制动力、制动力平衡、制动时序和协调时间。在滚筒反力式制动检验台检测汽车列车制动性能,若牵引车和挂车的制动力和制动力平衡GB 7258和GB 18565的要求,并不等于汽车列车整体制动性能达到了标准的规定(GB 7258和GB 18565均是在无汽车列车整体制动性检测手段的前提下制定的),即使通过软件处理和采用其他技术手段,仍存在可操作性差、检测效率低等问题,并不适合检测站应用。普通平板式制动检验台虽然可以同时测量每个车轮制动性能,但目前主要应用于小型双轴式车辆,尚不能满足营运汽车列车制动性能的检测。

2.汽车列车制动性能检测装备方案设计

1)设计原理

在现有普通平板式制动检验台的基础上,采用适合多轴车辆轴距和轮距的组合式测试单元,采用数据采集软件、硬件技术,实现对多轴车辆制动性能检测。其测试原理是车轮在制动检测装备上面实施制动,车轮与制动架平面产生水平切向力,即制动力。该力被刚性机构传递给制动传感器。在制动的同时,轮重传递给轴重传感器,数据采集系统同时采集制动力和静态、动态轮重。

2)系统组成

本系统由机械部分、信号采集系统、计算机数据处理系统等部分组成,如图7-20所示。机械部分是用于完成对多轴车辆制动检测的基础平台,由多个测试单元组合而成。测试单元表面采用黏沙工艺,单块板的长度不大于车辆最小轴距,每侧长度为17920mm,宽度为1200mm。数据采集处理系统将多轴车制动检测时各种传感器电信号采集整理并提供给计算机,计算机数据处理系统完成处理及评价并以数字和图形两种方式输出结果。

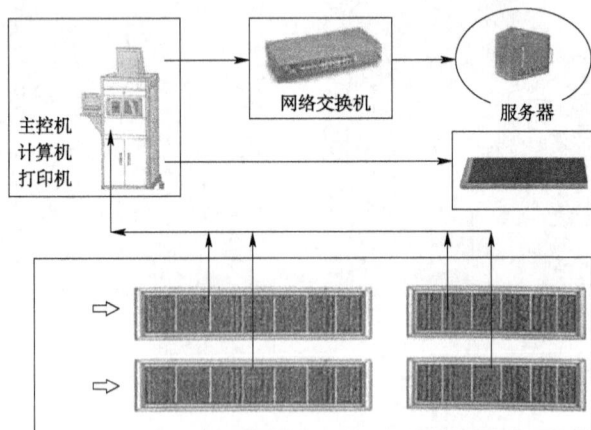

图7-20 汽车列车制动性能检测装备系统组成

3)技术性能参数

汽车列车制动性能检测装备全功能样机如图7-21所示,其首次在现有普通平板式制动检验台的基础上,采用适合多轴车轴距和轮距的组合式测试单元,采用无缝对接技术对边缘数据进行精确拟合,自动识别车轴数量,实现对多轴车辆制动性能检测。其技术指标见表7-6。

图 7-21 汽车列车制动性能检测装备

汽车列车制动性能检测装备功能指标及主要技术指标　　　表 7-6

功 能 指 标	主要技术指标	
整车制动力	额定承载质量(t)	10
轴、轮制动力	测试速度(km/h)	5～10
左、右制动不平衡率	轮制动力示值误差	±3%
整车协调时间	轮制动力示值间差	±3%
各轴制动时序	静态轮重示值误差	±3%
动(静)态轴(轮)重	附着系数	≥0.75
制动性能评价	零点漂移	30min,≤±50N
数据存储、传输、输出	回零误差	±2%F·S

参 考 文 献

[1] 魏朗,刘浩学.汽车安全技术概论[M].北京:人民交通出版社,1999.

[2] 王暄,李宏光,等.现代汽车安全[M].北京:人民交通出版社,1997.

[3] 余志生.汽车理论[M].5版.北京:机械工业出版社,2009.

[4] 刘惟信.汽车设计[M].北京:清华大学出版社,2001.

[5] 钟志华,张维刚,等.汽车碰撞安全技术[M].北京:机械工业出版社,2005.

[6] 张小虞,等.汽车工程手册基础篇[M].北京:人民交通出版社,2001.

[7] 张小虞,等.汽车工程手册设计篇[M].北京:人民交通出版社,2001.

[8] 张小虞,等.汽车工程手册试验篇[M].北京:人民交通出版社,2001.

[9] 德国 BOSCH 公司.魏春源,等译.BOSCH 汽车工程手册[M].3版.北京:北京理工大学出版社,2009.

[10] 庄继德.现代汽车轮胎技术[M].北京:北京理工大学出版社,2002.

[11] 马建.汽车技术法规与标准概论[M].西安:陕西科学技术出版社,1998.

[12] 黄世霖,张金换,等.汽车碰撞与安全[M],北京:清华大学出版社,2000.

[13] 谷正气.轿车车身[M].北京:人民交通出版社,2004.

[14] 魏春源,等译.汽车的安全性与舒适性系统[M].北京:北京理工大学出版社,2011.

[15] 宋健,王伟玮,李亮,等.汽车安全技术的研究现状和展望[J].北京:汽车安全与节能学报,2010.

[16] 赵福全,吴成明,潘之杰,等.中国汽车安全技术的现状与展望[J].北京:汽车安全与节能学报,2011.

[17] 明平顺,杨万福.现代汽车检测技术[M].北京:人民交通出版社,2001.

[18] Peter Seiler, Bongsob Song, J. Karl Hedrick. Development of a Collision Avoidance System [J]. SAE980853,1998.

[19] 佐藤吉信ほか:车间距离警报装置の安全性向上度の评价[J].自动车技术学术讲演会刷集 953,No.9535648.

[20] 日本エーピエス株式会社.自动车用 ABS の研究[M].山海堂,1993.

[21] 李娅楠,毛秀娟,周细应,等.汽车安全带系统的新进展[J].研究与开发,2012.

[22] 方志刚.液压助力转向系统与整车的匹配[D].武汉:武汉理工大学,2011.

[23] 赵金海.汽车电控液压助力转向系统建模与仿真[D].长春:吉林大学,2008.

[24] 李欣.电动助力转向系统操纵性能及控制策略研究[D].上海:上海交通大学,2009.

[25] 刘佳妮.基于 DSP 的电动液压助力转向系统[D].上海:华东理工大学,2012.

[26] 晋兵营,宁广庆,施国标.汽车电动助力转向系统发展综述[J].拖拉机与农用运输车,2010.

[27] Chang-sheng F, Yan-ling G. Design of the Auto Electric Power Steering SystemController[J]. Procedia Engineering,2012,29(4):3200-3206.

[28] 李克强,王跃建,高锋,等.基于 ITS 技术的汽车驾驶安全辅助系统[J].汽车技术,2006.

[29] 孙龙林.先进驾驶辅助系统的发展现状和趋势[J].汽车电器,2009.

［30］ 王荣本,郭烈,金立生,等.智能车辆安全辅助驾驶技术研究近况[J].公路交通科技,2007.

［31］ 张翔.2014年汽车ADAS技术的最新进展[J].汽车电器,2014.

［32］ 彭利平.安全技术和驾驶人辅助系统[J].汽车电器,2014

［33］ 陈建明,曹永刚.汽车电子安全技术的现状及其发展策略[J].价值工程,2013.

［34］ (德)海兴,埃尔斯著,孙鹏译.汽车底盘手册[M].北京:机械工业出版社,2012.

［35］ 郭烈,葛平淑,张明恒,等.汽车安全辅助驾驶技术[M].北京:北京大学出版社,2014.

［36］ 舒华.汽车电器与电控技术[M].北京:机械工业出版社,2012.

［37］ (德)布雷斯,塞福尔特著,魏春源译.汽车底盘手册[M].北京:机械工业出版社,2012.

［38］ 日本自动化技术分会编,中国汽车工程学会组译.汽车工程手册7整车试验评价篇[M].北京:北京理工大学出版社,2010.

［39］ 日本自动化技术分会编,中国汽车工程学会组译.汽车工程手册5底盘设计篇[M].北京:北京理工大学出版社,2010.

［40］ 曹立波,任锡娟,陈缓.汽车儿童安全座椅的结构特点及发展趋势探讨[J].研究与开发,2010.

［41］ 华伟.汽车安全带舒适性研究[J].设计研究,2011.

［42］ 杨志刚,叶平,马美林,等.乘用车后碰安全模拟与结构设计研究[J].汽车工程,2008.

［43］ 李碧浩,杜汉斌,卓鹏,等.轿车侧面碰撞安全性能改进措施探讨[J].汽车工程,2008.

［44］ 李建财.乘用车保险杠碰撞安全性能研究[D].长春:吉林大学,2014

［45］ 国家科技支撑项目"重特大道路交通事故综合预防与处置集成技术开发与示范应用——营运车辆安全保障技术开发及大范围集成应用"研究总报告.

［46］ 有关汽车主动安全和被动安全的"道路運送車両の保安基準の細目を定める告示別添".

［47］ 美国的汽车安全技术法规(FMVSS). http://www.ntea.com/content.aspx?id=23371.

［48］ 全国汽车标准化技术委员会网站. http://www.catarc.org.cn/Default.aspx.

［49］ 欧洲经济共同体(EEC)汽车技术指令. http://ec.europa.eu/enterprise/sectors/automotive/documents/directives/motor-vehicles/index_en.html.

［50］ ECE汽车技术法规. http://www.unece.org/info/ece-homepage.html.

［51］ 国家标准文献共享服务平台. http://www.cssn.net.cn/t_gczx.